2016年度浙江省社科联省级社会科学学术著作出版资金资助出版（编号：2016CBZ08）

浙江省社科规划一般课题（课题编号：16CBZZ04）

当代浙江学术文库
DANGDAI ZHEJIANG XUESHU WENKU

新中国成立初期浙江省文物保护研究（1950—1965）

钱文艳 著

中国社会科学出版社

图书在版编目（CIP）数据

新中国成立初期浙江省文物保护研究：1950—1965／钱文艳著 . —北京：中国社会科学出版社，2017.12

（当代浙江学术文库）

ISBN 978 - 7 - 5161 - 9667 - 0

Ⅰ.①新⋯　Ⅱ.①钱⋯　Ⅲ.①文物保护—研究—浙江—1950—1965
Ⅳ.①K872.55

中国版本图书馆CIP数据核字（2017）第002934号

出 版 人	赵剑英
责任编辑	田　文
特约编辑	丁　云
责任校对	张爱华
责任印制	王　超

出　　版	中国社会科学出版社
社　　址	北京鼓楼西大街甲158号
邮　　编	100720
网　　址	http://www.csspw.cn
发 行 部	010 - 84083685
门 市 部	010 - 84029450
经　　销	新华书店及其他书店
印　　刷	北京君升印刷有限公司
装　　订	廊坊市广阳区广增装订厂
版　　次	2017年12月第1版
印　　次	2017年12月第1次印刷
开　　本	710×1000　1/16
印　　张	19.25
插　　页	2
字　　数	316千字
定　　价	79.00元

凡购买中国社会科学出版社图书，如有质量问题请与本社营销中心联系调换
电话：010 - 84083683
版权所有　侵权必究

目 录

绪　论 …………………………………………………………（1）
　第一节　文物保护的提出 ………………………………………（1）
　第二节　浙江省文物保护事业六十年概述 ……………………（5）

第一章　浙江省文物保护政令条例的颁布 ……………………（11）
　第一节　新中国成立初期国家文物保护政策初步考察 ………（11）
　第二节　浙江省颁布一系列文物保护政令条例 ………………（16）

第二章　浙江省文物保护政令条例的宣传与成效 ……………（41）
　第一节　对文物保护政令条例的宣传与社会动员 ……………（41）
　　一　以浙江省文管会为中心的宣传动员工作 ………………（41）
　　二　以各市县政府及相关职能机构为中心的宣传动员工作 …（45）
　第二节　浙江省文物保护事业呈现良好开端 …………………（49）
　　一　社会各界人士踊跃向国家捐献文物 ……………………（50）
　　二　社会各界人士积极参与文物保护工作 …………………（52）

第三章　浙江省依法对各种类文物事件进行处理 ……………（57）
　第一节　对绍兴市（县）收购旧铜旧书、盗掘古墓事件的处理 …（58）
　第二节　对龙泉县珍贵古瓷散失事件的处理 …………………（60）
　第三节　对浙江医学院建筑基地内宋墓迁移问题的处理 ……（64）
　第四节　对嘉善县四座古墓壁画保护问题的处理 ……………（67）
　第五节　对杭州葛仙庵、初阳台保护问题的处理 ……………（69）
　第六节　对龙泉县拆毁三座古塔事件的处理 …………………（71）
　第七节　对余姚县唐代刻字瓷器征集问题的处理 ……………（73）
　第八节　对庆元县竹口乡新窑社破坏新窑窑址事件的处理 …（75）

第九节　对上海古董商私自赴浙收购文物事件的处理 …………… (76)
第十节　对西湖人民公社石英厂工人损毁天竺寺文物事件的
　　　　处理 ……………………………………………………… (78)

第四章　浙江省各级文物保护机构的建立及运作 …………… (80)
第一节　浙江省各级文物保护机构的建立 ……………………… (80)
　　一　浙江省文管会的建立 …………………………………… (82)
　　二　温州等市（县）文管会（文管小组）的建立 ………… (86)
第二节　浙江省各级文物保护机构的运作 ……………………… (91)
　　一　浙江省文管会工作业绩 ………………………………… (91)
　　二　温州等市（县）文管会（文管小组）工作业绩 ……… (99)

第五章　浙江省对不可移动文物的调查与重点文物保护单位的
　　　　核定 ……………………………………………………… (112)
第一节　对古代建筑、纪念建筑、碑刻帖石、摩崖题记和石刻
　　　　造像的调查 ……………………………………………… (114)
　　一　以浙江省文管会及省内专家为中心的调查研究 ……… (114)
　　二　聘请著名建筑学家、同济大学教授陈从周赴浙江调查
　　　　古建筑 …………………………………………………… (119)
第二节　对古文化遗址、古窑址、古墓葬的调查发掘 ………… (124)
　　一　对古文化遗址的调查 …………………………………… (125)
　　二　对古窑址的调查与发掘 ………………………………… (129)
　　三　对古墓葬的调查与发掘 ………………………………… (132)
第三节　浙江省重点文物保护单位的核定公布 ………………… (137)

第六章　浙江省对重点文物保护单位的修缮保护 …………… (145)
第一节　宁波天一阁 ……………………………………………… (146)
第二节　杭州灵隐寺 ……………………………………………… (150)
第三节　杭州六和塔 ……………………………………………… (154)
第四节　杭州凤凰寺 ……………………………………………… (156)
第五节　武义延福寺 ……………………………………………… (163)
第六节　绍兴兰亭、禹陵 ………………………………………… (167)

第七节　宁波保国寺 ……………………………………… (171)
　　第八节　杭州孔庙南宋石经 …………………………… (176)

第七章　浙江省对可移动文物的征集保护 ……………… (181)
　　第一节　对可移动文物的调查 ………………………… (181)
　　第二节　对可移动文物的征集 ………………………… (183)
　　　一　捐献 ………………………………………………… (184)
　　　二　收购 ………………………………………………… (186)
　　　三　接收 ………………………………………………… (190)
　　第三节　对可移动文物的保护：从"私有之器"到"公有
　　　　　　之物" ……………………………………………… (196)
　　第四节　对海宁硖石蒋氏、朱氏藏书的收购 ………… (202)
　　　一　对海宁硖石蒋氏衍芬草堂藏书的收购 ………… (202)
　　　二　对海宁硖石朱氏藏书的收购 …………………… (205)
　　第五节　"吴熙档案"的收购及相关评价 ……………… (208)
　　　一　"吴熙档案"的收购 ……………………………… (209)
　　　二　关于"吴熙档案"收购的相关评价 ……………… (210)

第八章　浙江省对古旧书刊（业）的保护、改造与安排 … (213)
　　第一节　对古旧书刊的抢购 …………………………… (214)
　　第二节　对古旧书刊的保管与接收 …………………… (224)
　　第三节　对私营古旧书业、商贩的改造 ……………… (234)
　　第四节　对改造后古旧书业的安排 …………………… (242)
　　第五节　改造后的古旧书业呈现"喜忧参半"的局面 … (247)

第九章　浙江省文物保护事业遭遇重大挫折 …………… (251)
　　第一节　浙江省文管会的整风反右运动 ……………… (252)
　　第二节　浙江省文物保护工作进入大跃进阶段 ……… (258)

第十章　浙江省文物管理委员会专家事迹述略 ………… (267)
　　第一节　浙江省文物管理委员会专家事迹概述 ……… (267)
　　　一　对浙江省文物保护机构的建立运作积极建言献策 … (270)

二　积极向国家捐赠珍贵文物 …………………………………… (273)

　第二节　文物专家沙孟海、朱家济、陈训慈事迹述略 ………… (274)

　一　文物专家沙孟海事迹述略 …………………………………… (274)

　二　文物专家朱家济事迹述略 …………………………………… (278)

　三　文物专家陈训慈事迹述略 …………………………………… (282)

浙江省文物保护大事年表（1950—1965）………………… (288)

主要参考文献 …………………………………………………… (297)

后　记 …………………………………………………………… (300)

绪　论

第一节　文物保护的提出

"文物"一词在我国有悠久的历史。它最早见诸《左传·桓公二年》记载:"夫德,俭而有度,登降有数,文物以纪之,声明以发之;以临照百官,百官于是乎戒惧而不敢易纪律。"这里的"文物"一词主要指礼乐典章制度。随着历史和时代变迁,"文物"一词的含义逐渐演化,其外延内涵不断拓展丰富,最终定格为"历史文化遗存"的总概念。2010年出版的《辞海》对"文物"一词的解释是:"人类在历史发展过程中遗留下来的具有历史、艺术、科学价值的遗物、遗迹。在时代上,一般分为古代文物和近现代文物。在类别上,可根据不同的标准将其归为不同的类。""文物具有历史、艺术、科学价值,它的范围很广,涉及各个领域。根据《中华人民共和国文物保护法》规定:下列各项应由国家保护:1. 具有历史、艺术、科学价值的古文化遗址、古墓葬、古建筑、石窟寺和石刻。2. 与重大历史事件、革命运动和知名人物有关的,具有重要纪念意义、教育意义和史料价值的建筑物、遗址、纪念物。3. 历史上各时代珍贵的艺术品、工艺美术品,如石器、玉器、陶器、铜器、金器、银器、铁器、瓷器、珐琅器、漆器、竹木器、骨角牙器、书画、碑帖、善本书籍等。4. 重要的革命文献资料以及具有历史、艺术、科学价值的手稿、古旧图书资料等。5. 反映历史上各时代、各民族社会制度、社会生产、社会生活的代表性实物,以及具有科学价值的古脊椎动物化石和古人类化石。"[①]2012年出版的《现代汉语词典》对"文物"一词的解释则为:"历代遗

[①] 夏征农、陈至立主编:《辞海》,上海辞书出版社2010年版,第4124页。

留下来的具有历史、艺术价值的东西;指礼乐制度。"[①]

  我国对文物的保护和研究,向来别树一帜。与西欧早期偏重于文物的艺术价值不同,我国古代不仅重视文物的艺术价值,更推崇文物的历史价值。如商周时期,皇室、贵族宗庙中"多名器重宝",即崇尚在皇室、宗庙中陈列青铜器、玉器及其他前代遗物即为明证。此外,春秋时孔子考证肃慎的楛矢;秦始皇派千人打捞没入泗水的九鼎;汉代武库中收藏孔子履以及刘邦斩蛇剑等文物,都是这种意识的反映。

  对于地下文物的保护,据《淮南子》记载,早在汉代即有"发冢者诛"的规定。明代的大明律则规定"若于官私地内掘得埋藏之物者,并听收用;若有古器、钟鼎、符印异常之物,限三十日送官,违者杖八十,其物入官"。明确规定地下文物概归国有。这些法律条文虽不能完全杜绝盗掘地下文物的现象,但在客观上起到保护作用。

  我国古代对出土文物历来十分重视,如汉代在孔子旧宅壁中发现的古文经书和晋代发现的汲冢竹书,因为记载着古代的"经"、"史"而受到高度重视,经过大力整理研究,使它们得以长期流传。汉代许慎,收进不少出土的鼎彝等文物上记录的"前代之古文",从而编撰了我国第一部字典《说文解字》。

  清代对不可移动的文物也注意保护。如清初曾明令保护南京明孝陵和北京明十三陵。全国各地现存之古代桥梁、寺庙,绝大部分均在清代进行过修葺。清乾隆年间毕沅任陕西巡抚时,对关中古代陵墓的保护提出详细规定:"令各守土者,即其邱垄茔北,料量四至,先定封域,安立界石,并筑券墙,墙外各拓余地,守陵人照户给单,资其口食,春秋享祀,互相稽核,庶古迹不就湮芜"就是很著名的事例。

  南京国民政府成立后,1930年公布了《古物保存法》并成立了中央古物保管委员会。这是我国历史上由中央政府公布的第一个文物保护法规和第一个由国家设立的专门保护管理文物的机构。1935年,由国民政府主管部门核准在北平成立"旧都文物整理委员会",专门从事古建筑整理维修和调查研究。自1935年5月至1938年1月,在两期整理修缮古建筑工程中,先后整理修缮了天坛、东南角楼、国子监、五塔寺、中南海紫光

  [①] 中国社会科学院语言研究所词典编辑室编:《现代汉语词典》,商务印书馆2012年版,第1364页。

阁、明长陵、故宫午门、碧云寺等数十个项目。① 与此同时,一些民间学术团体也进行了一些文物调查、保护工作。如1929年由朱启钤等创建的中国营造学社,在20世纪30年代曾组织专家对各地古建筑进行了一系列的实地调查研究和文献资料整理。著名的唐代建筑佛光寺大殿,就是建筑学家梁思成等在山西五台山进行调查时发现的。营造学社的成立,对于我国古建筑的保护和研究起了重要作用。

20世纪三四十年代,在中共领导和管辖的各根据地和解放区,人民政府十分重视文物保护工作。1939年11月3日,陕甘宁边区政府训令各分区行政专员和各村村长调查保护古物文献及古迹。1942年为保护山西赵城广胜寺收藏的金代大藏经免遭日本侵略军的掠夺,八路军战士献出了宝贵的生命。1947年9月13日中国共产党全国土地工作会议通过的《中国土地法大纲》规定:名胜古迹,应妥为保护。之后相继成立了胶东文物管理委员会、山东古代文物管理委员会和东北文物管理委员会,并颁布了《东北解放区文物古迹保管办法》及《文物奖励规则》。1949年,在中国人民解放军即将南下进军的时候,华北人民政府高等教育委员会印发了由梁思成主持编纂的《全国重要文物建筑简目》,提供部队注意保护,以免这些古建筑毁于战火。②

新中国成立后,国家的文物保护事业进入起步阶段。1950年5月24日,中央人民政府政务院颁布《禁止珍贵文物图书出口暂行办法》,从而有效地制止了自1840年以来中国大量珍贵文物外流的现象。与此同时,从中央到地方开始设置负责文物保护管理的专门机构,先后由郑振铎、王冶秋、梁思永、夏鼐等人主持。由此开始了我国历史上从未有过的由国家进行的大规模文物保护管理工作。

新中国成立初期,为有效遏制全国各地出现的文物走私倒卖、散失损毁事件的发生,1950—1965年,国家相继颁布了十数项重要文物保护政令条例③并贯彻执行,全国各地的文物保护工作局面为之一新。

早在新中国成立伊始,周恩来总理即批准以重金从香港购回著名的王

---

① 中国文物研究所编:《中国文物研究所七十年》(1935—2005年),文物出版社2005年版,第207、208页。
② 参见《文物保护与研究的历史发展概况》,2007年5月15日,网址:www.chcoin.com。
③ 参见国家文物事业管理局编《新中国文物法规选编》,文物出版社1987年版。

献之《中秋帖》和王珣《伯远帖》，使两帖免于流散国外。之后，又陆续从海外购回如唐韩滉《五牛图》、五代顾闳中《韩熙载夜宴图》、宋司马光《通鉴》手稿等不少书画珍品和善本图书。许多著名爱国文物收藏家把他们毕生辛勤收集的珍贵文物无偿捐献给国家，如刘肃曾捐献"虢季子白盘"；潘达于捐献"大盂鼎"、"大克鼎"等著名西周重器；张伯驹捐献晋、唐名人手迹和陆机的《平复帖》、杜牧的《张好好诗》等十余件珍贵书画。在善本图书方面有著名收藏家傅增湘捐献其"双鉴楼"收藏的宋刻本《资治通鉴》和宋抄本《洪范政鉴》。此外还有"铁琴铜剑楼"楼主瞿济苍兄弟、潘氏宝礼堂、翁之熹、刘少山、邢之襄、赵世暹、赵元方等捐赠的大批宋、元精本名刊以及明、清以来抄校题跋的善本，特别是周叔弢捐赠的毕生辛勤收集的名刻精抄数百种，均为国之瑰宝。[①] 传世流散文物的收集工作，极大地丰富了全国博物馆的馆藏文物。以故宫博物院为例，1949年故宫收藏的文物精华悉数运往台湾，书法、绘画仅存5000余件。截至2012年统计，故宫所藏书画已近16万件。其中展子虔《游春图卷》、张择端《清明上河图》、王希孟《千里江山图》等绝大多数珍品都是近几十年收集的。[②]

据不完全统计，新中国成立两年之内，全国共收集文物7.1万件、图书20万册。其中，华东区于1950年即征集书画5287件，铜、瓷、玉器16072件，甲骨1558件，革命文物6357件。上海博物馆从冶炼厂拣选铜器1100件，涵盖了从西周到明清的历代器物。西南区私人捐献文物18362件，没收文物604件、图书32009册。[③] 1950年，"河北省政府送了保存得很久的古物一大批，还将景县出土的六朝古物也都送了来，平原省政府送了古铜器、陶器二十多件，东北文化部送了六十多件辽瓷"。[④] 东北区文管会收到捐赠文物1700余件。1951—1954年，天津市人民捐献文物达8000余件。1954年5月，国家文物局借用北京历史博物馆的午门大

---

① 以上内容根据国家文物局编《中华人民共和国文物博物馆事业纪事》（1949—1999）（上），文物出版社2002年版，所载资料编写。
② 朱永安、续鸿明：《故宫书画的"藏"与"展"》，《中国文化报》2012年3月20日第9版。
③ 刘建美：《1949—1956年中国流散文物的保护》，《中国国家博物馆馆刊》2012年第2期。
④ 郑振铎：《一年来的文物工作》，《文物参考资料》1950年第1卷第10期。

殿举办《全国基本建设工程出土文物展览》。至1954年,"根据不完全的统计,全国出土文物在14万件以上,这里陈列出来的,只是千百中之一,只不过是经过初步选择认为较精的三千七百六十件。"①

自1949年新中国成立,经20世纪50年代及60年代前半期,国家对文物实施初步保护,期间以1961年3月4日国务院颁布的《文物保护管理暂行条例》为重要标志。1966年至1976年中国的文物保护事业历经十年浩劫。改革开放后,中国的文物保护事业重新出发。1982年11月19日,第五届全国人大常委会通过公布《中华人民共和国文物保护法》。2002年10月28日,第九届全国人大常委会第三十次会议修订通过《中华人民共和国文物保护法》。2007年10月15日,胡锦涛总书记在中国共产党第十七次全国代表大会上的报告中要求"重视文物和非物质文化遗产保护"。2009年、2010年,温家宝总理在第十一届全国人民代表大会第二、第三次会议上作《政府工作报告》,两次强调要"做好文物和非物质文化遗产保护";要"加强文物和非物质文化遗产保护"。中共十八大召开以来,习近平总书记多次视察文博单位,并对文化传承和文物保护作出重要批示,要求提高文物保护水平,传承优秀传统文化。

综上所述,文物是形成一个国家和民族认同性的有力物证,重要的历史文物往往成为国家和民族的象征,具有精神上的巨大作用。文物也是特定民族、群体历史文明的物质载体,保护文物就是保护本民族生生不息的根系和连绵不绝的文脉。中华民族有5000多年的历史记忆和文明成果,保护本民族的优秀历史文化遗产,实现从文明古国到文化强国的伟大历史使命,是全世界炎黄子孙的共同目标。只要我们坚定信念,努力奋斗,"中国梦"必将美梦成真。

第二节 浙江省文物保护事业六十年概述

浙江历史悠久,"人文渊薮",文物丰富。据考古资料证明,大约七千年前,杭嘉湖和宁绍平原已出现原始社会的氏族部落。春秋战国时,会稽太守马臻创立鉴湖,灌田九千顷,制瓷技术达到了完全成熟的地步;铜

---

① 郑振铎:《在基本建设工程中保护地下文物的意义与作用》,《文物参考资料》1954年第9期。

镜工艺别开生面。吴王濞在德清目干乡采铜铸钱，煮海水为盐，以故"国用富饶"。隋大业年间开通大运河，以杭州为迄点，促进了南北经济和文化的交流。到了唐代，规模较大的堰塘和防海塘建筑兴起，丝绸和瓷器名闻全国。五代吴越统治时期，"象犀珠玉之富甲于天下"，雕版印刷和造塔技术雄居全国前列。南宋建都杭州。两宋时，杭州、明州、温州等地都是重要港口，与日本、朝鲜、印度、南洋和阿拉伯来往频繁。① 一部浙江教育史，可上溯至东汉建武十一年（公元35年），时浙江上虞已设有书馆。而中国书画史到了明清以降，仅凭历代画史汇传中"浙派"领军人物的人数优势，便占了半壁江山。至于浙江的文人墨客，则恰如夏夜长空繁星闪烁：余姚王阳明、黄宗羲，仁和龚自珍，德清俞樾，瑞安孙诒让，余杭章炳麟，海宁王国维。

浙江的文物史迹总量，据20世纪90年代末的不完全统计，共发现古遗址或遗存850余处。古代陶瓷窑址2000余处，古建筑约8600座，古墓葬约1800座，石刻3400余处（块），其他文物史迹3000余处。其中已经公布为文物保护单位的，国家级19处，省级209处，县（市）级1434处。其中有的文物史迹具有特别重要的历史价值、科学价值和艺术价值。②

新中国成立初期，浙江史前文化的考古发现与研究以马家浜文化遗址和良渚文化遗址的发现最为重要。早在1959年，马家浜遗址的发掘即引起国内外考古学界的广泛重视。同年5月，新华社发布消息，并正式写入《中华人民共和国要闻录》。1977年马家浜文化被最终命名，后分别载入《大不列颠百科全书》及1990年出版的《中国大百科全书·考古卷》，从而确定了它在世界史前文化考古研究中的重要地位。1959年，良渚文化被正式命名，自此，"中国文明的曙光从良渚升起"。2013年，国家文物局正式将良渚文化遗址列入《世界文化遗产名录》预备清单。马家浜文化和良渚文化的发现对中华文明史，乃至于人类文明史的起源研究有重要意义。

新中国成立初期，浙江的古瓷窑窑址的考古发掘与研究有重大进展。浙江是中国古代瓷器的重要产地。德清、海宁、海盐和武义等地都曾出土西周的原始瓷。萧山和绍兴也曾发现春秋战国时期原始瓷与几何形印纹硬

---

① 王士伦：《三十五年来浙江文物考古事业的回顾》，《浙江学刊》1984年第6期。
② 李荫森主编：《浙江省哲学社会科学志》，浙江人民出版社1999年版，第406页。

陶共烧的窑址。东汉瓷窑址在上虞县首次发现后，慈溪、鄞县、永嘉等地也都有发现，从而打破了瓷器始自六朝的传统说法。东汉时期，浙江成熟青瓷的烧制，为我国赢得了"瓷器祖国"的光荣称号。从六朝至宋、元、明，浙江瓷业发达，著名的窑址有越窑、瓯窑、婺州窑、德清窑、龙泉窑和南宋官窑等。新中国成立初期，浙江省对古瓷窑窑址的考古发掘与研究以越窑窑址及龙泉窑窑址为中心内容。唐代陆羽曾在《茶经》中盛赞越瓷的精美绝伦，同时代的陆龟蒙则以"千峰翠色"形容越瓷的魅力。龙泉窑历史悠久，早在宋元时期，其产品即远销亚、非、欧三大洲，被誉为"真世界最佳者"，是中国历史名窑之一。[①]

  1961年4月和1963年3月，浙江省人民委员会正式核定公布了浙江省第一批和第二批省级重点文物保护单位共100处。其中，宁波天一阁既是中国现存最古老的私人藏书楼，也是世界上现存历史最悠久的私人藏书楼之一。杭州灵隐寺始建于东晋咸和元年（公元326年），至今已有约一千七百年的历史，为杭州最早的名刹，也是中国佛教禅宗十大古刹之一。绍兴兰亭因著名书法家王羲之的一篇《兰亭集序》而闻名于世，而绍兴禹陵则为中国东南久负盛名的胜迹之一。杭州孔庙南宋石经是由宋高宗赵构及皇后吴氏用楷书写成的，是全国现存众多石经中唯一由皇帝御笔亲书的石经，其珍贵略见一斑。宁波保国寺历史悠久，创于东汉，建于唐代，兴于北宋，现存大殿即为北宋祥符六年（公元1013年）所重建，是江南最古老、保存最完整的木结构建筑，具有很高的历史、艺术和科学价值，堪称"江南一绝"。杭州六和塔始建于北宋开宝三年（公元970年），是吴越国王钱弘俶舍园所造，后毁于兵火。现存的砖筑塔身，是南宋绍兴二十六年（公元1156年）重建。六和塔外形雍容，气宇不凡。塔内第三级须弥座上雕刻有花卉、飞禽、走兽、飞仙等各式图案，刻画精细，是我国古代建筑艺术的杰作。武义延福寺为江南仅存的三座元代木构建筑之一。著名建筑学家梁思成在他的书中曾称赞说："此斗拱全部形制特殊，多不合历来传统方式，实为罕见之孤例。"杭州凤凰寺是中国沿海地区伊斯兰教四大古寺之一，在阿拉伯国家中享有盛誉。新中国成立初期，浙江省在"百废待兴"之际，竭其所能，对浙江省境内的珍贵文物史迹进行维修保护，功在千秋万代。

---

  ① 朱伯谦：《揽翠集——朱伯谦陶瓷考古文集》，科学出版社2009年版，第142、192页。

新中国成立初期，由于社会历史等诸多原因，浙江省的一大批精美绝伦、极具历史文化价值的金石、书画、陶瓷、碑帖、织绣、玉器、木器等文物流散于社会，乃至海外，亟须国家予以妥善处置。在此情形下，由国家出面征集保护不失为一良策。如1952年国家文物局收购近代著名书画收藏名家庞元济书画即为一典型案例。[①] 新中国成立初期，浙江省流散文物的收购以《富春山居图剩山卷》和"吴熙档案"的收购为最著名。《富春山居图》为元代著名画家黄公望的代表作，为中国十大传世名画之一。明末传至收藏家吴洪裕手中。吴极为喜爱，临终欲焚之殉葬，被其侄子救出，然已烧成大、小两段。较长的后段称《无用师卷》，现藏于台北故宫博物院。前段称《剩山图》，现藏于浙江省博物馆。吴熙，清道光年间浙江钱塘人，曾任苏松太道兼江苏布政使等职。以吴熙命名的"吴熙档案"总量达10万余件，是新中国成立后有关太平天国史料最多、最重要的发现。内容包括大量奏折照会、名人函牍、记事、探报、海关厘金、军饷账册等，涉及清政府及太平天国的政治、经济、军事及外交各方面，极具史料价值。新中国成立初期，浙江省对珍贵流散文物的征集保护足以证明国家对流失在民间，乃至域外的优秀民族文化遗产的珍视。

自1950年起，浙江省以邵裴子、沙孟海、朱家济及陈训慈为代表的一批在书画、篆刻、鉴赏及收藏方面极具才能的专家学者组织成立浙江省人民政府文物管理委员会（以下简称"浙江省文管会"），积极参与新中国成立初期文物的"抢救性保护"和常规性管理，"宿命所归，终身为之"。无论是宁波天一阁、杭州灵隐寺、绍兴兰亭、禹陵等著名文物史迹的保护，还是《富春山居图剩山卷》、"吴熙档案"等国宝级文物的征购，以及无数繁杂事务的处理，都是他们辛勤工作的成果。

然而，自1957年至1960年，随着全国性整风反右运动以及"大跃进"运动的相继展开，浙江省的文物保护事业遭遇重大挫折。"过去几年浙江文物界的反党分子给浙江文物事业带来极大的损失。省文管会和各级地方文物组织的反党分子，他们利用领导地位，抗拒执行党的文物政策、方针和路线，一贯坚持颂古非今，玩赏古董的资产阶级文物路线，在鸣放

---

① 《关于收购古书画事代文化部拟稿》，国家文物局编：《郑振铎文博文集》，文物出版社1998年版，第206页。

期间，揭发出一部分人与右派头目宋云彬[①]狼狈为奸，借龙泉拆塔案[②]向党进攻，文管会成了他们反党的一个据点。但是这一小撮反党分子的罪恶阴谋，只不过是'蚍蜉撼大树，可笑不自量'。通过整风，在党的英明领导下，我们把这个反党据点彻底摧垮了。"[③] 不仅如此，自"1958年以来，我们在文物工作方向上，经历了革命的、根本的变化。我们努力地用文物的形式，为党的每个时期的政治中心服务，紧密地配合工农业生产建设。"总之，"1958年以来，本省文物工作是大跃进的。这是总路线的胜利，是毛泽东思想的胜利。"[④]

新中国成立60多年来，浙江省的文物保护事业取得巨大成就。具体表现为：截至2009年，浙江省已拥有全国重点文物保护单位132处，居全国第5位；省级文物保护单位323处；市、县级文物保护单位2762处。杭州、绍兴、宁波、临海、衢州、金华6座城市被评为国家级历史文化名城。浙江的中国历史文化名镇、名村总数达到19个；省级历史文化名城11座，省级历史文化街区、村镇（保护区）78个。截至2009年，浙江省对湖州飞英塔、杭州六和塔、瑞安孙诒让故居、绍兴鲁迅故居（老台门）、兰溪长乐大宗祠、东阳卢宅（一、二期）、宁波天一阁、杭州文澜阁等百余处重要文物保护单位予以抢救维修。尤其自21世纪以来，浙江省进一步落实文物保护的各项法令法规，加大对文物保护单位的修缮力度，仅2007年浙江省实施的文物维修项目就达171个，居全国第1位，共投入资金近1.68亿元。截至2009年，经过浙江省考古工作者60年的艰苦探索，浙江省的河姆渡遗址、良渚遗址、龙泉青瓷窑址被评为20世纪中国百大考古新发现；反山墓地、瑶山祭坛被评为"七五"期间全国十大考古新发现。

新中国成立60多年来，浙江省的文物收藏家们受国家文物保护政策感召，出于爱国热忱，慷慨向国家捐献珍贵文物。马叙伦、马一浮、邵裴子、凌励生、童心安、钱镜塘、沈曾植后代沈慈沪、陆心源后代陆思安、

[①] 宋云彬（1897—1979），浙江海宁人。著名文史学者、杂文家，民主人士。1952年任浙江省文联主席，省文史馆馆长。1957年被打成右派。

[②] 龙泉拆塔案，即1956年龙泉县拆毁三座古塔事件。详情参见本书第三章内容。

[③] 浙江省文管会邵裴子代表的发言，1959年，浙江省博物馆馆藏资料。

[④]《浙江省文物工作成就及几点体会》，浙江省文管会代表在中央文博会议上的发言，1960年3月。浙江省博物馆馆藏资料。

明代学者祝淇、祝渊的后裔祝氏家族、黄宾虹子女等一大批社会著名人士、收藏家及其后裔，先后捐献了石器、瓷器及图书碑帖、史料笺札等各类文物26300余件，从而大大充实了浙江博物馆的馆藏资源。此类事迹，不胜枚举。

不仅如此，进入21世纪以来，浙江省以杭州西湖、大运河（浙江段）等项目为引导，整体而重点地推进我省世界文化遗产申报工作。2011年，杭州西湖"申遗"成功，2014年，京杭大运河"申遗"成功，昭示着浙江省的历史文化遗产保护进入一个更高境界。[①] 追本溯源，新中国成立初期浙江省对文物的保护为几十年后的伟大成就奠定了坚实基础。

毋庸置疑，新中国成立60多年的文物保护史有极深刻的历史经验教训需要认真总结。以浙江省为例，对新中国成立初期的国家文物保护历史进行研究，有助于我们继承发扬优良传统，更好地保护中华民族几千年的历史文化遗产。

---

① 参见浙江省文物局《浙江文物事业六十年》，2009年9月22日，浙江文物网。

第一章
浙江省文物保护政令条例的颁布

第一节 新中国成立初期国家文物保护政策初步考察

新中国成立伊始,面对"百废待兴"的局面,如何使用有限的人力、物力及财力去最大限度地保护各种类历史文化遗珍,并传承弘扬,是中华民族必须面对的一个严峻历史课题。新中国成立初期,国家尚不具备为文物保护立法的条件,因此,从政务院(国务院)到各部委,从中央到地方,只能因时制宜、因地制宜或因事制宜地制定若干款有关文物保护的政令条例以适应不同情势的需要。自1949年至1965年,为有效遏制全国各地出现的文物走私倒卖、散失损毁事件的发生,国家相继颁布了十数项重要文物保护政令条例并贯彻执行,全国各地的文物保护工作局面为之一新。

新中国成立初期,国家文物保护政策的制定大致可分为以下三个阶段:

第一,新中国成立伊始,为坚决制止文物的外流与破坏,国家相继制定了若干款文物保护政令条例。

1950年5月24日,中央人民政府政务院颁布《禁止珍贵文物图书出口暂行办法》称:"我国具有历史文化价值之文物图书,在过去反动统治时代,往往官商勾结,盗运出口,致使我国文化遗产蒙受莫大损失。今反动政权业已推翻,海陆运输均已畅通,为防止此项文物图书继续散佚起见,特制定《禁止珍贵文物图书出口暂行办法》。"《办法》共10条,其中第2条具体列出11种类的文物图书禁止出口,以遏制珍贵文物流失海外的严重现象。

1950年5月24日,中央人民政府政务院颁布《古文化遗址及古墓葬群之调查发掘暂行办法》共21条,并附4项"办法"。明确规定:"凡地下埋藏及发掘所得之古物、标本概为国有"。"凡发掘所得古物,有不能移动或暂时不易移动者，中央人民政府文化部得委托当地人民政府加以保护管理。"

1950年7月6日，中央人民政府政务院下达关于保护古文物建筑的指示称："近查各地对具有历史文化价值之文物建筑，常有弃置、拆毁、破坏情事，如察哈尔省大同县辽代所建下华严寺的海会殿为借用之下寺坡小学拆毁；甘肃省山丹县唐、宋所建之庙宇及其中唐、宋佛像亦多为借用庙宇者所弃置损毁；湖南南岳祝融峰之上封寺近亦被全部烧毁，似此对国家保护古代文化之政策极相违背。"并提出4点保护措施。

1950年8月1日，中央人民政府文化部办公厅下发通知称："为在土改中能更好的保护古迹、文物、图书、建筑等，及普遍搜集革命文物起见"，"各地在组织土改干部进行学习时，注意下列三文件：一、为规定古迹、珍贵文物、图书及稀有生物保护办法。二、为指示保护古文物建筑办法。三、为征集革命文物令。"

1951年5月7日，中央人民政府文化部、内务部颁布《关于管理名胜古迹职权分工的规定》和《关于地方文物名胜古迹的保护管理办法》。其中《规定》明确了文化部、内务部管理名胜古迹的职权分工，而《办法》则指示：在"文物古迹较多的省、市设立'文物管理委员会'，直属该省市人民政府。文物管理委员会以调查、保护并管理该地区的古建筑、古文化遗址、革命遗迹为主要任务"。

1951年6月2日，《中央人民政府轻工业部通报禁用旧版书做纸浆原料》称："近来发现有些纸厂收买旧书做纸浆原料，很珍贵的宋版书亦有在内销毁的"。此举"直接违背了政府保护历史文物的政策"，应予纠正。

第二，自1953年开始，随着国家"一五计划"的实施，大规模的经济建设与文物保护工作之间矛盾凸显。为妥善解决此类矛盾，国家先后制定了一系列相关政策力图使经济建设与文物保护工作并行不悖。

1953年10月12日，中央人民政府政务院下达《关于在基本建设工程中保护历史及革命文物的指示》，称："我国文化悠久，历代人民所创造的文物、建筑遍布全国，其中并有很大部分埋藏地下，尚未发掘。这些文物与建筑，不但是研究我国历史与文化的最可靠的实物例证，也是对广大人民进行爱国主义教育的最具体的材料，一旦被毁，即为不可弥补的损失"。《指示》提出7点意见对文物进行保护。

1954年11月30日，中国人民银行总行下发《关于保护具有历史艺术价值的古金银器物的通知》，提出3点规定：凡群众携带之出土古金银器物，"收兑时如认为有可能是出土的文物时，应即通知当地文物管理委员会或文化主管机关鉴别。""在收兑古金银时，详细询明其来源及出土地点，""如有出土之金银器钱币，或虽非出土但经文物机关鉴定认为有重要历史艺术价值者，经文物机关开具正式证明函件，也可按银行收兑牌价售予保管并报总行核备。"

1956年4月2日，国务院发布《关于在农业生产建设中保护文物的通知》，具体提出6点意见。主要有："加强领导和宣传，使保护文物成为广泛的群众性工作。"在全国范围内进行普查工作，"提出保护单位名单，报省（市）人民委员会批准先行公布，加以保护。"各地汇总后，"分批分期地由文化部报告国务院批准，置于国家保护之列。""地下蕴藏的文物，都是国家的文化遗产，为全民所共有。在农业生产建设中，如果有所发现，应该立即报告当地文化部门并且把出土文物移交文化部门保管"。

1956年9月3日，文化部、中华全国供销合作总社发布《加强保护文物工作的联合通知》共7点，称：务必"使掺杂在废旧物资、'药用龙骨'中的重要文物、古生物化石，得到应有的保护。"

第三，20世纪60年代初，随着国民经济调整时期的到来，文物保护工作也开始纠正自1958年"大跃进"运动以来发生的种种失误，探索和完善中国式的文物保护道路成为国家的不二选择。

1960年7月12日，文化部、对外贸易部发布《关于文物出口鉴定标准的几点意见》共10点。主要内容有："以一九四九年为主要标准线，凡在一九四九年我国人民革命胜利以前制作、生产或出版的具有一定历史、科学和文化艺术价值的文物、图书原则上一律禁止出口。""对于有计划组织出口的一般文物，应根据文物的类别，分别划定以下两个不同的年限：（一）一部分以一七九五年为限（即清代乾隆六十年为限），凡一七九五年以前的一律不准出口。（二）一部分以一九一一年为限（即清代宣统三年辛亥以前为限），凡一九一一年以前的，一律禁止出口。""在以上两个年限以后的文物，仍应根据文物本身所具有的科学、历史、艺术价值及存量多少来确定是否可以出口（文物的具体分类详见附表）。"

1960年9月24日，国务院批复文化部、商业部及对外贸易部同意所报改变文物商业性质和管理体制的方案。并附《文化部、商业部、外贸部关于研究执行"关于改变文物商业的性质和管理体制的方案"的通知》。《方案》称:"改变各地文物商业的纯商业性质为实行企业经营管理方法的文化事业单位,作为国家收集社会上流散的文物的收购站和临时保存所,统一划归各地文化部门负责领导。"改变后的文物商业今后的任务是:"负责收集流散在社会上的传世文物,并有计划地供应各地博物馆、研究机关和学校作为陈列或研究参考之用;有计划,有选择地供应国内需要和适当地组织出口,并办理废旧物资中的检选工作。"业务范围是:"主要经营收集具有历史、艺术、科学价值的金石、书画,陶瓷、碑帖等各种传世的历史文物(包括织绣、玉器、木器、旧货、废品、特艺、委托等行业中属于上述范围的文物)。"

1961年3月4日,国务院颁布《文物保护管理暂行条例》共18条。开宗明义指出:"在中华人民共和国国境内,一切具有历史、艺术、科学价值的文物,都由国家保护,不得破坏和擅自运往国外。各级人民委员会对于所辖境内的文物负有保护责任。一切现在地下遗存的文物,都属于国家所有。"该条例几乎涵盖了自新中国成立以来国家所颁布的文物保护政令条例的全部内容,并延续使用至1982年《中华人民共和国文物保护法》颁定。因此,它的颁布实施具有极其重要的意义。同日,国务院还公布了第一批全国重点文物保护单位共180处。

1961年3月18日,国务院转发中科院关于保护古脊椎动物化石问题的请示报告的通知。称:"古脊椎动物化石是珍贵的古生物实物资料,在学术研究上具有重大价值。为了防止破坏,避免造成无法弥补的损失,有关各地要切实做好保护工作。"

1962年8月22日,文化部文物局下发关于博物馆和文物工作的几点意见(草稿),共11点。其中关于文物保护的内容有:(1)"迅速实现第一批全国重点文物保护单位的'四有'工作(有保护范围,有标志说明,有科学记录档案,有专人管理),特别是有专人管理。凡是已设专门机构(如博物馆、研究所、保管所)的保护单位,应明确这些机构的职责,提出具体要求,加强管理。有条件的机构要负责进行划定保护范围,树立标志说明和建立科学记录档案的具体工作。没有专门机构的可以在不影响生产、劳动力的条件下,延请专人负责,给予生活补助。凡是委托其他单位进行保管的,也必须具体落实到有人负责,并建立必要的检查制度。对于认真负责进行保管工作的人员,应予适当的名誉及物质奖励。建立科学记录档案，需要有一个由简到繁，不断提高，不断完善的过程。目前，首先应从对现状进行科学记录开始，如测绘、摄影及现存文字资料、碑刻、题记等汇辑整理。记录材料，要求做到具有科学性，准确性。抄录碑刻题记需用繁体字按原刻、原件逐字录出，避免造成研究考证的困难。"（2）"革命纪念建筑物、古建筑的保护，必须坚持贯彻国务院指示精神，主要是保持原状，防止继续损坏。除少数必须进行的重点修缮工程以外，不要大兴土木，大拆大改，也不要在革命纪念建筑及古建筑以外增添许多新建筑，改变了原有的面貌和气氛。"（3）"加强对流散文物的收集和管理工作。历年各县、市收集、保管的文物图书资料，在省级博物馆文物机构的指导帮助下，进行彻底清理、鉴定、登记、编目工作，并尽可能改善其保管条件。对其中特别珍贵而又易于损毁的文物，尽可能集中到省级博物馆或文物机构保存，避免损失。加强对文物商业的管理，总结经验，改进经营管理办法。各地应当允许外地人员通过一定手续到本地收购不是新中国成立以后出土的文物及流散文物。既要防止'划地为牢'的情况，又要防止互相抢购，抬高物价，甚至刺激盗掘文物的现象。这几年来经验证明，'划地为牢'或管得过死，反而会逼使私人收藏的文物遭到破坏或盗运外流。因此，对本地区文物完全冻结的做法值得重新考虑。对私人所有的文物应该允许保存，并可举办个人收藏展览。不应采取动员捐献等方式，对确实志愿捐献文物的人员，要给予适当的物质奖励和名誉奖励。收购文物要按质论价。"等等。

1963年4月17日，文化部颁布《文物保护单位保护管理暂行办法》共10条。指出："各级文化行政部门应经常组织力量，对本地区的文物进行系统的调查研究，作出鉴定和科学记录。对于其中具有历史、艺术、科学价值和纪念意义而必须就原地保护的文物，如革命遗址、纪念建筑物、古建筑、石窟寺、石刻、古文化遗址、古墓葬等，要进行分类排队，并根据它们价值和意义的大小，按照条例规定的标准程序公布为文物保护单位。"《办法》并就以上问题作了具体说明。

1963年8月27日，文化部颁发《革命纪念建筑、历史纪念建筑、古建筑、石窟寺修缮暂行管理办法》共12条。就革命纪念建筑等的保养维护、抢救加固和修理修复作出详细规定。

1964年8月29日，国务院下达《古遗址、古墓葬调查、发掘暂行管理办法》。规定古遗址、古墓葬的发掘必须具备的两个必要条件并"必须经发掘地区的省、自治区、直辖市文化行政部门许可，征得发掘地点的土地使用单位或个人的同意，报请文化部会同中国科学院审核批准并发给考古发掘执照后，始得进行发掘。私人或私人组织的团体，不得进行考古调查、发掘工作。"①

总之，自1949年至1965年，国家先后颁布的一系列文物保护政策，由于其制定过程得益于深入细致的调查研究，所以基本符合因时、因地及因事的原则，同时也基本符合同时期国家文物保护工作的实际。上述一系列文物保护政策的颁布实施，为新中国成立初期国家的文物保护事业指明了方向，并为同时期全国各地文物保护工作的开展奠定了坚实的理论基础和政策导向。

第二节　浙江省颁布一系列文物保护政令条例

浙江素有"文物之邦"美誉。新中国成立初期，浙江社会各界在遭受长期的内乱外患之后，部分民众严重缺失保护民族优秀文化遗产的自觉性和使命感，致使不少具有历史、学术或艺术价值的图书、古物散失、损毁。此类事件，在浙江各地时有所闻。② 新中国成立初期，浙江省人民政府及相关职能部门，一则为配合国家文物保护政策的颁布实施，二则为因地制宜的解决浙江文物保护的实际问题，先后颁布了一系列文物保护的政令条例并贯彻实施。

自1950年至1965年，浙江省先后颁布的一系列文物保护政令条例主要分为以下两大类：

一、为配合国家文物保护政策的颁布实施而下达的"转发敦促型"或"补充说明型"系列政令条例。

1950年6月20日，浙江省人民政府主席谭震林签署命令，称：1. 奉

---

① 以上国家颁布的文物保护政策条文，均参见国家文物事业管理局编《新中国文物法规选编》，文物出版社1987年版。

② 如：嘉善县干窑区长秀乡政府不重视历史文物的保护，致使一部分文物被当地群众肆意毁坏；绍兴市合作总社在收购旧铜旧书时，擅自毁坏；绍兴县部分农民盗掘古墓，毁坏文物；绍兴县潞阳乡第七村在土改结束后，将旧书籍680斤运往杭州出售；奉化棠岙东江手工造纸业联合购销处及该处驻甬办事处收购大批古书准备用作纸浆原料，内中颇多珍贵版本；嘉善县罗星乡李家村有宋代古墓，该乡拟将墓上石块变卖以筹措业余学校经费；龙泉县委擅自拆除三座古塔；青田石门洞风景区古树惨遭破坏等。以上案例参见20世纪50年代初《浙江日报》报道及同时期浙江省人民政府通报稿等。

华东军政委员会一九五〇年六月五日东办密字第〇二九二号通令节开："奉中央政务院令为保护我国所有名胜古迹文物图书，除原有保护办法照旧适用并制定'古文化遗址及古墓葬之调查发掘暂行办法'外，特规定办法四项，随令抄发，希即遵照，并转令所辖各级政府注意执行为要。"2. 兹随令抄发华东军政委员会一九五〇年六月五日东办密字第〇二九二号通令一件暨古文化遗址及古墓葬之调查发掘暂行办法一份，希即遵照并转饬所属遵照执行为要。①

1951 年 6 月 1 日，中央人民政府文化部部长沈雁冰签署命令，称："查各地在土地改革期中，常能收集到一些文物图书，为更好地处理这些文物图书起见，应先由各县、省人民政府文教主管机关次第汇报你部、厅、局处理。除具有全国性价值之重要文物图书，应由你部、厅、局选送中央保管外，其余则由你部、厅、局斟酌各该地区实际情况，据以分别处理。特此指示，望即遵照办理为要。"② 6 月 7 日，浙江省人民政府办公厅发文，称："兹抄送中央人民政府文化部六月一日《指示处理各地在土地改革期中收集到的文物图书由》的指示一份，请即遵照办理。"③ 根据浙江省政府指示，7 月 23 日，浙江省人民政府文教厅发文称："查本省实行土地改革以来，各地农会没收地主财物内常有书籍等遭受毁坏，或大批称斤出卖，最后供作包裹杂物用纸及造纸原料，似其情况，殊为有碍中央保护民族文化遗产之政策，嗣后务希各专署、县、市人民政府责成所属文教部门，切实注意遵照上项指示将各地农会没收之各项文物图书妥为检查保管，并报本厅处理。"④

1951 年 6 月 1 日，浙江省人民政府文教厅下发代电至各区专员公署、各县、市人民政府称："奉华东军政委员会文化部化物字第九零九五号代

---

① 浙江省人民政府命令：《奉令转发中央规定古迹珍贵文物等保护办法暨古文化遗址及古墓葬之调查发掘暂行办法，转令执行由》，1950 年 6 月 20 日，浙江省博物馆藏资料。注：此批资料因故没有编目，故统称"浙江省博物馆馆藏资料"，以下同。

② 中央人民政府文化部沈雁冰部长签署命令：《指示处理各地在土地改革期中收集到的文物图书办法由》，1951 年 6 月 1 日，浙江省档案馆，档号：J039—003—004。

③ 浙江省人民政府办公厅：《关于抄送中央文化部"指示处理各地在土地改革期中收集到的文物图书办法"的指示》，1951 年 6 月 7 日，浙江省档案馆，档号：J101-003-1176。

④ 浙江省人民政府文教厅：《为转知中央文化部指示处理各地在土地改革期中收集到的文物图书办法并结合本省实际情况提出意见希遵照由》，1951 年 7 月 23 日，浙江省档案馆，档号：J039—003—004。

电内开：'查华东各地区，因土改后所保存各项文物及书籍等件，为免于散佚，以资保护起见，应由各地文化机构集中封存保管，或就近交由当地文化馆封存，并报由我部处理。其他机构，未获我部同意，自不得任意提取，如各地在封存时，为条件所限，希即径与我部联系，特此电达，即请洽照，并惠予迅转所属各级机构照办。'等因，特此转知，希照办。"①

1952年2月6日，浙江省人民政府发布命令称：前中央人民政府文化部《指示处理各地在土地改革期中收集到的文物图书由》，经于1951年7月23日由浙江省文教厅通知各级人民政府遵照办理。前中央人民政府轻工业部指示禁用旧版书、科学书作纸浆原料，以保护文物遗产，经于1951年7月10日由浙江省工业厅通知各造纸厂办理。然"各级人民政府对于图书文物未能普遍重视，切实遵行。"故"特作以下三决定：一、各区专员公署，县、市人民政府，应责成文教部门密切注意：检查各地农会前在土地改革中收集到的文物图书，并督促区、乡人民政府行政机构对于此项文物图书负责整理，不得听任农会出售，由县、市集中封存保管，并造具清册，于一九五二年四月底前汇报省文教厅，以凭处理。如有特别贵重之文物图书，应立即提出运送省文教厅处理。二、对于各地私家藏书，各级地方政府应即加以调查，分报省文教厅与省文物管理委员会备查。并应随时注意保护，勿使遭遇损毁。如遇物主无力保存时，应鼓励其捐献国家。其中如有名贵文物图书，亦可酌予实物奖励。严禁售予纸厂化作纸浆原料，或零星售予杂货店铺作包扎用纸。三、纸厂用旧版书作纸浆原料，直接违反了政府保护历史文物的政策。各区专员公署，县、市人民政府应令饬属地造纸厂、手工业造纸组织，禁用旧版书及科学书作纸浆原料以保护祖国文化遗产。以上三点，希切实执行，并回报本府。"②

1952年9月11日，浙江省文化局下文各专署、县市人民政府等，称："奉华东文化部九月二日通知内开：'奉中央文化部八月十八日函内开：查北京故宫博物院所藏最珍贵的书画及古器物，曾被溥仪携出馆外一千余件。三年来虽经中央竭力搜购，所得甚少。在此次三反、五反

---

① 浙江省人民政府文教厅代电：《转知各地因土改所保存各项文物及书籍应封存报文化部由》，1951年6月1日，浙江省博物馆馆藏资料。

② 浙江省人民政府命令：《通报重视在土地改革中收集的文物图书不使损坏及禁用旧版书作造纸原料，法定三项，希切实执行由》，1952年2月6日，浙江省档案馆，档号：J101—003—1176。

运动中，溥仪盗出之书画古物，曾在各地发现了不少。为了保存这些古代最优秀的文化遗产，经报请政务院文化委员会批准，凡各地在三反、五反运动中发现的故宫古物，其已判决没收和已由当地政府收回的，均应及时送缴中央，拨还故宫博物院集中保管。希即与当地有关部门联系办理.'等因，用亟转知，即希你处密查，并将办理情况报局，以凭汇报。"①

1953年10月14日，浙江省文化局下文浙江省文管会等，称："奉华东行政委员会文化局十月七日化社（53）字第四零三八号通知，为奉中央文化部一九五三年九月廿二日（53）密发字第一三四号抄发中央人民政府政务院财政经济委员会一九五三年九月十七日（53）财经工物字第二八六号通知内开：'查各地收购杂铜中常发现有古铜文物，为了对历史古物的保管与研究，中央文化部及各地文化局在发现后曾屡次呈请价拨保存，但为数零星，所在地分散，公文往返拨调不便，为了简化手续，今后物资管理部门在杂铜的收售包装时，发现具有保存意义的古铜文物，可随时通知当地及附近的文化部门进行鉴定，如认为确有保存价值之古物，可由文化部门出具证明，直接与物资管理部门接洽价拨，不必再报中财委批准，但国家物资储备局应将拨交数量按季报告本委备查.'兹特转达，即希遵照办理并和有关部门取得联系。"② 11月26日，浙江省文管会就上述事宜致函浙江省合作社联合总社，称：接浙江省文化局转达华东行政委员会文化局十月七日化社（53）字第四零三八号通知，"关于是案在杭州方面，我会已派员与你社土产经营管理处及建国南路仓库联系，了解了所存铜器中确有古物，请通知遵照中央指示，随时由我会接洽价拨。""本省其他各市县，请你社通知下去，应将铜器中形式古老的，不要打碎，提出特别存放，积至相当数量，报告你社转知我会，再作联系处理。"③ 12月7日，浙江省文管会再次致函浙江省各级合作社，称：兹奉中央人民政府政务院财政经济委员会一九五三年九月十七日（53）财经工物字第二八六号通知，"现本省各地收购杂铜工作统由我各级合作社办理，而对于杂

---

① 浙江省文化局通知，1952年9月11日，浙江省博物馆馆藏资料。
② 浙江省文化局：《抄发中央财经委员会通知为文化部门价拨杂铜中古铜文物事》，1953年10月14日，浙江省博物馆馆藏资料。
③ 浙江省文管会致函浙江省合作社联合总社：《为遵照中央财委会指示关于文化部门价拨古铜文物事函洽办理由》，1953年11月26日，浙江省博物馆馆藏资料。

铜中古铜文物之鉴定及价拨、保存工作，系由省文物管理委员会办理。兹为贯彻执行中财委的通知，并结合本省具体情况，特共同拟定在收购杂铜中价拨古铜文物的执行办法如下：一、将铜器中形式古老与近代各种铜器用具不相同的或铜锈很多的器物和古钱等不要打碎，特别提出存放，积至相当数量，抄一清单通知省文物管理委员会，经鉴别需要价拨保存者，即依规定办理价拨手续。二、省文管会派赴各市县进行文物调查工作之人员，亦乘便至你社联系，如积有古铜器、古钱等，经鉴别后即可按照规定办法办理价拨手续。"①

1954年1月5日，浙江省文化局、浙江省公安厅就各地应加强对笨重文物保护一事下文，称："一、华东行政委员会文化局转知中央社会文化事业管理局一九五三年十月六日社物冶字第二九九六号函称：'近来各地发现有经幢石刻等笨重文物弃置田野，无人管理，或者往返请示，延不处理，致使文物遭受损失。今后凡关于各地原有或偶然发现的上项文物，应即遵照一九五〇年政务院颁发的保护办法第一项由当地主管部门迅速处理，并妥予保护，一面报告中央备查。希各省文化事业管理局遇有此类事件应即及时加以保护处理，以免继续遭受损失，并转知所属各有关机构注意保护。'二、查中央政务院一九五〇年五月廿四日政文董字第十三号令关于古迹、珍贵文物、图书及稀有生物保护办法中之第一项明文规定：'各地原有或偶然发现的一切具有革命、历史、艺术价值之建筑文物、图书等，应由各地方人民政府文教部门及公安机关妥为保护，严禁破坏损毁及散佚，并详细登记（孤本、珍品并应照相），呈报中央人民政府文化部。'兹为贯彻执行中央保护文物的政策、法令，结合本省实际情况，提出下列办法：（一）凡各地的寺庙、道观、祠堂、坟墓等或其废址上所有的古代经幢、大钟、造像、碑刻、牌坊、摩崖（刻在山上、山边的文字、图像）、石人、石兽及有历史价值的铁炮、铜炮等，各地人民政府文教部门、公安机关对于上项原有的或偶然发现的文物，应予妥善保护，严格防止破坏损毁，并随时报告我局。（二）凡进行垦荒、兴修水利、筑路及建筑等工程中，在地下发现前项文物时，应参照省人民政府一九五三年一月

---

① 浙江省文管会致函各级合作社：《为遵照中央财经委员会通知价拨收购杂铜中古铜文物规定办法并执行由》，1953年12月7日，浙江省博物馆馆藏资料。

廿九日命令规定及时慎重处理并报告我局。"①

1954年3月22日，浙江省人民政府就中央人民政府政务院1953年下达的《关于在基本建设工程中保护历史及革命文物的指示》一事发出《通知》称：为贯彻执行上述中央指示并统一行动，特作6点补充规定。"各级党政机关及所有干部，均有保护历史及革命文物之责任。特别是文化主管部门及基本建设部门更有直接加以保护的职责。在每一建设工程施工之前，施工单位应会同文物工作人员，向工人及技术人员进行关于保护文物的重要意义及政策教育，使其对保护历史及革命文物的意义有足够的认识，自觉地加以保护。""基建部门在确定较大基建工程之后，应于施工前一个月，将施工地区、工程种类及设计计划通知省文物管理委员会，以便派员实地勘察，商订具体保护办法，办法商定之后，有关方面均须认真执行。""本省地下蓄藏文物颇丰。如杭县之良渚，绍兴之富盛、柯桥、漓渚、平水各区及会稽山一带，嘉兴之双桥、崇德之洲泉、永嘉之上塘、罗浮山、瑞安之北首乡及丽塘等地，发现有新石器时代遗址与两汉六朝墓葬群，此外杭州市清平山、乌龟山，德清之新市，余姚之上林湖，永嘉之西山，龙泉之大窑、溪口、墩头，丽水之宝定等地已发现有古代窑址。各基建主管部门应尽量避免在上述地区进行基本建设。如确实有进行基建之必要时，必须事先与省文物管理委员会联系。如省文物管理委员会不能确定时得报请本府文化教育委员会决定。""任何工程如在地下施工中间发现地下文物时，工程主管部门应迅速通知省文物管理委员会派员前往处理，同时将已发现之文物按照原状，妥善保管。俟省文物管理委员会派员前往会同确定处理方法后，再行处置。""文物工作人员在工地清理文物，工程主管部门在组织上、物质上必须予以协助，并应协助解决储藏事宜。""凡积极宣传政府保护文物政策、法令，妥善保护文物，或对隐藏、盗窃出土文物之行为进行报告检举因而查获者，可由文化主管部门予以精神或物质的奖励。对有意隐藏盗窃出土文物或故意破坏文物者，应根据情况，分别轻重，予以适当处分。其情节严重者应送人民司法机关依法处理。"②

---

① 浙江省人民政府文化事业管理局、公安厅联合通知：《为希各地对笨重文物加强保护工作以免继续遭受损失由》，1954年1月5日，浙江省博物馆馆藏资料。
② 《浙江省人民政府通知》，1954年3月22日，浙江省博物馆馆藏资料。

1954年7月19日，浙江省文化局下发通知至各县（市）人民政府等，称："奉华东文化局一九五四年五月廿四日函通知：'各地古建筑多已年久失修，值兹大风多雨季节，对于防止坍漏工作，务须密切注意，即请你局转所属有关单位，予以重视，免遭重大损失。'根据我省实际情况，古建筑物甚多，各地情况尚未全面掌握，为此，特作如下通知：一、凡各地寺庙、道观、尼庵、楼台、书院、祠墓、碑塔、经幢、牌坊及名人故居等建筑物，在清初以前营建者均作古建筑论，当地人民政府须加保护。二、革命遗迹不论建筑早晚，须一律加以保护。三、各地在接到本通知后应即对当地古建筑物进行一次普遍调查（包括古建筑之名称、历史、规模、地位等情况），并上报我局。四、在调查了解中如发现在历史和建筑艺术上有特殊价值，而因年久失修，确有倾圮危险者，当地人民政府应迅速设法暂时搭架支撑，勿使倒塌，一面将危险情况、损坏程度、修建费用估计数等同时详报我局，以便研究，按缓急情况，在今后有计划地进行修建。以上各点希遵照办理，并通知所属有关单位，加强保护为要。"[1]

1954年11月30日，中国人民银行总行下发《关于保护具有历史艺术价值的古金银器物的通知》，提出3点规定。1955年1月4日，浙江省文化局下文浙江省文管会等，称："顷接中华人民共和国文化部（54）文社物字第一一〇号通知：'关于各地人民银行收兑具有历史艺术价值的古金银器物问题，经本部与中国人民银行总行研究协商后，已经该行规定收兑办法，并由该行通知全国各省市分行执行。兹将原通知抄送，请你局迅予转知你省文物管理委员会（文物组）等有关单位，嘱其主动与当地人民银行经常密切联系执行。'兹将原通知抄转。附中国人民银行总行通知抄件。"[2] 1957年1月19日，浙江省文管会致函中国人民银行浙江分行，称："关于保护具有历史价值的古金银器物问题，曾经你们总行与文化部研究后规定了在收兑过程中应做到的三点，于1954年11月30日以（54）银发穆字第297号通知各省市分行转知执行有案。在此国家基本建设和农业生产建设工程中，时有出土古金银器物具有历史和艺术价值的，这些都

---

① 浙江省文化局：《为奉华东指示加强对古建筑物之保护工作提出具体办法希遵照办理由》，1954年7月19日，浙江省博物馆藏资料。

② 浙江省文化局：《转知中华人民共和国文化部关于中国人民银行总行保护具有历史艺术价值的古金银器物的通知》，1955年1月4日，浙江省档案馆，档号：J169—006—018。

是祖国文化遗产。根据国家保护文物的政策法令,应该予以妥善保存。近来各地在工农业建设的土方工程中,有传某处大墓被掘出土金银器物多少,作进一步了解时又有说已向银行兑去,无法觅得原物。去年龙泉县拆毁古塔三座,有拆出金银塔一座,传已兑给银行。这些情况现在我会尚未深入了解确实。但既有此种传说,可能你行各地方机构部分人员对于你们总行的通知未曾了解。特为商请你行重行通知全省所属机构,如遇有群众携带出土古金银器物前来兑换,凡属形状特殊,不似近几十年内制造者,均照通知规定各点办理,并将兑得的金银器物不打扁、剪断、融化,仍将原物汇送你行,你行收到后应随时通知我们派员前来鉴别,共同研究处理,作价保存。"①

1955年12月15日,中华人民共和国内务部、文化部下文各省、直辖市、自治区人民委员会,称:"据最近了解,全国各地许多高大的古建筑,因为没有避雷针设备,如装置电灯电线,在雨季易发生危险;并有不少使用古建筑单位,对防火安全方面注意非常不够。有的檐下、梁间,电灯电线纵横交错;有的火炉烟囱,紧贴隔扇装修或梁柱檐头。似此情形,对古建筑的保护极为不利。几年来,亦屡有古建筑被毁事件发生,造成不可补偿的损失。为此,特函请你会通知各使用保管古建筑单位注意下列事项,并请你会加强督促检查。(一)凡装有电灯、电线及其他带电设备的单位,必须会同电业部门仔细检查。如有陈旧电线或安装不安全的,应即更换,重新安装。为永久安全计,凡使用有重要历史艺术古建筑的单位,根据可能条件,应考虑把电线安装在地下,以减少与建筑物木构部分的接触面。(二)凡装设火炉、汽炉的单位,必须注意火炉和烟囱的位置,不得紧贴木材梁柱,并注意烟囱的温度和烟道出口情况,时时加以检查。(三)在重要古建筑内部和屋檐廊下,不得堆存柴草、油类和易燃的物品。如有堆放,必须加以清除。(四)现在没有使用的古建筑,应由各地民政、文化主管部门负责会同有关机构注意检查,不得疏忽。"1956年1月6日,浙江省人委下文各专员公署,市、县人委,省民政厅、公安厅、省文化局、省教育厅、省文管会等,"现将内务部、文化部一九五五年十二月十五日关于各使用、保管古建筑的机关注意防火以保护古建筑的安全

---

① 浙江省文管会致函中国人民银行浙江分行,1957年1月19日,浙江省档案馆,档号:J169—009—041。

函，转发给你们，希照此执行。"①

1956年7月26日，浙江省人委就私营古旧书业改造等问题指示杭州、宁波、温州、绍兴市人委，新华书店浙江分店和省文物管理委员会，称："关于私营古旧书店的管理和改造问题，最近国务院和中央文化部曾有指示。为防止有价值的古籍书、珍贵史料档案等的流失，保存国家历史文物，以供给文化学术和科学研究的需要，对私营古旧书店的管理和改造，必须慎重处理。根据中央指示的精神，特作如下通知：一、古旧书业中一部分具有经营古旧书技能和目前藏有较多古旧书籍的店，在1956年内全部改为公私合营。根据充分发挥古旧书店经营积极性的精神，除杭州地区可考虑成立公私合营古旧书门市部外，一般均不进行清产核资，定股定息的工作，继续让其分散经营。二、原来经营古旧书收售业务的古旧书店，即使目前收售的古旧书较少，仍以划归古旧书业安排改造为宜，在当地文化行政部门或国营新华书店的领导管理下，通过组织自营的形式，继续进行经营。宁波市于1955年7月将18家古旧书店完全划归废纸业安排改造的做法是不妥当的，必须根据本通知精神，重新研究，除专门收售废纸的外，其他均应划归古旧书业安排改造。三、原来专门收售废纸的，可划归废纸业，但古旧书店必须和他们建立业务上的联系，当他们搜罗到古旧书时，可由古旧书店收购，以免有些古旧书当废纸处理而受损失。四、古旧书业由当地文化行政部门领导管理，或由文化行政部门责成当地新华书店负责领导管理工作；浙江省文物管理委员会对各地古旧书店的业务应加强联系，给予协助和指导。文化行政部门、国营新华书店和省文物管理委员会应指导他们继续深入民间调查研究，了解与掌握货源，并帮助他们正确地推销；研究书籍的评价，逐步做到对古旧书的出售价格，对珍贵书籍的流通有一定的控制；对困难户应设法请银行贷给一部分款项或由国营书店批给一些新版古籍书予以经销。对古籍书的定价、私方人员的工资待遇、盈利分配等问题，应从照顾他们的经营特点（他们是文化服务性的行业，不同于一般行业。他们没有固定的货源，因此也不可能有固定的价

---

① 中华人民共和国内务部、文化部函：《请通知各使用、保管古建筑的机关防火以保护古建筑的安全由》，1955年12月15日；浙江省人民委员会办公厅：《关于转发中华人民共和国内务部、文化部关于各使用、保管古建筑的机关注意防火以保护古建筑的安全的函的通知》，1956年1月6日，浙江省档案馆，档号：J010—007—064。

格；经营周转慢，利润也不固定；经营人员必须有一定的修补、鉴别版别的技能等），保持和鼓励他们的经营积极性出发，慎重研究，以利于古书的发掘、保存和利用。对古旧书店中有修补整理技术的人员，应由古旧书店妥善安置，使他们继续经营此项业务。五、有关废纸收购和造纸工业部门，在废纸销毁前必须经过严格的检查，如发现有古旧书籍情况，应负责保存，并通知省文物管理委员会前来检查后处理。"①

1956年11月30日，浙江省人委下文各专署，各市、县人委，称："为在基本建设和农业生产建设中贯彻保护文物的工作，遵照国务院指示：除对历史和革命文物遗迹进行普遍调查工作外，应先就已知的重要古文化遗迹等提出保护单位名单，先行公布，然后将名单上报文化部汇总审核，并在普查工作中逐步补充，分期分批地由文化部报告国务院批准置于国家保护之列。现在省文物保护单位第一批目录，已由省文管会拟就，经省人民委员会批准先行公布，希各市、县按所在地点通知各乡作出标志加以保护。同时各县、市人民委员会应邀请熟悉本地文物情况的人士，进行座谈了解，提出应由省人委明令保护，而此次尚未列举的、现存的革命及历史遗迹、古代建筑、考古学遗迹、天然纪念物目录（附说明）于三个月内汇报省文管会。对进行基本建设及农业生产中所临时发现的文物，亦应妥为注意，并随时报告省文管会。"②

1957年6月10日，浙江省人委就近年来"外来古董商人流入我省，非法收购古文物，造成部分县（市）挖掘古遗址、古墓葬，盗取古文物事件，情况极为严重。"这一现象，下发《通知》称："不论地面或地下的古文物，都是祖国的宝贵文化遗产，是全民所有的文化财产，任何人不仅不应该加以破坏，且有保护的责任。原中央人民政府政务院、中华人民共和国国务院、省人民委员会都曾有明文通知，作过详细的规定。""今提出下列四项办法，希各级人民委员会切实执行：一、原政务院1953年10月12日'关于在基本建设过程中保护历史及革命文物的指示'；国务院1956年4月2日'关于在农业生产建设中保护文物的通知'；省人委1956年11月30日'公布第一批浙江省文物保护单位名录的通知'，都是

---

① 浙江省人民委员会：《关于对私营古旧书业改造和管理意见的通知》，1956年7月26日，浙江省档案馆，档号：J101—007—063。

② 浙江省人民委员会通知，1956年11月30日，浙江省档案馆，档号：J101—007—064。

有关保护文物的重要法令,各县(市)必须加以重视,切实认真地贯彻下去,依照法令规定,严禁盗掘古文化遗址(包括古窑址)、古墓葬等。二、在工业建设或农业生产中发现文物,必须立即报告当地文化部门,并将出土文物移交文化部门保管。对于隐匿不交的人,各工程队、农业社、乡人民委员会应动员说服上交。如有擅自变卖的,应送交当地人民法院处理。三、解放以后人民群众掘取古遗址、古墓葬所得文物,由各级人民委员会动员一律上交。解放以前的出土文物或家藏旧有出土文物由当地乡(镇)人民委员会逐步调查登记,并将副本送省文物管理委员会备查。四、发现古董商人、本地古董贩子非法收购出土文物,或者引诱农民盗掘古遗址、古墓葬的,除没收其文物外,并送交当地人民法院处理。"①

1957年8月3日,浙江省文化局接文化部来电称:"自1955年至1957年7月,北京故宫、午门、颐和园等处部分建筑已遭雷电击坏,损失严重,根据周总理指示,在全国范围内的重要古建筑物都应安装避雷针。"8月16日,浙江省文化局下文浙江省各县、市人民委员会,"请你委即行研究提出本县市内安装避雷针的重大古建筑名单(一般为市内廿公尺,郊区十六公尺以上者),并迅与电业、建筑等部门联系安装。我局认为必须安装的单位有:杭州市:梵天寺、文澜阁、灵隐寺正殿及天王殿正殿经幢、凤凰寺正殿、白塔、净慈寺、昭庆寺、虎跑寺门口的二个经幢、西泠印社、岳坟、青白山居共十一处。""余姚县:保国寺;金华市:天宁寺;宣平县:延福寺正殿;宁波市:天一阁、天封塔;湖州市:飞英塔;天台县:国清寺塔;义乌县:大安寺塔;诸暨县:元祐塔;黄岩县:庆善寺塔;浦江县:龙德塔;嘉善县:大胜寺塔;临安县:功臣塔;临海县:千佛寺。""以上单位应即联系有关技术部门研究决定所需经费,除杭州市九处的安装费用(文澜阁由浙江博物馆负责,青白山居由浙江图书馆负责)由杭州园林管理局与我局协商解决外,其他县市可先由各地垫付后,提出追加预算后报省核批(如需搭脚手架,花费巨大者应先报预算,由我局核批)。同时,你委应对本地区内其他重大古建筑安装避雷

---

① 浙江省人民委员会:《关于禁止盗掘古墓和再次贯彻保护古物法令的通知》,1957年6月10日,浙江省档案馆,档号:J169—009—041。

针问题，作统盘研究，以免遗漏。"①

1961年5月22日，浙江省商业局、省文化局就改变文物商业的性质和管理体制方案下发联合通知至浙江各地文教、商业部门，称："兹将中央文化部、商业部、对外贸易部关于改变文物商业的性质和管理体制的方案联合通知转发给你们。关于改变文物商业的性质和管理体制，对加强流散文物的保护和管理工作有重要意义。请你们根据这一通知和方案，结合具体情况研究执行。""兹根据我省具体情况提出以下几项补充意见：一、根据我省具体情况，古旧书店、珠宝商店的经营业务，与文物保护管理有很大的关系，应移交至文化部门领导。二、本省现有文物、古旧书等合作商店，应暂时保持现状，不要急于过渡和改组。现有之文物商业的从业人员，应当从有利于流散文物的保护与管理出发，加强对他们的教育和改造，适当地加以安排，不要作不适当的调动。三、凡没有条件成立文物商店的市、县，各该市、县文化部门应指定专业人员负责流散文物的保护管理工作，必要时可以委托商业部门指定一个或数个有关营业单位代为收集当地的流散文物，由文化部门酌给必要的手续费。四、各市、县废品收购站、废纸商店，在收购废品时，应加强文物特别是革命文物的检查工作，各市、县的文化部门应经常帮助收购站提高业务水平，增强鉴定能力，并经常会同废品收购部门进行拣选。五、各市、县在加强流散文物的保护管理工作中，应特别注意革命文物的征集、保护与管理工作。""以上通知、方案和补充意见各地在执行时，应随时将情况和问题告诉我们。有移交的市、县在移交完毕后，应写出总结报告寄给我们。"②

上述一系列文物保护政令条例的颁布，虽然主要是为了转知、配合国家相关法律条文的贯彻实施，但确也符合新中国成立初期浙江省文物保护工作的实际，既有针对性，又有可行性，加之部分外延、内涵的扩充，因此可以看成是新中国成立初期浙江省文物保护政令条例的重要组成部分。

---

① 浙江省文化局：《请迅即对你县市重大古建筑物安装避雷针的公函》，1957年8月16日，浙江省档案馆，档号：J169—009—041。

② 浙江省商业局、浙江省文化局：《转发文化部、商业部、对外贸易部关于改变文物商业的性质和管理体制的方案的联合通知》，1961年5月22日，浙江省档案馆，档号：J169—013—013。

二、新中国成立初期，浙江省委及相关职能部门本着因地制宜的方针，针对浙江实际，制定并实施一系列文物保护政令条例，取得良好效果。

1950年5月20日，浙江省人民政府谭震林主席签署命令，称：历代文物为我民族文化遗产，其中不少具有历史、学术或艺术价值。但在干部群众中尚未进行深入教育以前，各地图书、古物的散失、毁损，时有所闻，此实为人民文化宝藏之重大损失，亟应引起严重注意。本府为有组织有计划地进行此项工作，特行决定如下："1. 凡历史文物保藏较多之县（市）可聘请当地热心历代文物或具有研究之人士，共同组织文物管理委员会负调查、保护、整理、管理之责。2. 军队、机关、人民对于所在地具有历史意义之文物，均需尽力保护，不得加以破坏或任其损毁。3. 凡在各处发现之文物，如古代石器、铜器及其他金属器、陶器、瓷器、玉器、漆器、竹木器、齿牙骨角器、皮革器、丝麻棉等编织物及刺绣，凡各种化石，凡古版及各种珍贵版本、孤本、绝本、抄本与不常见之书籍，碑版、甲骨、金石文字及其他拓本，图书版片、简牍、档案文书、字画、佛像以及近代的中外图书仪器，报章、杂志、图表，均应妥为保管，不得毁损。4. 凡各地名胜古迹，如名寺、名刹及其他附属建筑、古佛像、碑碣、壁画、古冢墓、名人故居等不得移动，应原地保管，并责成当地政府负责保护。必须移动者，应呈报省人民政府批准。5. 凡各地古物，严禁偷盗与私人发掘，如因开垦、建筑等事，发现埋藏土内之古物，应即送交政府，其在已设文物管理委员会地方，并得径送该会保存。6. 私人收藏之历代文物，仍为私人所有，任何人不得侵毁，政府应加以保护。如搬移、转让时，须呈报政府或当地文物管理委员会，如无力收藏，可洽商当地政府，由文物管理机关代为保护陈列，其主权仍属私人。7. 凡地方人士捐献其所收藏之古物图书归公保存者，政府当予以适当表扬奖励。8. 各地呈交之图书目录与古物清册应详细具体，兹列举报告要点如下：关于图书者应查明：书名、著者（或编者、译者）、校者、版本（出版之年、地、人等）、装订、收藏者、鉴赏者、高广、册数、卷数、页数、函数、完缺情形、来源、价格等。关于古物者应查明：品名、质地、大小（高、长、宽、直径）、颜色、花纹、重量、文字、字体、收藏者、完缺情形、来源、价格等。关于古迹者应查明：地址、方位、座落、样式、面积、完缺情形、内藏造像、壁画、碑、匾等。9. 各地因图书、古物上缴所开支之装运、保管等费用，经省人民政府批准，予以报销。"①

1951年11月30日，浙江省文管会致函浙江军区暨工业厅等机构，就"浙江军区在西湖九里松一带建筑房屋，掘出古墓砖及殉葬瓷砖等随即敲碎充作建筑之用"一事提出异议。②12月11日，浙江省人民政府文教厅就此事下文本省各建设行政部门，称：本省文物管理委员会，为"避免历史文物遭受不必要之损失。建议各建设机关转饬各该所属主办采石、开凿、造林、溶河、筑路及建筑部门，因进行工程而发现古物或古文化遗址，及古墓葬时，应即报当地人民政府转知该会，一方面按照原状合理保管，如有已出土可以移动之古物，应即移交该会保存。"③

1952年4月19日，针对绍兴县漓渚、富盛、东湖等区若干乡村部分群众，有以开荒为名，挖掘古墓，盗取古物一事，浙江省人民政府发布命令，称："特通令全省各专员公署、县市人民政府引起普遍注意，应严格执行保护民族文化遗产之政策，并即行转令所属各区乡村政府、农会严禁发掘坟墓，盗取古物财宝。此后各地如再有发生此类情事，各地方政府应即时加以教育制止，其情节严重者应酌情拘送当地人民法院依法予以处分，希即遵照切实执行为要。"④

1953年1月29日，浙江省人民政府主席谭启龙签署命令，称："查保护民族文化遗产，迭经中央颁布各项法令通饬执行有案，在此基本建设展开之始，各有关厅、局、专署、市、县人民政府应转饬各该单位所领导的建设工程部门全体干部，对于各地文物、古迹必须注意保护，勿使稍有损坏。兹将应行注意办理各点列告如下：一、进行建设工程中，对于地面的革命遗迹、古城廓、宫阙、关塞、堡垒、陵墓、楼台、书院、园林、废墟、名人故居、寺庙、碑塔、雕塑、石刻等，均应注意保护，严禁毁坏。如确有必要拆除或改建时，应事先呈报本府核准后始得动工。又如发现地

---

① 浙江省人民政府命令：《为保护我民族文化遗产特颁发'关于保护历代文物的决定'仰各遵照此令》，1950年5月20日，浙江省档案馆，档号：J039—003—004。

② 浙江省文物管理委员会：《为请行文浙江军区暨工业厅等机构转知所属工程部，关于进行工程中注意保护文物由》，1951年11月30日，浙江省档案馆，档号：J039—003—004。

③ 浙江省人民政府文教厅：《函请转知有关建设行政机构注意保管文物》，1951年12月11日，浙江省档案馆，档号：J039—003—004。

④ 浙江省人民政府命令：《为保护古迹文物禁止发掘坟墓盗取古物财宝，希严格执行并饬属遵照由》，1952年4月19日，浙江省档案馆，档号：J039—004—004。

下的古文化遗址、古墓葬或古物时,并应立即呈报本府,听候指示处理,一面由该工程部门按照原状合理保存,在未得指示前不得擅自发掘,其已出土可移动之古物亦应由该工程部门妥为收集,缴送省文物管理委员会保存研究。二、各工程部门进行工程中,对于上述地面的革命遗迹及陵墓、园林、寺庙、碑塔等古建筑物,因必须拆除或改建而报到上级后,各厅、局、专署、市、县均应立即转报本府;同时并抄送省民政厅、省文化事业管理局、省文物管理委员会等三个机关。又如发现地下的古文化遗址、古墓葬上报后,各厅、局、专署、市、县府亦应据情立即转报本府,同时抄送省文化事业管理局、省文物管理委员会等二个机关。三、各有关建设工程单位或部门计划一规模较大之建设工程或开垦时,可于施工前速与省民政厅、省文化事业管理局、省文物管理委员会联系,请各派员会同作实地调查了解,并对该区内的古建筑、古墓葬之应存应废,双方配合筹划,籍使建设工程与保护文物并行不悖,做得更好。四、又如于工程进行中,在地下发现古物或古文化遗址、古墓葬时,而工程紧迫不及呈请指示处理者,则由该负责工程单位一方依照规定呈报本府,一方即径与省文物管理委员会联系,俾即由该会派员前往作紧急抢救、收集、清理等工作,以免文物之遭受损失与延缓工程进度。以上各点均应切实照办,并转饬所属关系部门全体干部密切注意严格执行。"①

1954年1月19日,浙江省文化局就保护绍兴市区内太平天国壁画一事下文绍兴市人民政府,称:"兹据华东文物工作队浙江组及省文物管理委员会调查报告称:你市区内太平天国壁画十处,其详细情况如下:一、来王(陆顺德)殿,在下大路一○八号,现存厢房内有团龙彩绘,颜色已暗淡,二门四周有石雕小龙和八仙圆桌,门内墙上绘有大幅的凤凰,但已大半剥落。二、下大路草藐桥十六号进士第内有一小楼,上下层都有以山水花草为主题的壁画,相传也是太平天国时代画的。三、南街刺史第内有彩绘团龙和以神话人物、战争故事为主题的壁画四幅,还较完整。四、探花桥探花第内大厅梁枋上都有画龙的痕迹。五、水澄巷南元堂药栈内大厅梁枋上都有画龙的痕迹,隔壁人民银行内原有画着壁画的墙一座,现已遭拆毁。六、孟家桥李家台门,二进内有彩绘团龙一条和八幅以人物战争

---

① 浙江省人民政府命令:《为配合基本建设做好文物保护工作提示应行注意各点务须切实照办由》,1953年1月29日,浙江省博物馆馆藏资料。

故事为主题的壁画，比较完整。七、鲁迅故居老台门内，大厅内三面都有壁画，也以人物战争故事为主题的，但有屡画屡粉去的痕迹。八、前观巷凌家台门，大厅和天花板上有画龙，大厅后壁有一幅山水画，还较完整。九、画壁庙前花台门，大门背后画有团龙，墙上有画狮痕迹，大厅后壁画有罗汉图。十、大营门口九号夏家台门，大厅梁上都有画龙痕迹。我们意见：其中李家台门与老台门两处应责成鲁迅纪念馆妥善保护外，其他八处希即通知各居户注意保护，不得粉刷、剥落或拆毁，并根据不同的具体情况设法保护，不得再使其遭受损毁。并请你市经常派人检查保护情况，如发现问题，可随时报告我局。"①

1954年1月25日，浙江省文化局就绍兴市询问有关古代建筑之木雕、石雕、砖雕的保护事宜复函称："根据省府一九五〇年府教字第三二六三号命令中关于保护历代文物的决定第三条、第四条之规定。你市古代建筑中木雕、石雕、砖雕既系古建筑上之附属物，即应妥善保护，不得散佚，不得随意采集。请即将你市已发现古代建筑中之木雕、石雕、砖雕报我局转知省文物管理委员会派员前往鉴定后再决定是否应由中央美术学院华东分院采集。在省文管会未作鉴定前，不得移动。"②

1954年1月26日，浙江省文化局就"华东文物工作组浙江组及文化馆反映，目前分散各地之古书画甚多，但无人负责保管。"一事，下文浙江省各县市人民政府。称："兹为保存我国古代之文化遗产，各地人民政府应对本地存在之古书画等作一次检查，其中如有珍贵版本应报我局处理，其他一般古书画在未有妥善处理办法前，暂可交由各地文化馆保管。为防止古书画霉烂损坏，每半年中至少应设法翻晒一次，如藏书房屋破漏，亦应加以修补。特此通知，希即研究执行。"③

1954年9月7日，浙江省人委下文浙江军区政治部称："为配合军事工程做好文物的保护工作，前曾由你部介绍文管会干部前往有关基建工地进行抢救文物工作的联系及实地调查工作。据前往工作干部汇报：'江山

---

① 浙江省文化局函绍兴市人民政府：《为请设法保护太平天国壁画由》，1954年1月19日，浙江省博物馆馆藏资料。

② 浙江省文化局致函绍兴市人民政府：《为你市古代建筑中木雕、石雕、砖雕等应妥善保护，不得散佚由》，1954年1月25日，浙江省博物馆馆藏资料。

③ 浙江省人民政府文化事业管理局：《为请保护古书画等古代文化遗产由》，1954年1月26日，浙江省档案馆，档号：J169—006—029。

老虎山、贺村工地土层简单，地下埋藏文物的可能性不多，金华工地则发现古墓及六朝瓷片，今后有再派员工作的必要。'文物管理委员会为更好地配合军事工程做好文物保护工作提出几点意见，兹抄转如下，函请你部研究。""文管会提出意见：一、请浙江军区有关单位与我会加强联系，如非绝对机要工程，希于开工前通知我会，当派政治质量较好的干部前往调查清理，以免文物遭受破坏。二、为引起群众对文物的普遍重视，得到更好的保护，各建筑连队的文化教员似应以爱护文物的重要意义以及文物的基本常识作为宣传教育内容之一（宣传资料可参考我会印发的'基本建设文物保护工作参考资料'）。"等共9条。①

1956年5月3日，浙江省人委就收集、收购废铜铁中应注意保存铁制文物一事发文，称："接浙江省文管会报告，据他们了解，本省各地留存的铁制文物数量很多，为了使收集、收购废铜铁的任务很好完成，同时又能使各地有历史价值的铁制文物妥善保存，提出两点意见。我们认为这些意见很好，特抄转各地，希在收集、收购废铜铁的工作中予以注意。一、有关寺庙中的铁佛、铁塔、大钟、香炉等，把应该保存的和不必要保存的划清界限。应保存的有：1. 铁佛不论大小，一律保存（如湖州铁佛寺铁观音是北宋天圣三年铸造的，又有明朝铸的铁佛三尊）；2. 铁塔一律保存（如义乌稽亭乡双林寺大小铁塔是历史艺术价值极高，国内存者极少的文物）；3. 大钟、香炉、烛台等一般都铸有年代，凡在唐、宋、元、明及清代顺治、康熙、雍正、乾隆年代铸造的均应保存。二、历代兵器如刀、剑、枪、炮、盔甲等，尤其是铁炮，各府、县、城、镇、衙所遗留尚多，应该保存的如：1. 有铸造年月或铸造机关名的炮一律保存；2. 有外国文字的炮，一般是帝国主义侵略我国或反动统治勾结帝国主义镇压人民的铁证，一律保存；3. 没有文字的炮，在沿海地带大部分是明代防御倭寇或鸦片战争以来抵抗外国侵略所有的炮，均应保存（如同一地点有同样两尊以上的，保留一尊）。"② 1958年6月26日，为适应当时形势发展需要，浙江省人委对上述《通知》的第一点做了适当修改："寺庙内铜铁

---

① 浙江省人民委员会：《转达省文物管理委员会为配合军事工程做好文物保护工作提出的几点意见》，1954年9月7日，浙江省档案馆，档号：J159—004—013。

② 浙江省人民委员会：《关于在收集、收购废铜铁中注意保存铁制文物的通知》，1956年5月3日，浙江省档案馆，档号：J101—007—064。

制的佛像、塔、大钟、香炉等，应该保存的和不必要保存的划分方法如下：1. 铜、铁佛像不论大小，一律保存（如湖州铁佛寺铁观音是北宋天圣三年铸造的，又有明朝铸的铁佛三尊）；2. 铜铁塔一律保存（如义乌稽亭乡双林寺大小铁塔是历史艺术价值极高，国内存者极少的文物）；3. 大钟、香炉、烛台等一般都铸有年代，凡在唐、宋、元、明铸造的均应保存。清代铸造的，除具有历史艺术价值的以外，可以收集、收购。"[①]

1957年2月21日，浙江省文化局、省供销合作社联合发出关于保护文物的通知称：我国古代书籍及文物是民族文化的宝贵遗产，对研究我国历史科学文化的发展有重要的作用。但有不少地方，对文物保护工作做得很差，致使祖国文化遗产受到损失。如1955年浙江运去上海的废纸中，就拣选到明清刻本府县志440册等不易多得的文物；散在民家和祠庙的旧铜铁器，从古墓出土而流散的铜铁器往往也有不少是具有历史价值的珍贵文物，被当作废铜铁。为贯彻保护文物的法令政策，避免上述情况的再次发生，特提出保护历史图书、文物的几点意见，请各地研究，通知所属有关部门贯彻执行。1. "各县、市文教部门必须注意从旧书纸、旧铜铁器中保存历史文物的工作，建立经常检查旧书纸、废铜铁的制度，主动地与当地供销社等收购废品的单位取得联系。" 2. "要求供销合作社收购'废纸'、'废铜'、'废铁'，手工业方面收购纸类原料时，必须与当地文化部门密切联系，在收购打包过程中认真注意发现有类似文物或有疑问的情况，应即通知当地文化部门细加检查，让有关部门或旧书商合法选购，作价由双方协商确定。" 3. "各县市对此项检查，可先由文教局（科）组织当地文化馆、图书馆或社会力量进行初步检查，发现有图书史料，或形制特殊的重要古金属器时，应先保留下来，函报社、局及省文管会处理。" 4. "各县市文教部门在检查工作中如选购有关地方文献（如县志、乡镇志、县人著作）和适用的旧书，可在文化经费中酌列购书费预算，书交图书馆或文化馆保存，但必须将书目报局备案。其他贵重书和拣选出的金属器，通知省文管会和浙江图书馆、博物馆选购。" 5. "对县（市）、乡、镇、村各级干部与广大人民必须进行有关抢救保护古旧书与古铜器的宣传教育。对废品小商小贩和手工业者也要多加教育说服，使其自愿报告发现

---

① 浙江省人民委员会通知，1958年6月26日，浙江省档案馆，档号：J101—009—067。

文物情况和接受检查。"①

1957年，浙江省文化局、浙江省文管会联合发文至各市、县人民委员会，称："近来某些地区发现有群众私自拆掉古墓、古塔的砖头，转卖给需用单位，或占为己用，以致破坏了文物古迹，并有个别地区造成生命事故。龙泉县拆掉古塔，毁掉塔内重要文物，是最典型的事例，目前有关部门仍在调查研究处理中。德清县城郊下兰山南文明塔，被群众挖去塔基一角，严重影响了此塔的寿命。丽水县厦河塔，也被群众挖去塔基一角，使塔身有倾塌危险。绍兴东方农业社、星墩农业社等的部分社员，私自拆掘古墓砖，卖给柯桥云集酒厂。星墩社有三个社员因钻进古墓里拆砖头，遭古墓塌压而死。""为了确切保护国家的文物古迹，避免不必要的生命事故，特函你市、县了解当地是否有类似情况，并立即转知有关方面，防止类似情况的再发生，凡已被拆掉的部分古塔塔基，所属市、县人民委员会应立即修复，经费自行设法，并将修复情况报来本会。"②

1957年10月18日，浙江省公安厅下文各县市公安局、专署公安处，称："接中央公安部通知，近来发现香港、广州、北京、上海等地旧货古董商与国外勾结大量盗卖祖国古代文物出口，各地必须加强调查控制，如有发现上述情况速报公安部。又据省文管委员会告称：上虞县有以古董商杜金敖为首的集团，专事盗掘古墓出卖文物活动，并与上海、杭州、香港人有联系。""现已责令上虞、杭州市公安局布置侦察。"并"通报各地迅速对古董商进行一次彻底调查，如发现有盗卖活动，立案侦察，严密控制；如发现有文物外运即予截留，并速报公安厅，听候处理。"③

1957年11月11日，浙江省省长沙文汉签署保护文物命令称：近年来各地不断发生古董商非法收购文物，牟取暴利，甚至教唆哄骗群众，盗掘古遗址、古墓葬，致使文物遭到严重的破坏和损失。"为坚决贯彻国家保护文物政策法令，坚决取缔古董商的非法活动，杜绝盗取地下文物的行为，现作如下规定：1. 凡地下古遗址（包括窑址）、古墓葬内文物，一律

---

① 浙江省文化局、浙江省供销合作社：《关于做好保护文物的联合通知》，1957年2月21日，浙江省博物馆馆藏资料。

② 浙江省文化局、浙江省文管会：《关于防止发生破坏文物事件的联合通知》，1957年，浙江省档案馆，档号：J169—010—041。

③ 浙江省公安厅关于迅速调查、控制古董商的通报，1957年10月18日，浙江省博物馆馆藏资料。

归国家所有，私人不得占有。盗掘文物者，除必须交回所有文物外，根据情节轻重，予以批评教育或拘送当地人民法院依法处罚。唆使盗墓和为首盗墓者，加重处罚。2. 解放后，因工农业生产建设或其他原因所得地下文物一律交由市、县人民委员会转交省文物管理委员会保管，不准私人买卖或匿名为己有。但解放前一贯依盗掘古墓为业者，其盗掘所得文物，应主动交还当地政府保管。如有盗卖及破坏文物者，当地人民政府应及时加以制止。其情节较轻者，予以批评教育；其情节严重者，应拘送当地人民法院依法处理。3. 在基本建设工程中所迁移有主坟墓或私人迁墓发现文物时，原则上文物应归国有，但在特殊情况下，可另作适当处理。4. 禁止古董商在农村中非法收购文物。此外，无论外地或本地的机关、团体、学校、企业等人员，在本省收购具有重大历史、艺术价值的文物，必须事先通过省文物管理委员会同意，持凭省文物管理委员会证明，向当地人民委员会接洽后，在指定地区和文物范围内进行；否则，将已收购的文物，予以部分或全部没收。5. 凡具有革命的、历史的、文化的、艺术的珍贵文物，严禁出口。凡违反本规定，与外地古董商联系，而企图盗运禁止出口的文物者，除没收其物品外，得按情节轻重，予以惩处。详细办法，按照中央人民政府政务院一九五〇年五月二十四日颁发'禁止珍贵文物图书出口暂行办法'执行。"[1]

1957年11月13日，浙江省人委针对"1956年全国农业生产高潮以来，全省各地在兴修农田水利工程中，有些地区发生了破坏文物的严重情况"，如黄岩秀岭水库一期工程、瑞安桐溪水库工程中都发生破坏古墓葬事件。发文称：目前"各地的基建单位主动的向文物机构联系有关工程和文物的情况很少，这说明在农田水利工程中爱护文物的问题还未引起有关部门的足够重视。由于农业生产建设范围空前广阔，农村的文物保护工作已绝非少数文物工作人员所能胜任，为此，特作以下规定：一、按照省人委1954年府文物字第1149号通知第二项规定'基建部门在确定较大基建工程之后，必须于施工前一个月，将施工地区、工程种类及设计计划通知省文物管理委员会'以便配合，使工程能够顺利进行，文物得到保护。二、每个工程中应指定干部一人（或若干人）兼做文物保护工作，并使

---

[1] 浙江省人民委员会布告，1957年11月11日，浙江省图书馆古籍部特藏资料，第02186号。

群众组织中的宣传鼓动员负起这一工作任务。会同当地文化部门，在工程开工后，通过会议、广播、黑板报、幻灯和举办小型文物展览会等形式向参加工程的干部、民工进行保护文物的宣传教育工作，发挥广大群众固有的爱护乡土、革命遗迹和历史文物的积极性，使保护文物成为广泛的群众性的工作。三、各工程单位在进行建设设计前，应参阅省人委公布之文物保护单位目录，尽量避免在各该地区施工，如不能避免时，应根据省人委（56）浙文办字第4053号通知的规定办理。四、工程中发现的文物情况，必须及时向省文物管理委员会报告，如在工程的取土场内发现古遗址，应立即停止取土，另择取土场。发现的古墓葬，必须动员民工坚决加以保护，不许任意破坏。五、地下蕴藏的文物，都是国家的文化遗产，为全民所共有。在工程中，如果有零星文物发现应全部集中，上缴省文物管理委员会，严防散失和破坏分子盗窃。六、在兴修农田水利和有关农业生产建设中，各级国家机关工作人员，各地农业生产组织和农民，由于及时报告情况或其他努力，因而使重要的文化遗迹或文物得以保护保存者，应该由文化部门予以表扬或奖励；对于文化遗迹和文物采取粗暴态度，以致造成不可弥补的损失者，应该由当地文化部门视情节轻重，提请检察部门予以适当的处分或依法移送人民法院判处。"①

1958年1月2日，浙江省商业厅下文各专署、市、县商业局，称："为了坚决贯彻国家保护文物的政策法令，取缔古董商的非法活动，杜绝盗窃地下文物的行为，省人民委员会在1957年11月11日发出了布告。各地商业局应在当地人民委员会统一领导下，配合文教部门进行贯彻，加强对古董商贩的管理，禁止省内外古董商贩收购地下文物和1840年鸦片战争开始，各个阶段的反帝、反封建革命运动的革命文物史料，以及严禁具有革命的、历史的、文化的、艺术的珍贵文物出口。教育古董商贩遵守国家有关保护文物的政策法令。对违反国家保护文物政策法令的行为，应严肃予以处理。"②

1958年2月27日，浙江省文化局、浙江省文管会就"在水利工程中

---

① 浙江省人民委员会：《关于兴修农田水利及有关农业建设中保护文物的通知》，1957年11月13日，浙江省档案馆，档号：J169—009—041。

② 浙江省商业厅：《关于贯彻执行省人委"关于保护文物"的布告的通知》，1958年1月2日，浙江省档案馆，档号：J169—010—041。

破坏文物的现象，在少数地区仍有发生"，"如萧山河上区桃源乡紫湖高级农业社，曾拆除古墓石板去建水库；金华安地乡有个别干部在兴修水利时，拆除有较高考古价值的宋代墓葬，将墓中有浮雕的石板搬去砌通水沟用；庆元县竹口乡在开疏渠道时，破坏了部分明代瓷器窑址。""为了今后在水利工程中，使文物得到确切的保护，特提出如下几点意见：一、各县的水利部门领导，对本县计划中的或正在动工的各大小水利工程所在地，全面进行检查，有无古遗址、古窑址和古墓葬？是否涉及省人委公布的文物保护单位？如已涉及文物古迹所在地，应尽量设法避免，凡无法避免而必须进行发掘或拆迁的和属于省人委所公布的文物保护单位，或虽未公布，但有考古或历史价值的古文化古迹，历史遗迹需经省人委批准后，才能动工；其中特别重要者，并须征得中央文化部同意后，再行动工。由县公布的文物保护单位，经县人委批准，并在省文化局、省文物管理委员会备案后再行动工。二、各地文化部门应密切配合农业生产建设工程，及时地、尽量地提供本地文物古迹的分布情况。各级有关领导，对本地的文物古迹情况必须了解，在领导农业生产建设工程中，将保护文物工作，纳入规划中去。三、应严格注意，不准随意在文化遗址及有古生物的岩洞、泥土内取土积肥，并禁止随意拆毁古建筑、古碑碣作为建筑工程材料。并须特别防止坏分子乘机煽动，故意盗掘古墓，挖宝等破坏文物的事件发生。古墓内的砖石，如已经省文物管理委员会工作人员清理结束，并认为墓内砖石已失去保存价值之后，才可搬用。四、有关单位，应该尽量利用各种集会，向基层干部和水库民工进行保护文物的教育，讲清国家保护文物的政策法令和保护文物的重要意义，批判少数干部推说不懂文物就算了的不负责任现象。明知故犯者，应依法予以处理。"[①]

1958年4月30日，浙江省文化局、浙江省文管会联合下文至各市、县人民委员会，称："根据大跃进的形势，我省各项工业将大规模普遍的展开，随着工程批准权限下放，我们掌握工程情况亦更加困难。为了使我们更密切地配合工业建设，对建设工程中涉及保护文物的地方，及时地采取措施，做到工程建设和保护文物两不误，特提出如下意见：1.各文化部门在进行工农业大跃进等宣传的同时，应将保护文物问题适当地结合进

[①] 浙江省文化局、浙江省文管会：《关于在水利工程中保护文物的通知》，1958年2月27日，浙江省档案馆，档号：J169—010—041。

去。2. 选择建设地点时，应参阅本省第一、二次公布的文物保护单位目录。凡可以避免在文物保护单位地点施工的，则尽量避免；万一不能避免，必须立即上报省文物管理委员会研究，该协商的共同协商，该由省文物管理委员会清理发掘的则及时清理发掘，或者需要上报省人委或中央审批的，由省文物管理委员会立即上报审批。3. 凡在你市、县境内进行的较大取土工程或拆迁工程（包括今年开工，或五年计划），在工程计划决定后，立即上报省文物管理委员会（上报内容包括工程名称、所在地点、取土面积或拆迁对象的名称、地点、开工日期等），以便及时研究或派员勘察清理。"[①]

1958年12月6日，浙江省人委就地面建筑文物的保存和使用问题下文各专署、各市、县人委，称："在当前工农业大跃进的形势下，由于建筑小高炉和水库等的需要，大量运用旧的砖料、石料和木料是必要的。同时对房屋的使用也显得特别需要。但是地面建筑物的使用或利用，往往关系到文物的保存问题。""因此，那些要保存和不要保存，那些可使用和不可使用，就成为当前迫切需要解决的问题。""为此，提出几个处理原则，希望各地注意和参考。（一）革命、历史建筑物。（二）寺、庙、观、祠堂。以上两类，除余姚保国寺外，均可使用。使用的范围是：学校、图书馆、博物馆、展览会、文化宫、办公室、医院、幸福院、托儿所。如仓库、伙房、动力站、畜牧场以及带有爆炸性或易于燃烧物品等，一律不能使用。使用单位应即成立保护小组，专人负责，小组名单报县备案。使用期间不能改变原来建筑形式和风格，从梁架结构到壁面装饰，一律保持原状。随时防火、防漏，负责保养和修理。壁画不能涂、挖、钉，经幢（也称石塔）和碑不能刀刻或拷损，必要时可用阑干隔离，以防损坏。""凡属保护单位的木构建筑，如发生倾倒危险情况，其保护单位本身部分迅即设法抢救，可采用木头架住支撑等方法，以免坍倒；保护单位以外部分，比如说宣平延福寺的山门或后楼如同样有此危险情况，可以拆除，将拆除的材料来抢救重要部分，或者支援生产建设。""（三）塔。元代以前均保存。元代以后，如已倾倒危险的，由县具备照片和现状记录报省文管会批准后，才可拆除。拆除时注意保存塔内和塔基放存的所有文物。

---

① 浙江省文化局、浙江省文管会：《关于在工农业建设工程中应保护文物的联合通知》，1958年4月30日，浙江省档案馆，档号：J169—010—041。

(四)经幢。保存到宋代为止。(五)碑。元代以前均保存。元代以后,凡是革命的、抗倭抗英及其他反侵略的,以及有关科学、工艺、文学、艺术参考价值的,如工矿、农业、医学、水利、地图、画像等,一律保存。(六)牌坊。凡有关革命的或具有高度艺术价值的,均应保存。以上应保存的经幢、碑、牌坊,以就地保存为原则。重要风景点建筑物,一律保存。少数民族地面建筑,一律保存,必要时应协商处理。""以上凡列保存的地面建筑文物,均应树立说明牌,说明保护意义。凡应列入而未列入保护单位的,报告文管会备案。"①

1963年6月19日,浙江省文化局就中央文化部通报邯郸、天津等地文物保管机构文物被盗一事,下文各专署文卫办公室、浙江博物馆等,称:"本省几年来各地博物馆、文物机构、文化馆的陈列室不断发生失盗事件,旧案尚未完全破获,新案发生,情况很严重。文物是国家珍贵的遗产,保证文物安全是一切博物馆、文物机构(包括保藏文物的文化馆)对国家和人民所应负的职责。请各专区、县(市)文化主管部门督促本地区有关的文化主管部门,一切博物馆、纪念馆、文物机构以及有关的文化馆,结合通报向全体同志进行教育,提高警惕,同时认真地对有关文物安全的规章制度和设备,进行一次彻底检查,采取具体措施,堵塞一切漏洞保证文物安全。希注意以下几方面:1.陈列室(展览室)不能陈列金银器,已有陈列的金银器,应迅速撤换。2.陈列室中便于携带的重要文物,应用复制品来代替。没有条件复制,对文物安全又没有保证的地方,县(市)文化行政部门应报告人委,采取坚决措施,速将文物上交条件好的专区或省级博物馆。3.建立必要的规章制度,注意防火、防蛀、防霉、防潮,以免造成不可弥补的损失。"②

综上所述,新中国成立初期,由于国家尚不具备为文物保护立法的条件,相应地浙江省政府也只能因地制宜地制定一些地方性政策条文对浙江省境内文物史迹加以保护。从内容上看,上述浙江省颁布的一系列文物保护政令条例,一则是针对新中国成立初年文物流散、损毁事件频发而提出

---

① 浙江省人民委员会:《关于地面建筑文物的保存和使用的通知》,1958年12月6日,浙江省档案馆,档号:J101—009—067。
② 浙江省文化局:《关于坚决防止陈列(展览)室文物失盗的意见》,1963年6月19日,宁波市档案馆,档号:193—14—7。

的应急性措施；二则是针对自国家"一五"计划开始实施，大规模经济建设与文物保护矛盾凸显，亟须采取有效措施加以缓解；三则是针对各种类文物在流通环节中的损毁问题，以及一些地区发生的如墓葬盗掘等非法行为问题。从总体看，上述浙江省颁布的一系列文物保护政令条例，由于当时当地客观形势紧急，故其制定过程往往带有某种急促性，其内容条款也往往呈现出某种不完善性。然而，它毕竟标志着浙江省的文物保护工作开始走上法制化、规范化轨道，不仅如此，这一系列文物保护政令条例的颁布，为新中国成立初期浙江省的文物保护事业定下规矩与方圆，为各种类文物事件的处理奠定法律基础，进而成为几十年后浙江省文物保护法制建设的先声。

第二章
浙江省文物保护政令条例的宣传与成效

第一节 对文物保护政令条例的宣传与社会动员

一 以浙江省文管会为中心的宣传动员工作

新中国成立初期,浙江省文管会为配合上述文物保护政令条例的颁布实施,开展了一系列宣传教育及社会动员工作。

1951年,浙江省文管会先后举行五次文物座谈会,"其目的在新爱国主义教育下联系群众,引起一致重视民族文化遗产,并依靠人民的力量来谋业务的发展与深入"。五次文物座谈会的邀请对象包括:"经营旧书之书坊,裱画店,经营古董商人,收藏家,鉴赏家,杭市各公私立中等学校政治文史教员,浙江大学中教研究班文史教授,浙江大学、之江大学中国文学系学生代表,民政、文教、建设及其他与业务有关的各行政机关,学联、青年团、工会、农会、科协等社团,各文化团体,各报社,旧纸、废纸业从业人员。""座谈会主题除宣传政府保护文物的政令条例之外,并配合每次邀请对象作深入的提示与研讨。"1951年,为宣传文物常识,浙江省文管会为省立图书馆干部训练班作了四次专题演讲:1. 什么是文物? 2. 中国字画源流及艺术传统价值。3. 浙江的古陶瓷。4. 史料的收集与整理。1951年,浙江省文管会撰写《我们何以要爱护文物和文物是些什么?》一文,印成活页,分送各专员公署,各县市政府,各县市人民文化馆,全省各公私立中等学校以作参考之用。[①]

1952年,针对浙江某些地方行政干部对于保护文物古迹政令条例执行不力,"如龙泉县地主吴梓培、吴文苑家过去收藏古龙泉窑极多(包括'哥窑'、'弟窑'及一般龙泉窑),珍贵稀有为国内独一无二。当土改之初,浙江省文管会即去函龙泉县人民政府请对该批古瓷加以保护,勿使散

[①] 浙江省文管会:《一九五一年度工作总结报告》,浙江省博物馆馆藏资料。

失。以后又再三催询，始终不理。至1952年7月始以'在土改中把这些瓷器当作家具分配群众'等语复来。这显然是该县政府漠视法令以致珍贵文物遭受损失。"据此，浙江省文管会代办府稿请省府发文，除对该当地政府指示挽救处理办法外，并通报全省各县引起普遍重视，对各地方行政干部进行了一次实例教育。①

1954年，浙江省文管会"为贯彻执行中央保护文物之政策，加强各县（市）文物古迹之调查、保护和管理工作，拟建立文物通讯网在各县（市）聘请热心文物的积极分子担任通讯员，经常与我会联系"，并拟就《浙江省人民政府文物管理委员会文物通讯员组织暂行办法草案》一份。该草案共分三点："一、各重点市县每市县聘请一人至三人担任文物通讯员。二、文物通讯员为义务职，应受当地政府文教局（科）的领导。其人选通过当地政府文教局（科）遴选当地适当的干部或群众担任之。群众的条件如下：（一）思想进步对文物热心者。（二）对文物有初步研究者。三、文物通讯员的工作范围如下：（一）经常注意了解当地或邻近地区革命文物、历史文物、古文化遗址、古墓葬、古窑址、古建筑、名胜古迹等情况。特别是这些文物与遗迹是否得到妥善保护，随时函告省文管会。（二）古文化遗址、古墓葬、古窑址及个别文物的发现及遭受破坏应迅速反映到当地政府文教局（科）及省文管会，以便及时处理。（三）随时随地宣传政府保护文物的政策法令。（四）文物通讯员由省文管会供给通讯费用，必要时得发给旅差费，但须事先取得省文管会同意。（五）由省文管会供给必要的有关工作的参考资料。（六）文物通讯员工作积极成绩卓著者，由省文管会表扬奖励或报上级机关表扬奖励。"② 1955年4月19日，浙江省人委批复称："你会所拟'文物通讯员组织暂行办法草案'可与省文化局联名发各重点县、市作重点试行。"③

1954年12月6日，浙江省文管会报告浙江省文委，称："我会为贯彻执行中央对于保护文物的政策法令，曾于上年（一九五三年）五月，根据中央文化部前文物局所编之《文物法令》并加入本省人民政府迭次

---

① 《浙江省人民政府文物管理委员会一九五二年度工作总结》，浙江省博物馆馆藏资料。
② 浙江省文管会：《为拟就文物通讯员组织暂行办法草案请提出意见由》，1954年12月10日，浙江省档案馆，档号：J169—004—022。
③ 浙江省人民委员会：《同意"文物通讯员组织暂行办法草案"发重点县（市）试行》，1955年4月19日，浙江省档案馆，档号：J169—007—030。

所颁之保护文物法令予以增编,即送各级地方人民政府及有关机关以备查考。现前项法令印本早已分送告罄,而各级地方政府及有关单位,时有来函索取,且一年余来,中央及本省人民政府又有若干新颁保护文物之法令。为求适应目前实际需要,拟予重新增编付印,谨将拟就之文物法令目录一份,连同所有法令印抄件一并送请你委审核,核定之后,迅将原件寄还,以便付印。"并附文物法令目录一份。其中包括国家颁布的文物保护政令条例20款,浙江省颁布的文物保护政令条例7款以及2份文物案件的法律判决书。[1]

1955年,浙江省文管会面向基层广泛宣传文物保护的政令条例。如在绍兴县漓渚区、嵊县、崇德等地先后举办规模较大的展览会,共计吸引观众30150人次,编印《浙江文物通讯》2期。[2]

1956年,浙江省文管会根据形势发展和浙江各地保护文物工作的需要,抽调了本省文物较集中的市、县文化部门的干部,在杭州举办了一次"文物业务学习班"。学习班的任务和目的是"使学员领会文物法令的精神实质,初步了解中国考古学的基本知识及田野考古技术,对一般文物具有初步鉴定的知识,基本上能成为各地保护文物的骨干。"参加学习的有绍兴市(县)、金华县、杭县、萧山、温州、嘉兴市等文教干部共14人。学习从3月2日开始,共一个半月,前后分为两个阶段:1.课堂学习,共24天。学习内容有各个时期的考古基本知识,材料主要根据北京举办的"考古工作人员训练班"的讲义加以适当删减和补充本省的考古资料;此外,还有保护文物的政策及法令、绘画、古代建筑、石刻、碑帖、版本、革命文物等专题报告;并组织了二次参观浙江博物馆的历史文物陈列室,听了朱伯谦同志关于全国考古会议中重要问题的传达。2.田野实习与参观。实习地点在吴兴钱山漾新石器时代遗址。这阶段,首先学习了田野考古中最基本的技术,如照相、绘画、测量等。发掘时适逢雨天,遗址在水塘内,无法继续清理,因此田野实习只进行了二三天。在雨天期间,曾组织了"郑州古代墓葬的发掘"、"杭县良渚黑陶的清理"等专题报告。最后是参观江苏博物馆和上海博物馆。江苏博物馆陈列的文物,不仅对浙

---

[1] 浙江省文管会报告浙江省人民政府文化教育委员会,附文物法令目录一份,1954年12月6日,浙江省博物馆馆藏资料。

[2] 浙江省文管会:《一九五五年度工作总结》,浙江省博物馆馆藏资料。

江出土的文物有密切关系，同时也反映出它们之间的地域性；而上海博物馆所陈列的文物，丰富多彩，包括的范围颇为广泛。通过参观，巩固了课堂理论学习的收获。四天后回到杭州，"华东地区五年来基本建设工程中出土文物展览会"正在展出，于是又组织学员仔细地学习了两次，到 4 月 15 日，学习班正式结束。由于学员回去后在当地进行了一系列的宣传、调查和保护文物的工作，已引起了有关部门的重视和支持。这一现象，将大大有利本省文物保护工作的开展。①

1957 年 1 月，浙江省文管会为普及文物知识，编印了《文物参考书目录》第一辑：《金石部分》。全书共分十小类，即金石总类、金类（钱币附）、石类、玉类、玺印类、甲骨类、陶瓷类、竹木类、金石地志类、考古发掘类。此书也可供"兄弟机关和本省大图书馆互通声气之用"。②

1958 年，在开始建立全省博物馆网的同时，浙江省文管会结合组织群众性的文物保护网，大搞文物普及工作，培养文物工作骨干。"在淳安县进贤乡发掘春秋战国遗址的过程中，采取边发掘、边培训的方式，既加速了新安江水库范围内考古发掘的进度，又为当地各公社培养了二十二名搞文物工作的工农骨干，很多农民在文物普查中发挥了积极作用。吴兴、海宁等地农民不仅反映了古代居住遗址的线索，还利用农忙中午休息的时间，帮助实地勘察，有的还主动担任文物通讯员。永嘉县罗浮区由于农民提供线索，新发现了五座瓷窑遗址。嘉兴、温州两专区在不到三个月的文物普查工作中，新发现的古代遗址和遗存就达九十多处，超过以往新发现的总数四倍以上。"③

1958 年 10 月 15 日，浙江省文管会为配合大规模生产建设时期的到来，同时普及文物保护的基本常识，编写了《发掘古墓的基本常识》下发至浙江省各地区有关部门。文章分 4 部分：1. 发掘古墓的意义。"收集古代的文物资料，来研究社会发展的历史。" 2. 怎样发掘古墓。文章用生

---

① 王士伦、黄涌泉：《浙江省举办"文物业务学习班的体会"》，《文物参考资料》1956 年第 7 期。

② 浙江省文管会编印：《文物参考书目录》第一辑，《金石部分》，1957 年 1 月，浙江省博物馆馆藏资料。

③ 《面向政治、面向生产，厚今薄古、古为今用——本省文物工作成绩显著》，《浙江日报》1959 年 3 月 15 日第 3 版。

动的图示详细描述了古墓发掘的流程，使农村中不识字的农民也能"照方抓药"。3.怎样保管文物。一共提出4点注意事项。4.发掘古墓要注意的几件事。特别强调了国家颁布的相关法令，严禁私人盗墓和古董商的非法活动。①

1958年，浙江省文管会、省博物馆合编《浙江新石器时代文物图录》出版，沙孟海为之"序"。称："应浙江人民出版社之约，把五年来本省新石器时代文化遗址的发掘和调查采集所得文物，选取有代表性的一部分，编成一本图录，向考古学界提供一次工作汇报。""本书主要材料是经过我们发掘的五个遗址②的主要发掘品。其他市县调查采集的文物比较典型的，也都斟酌挑选一部分，附列于发掘品之后，以供参考。"③

二 以各市县政府及相关职能机构为中心的宣传动员工作

1954年7月7日，浙江省文管会致函浙江省各市、县政府及相关职能机构，称："在国家大规模的经济建设中，配合基本建设，抢救文物，是文化工作中一项重要任务。中央及省人民政府已颁布了各种保护文物的法令，各地对文物保护工作之重要，一般都有了认识。但有些单位对中央及省人民政府颁布的文物法令，没有及时地贯彻，因此各地地面文物的破坏现象，仍有陆续发生。古董商及少数坏分子破坏文物的行为，仍然存在。工地里出土的文物，也间有遭受破坏。""要做好文物保护工作，必须依靠各县地方政府和有关单位，通过保护文物的宣传工作教育广大人民积极地保护祖国文化遗产。"各级人民政府及有关机构要"把保护文物的宣传工作，适当地排到自己的工作中去。为了使你们在保护文物的宣传工作中有所依据和参考，特送上'基本建设文物保护参考资料'一本。"④

1955年12月16日，乐清县人民委员会向各区、乡人民政府、各农、林业高级社、县农业水利局等处发出通知，称：我县当前正在掀起兴修水利运动，"各级领导对各地在运动过程中所发现的文物、古迹必须注意保

---

① 浙江省文管会：《发掘古墓的基本常识》，1958年10月15日，浙江省博物馆馆藏资料。
② "五个遗址"指吴兴钱三漾、杭县良渚、杭州老和山、瑞安山前山和淳安进贤遗址。
③ 沙孟海：《浙江新石器时代文物图录序》，1956年。《沙孟海论书文集》，上海书画出版社1997年版，第279页。
④ 浙江省文管会公函：《为请你处协助开展保护文物宣传工作，并附送参考资料由》，1954年7月7日，浙江省博物馆馆藏资料。

护，勿使稍有损坏，对认真保护古迹文物有功，应分别予以表扬或奖励。"并具体提出3点意见。

1956年1月10日，绍兴县人民委员会向各区公所、各乡镇人民政府发出通知："我县为全省埋藏文物最多之地区，因此，在积极鼓励或进行开垦荒地的同时，必须注意对文物之保护工作，并严防坏分子的破坏，以使祖国珍贵的文化遗产不遭毁损与散失。"[1]

1957年3月30日，崇德县人民委员会下发通知称：本县文物极为丰富，由于保护文物的意义宣传不够，曾发生盗窃古墓等违法事故数起。为了加强这一工作，本委作如下通知："1. 各乡（镇）人委应结合中心开展一次保护文物重要意义的宣传。发现文物，及时上报，必要时在文物出土所在地，暂时停工，以便勘察。2. 防止在农业建设中乱拆古墓古塔砖头，并严格禁止盗窃古坟墓。本县解放后陆续有太平天国田凭、旗帜等发现，并有买卖现象，应予劝阻。3. 各地供销合作社在收购旧铜废铁、旧书以及其他废品时，注意不要将文物当作废品处理，发现无法鉴辨，应与文教局联系，慎重研究，避免文物毁损和散失。4. 将本县已了解的文物列出保护单位名录，并希各乡镇在所在地做出标志加以保护。"[2]

1957年6月24日，分水县人民委员会下发通知，称："本县周代以前即属扬州之地，自秦至隋皆为富春或桐庐之境，分水建县，在唐武德四年即已开始，历史悠长，地上地下文物定为不少。历年来在基本建设和农业生产中有很多文物遭到了破坏，如五云山的洗砚池在分中造校舍时被填平了，洗砚池的石碑被打成数段做了井圈。""为纠正上述现象，避免再有此类事件发生，对保护本县文物特作如下规定：1. 各机关、团体、学校、农业社对于所在地具有历史意义的文物均须尽力保护，不得破坏或损毁。2. 凡在各处发现之文物，均应妥为保管，不得毁损，并报县人委文教科登记。3. 凡各地名胜古迹，不得移动，应原地保管，并由当地政府负责保护。4. 各地古物，严禁偷盗与私人发掘。5. 私人收藏之历代文物，

---

[1] 王士伦：《浙江省为配合农业合作化运动开展保护文物的宣传教育工作》，《文物参考资料》1956年第2期。

[2] 崇德县人民委员会：《关于加强历史文物保护的通知》，1957年3月30日，浙江省博物馆馆藏资料。

仍归私人所有，政府予以保护。6. 地方人士捐献其所收藏之古物图书等文物归公保存者，予以表扬与奖励。"并附本县文物保护第一批名单共21处。①

1957年6月24日，丽水县人民委员会下文称："近来据县文教局、文化馆（站）重点调查了解以及爱好文物的社会人士反映，近年来，本县各地名胜风景、古文化遗址等文物迭被破坏，并有部分珠宝商进行收购文物的非法活动，""为迅速改变这种情况，提出如下意见希研究执行：一、各区乡在开展各项中心工作的同时，应宣传保护文物的重要意义，达到人人保护文物。二、坚决贯彻执行国务院关于在农业生产中保护文物的指示，严格禁止乱拆古砖墙、盗掘古墓等违法行为。对珠宝商收购文物的非法行为加以说服教育，并发动群众加以监督。三、各地供销社、手工业社等单位在收购旧铜废铁、古旧书簿时注意不要将文物作为废物处理，如无法识别时，待与县文教局或文化馆（站）联系鉴别后再行处理。四、过去及今后省或县人民委员会公布的文物保护单位，如保定古窑址等，应做出标志严加保护。"②

1958年2月25日，温州区、市文管会报告浙江省文管会，称："关于限制古董商非法活动等办法的布告，与保护文物图说，自先后发给我会以后，就立即出动分贴各处，并到瑞安、平阳等县各水利工地及交通要点，或由本会人员亲自张贴，或分给各乡社张贴，并作了讲解。各县对这项工作，也已贯彻下去，就是极偏僻地方，一般群众对保护文物意义都有了进一步的认识。""各地群众来信，时常把发现文物情况反映到我会来；各机关团体对文物也较以前重视得多。古董商也没有到温州、瑞安一带活动，收获是肯定的。"③

1958年2月27日，上虞县人民委员会报告省文管会，"除了由县人委转发省人委的'关于限制古董商非法活动'等办法的布告之外，并在去冬全县开展大规模兴修水利之际，又由县人委发出了关于在兴修水利中发现的文物，一律归国家所有，不得隐瞒不交或非法买卖的通知，并要求

---

① 分水县人民委员会：《关于保护文物工作的指示》，1957年6月24日，浙江省博物馆馆藏资料。
② 丽水县人民委员会通报，1957年6月24日，浙江省博物馆馆藏资料。
③ 温州区、市文管会报告浙江省文管会，1958年2月25日，浙江省博物馆馆藏资料。

各乡在群众中开展宣传。"目前,"我县类似去春期间那样对文物的非法活动,已基本抑制。"①

1958年3月4日,东阳县文教局报告浙江省文管会,已将省人委1957年11月下发的关于限制古董商非法活动的布告张贴500张,并将省文管会下发的"保护文物,人人有责"的宣传画在各乡村张贴。县商业局和县供销总社土产站分别开会学习了省政府有关文物保护的文件,"各基层供销社提出了具体贯彻省人委布告精神的措施。"县人委及时将省人委在农业生产中保护文物的通知下发各区、乡及农业、水利、林业等各有关部门,并提出了具体贯彻措施。②

1958年4月4日,临海县人民委员会下发通知,称:近接浙江省文化局、浙江省文管会"关于在水利工程中保护文物的联合通知",兹将指示各点分述如下共4点。又据本县文物管理小组报告,"本县各乡自兴修水利以来,发现文物不下十余处之多。除五孔岙已由省文管会派干部三人前来清理外",尚发现古墓墓志(碑)3处,及汉瓶、化石、古钱、石刻、玉如意等文物。"这些文物根据文物法令,都应归国家,私人不得占有。各地如有其他文物发现,亦照此同样办理。"③

1958年9月24日,中共建德地委宣传部发文称:"近来省文物管理委员会组织工作组进行文物普查,预计下月初即将到达我区富阳等九个县开展工作。希各县委宣传部能督促文教行政部门积极协助该工作组作好这一工作。""希望各县能从现在起即指定专人积极地将蕴藏在我区的文物收集起来,并有计划、有准备的举办展览。"此种方法,"对于教育广大群众特别是广大青年和下一代是一种很好的方法,希各县予以重视。"④
10月31日,建德县人民委员会下发通知,称:根据国务院《关于在农业生产建设中保护文物的通知》,"本委认为必须在公社中建立文物保护委员会或文物保护小组,以开展文物保护工作,使其免遭损失。""在各级党委和社委的统一领导下,结合群众文化组织,在公社里选出5—7人成立文物保护委员会。每个大队成立文物保护小组3—5人,小队生产单位发展通讯员

---

① 上虞县文教局报告浙江省文管会,1958年2月27日,浙江省博物馆馆藏资料。
② 东阳县文教局报告浙江省文管会,1958年3月4日,浙江省博物馆馆藏资料。
③ 临海县人民委员会:《关于在水利工程中保护文物及缴送文物的通知》,1958年4月4日,浙江省博物馆馆藏资料。
④ 中共建德地委宣传部文件,1958年9月24日,浙江省博物馆馆藏资料。

1—2人。"并规定了文物保护小组和通讯员的工作范围共5点。①

1958年10月26日,新昌县人民委员会下文称:最近省文物管理委员会来我县进行文物调查,发现了几处重要文物。为此,"各地在基建工程中要严格注意发掘与保护文物。"特作以下通知:"1. 各地应结合中心工作在各种会议上广泛开展宣传,特别在施工地区,向群众说明保护文物的意义。2. 各公社应指定一文卫干事监管这一工作,大中型建设工程单位也要确定专人负责兼管。3. 如发现有古代石器、陶豆和古代建筑等,立即报告文教局。地下文物一律归国家所有。4. 大中型工程在施工过程中发现文物,不准任意搞碎,立即报告本委。5. 各地发现损毁文物者,立即报告本委。"②

总之,上述一系列宣传动员工作的开展,不仅使浙江省文物保护政令条例的贯彻实施逐步深入人心,而且使浙江省文物保护的社会氛围有了很大改善。"鄞县朱□乡农民陈明德掘得唐代开元八年铜钟一只,开元铜钱十八斤半。当他明确了文物法令之后,全部交给了政府。杭县瓶窑区长明乡生产合作社社员修筑西险大塘时,挖出一批精美的玉器,大小计二十件,完全献给政府。"③"过去工地上不论干部和工人,一般很少懂得文物有什么用处,认为破破烂烂毫无意思。"现在,"这些情况基本上纠正了,他们主动地把出土文物收集起来,集中交到队里。""许多群众体会到祖国文化的光辉成绩,""近来有几次由部队或群众送来了新出土的石器或陶器,也有来信反映情况,这就证明了文物工作必须依靠群众才能较好地完成任务。"④

第二节 浙江省文物保护事业呈现良好开端

新中国成立初期,在上述国家一系列文物保护政策的动员感召下,浙

---

① 建德县人民委员会:《关于在公社中建立文物保护组织的通知》,1958年10月31日,浙江省博物馆馆藏资料。
② 新昌县人民委员会:《关于在大中型建设工程中注意发掘、保护文物的通知》,1958年10月26日,浙江省博物馆馆藏资料。
③ 浙江省文管会:《浙江省的文物管理工作》,在中共浙江省委第一次文教工作会议上的发言,1956年。浙江省博物馆馆藏资料。
④ 《浙江省文物管理委员会一九五五年度工作总结》,浙江省博物馆馆藏资料。

江省社会各界人士踊跃参与文物捐献及文物保护工作，一种全社会爱护文物、保护文物的良好风尚与互动日渐形成。

一　社会各界人士踊跃向国家捐献文物

1950年3月20日，《浙江日报》第4版《文教简讯》报道说："省立西湖博物馆历史文化部，于本月十一日，收受郑鹤云先生捐赠，名贵文物9件，图书295册，查郑君先后捐过三次。"

1950年4月2日，《浙江日报》第三版以"寒柯堂藏书捐赠，省府颁发褒奖状"为标题报道说："前浙江省通志馆馆长余绍宋逝世后，其子余翼、余遂等，将其所遗寒柯堂藏书及碑帖一万三千余册，悉数捐赠省立图书馆。上项书帖佳刻善本甚多，价值至巨（钜），教育厅厅长沙文汉、副厅长俞仲武，以余翼等慷慨捐赠，对于文物之保存及流通意义重大，特呈请省人民政府颁发褒奖状，谭主席对此捐赠极为重视与嘉许，认为与中国人民政治协商会议第四十一条规定提高人民文化水平的原则相符，特授予褒奖状，由教育厅转发，以示发扬。"

1951年1月至3月，浙江省立西湖博物馆收到袁思承捐赠湖南道州瑶民文字一纸；尹志陶捐赠宋代哥窑杯一只，弟窑杯一只；郑辛英捐赠《淳安县志》一部；叶秋生捐赠宝俶塔刻石拓片全套；韩登安捐赠浙江乡试朱卷一册，北洋公牍廿册；吴进思捐赠唐代佛经残石一方；阮性山捐赠余姚窑有字底一块；马夷初捐赠唐开元廿年墨书砖志一件。[①]

1951年2月13日《浙江日报》第3版以"各界热心保护民族文化遗产人士捐献大批名贵文物"为标题报道说："本省文物管理委员会于去年五月正式成立后，各界热心保护文化遗产之人士，即纷纷将私人收集文物献由国家保管，捐献者前后达三十人之多，捐献文物达一万二千余件。其中捐献最多者，计有教育部马叙伦部长，献出早年收集之古陶瓷、书画、古砚等一批五百三十六件；凌石万先生献出商务、中华影印之大部古书六千七百零六册；吴进思先生献出其先世收藏之碑拓一千三百二十七种（尚有一部分未整理计数），墨迹一件；书籍、碑帖、书画等一千三百十二件（尚有尺牍、诗、翰、扇子等不计在内）。上项书画、碑帖、书籍，精品极多，该会已专函致谢。"

[①] 黄莺：《浙江省博物馆系年》，北京图书馆出版社2007年版，第106页。

1954年，钟燮华向浙江博物馆捐献清乾隆景德镇窑青花花卉纹碗一只。

1956年，袁道冲向浙江博物馆捐献周代鸟形黄玉饰件一件。①

1956年6月21日，《浙江日报》第2版，以"钱镜塘捐献大批海宁文献"为标题报道说："海宁县钱镜塘先生最近将他三十年来搜集的大批海宁文献捐献给浙江省文物管理委员会和浙江博物馆，计有书籍二百零一部，手卷二十六卷，册页五百零三件；书画横幅十一件，屏条十四堂，挂轴一百三十轴又二页，楹联三十七副，拓本十八轴，名人日用具八件。其中陈鳣手抄'明末五小史'，马思赞'后山谈丛'手稿，许箕'扪膝轩诗草'及'题画杂言'手稿，陆嘉淑'须云阁诗卷'，苏平、苏正诗卷，查慎行'槐荫抱膝图'、'芦塘放鸭图'，徐灿白描观音，陈与郊手札，查嗣庭诗翰等，都是珍贵文物。"

1957年4月1日，《浙江日报》第2版，再次以"海宁钱镜塘热爱祖国，将千余件文物献给国家，部分珍品今起在浙江博物馆展览"为标题报道说："海宁钱镜塘先生三十年来收集的一千零六件珍贵文物，最近已全部献给国家。""明末遗民许箕的'扪膝轩诗草'，清代陈鳣抄藏的'明末五小史'，都是海内孤本。明末女画家李因的'竹笑轩吟草'旧抄本，也是难得的善本。清代雍正年间因文字狱致死的查嗣庭写的'云山灿漫图'诗轴一幅，更是十分罕见的珍品。绘画有明代海宁画家周珽的'水墨葡萄'，葛征奇、李因夫妇的'山水花鸟'等。尤其是清初大画家王原祁和王翚合作的'仿倪黄山水'和'竹溪垂钓小象'颇为名贵。""浙江省宣传部黄源副部长，表扬了钱镜塘先生这种热爱家乡，热爱祖国的精神。"

1957年5月4日，《浙江日报》以"俞易晋献古钱，六百多件泉币中有周代的古物"为标题报道说："杭州一中地理教师俞易晋先生，最近将三十多年来精心收藏的六百零二种共六百十枚古今泉币捐献给浙江博物馆。这套远自周代直到抗日战争末期的各个时代的泉币对研究我国历史、货币史、工艺化学以至古代的度量衡制度来说，都是极宝贵的资料，其中周代的宝四货（公元前544年—前522年）和新莽时代的金错刀，现已极少保存，上海博物馆也只有仿制的样品。"

---

① 浙江省博物馆典藏大系《聚珍荟宝》，浙江古籍出版社2009年版，第56、79页。

1957年12月，王个簃向浙江博物馆捐赠吴昌硕书画《散氏盘文》《鼎盛图》等及有关实物资料共85件；吴东迈向浙江博物馆捐赠吴昌硕先生书画《蕉影纳凉岳像》、《石鼓屏条》等及有关实物资料约百件。①

1958年3月25日，浙江省文化局代表浙江省人民政府于文澜阁举行"黄宾虹先生逝世三周年纪念暨其遗作遗物捐献授奖仪式"。颁发给黄先生家属奖状一张，奖金一万元及《黄宾虹先生遗物捐献接收书》。称："黄先生逝世后，其夫人宋若婴及子女秉承黄先生遗志，多次提出将托交浙江美术学院代管的遗作、遗物捐献给国家。最后，由中央文化部指示浙江省文化局予以接收，并交由浙江博物馆保存。"此次捐献的遗作及文物经委托杭州美术学院整理，"计有古近名画1038号，古印893方，铜器（大小）98件，玉器（大小）218件，瓷器（大小）142件，砖瓦砚42件，书籍1804件，黄宾虹书画作品4007件，手写杂稿1木箱，古印拓片800件，碑帖41本。"奖状由中央文化部部长沈雁冰签署。②

1959年，象山县象山公社丹城市第八生产队钱渭昌将家藏的两件吴越文书捐献给象山县博物馆。此两件吴越文书经浙江省文管会鉴定，一件是钱镠给崇吴禅院嗣匡的牒文，有钱镠的花押；一件是宝庆寺僧崇定的表文，有钱弘俶的批字和花押。都装裱成卷，卷首有程应魁所题"钱王手泽"四字，卷尾有抄录的钱尚德、钱直孺等题跋二十四处。此两件吴越文书可称为五代吴越除铁券外最宝贵的遗物。③

1965年9月12日张宗祥家属张钰向浙江博物馆捐献张先生遗物（字画、碑、木刻、陶瓷、陶器、玉器、雕刻及杂件）共603件。④

1965年，陈伯衡向浙江博物馆捐赠甲骨六七十件。⑤

二　社会各界人士积极参与文物保护工作

1951年5月8日，《浙江日报》第3版，以"杭失业工人筑路队注意保护文物"为标题报道说："杭州失业工人救济处工程队第一、二、三、

---

① 黄莺：《浙江省博物馆系年》，北京图书馆出版社2007年版，第137、138页。
② 同上书，第138、139页。
③ 王士伦：《五代吴越的两件文书》，《文物》1960年第1期。此两件珍贵吴越文书经装裱成为"五代吴越．钱镠、钱俶二王批牍合卷"，现珍藏于浙江省博物馆。
④ 黄莺：《浙江省博物馆系年》，北京图书馆出版社2007年版，第215页。
⑤ 同上书，第219页。

四、五、九、十各中队在建筑西山路及玉古路的工程中，从地下掘出了不少前代的陶器、瓷器、玉器、铜漆器以及其他杂物，共大小107件。上月廿六日下午，该处开列清单，派员将上项文物送到省文物管理委员会。救济处为奖励工人们这一重视祖国文物的行为，已特别拨发了奖金。"

1951年3月2日，《浙江日报》第3版刊登嘉善地委孙云林举报嘉善县干窑区长秀乡政府不重视历史文物的保护，致使一部分文物被当地群众肆意毁坏，引起省文管会重视并迅即进行调查处理。

1952年4月7日，《浙江日报》在第3版，以"铁路局杭州分局建筑工程队工人在闸口发现唐代古镜等历史文物"为标题报道说："近在闸口浙江师范学院（前之江大学）西边的黄家山，发现了地下埋藏的许多古陶瓷器和铜镜、古钱，有唐代的古镜及完整的古瓷碗和古钱等，共一百余件。"建筑工程队工人及时上报有关部门，最终古物由浙江省文管会接收。

1953年4月30日，《浙江日报》第3版刊登浙江中苏友协电影队金华分队傅肃雍举报义乌、永康等县文化机关不重视文物保护。

1953年12月12日，上虞县人民政府卫生院刘克蔚通过浙江日报社致函浙江省文管会，称："上虞县百官区曹娥镇有一古庙叫'曹娥庙'，除了有雕刻精细的庙殿外，还有曹娥墓、亭子、宋碑、铜鼎、巨钟、大鼓。"现该庙正被改造为粮库，"数千年的古迹将无觅处。"云云。[①] 1954年1月5日，浙江省文管会致函刘克蔚，称："你的意见很好，我们已函上虞县府转交当地政府妥为保护。嗣后有关你县文物情况，希随时和我们联系。"同日，浙江省文管会致函上虞县人民政府，转述刘克蔚的意见，"请你府转知当地政府，"对曹娥庙，"不要拆改原来状貌，保持一定时期的建筑风格，"其他文物也"均须妥为保存，不应损毁弃置。"[②] 1月9日，上虞县人民政府转知曹娥镇人民政府"遵照办理。"[③]

1954年1月14日，中央美术学院华东分院致函浙江省文管会："我

[①] 上虞县人民政府卫生院刘克蔚致函浙江省文管会，1953年12月12日，浙江省博物馆馆藏资料。

[②] 浙江省文管会致函上虞县人民政府卫生院刘克蔚及上虞县人民政府，1954年1月5日，浙江省博物馆馆藏资料。

[③] 浙江上虞县人民政府通知：《希注意保存曹娥庙墓碑刻等古迹由》，1954年1月9日，浙江省博物馆馆藏资料。

院部分师生,上年去舟山体验生活归来后曾反映'普陀山普济寺内,陈列有字画、古物很多,僧人不知重视保管,难免散失损坏'。为保存祖国的文化古物起见,请深入了解,并作妥善处理。"① 1月22日,浙江省文管会致函普陀县人民政府,称:"兹接中央美术学院华东分院来函反映普陀山普济寺文物情况,又据浙江博物馆观众反映你县有满清时期的龙袍及很多的古铜器,亦无人保管,为不使我国古代文化遗产遭受损失,请即派员调查并将情况报告我局,对已发现之文物,应即妥善保管,不得使其遭受损坏与散佚。"② 1月29日,浙江省文管会回复中央美术学院华东分院称:你院反映的有关普陀山普济寺文物情况,"业已洽请省文化事业管理局函普陀县人民政府,嘱即派员调查上报,并对各项文物妥加保管。"③

1954年1月15日,宁波四明电话公司职员王子祥给宁波市人民政府去信,反映"近传闻鄞县天童乡太白山区发现古墓多穴,古瓷铜器件及圹砖时有出土,曾有农民同志携来甬市兜售,等等。""中国古瓷,驰名国际,圹砖瓷文,又为我古代文化所寄,此项发现,在地区在国家均有重视之价值。"④ 1月16日,宁波市人民政府将此事报告宁波专署,并下文鄞县人民政府称:"我们认为王子祥的来信反映的情况,是很宝贵的。特将这一材料抄转给你们。希你们根据中央及省府迭次指示保护文物的精神,派员查研,并将调查之具体情况,上报省府及各有关部门。并请告诉我们。"⑤ 1月25日,浙江省文管会闻讯后即指派牟永抗同志赴宁波进行调查了解,协助工作。⑥ 同日,浙江省文管会将此事报告浙江省文化局。⑦ 2月7日,浙江省文化局下文鄞县人民政府、宁波市人民政府,称:"按照附件之王子祥原函所称各节看来,鄞县可能已发生盗掘古墓贩卖古物的

---

① 中央美术学院华东分院致函浙江省文管会,1954年1月14日,浙江省博物馆馆藏资料。
② 浙江省文管会致函普陀县人民政府,1954年1月22日,浙江省博物馆馆藏资料。
③ 浙江省文管会致函中央美术学院华东分院,1954年1月29日,浙江省博物馆馆藏资料。
④ 宁波四明电话公司职员王子祥致函宁波市人民政府,1954年1月15日,浙江省博物馆馆藏资料。
⑤ 宁波市人民政府公函:《为本市四明电话公司职员王子祥来信反映天童、太白山地区发现古墓、古物,希派员查研由》,1954年1月16日,浙江省博物馆馆藏资料。
⑥ 浙江省文管会:《为派往宁波了解发现古墓问题由》,1954年1月25日,浙江省博物馆馆藏资料。
⑦ 浙江省文管会报告浙江省文化局:《为鄞县盗墓案件请函鄞县县府宁波市府由》,1954年1月25日,浙江省博物馆馆藏资料。

案件，依其他地区经验，此事可能在春节前后农闲时期更趋炽盛，希即根据政务院一九五〇年五月廿四日政文董字第十三号令附发古文化遗址古墓葬调查发掘暂行办法及省府文字第九一五七号令转知区乡人民政府严密查禁盗掘古墓。"①

1954年7月2日，浙江省文管会分别致函嘉兴县双桥小学全体教师及全体同学。在致全体教师的信中，浙江省文管会称赞说："此次本会去你区进行文物调查及宣传工作过程中，得到你们的热忱协助。今后希多多联系，并盼你们在双桥的文物保护工作中起着骨干作用。"在致全体同学的信中，浙江省文管会特别表扬了"胡文吉同学那种对待文物的积极态度。""今后希望在不妨碍自己学习的原则下，适当地进行文物宣传工作。"②

1956年9月2日，《浙江日报》在第1版《来信选刊》刊登了两则消息。其一是宁波市委农村工作部宋永新举报宁波市郊有人破坏古墓；其二是浙江省林业厅造材处郭家志、陈午生举报青田石门洞风景区古树惨遭破坏。

1956年10月16日《浙江日报》第4版以"慈溪县供销社土产采购批发站清理出一批清代末年报纸"为标题报道说："慈溪县供销社土产收购批发站最近在收购废纸时，清理出一批清光绪和宣统年间的申报，新闻报和时报等旧报纸，另外，还收到一批王莽时代的古钱和清代刻的线装书。"由于该土产收购站干部群众保护文物的意识增强，最终报纸和线装书交由《浙江日报》资料室收藏，"古钱已由该站交浙江博物馆收藏。"

1958年4月25日，温岭县人委就本县在水利工程中保护文物一事报告浙江省人委、浙江省文化局，称："自国务院、省人委关于在水利工程中保护文物的指示下达后，本县均结合中心工作作了贯彻，并通过各种方式在群众中展开宣传教育，一般对保护文物的重要性思想上开始有些概念。在有些重点水利工程中，由于领导的重视贯彻，亦取得一定的收获。""1. 温岭县湖漫水库为了保护文物，确定由指挥部组宣科负责并由一名文化干部兼管。在修建中将保护文物精神在大中队干部会议上进行贯

---

① 浙江省文化局函：《为鄞县发现古墓、古物请严防并禁止盗墓由》，1954年2月7日，浙江省博物馆馆藏资料。
② 浙江省文管会致函嘉兴县双桥小学，1954年7月2日，浙江省博物馆馆藏资料。

彻，规定凡出土文物一律上缴组宣科。事后各大中队又贯彻到全体民工身上。另方面运用宣传工具进行宣传教育，在水库通讯上刊登一篇'保护文物，严防损坏'的文章，表扬箬衡大队爱护文物的好人好事，也指出部分民工不够爱护文物的行为。并摘录了省人委指示中的几条措施，在有线广播上广播，再一方面进行追查已散失文物的工作。""泽国大队的三个民工在掘坟时，叫中队长站在旁边看，把掘出的文物交到大队部。散失的二枚铜镜被追回，出土的文物不断的运到指挥部，组宣科负责具体文物工作的干部时常深入取土场视察，就地向民工讲解保护文物的道理。几座晋朝古坟被发现，当时就插上'禁止掘坟'的牌。到水库结束止共收集文物20多件，内有三枚半铜镜和各种瓷器及四种有字坟砖。目前所收集的文物均保存在县文化馆的文物室。""大溪区潘郎乡兴修刘庆水库掘出古瓷瓶一只，花瓶二只，现在都保存起来。新河镇掘出清雍正年间的花瓶，当时卫生所想拿回去，银行领导说'文物要登记保管'。各地供销社收购古物也随时查询，并向文化干部提出'如果是文物，由你们拿去保护起来。'"[1]

总之，新中国成立初期，随着上述国家和浙江省一系列文物保护政令条例的颁布实施，以及各级地方人民政府、相关职能机构宣传动员工作的广泛开展，浙江省社会各界人士爱护文物的意识日渐明晰，并逐渐演化为一种积极参与的行动，为浙江省文物保护工作的进一步展开奠定了坚实的群众基础。

---

[1] 温岭县人民委员会：《关于在水利工程中保护文物情况的报告》，1958年4月25日，浙江省档案馆，档号：J101—009—212。

第三章
浙江省依法对各种类文物事件进行处理

新中国成立初期，由于社会历史等诸原因，文物破坏事件在全国各地时有所闻。尤其1953年后，随着国家"一五"计划的开展实施，大规模的经济建设与文物保护工作之间矛盾凸显。有鉴于此，新中国成立初期，中央人民政府政务院相继发布一系列文物保护命令，并通令各级政府贯彻执行。

1950年5月24日，中央人民政府政务院发布命令，"规定古迹、珍贵文物、图书及稀有生物保护办法"共4点。其中第1点规定："各地原有或偶然发现的一切具有革命、历史、艺术价值之建筑、文物、图书等，应由各该地方人民政府文教部门及公安机关妥为保护，严禁破坏、损毁及散佚；并详细登记（孤本、珍品并应照相）呈报中央人民政府文化部。"第2点规定："在反恶霸斗争和土地改革期间，应没收之地主、恶霸所有的上项文化遗产，不得听任损坏、散佚，或随意分掉；应一律由当地人民政府负责保管，并呈报上级政府转报中央人民政府文化部决定处理办法。"第4点规定："对古迹、珍贵文物、图书及稀有生物保护有功者，经当地人民政府查明后，应报请大行政区或省（市）人民政府予以适当之奖励并转报中央人民政府文化部备案。如有盗卖及破坏事情，当地人民政府应及时加以制止，其情节严重者应拘送当地人民法院予以处分；并报请大行政区或省（市）级人民政府，转报中央人民政府文化部备案。"

同日，政务院还颁布了《古文化遗址及古墓葬群之调查发掘暂行办法》共21条。其中第2条规定："各大行政区人民政府或军政委员会及省市人民政府，应调查所辖境内有重点历史价值的公共或私人所有之古文化遗址及古墓葬，予以保护，并呈报中央人民政府文化部登记。"第3条规定："凡因浚河、筑路及进行其他建筑工程而发现有古文化遗址、古墓葬或古物时，应即时报告当地人民政府。当地人民政府应一面按照原状合理保管，一面报告中央人民政府文化部。在未得中央人民政府文化部指示前,不得擅自发掘。其已出土可移动之古物,应由当地人民政府移往安全地带妥为保管。"第15条规定:"凡地下埋藏及发掘所得之古物、标本概为国有,由中央人民政府文化部及当地之大行政区人民政府或军政委员会文教部协商处理。"第17条规定:"凡发掘所得古物,有不能移动或暂时不易移动者,中央人民政府文化部得委托当地人民政府加以保护管理。"① 上述国家有关文物保护法令法规的颁布为同时期全国各地各种类文物事件的处理提供了法律依据。

新中国成立初期,浙江省人民政府及各级相关职能机构严格执行国家有关文物保护各项法令法规,对本省各地发生的各种类文物事件进行妥善处理,既依法办事,更违法必究。

第一节 对绍兴市(县)收购旧铜旧书、盗掘古墓事件的处理

1952年4月2日,绍兴鲁迅文化馆上书浙江省人民政府文教厅称:"绍兴市合作总社于本年1月份起专设部门大量收购旧铜,平均每日收进二三千斤。据本馆了解,缴售时,须将成件铜器敲扁打碎,装包运省。初步发现者其中有大批古泉以及铜鼎、铜壶等器皿,制作精工,虽非属三代青铜制器,亦有保存价值。请予迅作适当处理。""上海私营第一废纸联营处以来绍兴收购废纸为名(未通过政府文教部门),运去大批线装旧书作造纸原料,数量在12万斤,其中珍贵图书未免损失,目前虽已暂停收购,请即明令停止其继续收购。""春节前后,绍兴县属各区乡农民因受当地坏分子煽惑,集体盗掘古墓,初步统计被盗百余六,掘得大批汉代印纹陶器及晋代瓷器、铜镜、铁剑等古物。因发掘技术低劣,十有九破,损失极为严重。虽经区乡及时制止,然一般干部对文物认识不足,并不重视,任其流散民间或作商品买卖。请即予通报各地及时注意,禁止发掘,并将出土之古物等全部归公,交文化部门保管。"4月18日,浙江省文教厅将绍兴鲁迅文化馆上书转发浙江省文管会,"请提出意见并希派员前往

---

① 中央人民政府政务院令,1950年5月24日。国家文物事业管理局编《新中国文物法规选编》,文物出版社1987年版,第4—7页。

调查。"①

针对绍兴市发生的文物破坏事件，1952年4月19日，浙江省人民政府发布命令称："据报本年春节以后，绍兴县漓渚、富盛、东湖等区若干乡村部分群众，有以开荒为名，挖掘古墓，盗取古物情事。""省文物管理委员会派员了解情况，虽经该县人民政府两次通令禁止，已有若干乡村对于掘出古物进行登记，准备上缴。但在此一事件中有不少珍贵文物遭受损失。""兹特通令全省各专员公署、县市人民政府引起普遍注意，应严格执行保护民族文化遗产之政策。并即行转令所属各区乡村政府、农会严禁发掘坟墓、盗取古物财宝。此后各地如再有发生此类情事，各地方政府应即时加以教育制止，其情节严重者应酌情拘送当地人民法院依法予以处分。"②

4月22日，浙江省文教厅报告浙江省政府："遵即转知省文物管理委员会"，已"派沙孟海同志前往了解并作适当处理。""前据该会陈述处理经过情况及所提意见，拟分别酌予实施。""请我省人民政府通令全省严加禁止，务使各地区不再发生同样情事。"③

1954年4月2日，绍兴市人民政府发布命令称："为确保我民族珍贵历史文物，严禁不法古董商人勾结坏分子盗掘古墓，非法进行买卖。本府订定《绍兴市人民政府保护珍贵历史文物暂行办法》一种，业经报准浙江省人民政府文化事业管理局批准。兹特公布于后，各古董商人应切实遵守并希全市人民协助执行。"并附《绍兴市人民政府保护珍贵历史文物暂行办法》共11条。④

4月21日，绍兴市人民法院以盗掘古墓罪，分别判处绍兴县平水区下灶乡第四村王×德有期徒刑五年，王×潮有期徒刑三年。同日，绍兴市人民法院以盗卖国家文物罪，判处绍兴市解放南路六〇二号陶×荣有期徒

---

① 浙江省人民政府文教厅：《为通知鲁迅文化馆反映绍兴市收购旧铜旧书及盗掘古墓情况严重损失珍贵文物图书，请提出意见并派员调查具报由》，1952年4月18日，浙江省档案馆，档号：J039—004—004。

② 浙江省人民政府命令：《为保护古迹文物禁止发掘坟墓盗取古物财宝，希严格执行并饬属遵照由》，1952年4月19日，浙江省档案馆，档号：J039—004—004。

③ 浙江省人民政府文教厅：《为遵示转嘱省文管会赴绍兴处理私掘古墓损失文物经过情况报请鉴核由》，1952年4月22日，浙江省档案馆，档号：J039—004—004。

④ 绍兴市人民政府布告，1954年4月2日，浙江省博物馆馆藏资料。

刑五年，并没收其全部所存出土文物，及酌情追回出卖之出土文物。① 至此，对绍兴市（县）收购旧铜旧书、盗掘古墓事件的处理告一段落。

第二节　对龙泉县珍贵古瓷散失事件的处理

1952年5月24日，浙江省文管会致函龙泉县人民政府，称："查本会为执行中央及本省迭次颁布保护民族文化遗产之政令，对于各地方文物普遍重视。以你县为龙泉瓷产地，近四五年中，尤以抗日战争期间，出土古瓷极多。当地吴梓培、吴文苑叔侄对于是项古瓷收藏富而且精，珍贵为国内所罕。程振鹏家亦藏有名贵产品。此种古代劳动人民之艺术作品，必须设法保全，勿使损毁。本会曾于一九五〇年十二月十五日以秘字第七七号函请调查予以保藏。嗣接传闻，吴梓培、吴文苑二人因案已经政府拘押，即以一九五一年十一月廿五日以秘字第二〇二号函请你府迅予派员查复该两家所藏古瓷情况各在案。惟迄今均未见复，事关执行政令，未可久置不问，务须查明前函，于十日内查明实在情况，详细见复为要。"②

7月15日，龙泉县人民政府函复浙江省文管会，称："接你会来函为催查龙泉吴程诸家所藏古瓷情况，我县当即转知各该区进行调查，据复八都区吴梓培、吴文苑均系地主成分，由于当时我县领导对珍贵文物保管不够重视，故在土改中都把这些瓷器当作家具处理，分配群众。城区程振鹏家所有古瓷，凡所不能供作用具的，已交由县文化馆保存。可作用具的亦已全部分配群众。特此函复。"③

8月1日，浙江省文管会报告浙江省文教厅，称："查龙泉县为古代名瓷龙泉窑（包括哥窑、弟窑）之产地。是项古瓷制作极精，为祖先劳动人民之高度艺术表现，在我国陶瓷史上占有极重要之地位。该县大窑、溪口等地方，即为古窑基所聚之处。前清末年，有德国传教士于古墓中发现此项古瓷以后，大事搜掠，运载出国。自此东西洋古董商人悬金以求，

---

① 浙江省绍兴市人民法院刑事判决书，一九五四年度刑字第七二号，案卷第七一号，浙江省博物馆馆藏资料。
② 浙江省文管会致函龙泉县人民政府：《为调查龙泉吴程各家所藏古瓷情况迅予见复由》，1952年5月24日，浙江省博物馆馆藏资料。
③ 龙泉县人民政府函复浙江省文管会：《为函复我县对吴程诸家所藏古瓷处理情况由》，1952年7月15日，浙江省博物馆馆藏资料。

乡人则于农闲季节相率发掘窑基、古墓，近数十年中出土古瓷极多。名贵之品流出国外者不可计数。惟有该县西乡、八都富户（地主成分）吴梓培、吴文苑叔侄，尤其是吴文苑，就近搜集，所藏哥窑、弟窑及一般龙泉窑，数量极多，且有珍贵罕有之品，为国内独一无二者。溯自一九五〇年，我会为配合中央文化部通知'各地组织土改干部进行学习有关之文物法令作为参考文件'一事，对于本省各县之古迹、文物、图书、建筑有重点地分别通知各地人民政府注意保护。对于龙泉县古窑基土地之处理及吴家所藏珍贵古瓷之应予保护，曾于一九五〇年十二月十五日以秘字第七七号函知龙泉县人民政府查明办理。嗣一九五一年十一月间，传闻吴梓培、吴文苑因案已经政府拘押，即以秘字第二〇二号函该县府询其吴家所藏古瓷有否加以保管？及同县程振鹏家所藏古瓷，有无损失，请其密切注意，派员查复。但前后两次去函，始终未得回音。"至本年七月十五日，才得"含糊其辞"一信。"该县府对于保护文物政令执行，一贯的漠视，致使该批稀世的珍贵古瓷，遭遇不应有之损失，实觉遗憾！"为此，浙江省文管会提出三点整改意见。"拟请钧厅（或特请省府）严令该县府照上提三点意见切实遵办。并通报各县市人民政府以引起一致重视。籍使各地方古迹文物得以确保。"①

8月21日，浙江省文化局下文浙江省文管会："关于龙泉县府漠视珍贵文物，致该地稀有古窑及新出土名瓷遭受严重散失一案，该县不重视法令，确属不当，应令其据实报告，请你会迅拟府稿送局，以便陈情省府转饬切实遵照办理为荷。"② 8月26日，浙江省文管会函复浙江省文化局，所嘱代拟府稿一事，"兹遵将府稿拟就，送请核转。"③

9月6日，浙江省文管会代拟府稿经浙江省人民政府主席谭震林签署正式发送至龙泉县人民政府。称："查保护历史文物，早经中央人民政府政务院暨本府颁布多项'办法'及'决定'通饬执行有案。兹据省文物管理委员会报告称：龙泉为古代名瓷龙泉窑（包括哥窑、弟窑）产地，

---

① 浙江省文管会报告浙江省文教厅：《为龙泉县府对于文物一贯漠视现遭受严重损失提出补救办法报请鉴核祁办由》，1952年8月1日，浙江省博物馆馆藏资料。
② 浙江省文化局下文浙江省文管会：《为龙泉县府漠视珍贵文物案请迅拟府稿以便转陈办理由》，1952年8月21日，浙江省博物馆馆藏资料。
③ 浙江省文管会复浙江省文化局：《为准函示关于龙泉县府漠视法令致珍贵文物遭受严重损失案遵已拟就府稿送请核转由》，1952年8月26日，浙江省博物馆馆藏资料。

近数十年中出土古瓷极多,名贵之品解放前大都流出国外。过去有当地地主吴梓培、吴文苑叔侄就近搜集保藏了大批哥窑、弟窑及一般龙泉窑,珍贵稀有,为国内独一无二。"1950年、1951年,浙江省文管会曾两次催促保护龙泉古瓷,然龙泉县府一再"含糊其辞","致使该批珍贵文物遭受不应有之严重损失。兹特提出下列挽救处理办法三点,应于最短期内切实执行回报为要。一、此种古瓷埋藏土中八九百年,遍身裂纹,大都残破不合实用,决不应认作家具,而且龙泉城乡群众都知道古瓷为有价值之物(通俗即称'古董'),当初如果将吴家所有古瓷分配农民,他们一定能够保藏起来,损毁不会太多。况且政府禁止珍贵文物出口,一时也不致变卖出去。为急切挽救计,现在应由你府向他们说服,全部缴回,归国家保管,并应注意不致因此发生故意破坏古物情事。又据省文管会了解,吴梓培、吴文苑家所藏的大批珍贵古瓷,有的固是整器(数量不多),多数是残器,有的甚至是碎片,但同样是非常珍贵的标本。所以向农民说服缴回时,应注意不论整器、残器、碎片,均须一律收集,逐件妥慎包裹装箱运至你府暂时保存,一面即将品名、式样、色彩、件数,造具清册分报本府及文管会研究处理。再程振鹏家所藏之古瓷(如不成对的两只龙虎瓶等),亦应由你府负责追缴归公,一并列册上报。二、你县所属之大窑、溪口、坳底、墩头等地方之古窑基,既是文化遗址,应遵照中央政务院所颁'古文化遗址及古墓葬之调查发掘暂行办法'规定,加以保护,严禁私人发掘,并将当时窑基土地分配情况,详细上报。三、二年以来,你府对于地方文物之保护一贯漠不关心,对于中央政务院暨本府所颁法令及主管机关迭次通知,均视若无睹,致造成严重错误,应作出书面检讨上报。"①

10月16日,华东军政委员会文化部下文浙江省文化局,称:"龙泉县对于保护文物政策不够重视,应请你局迅即函嘱该县查明实在情况。"②10月18日,浙江省文化局将浙江省文管会代拟府稿业经浙江省人民政府主席谭震林签署,已正式发送至龙泉县人民政府一事向华东军政委员会文

---

① 浙江省人民政府通知龙泉县人民政府:《为你府漠视法令致珍贵文物遭受严重损失特提示挽救处理办法三点》,1952年9月6日,浙江省博物馆馆藏资料。

② 华东军政委员会文化部致函浙江省文化局:《请即函嘱龙泉县政府查明吴姓叔侄收藏古瓷情况》,1952年10月16日,浙江省博物馆馆藏资料。

化部进行汇报。"惟迄今尚未见该县回复。俟接该县复文,容再详报。"①

11月13日,龙泉县人民政府报告浙江省人民政府,称:"由于我们思想上对文物不够重视,只单纯的把上级保护历史文物的办法及决定搬教条式的向下传达。下面执行究竟怎样,未经检查,因此使本县珍贵文物遭到不应有的损失。""自从钧府指出挽救处理办法后,我们即遵照办理派专人前往八都等地向群众作动员说服。"除程振鹏家的龙虎瓶外(据各方面调查,未得线索),其余基本已收回。"兹将已收回大小新旧瓷器三十二件造具清册一本送上。以上收回瓷器遵照指示暂由本府保管。"并附古瓷器品名一览表一份。②

11月17日,浙江省文管会致函省府办公厅文卫秘书室,称:"关于龙泉县府的复文,我们将所提意见另纸录奉,请斟酌办理。"③浙江省文管会邵裴子主任亲自拟写意见如下:"一、检讨部分可以同意,但所收回之古瓷件数不过几十分之一,颇有敷衍、塞责之疑,应予揭穿。令再切实根据当时'分配'事实说服上交。二、如照上办法收获尚少,二吴叔侄现尚在,抑可询问是否曾有携出隐藏或售出?闻吴文苑曾避温州,有时或有携出诚未可知。然带出必择最精之品,势不能全部或极大部分均被带走。其所藏总数总有好几百件之多,内有一小部分有人前在龙泉见过。此次收回各件中,一件也无。可见其收回之件距事实甚远。三、程振鹏藏件该县前说提交文化馆。试问所提系何件?是否亦系所说事实?似亦可向程振鹏问明。"等等。④

在参考浙江省文管会意见基础上,11月25日,浙江省人民政府批复龙泉县人民政府报告,称:"你府本年十一月八日教字第三五二四号代电及古瓷器品名一览表均悉。除同意你府所做初步的检讨外,据称收回古瓷仅三十二件,与原来吴家收藏古瓷数额尚相差甚巨,还应进一步继续贯彻

---

① 浙江省文化局报告华东军政委员会文化局:《呈报我省对龙泉县政府漠视保护文物政策处理经过由》,1952年10月18日,浙江省博物馆馆藏资料。

② 龙泉县人民政府报告浙江省人民政府:《为对文物不够重视作深刻检讨及造送文物清册祁核备查由》,1952年11月13日,浙江省博物馆馆藏资料。

③ 浙江省文管会致函省府办公厅文卫秘书室:《为准函示关于龙泉县府复文提出意见请酌办由》,1952年11月17日,浙江省博物馆馆藏资料。

④ 浙江省文管会邵裴子主任所拟关于龙泉县府复文的意见,1952年11月17日,浙江省博物馆馆藏资料。

执行本府所指出之挽救处理办法。兹就文物管理委员会所提意见略举如下：（一）对吴家原所藏古瓷部分：应向吴梓培、吴文苑本人，与八都及城内群众积极分子详细了解原藏件数，分散情况以及有无受到损毁情事；并向城内古瓷商贩胡正钊、吴子思、蔡某等人了解上列详细情况。如八都农民分得后有变卖情事，应即查明下落。（二）对程振鹏家原藏龙虎瓶部分：你府本年七月十五日秘字第二〇七一号复文管会函所说：'程振鹏家所有古瓷凡所不能供作用具的已交由县文化馆保存。'词意太嫌笼统，究竟哪些已分掉，哪些存县文化馆？龙虎瓶存文化馆呢？还是分掉，如分掉，分给何人？均应详细查明。（三）以上有关情况调查清楚后，除已收回古瓷外，并应反复动员说服分得古瓷的农民，如数缴出。在收集齐全后，仍应将古瓷的'品名'、'色彩'、'件数'等造具清册，分报本府及省文物管理委员会研究后，连同现有之三十二件一并处理。（四）关于你府所属之大窑、溪口、坳底、墩头等地方之古窑基，在土改中有否分配？如已分配，其详情如何？均应补报明白。（五）关于办理本案之人员，在进行工作后，应作出详细工作报告，附在你府报告内一并上缴，以便检查。本府同意以上意见，即希你府督同经办人员缜密研究，深入了解，动员说服农民，切实办理，务使这一批民族珍贵遗产，全部收回国有，不令遭受任何损害。特此批复，望即进行办理具报为要。"①

1953年5月，浙江省文管会潘臣青、刘永长赴龙泉等地进行文物调查。"五月廿三日，在龙泉八都向当地区政府接收了瓷器一三五件，散瓷片八六片。五月廿五日在龙泉城区向文化馆接收瓷器二五七件，散瓷片三五片。六月二日，向龙泉县府接收哥窑太白坛一件。"② 至此，龙泉县古瓷散失事件的处理基本结束。

第三节　对浙江医学院建筑基地内宋墓迁移问题的处理

1952年10月4日，浙江医学院致函浙江省文管会："本院自院系调

---

① 浙江省人民政府批复龙泉县人民政府：《为所做检讨与收回古瓷相差甚巨再指出五项希即深入了解切实办理具报由》，1952年11月25日，浙江省博物馆馆藏资料。

② 浙江省文管会潘臣青、刘永长调查工作报告，1953年6月13日，浙江省博物馆馆藏资料。

整，浙大医学院与浙江省立医学院合并成立后，学生人数逐渐增多，为适应教学迫切需要，决定在院内扩建图书馆及实验室，惟院内空地甚少，计划建筑基地内存有古墓两处，一为宋岳飞孝女银瓶之墓，一为宋王横将军之墓。据传闻均为衣冠冢。是项古迹关系文物保管，兹因建筑前必须将该两墓迁出。特函请贵会照顾本院培养医药建设人才之需要，惠予同意迁移，至迁移地点或在本院边角地方，或请贵会转洽移至西湖风景区适当处所，诸希早日见复，俾便迁移建筑。"①

10月23日，浙江省文管会就浙江省医学院要求迁移宋墓一事报告华东军政委员会文化部，称："经查得王横及银瓶两墓确在医学院计划建筑基地之内。另有岳飞部将张保墓亦在医学院墙外，该处土地不久的将来可能均划入医学院校舍范围之内。并查胜利后新编《精忠小志》载：张保墓在长寿路，王横墓在法院内（即今医学院址）。又载'民国三十四年（公元1945年）春，重建法院内之银瓶小姐、张保将军、王横将军墓。'雍正修《浙江通志》，民国修《杭州府志》备载岳飞部将张宪、牛皋墓。而未有载张、王二墓。惟张保墓尚有道光三年七月旧碑，附近居民老辈尚及见墓前旧有石人、石兽，今已无存。王横墓已无碑记，地在临近，真伪俱有可能。""我会意见：张墓拟于原处保存，将来亦可迁动；银瓶假墓，不妨平去。王墓所在，最拟建筑，是否可照医学院意见，迁至院内偏处，或将来拆迁时发觉无墓葬之征，亦可同银瓶之墓，毁而不复。是否可行，即祁核示转知遵办。"②

同日，浙江省文管会致函浙江医学院，"贵院总工字第一六七〇号函为计划建筑图书馆及实验室，地基内宋岳飞女银瓶及部将王横两墓洽请同意迁移一节，业经我会邵主任亲往了解情况。按该两墓历史纪录不甚明确，而墓葬所在地点确属有疑，建筑似可考虑拆迁。惟依照中央政务院指示保护古文物建筑办法第三条规定'如确有必要拆除或改建时，必须经由当地人民政府逐级呈报大行政区文教主管机关后始得动工。'兹将该案实际情况及本会意见报请华东文化部核示。在华东未核复前，请照旧保存

---

① 浙江医学院公函：《为本院因教学需要拟建筑图书馆及实验室地基内古墓两处请予同意迁移由》，1952年10月4日，浙江省博物馆馆藏资料。
② 浙江省文管会报告华东军政委员会文化部：《为浙江医学院函以建筑基地内有古墓两处请予同意迁移一节报请核示由》，1952年10月23日，浙江省博物馆馆藏资料。

暂勿动工为荷。"①

11月5日，华东军政委员会文化部回复称："你会拟将你省医学院建筑基地内张保墓保存原处，王横墓迁移，银瓶假墓平去。我部同意，惟王横墓在迁移时，应由你会派专人负责勘察，有无文物发现，须注意保管。并希先呈报浙江人民政府批准后再行动工。"② 11月8日，浙江省文管会将华东军政委员会文化部批复转知浙江省医学院。③

11月18日，浙江省人民政府发布命令至杭州市人民政府，称："接浙江医学院报告略为适应教学迫切需要，决定在法院路校部院内扩建图书馆及实验室。惟计划建筑基地内有宋岳飞孝女银瓶及部将王横两古墓，须先行迁移，方可开始建筑。已洽商文物管理委员会同意。据该院意见最好迁至岳坟等语。事属你府管辖范围，发去原文一件，应如何迁移，即希洽照办理，并将办理情形具报为要。"④

1953年1月11日，浙江省文管会报告华东军政委员会文化部，称："钧部一九五二年十一月五日批复同意所拟浙江医学院建筑基地内张保墓保存原处，王横墓迁移，银瓶假墓平去一节，经转知医学院并由医学院径报浙江省人民政府核准后，业于一九五二年十二月十七日上午开始迁墓工程。本会派陈训慈、沙孟海二委员前往勘察。兹据报称：王横墓：掘准六尺九寸（再往下掘是水了），东西广十三尺，只见砖土，大小石头及零碎骨头，经该院解剖学教授鉴定，这些骨头是兽骨，并无人骨。又有古钱五枚。宋钱与明清钱共存，也不足证明是宋代墓葬。查王横墓历来府县志皆未载，此次开掘也未见什么东西，是否真墓很难说。现为保存传说既久的古迹，该院将墓迁至靠东一百三十公尺隙地，与张保墓相并，我们认为是妥当的。银瓶墓：按我们了解，这墓是抗日胜利后地方人士新做的，现在把它开掘过，未见什么东西，所以决定平去。以上迁墓、平墓情况，合行

---

① 浙江省文管会函复浙江医学院：《为函商拆迁宋墓一节已转报华东核示在未奉核复前请暂勿动工希即查照由》，1952年10月23日，浙江省博物馆馆藏资料。
② 华东军政委员会文化部批复浙江省文管会，1952年11月5日，浙江省博物馆馆藏资料。
③ 浙江省文管会函复浙江医学院：《为前准函商建筑基地内古墓问题业奉华东文化部批复同意并希先报省府批准后动工由》，1952年11月5日，浙江省博物馆馆藏资料。
④ 浙江省人民政府命令：《为医学院建筑须迁移宋岳飞孝女银瓶部将王横古墓转令办理具报由》，1952年11月18日，浙江省博物馆馆藏资料。

报请鉴核备案为祷。"① 至此，浙江医学院建筑基地内的宋墓迁移工作基本完成。

第四节　对嘉善县四座古墓壁画保护问题的处理

1954年8月12日，浙江省文管会报告中央文化部社会文化事业管理局，称："本会干部朱伯谦在嘉善县天凝区陶庄乡陶家池附近土丘中清理宋墓时，在旁边发现有并列相连的古墓四座。其中三座有壁画，中间二座为墨绘花草，靠东一座的两壁离墓口卅七公分处各有直径卅二公分圆形水彩画侍女一人，西边一座墓顶部分已塌，墓内只有粉红色灰壁，没有壁画。四墓结构一样，大约为同一时候所造，都是卷顶砖室墓。室内四壁及卷顶有三公分厚的石灰粉刷，凝结坚固，壁画之在其上。后壁有上下、大小壁龛二个。两墓夹墙上有窗连通，各墓破坏较早，墓内不剩一物，询问当地群众不得而知。只是根据墓的结构分析可能是宋代墓葬。现该土丘有当地群众掘泥作抹坯。同时墓已全部外露，墓顶铺抹已剥落少许。现虽已通知当地政府教育群众坚决保护，但日久恐有漏雨之危险。为此，请示你局如何处理，如果将该墓壁画全部剥落下来，在室内保存，则请你局派一专家前往以便处理，因本会没有一个工作人员能搞这工作的。究竟如何请指示？附该墓及壁画照片三张。"②

8月26日，浙江省文管会致函嘉善县人民政府，称："查前次本会派员到你县天凝区陶庄乡陶家池调查清理古墓一事，由于你府及当地区乡政府的大力协助，使工作进行得很顺利，取得了一定的成绩。陶家池古墓中漆器等殉葬品的出土与壁画的发现，为研究我国古代壁画增添了新的内容。因为墓葬中壁画在浙江还是初次发现，是可贵的资料。对该墓葬的处理，本会已请示中央人民政府文化部，认为应依照中央政务院一九五〇年五月二十四日政文董字第十三号令颁发之'古文化遗址及古墓葬之调查发掘暂行办法'第三条规定。我们认为在未得到文化部指示前，不得擅

---

① 浙江省文管会报告华东军政委员会文化部：《为报告浙医学院迁移宋墓情况请核备由》，1953年1月11日，浙江省博物馆馆藏资料。

② 浙江省文管会报告中央文化部社会文化事业管理局：《为请示保护嘉善县古墓中壁画事》，1954年8月12日，浙江省博物馆馆藏资料。

自发掘。据本会当初前往工作之朱伯谦同志汇报：'有壁画的古墓的墓前封门墙已部分拆去，东面的一墓，背上的平铺墙已部分剥落，而且仍有农民在土丘上取土制砖坯，古墓有完全暴露之可能。如果不在当地群众中很好动员保护古墓的话，有被破坏之危险。'为此，请你府转知当地区乡人民政府：1. 用砖将墓门全部封闭，使群众不能碰到壁画，以防搞坏。2. 教育当地农民做好保护，如有破坏情事，按情节轻重及时进行适当处分。3. 制砖农民的取土或工作须离开上项古墓一、二公尺以外。俟奉文化部指示后，本会即派员前来处理，尚希查照办理。"①

9月14日，中央人民政府文化部下文浙江省文管会，称："接八月十二号（54）浙文秘字三六四号致本部社会事业管理局报告及照片均收悉。据所报情形看来，该墓破坏已很严重，无再事保护的必要。同意将壁画揭下保存，惟能否揭取，须视壁画石灰的厚薄而定。本部目前无人派往，可与华东文物工作队联系，请该队协助此项工作。"②

9月18日，浙江省文管会再次报告中央文化部社会文化事业管理局，称："关于嘉善县陶家池古墓中之壁画一事，本会于今年八月十二日以浙文秘字三六四号报告你局并请示处理办法在案。最近本会又派员作进一步调查，现将调查结果汇报于后。（一）壁画内容：东边一穴的两壁，绘有水彩的男女侍仆二人，男仆手托茶杯，女仆右手执帚作扫地姿势，衣折绘得比较熟练（见照片一、二号两张）。第二墓西壁画二老者观瀑，布以枯石。东壁画二官服者遇二仙人，布以墨绘竹石，觉此墓壁画较第一墓为佳（即最东面一穴），后壁绘有日月，下有团云。第三墓画二仙像于圆圈内，大小与第一墓相仿，其后绘有梅柳。后壁绘有日月，并绘有二瓶，中书吉祥字样，画法粗俗。该墓墓顶有多量雨水浸入，剥蚀过甚，所以壁画只隐约可辨。因此没有拍照和临摹。第四墓（即最西边一穴），因墓顶与西壁之早塌，雨水泥土长期侵入，所以已看不出壁画痕迹。（二）暂时处理情况：关于这四墓的暂时保存问题，前次调查时曾嘱当地政府坚决保护，防止农民破坏。事后又函嘉善县人民政府着令当地政府坚决保护，所以当地

---

① 浙江省文管会致函嘉善县人民政府：《为你县天凝区陶庄乡陶家池古墓请转知各当地区乡政府妥为保管由》，1954年8月26日，浙江省博物馆馆藏资料。

② 中央人民政府文化部函：《同意将嘉善县古墓壁画揭下保存可与华东文物工作队联系》，1954年9月14日，浙江省博物馆馆藏资料。

政府比较重视。这次将各墓内之砖块、泥土等什物全部清出,第一、二两墓之壁画作了拍照与临摹,并将墓门封闭,防止被人破坏。同时对村乡干部再三说明保护之重要,严禁破坏。(三)该墓的时代问题:因墓内空无一物,所以很难肯定。前因该处出土有陶大章圹志,故估计可能是宋代墓葬。此次将附近几处墓葬一律打开清理,始知陶氏父子三人墓在靠东一边,有壁画的是另一墓。既然不是宋代壁画,除已通知当地政府将该墓封好,妥为保护外,亦不必请你局派员南下。"①

10月26日,中央人民政府文化部下文浙江省文管会,称:"一九五四年九月十八日(54)浙文秘字三九九号报告及照片均收到。嘉善县发现的古墓,从壁画作风上看,可以确定为明代。这些壁画保存了民间画家的作风,是很可宝贵的,应重视和妥加保护。"②至此,嘉善县古墓壁画的保护工作结束。

第五节 对杭州葛仙庵、初阳台保护问题的处理

1954年11月17日,浙江省文化局下文浙江省文管会,称:"接中央文化部(54)文郑社字第四十二号函略开:'中华全国科学技术普及协会来函,建议保护杭州葛岭上葛仙庵及纪念葛洪的初阳台。'兹将该协会原函抄转你会,请即派员和有关部门联系进行调查,予以适当保护,并请将处理情况函告我局。"并附原件一份。原件称:"杭州葛岭上有'葛仙庵',所奉葛洪是晋代的炼丹家,在我国化学史上有一定的价值。庵内所存文物有纪念葛洪的'葛仙翁炼丹井碑',用木棍支着,有颓倾之虞;明代修葛仙庵的纪念碑,被一块洗衣石横挡着;大厅内有一幅后人画的葛洪像,镜框玻璃破碎,画上水渍斑斑,有损毁可能。在葛岭山顶有'初阳台',也是纪念葛洪的,上有石碑,可是现在台上盖了一座小砖房,有人住着,不但破坏了古迹,也破坏了西湖风景。"云云。③

12月7日,浙江省文管会干事黄涌泉受浙江省文管会委派,对葛仙

---

① 浙江省文管会报告中央文化部社会文化事业管理局:《继续报告嘉善县古墓中之壁画情况及处理经过》,1954年9月20日,浙江省博物馆馆藏资料。

② 中央人民政府文化部社会文化事业管理局函:《同意你会处理嘉善县古墓》,1954年10月26日,浙江省博物馆馆藏资料。

③ 浙江省人民政府文化事业管理局函,1954年11月27日,浙江省博物馆馆藏资料。

庵、初阳台进行调查，并在其后向浙江省文管会提交《葛仙庵、初阳台调查报告》。称："葛仙庵：该庵所有建筑均为太平天国以后所建，民国四年至七年，杨叔英、赵雨亭依山上下建亭阁凡六，解放后大都圮坏。今年七月初，园管处与建设局重新山门一、亭二，葛仙庵亦拆换重建，至八月底全部竣工。庵内今有道教会派来盛理旺（女）及其母亲二人管理。园管处等意见，要求他们将庵内装饰。目前，盛理旺在政府批准下，进行佛龛及佛像重新工作。关于中央文中所指出之文物，由她陪伴、察看，均在。'重建葛仙庵碑记'嵌在大殿旁出蓝堂前，天井东壁，完整。洗衣石已搬出，款云'龙飞万历壬子春二月吉旦，光禄丞玄□葛成□立'（有□者模糊难辨）。'晋葛仙炼丹井碑'，原在井旁，园管处修理后移在井后平台下，用砖和水泥涂砌，甚牢固。（除以上二碑外，庵内尚有同治丁卯重建葛仙祠记石碑一块，山麓有民国戊午喜雨亭碑一块，均完整。）'葛洪像'在抱朴庐，半身白描，系近代所绘，像上有杨叔英赞，其下有法文译语。镜框玻璃确已破碎，惟画上水渍，系屋漏所致。据盛云俟大殿整理后，再来修理。""初阳台：据西湖新志云，民国乙卯（四年），杨叔英等出资筑一石台，台下有'晋关内侯葛洪画像碑'一块，台上有碑亭，中列'葛岭重建初阳台碑记'，款云：乙卯十有一月浙东汤寿潜谨记，丙辰二月汀州伊立勋书。以上二碑均完整。""目前，初阳台设为警报台，石台上碑亭前盖有新屋一所，有杭州市公安局两位同志居住，俟新警报台竣工后，此处建筑要拆去。"①

12月10日，在黄涌泉调查报告基础上，浙江省文管会报告浙江省文化局，称："关于葛仙庵、初阳台之保护问题，已经本会派员与城市建设委员会联系，并进行调查。"报告对调查结果进行了简单叙述，并请浙江省文化局将以上情况转报中央文化部。② 至此，关于杭州葛仙庵、初阳台的保护问题基本得到解决。

---

① 浙江省文管会黄涌泉：《葛仙庵、初阳台调查报告》，1954年12月15日，浙江省博物馆馆藏资料。

② 浙江省文管会报告浙江省文化局：《关于葛仙庵初阳台保护问题》，1954年12月10日，浙江省博物馆馆藏资料。

第六节　对龙泉县拆毁三座古塔事件的处理

1956年1月，龙泉县文化馆干部尤文贵偶然发现龙泉县城内崇因寺双塔（宋塔）被拆。尤文贵震惊之余努力抢救回十三卷佛经。不久，龙泉城郊的金沙寺塔（五代建的"华严塔"）又被人以年久失修为由拆毁。尤文贵震怒之下，寄出举报信给上级主管部门。①

11月13日，浙江省文管会致函温州市文管会："据反映，龙泉县人委个别领导干部擅自拆毁古塔，并毁去塔内文物。经本会研究，认为问题的性质十分严重。为了弄清此案真相，望你会于最近期内迅速将已得情况书面函告本会，以便处理。"②

早在11月12日，温州市文管会就将龙泉县擅自拆毁古塔一事报告温州专署、温州市人委。③ 12月4日，温州专署、温州市人委下发关于龙泉县擅自拆毁古塔、毁损文物的通报，"希龙泉县人民委员会责令对拆毁古塔事件及有关人员进行处理和教育，并将处理结果报温州专员公署。"④

12月7日，时任温州专区文管会副主任的吴兆瑛在《浙江日报》上发文：《龙泉拆毁三座古塔》。文章称："拆崇因寺双塔的时候，发现刻有北宋熙宁丙辰（公元1076年）字样的石函两个，石函内装有唐、宋写经、印版经卷及唐、宋彩色佛像画约百余卷，唐钱'开元通宝'、宋钱'太平通宝'六七十斤。此外，还有小银塔一座，鎏金古钱一枚及银牌等。"除了尤文贵抢救回十三卷佛经外，"其余的唐、宋写经、印经和绘画，全被烧毁了。银塔、古钱等也卖给人民银行和供销社熔化了。""金沙寺塔的塔身虽然略有倾斜，"但"绝无倾塌的危险。"根据现有资料，"本省五代的砖构建筑，只有今年新发现的临安功臣塔和龙泉金沙寺塔。北宋的砖构建筑，也只有龙泉崇因寺双塔、义乌大安寺塔和诸暨元祐残

---

① 尤文贵：《不可忘却的教训——龙泉拆塔事件亲历记》，《龙泉文史资料》第19辑，内部发行，2001年，第123页。
② 浙江省文管会致函温州市文管会，1956年11月13日，浙江博物馆馆藏资料。
③ 温州市文物管理委员会关于龙泉县擅自拆毁古塔的报告，1956年11月12日，浙江博物馆馆藏资料。
④ 浙江省温州专员公署、温州市人民委员会联合通报：《关于龙泉县擅自拆毁古塔，毁损文物的通报》，1956年12月4日，浙江博物馆馆藏资料。

塔。这些稀有的、具有八百多年至一千多年悠久历史的建筑物，对于我国古代建筑史的研究者来说，是很重要的实物例证。""龙泉县毁灭了祖国的这么多珍贵文物，情节是十分严重的。"

12月8日，浙江省人民检察院下文浙江省人民检察院温州分院，"1956年12月7日《浙江日报》第四版揭发龙泉拆毁三座古塔一案。将原件转你院及时查处，并将处理结果上报省院。"①

1957年1月6日，《浙江日报》报道说："温州市展出龙泉古塔中残存的唐、宋经卷"，一为"唐代乾宁四年（公元897年）写的'太上洞玄灵宝无量度人上品妙经'的末端，原件阔一尺，长一丈余。"另一为"宋代木刻经卷的断片，原件长一尺余。"

1月19日，《人民日报》刊登了中共龙泉县委关于破坏龙泉文物的检讨，称："人民日报对于我县拆毁古塔破坏古物的批评（去年12月13日《人民日报》）是正确的。由于县委缺乏知识，学习政策不够，以及存在官僚主义，致对有关人员拆除三座古塔以及毁坏其中文物没有加以制止。"党报批评后，"县委召开了常务扩大会议，对这事件进行讨论研究，接受教训。除指定专人继续收集散失文物外，并加强教育干部群众，采取措施保护我县现存其他文物。"

3月11日，《龙泉报》发表社论，题为：《保护祖国文化遗产是爱国主义的实际行动》，并配发新闻稿："已收集塔内外文物74件，有关部门仍在继续收集"。

3月19日，浙江省检察院、文教局、监察厅、文管会、浙江省检察院温州分院、中共龙泉县委文教部、宣传部、龙泉县人民检察院、中共温州地委文教部、中央监察部、中央文化部经调查研究联合作出关于"龙泉县拆毁三座古塔"案件的检查报告。并附《毁坏和收集塔中古物的报告》一份。②又传达说：中央对龙泉拆塔事件十分重视，周总理也很关心。中央并委派郑振铎副部长亲自处理此事件。③

---

① 浙江省人民检察院为龙泉拆毁三座古塔一案的函，1956年12月7日，浙江博物馆馆藏资料。
② 浙江省检察院、文教局、监察厅、文管会、省委监委会联合检查组关于"龙泉县拆毁三座古塔"案件的检查报告，1957年3月19日，浙江省博物馆馆藏资料。
③ 尤文贵：《不可忘却的教训——龙泉拆塔事件亲历记》，《龙泉文史资料》第19辑，内部发行，2001年，第123页。

5月3日，浙江省监察厅就龙泉县拆塔事件对浙江省人民委员会作出报告，对有关失职人员提出处理意见。①

5月8日，浙江省人民检察院就龙泉县拆塔事件向浙江省人民委员会递交"提请书"，建议"你会除对造成拆塔事件的有关人员进行教育，对其中情节严重者给予适当行政处分外，为了正确的接受龙泉拆塔事件的教训，须采取积极措施，贯彻执行中央保护古文物建筑的各项政策法令，整顿文物管理制度，以杜绝类似事件继续发生。"②

5月27日，《浙江日报》发文："省人委作出决定严肃处理龙泉拆塔事件，建议县人代会罢免副县长张恢吾、法院院长王衍信职务。"《浙江日报》并在同版配发社论：《从龙泉拆塔事件中吸取教训》。6月6日，《浙江日报》再次刊载消息："龙泉拆塔案责任人职务被罢免。"

8月19日，浙江省人民委员会向国务院递交关于处理龙泉县拆毁古塔文物案件的报告。至此，龙泉县拆塔事件的处理最终尘埃落定。

第七节 对余姚县唐代刻字瓷器征集问题的处理

1957年3月初，余姚县文教局张德懋向浙江省文管会报告：余姚县匡堰乡游源村乾炳农业社社员宋杏煊藏有唐代大中年间制造的瓷瓶和瓷碗各一只。据了解，瓷瓶、瓷碗系1954年宋杏煊在余姚县鸡棺材山茔建寿墓时掘得。瓷瓶上刻有"维唐故大中四年岁次庚午八月丙午朔胡□妻朱氏四娘于此租地自立墓在此以恐□于后代无志故记此罂"的字样。宋以为有利可图，两次欲以高价（400元和750元）售于古董商人，未成。1957年3月3日，浙江省文管会汪济英赴余姚联系了解。3月4日，汪济英与张德懋赶赴游源村，向村干部说明国家的文物政策，并动员宋杏煊把瓷器交给政府，暂时保管，听候处理。然宋杏煊拒绝交出瓷器，协商未果。3月12日，浙江省文管会主任邵裴子致函浙江省人民委员会，提出"我会意见：1.唐代瓷器有纪年的，在浙省只发现过一、二次，在全国范围内也极少数。依照法令规定，地下出土文物概为国家所有。希望能说服上交，不宜出价收购。为照顾农民起见，我会拟视其觉悟程度，核发奖金

---

① 浙江省监察厅报告，1957年5月3日，浙江省博物馆馆藏资料。
② 浙江省人民检察院提请书，1957年5月8日，浙江省博物馆馆藏资料。

200—400元。2. 余姚县匡堰乡游源村附近有唐、五代窑址多处。这一带窑址也是第一等文物保护单位，应由县负责坚决保护。以上意见，敬请分别鉴核处理。"①

1957年3月下旬，浙江省文管会又接余姚县文教局电话，称："唐代刻字瓷器已于3月21日由匡堰乡游源村乾炳农业合作社社务委员汪水荣潜携赴杭，可能已转入上海"，云云。据此，3月26日，浙江省文管会邵裴子主任再次致函浙江省人委："查地下埋藏及发掘所得的古物概为国家所有，经国务院与文化部几次三番通告周知。目前允许古董商铺的存在，只为他们对地面文物能起流通保存的作用，但绝非包括地下埋藏的文物。"对唐代刻字瓷器的流失，我会意见："1. 通知省公安厅侦查这件唐大中四年瓷器的下落，必须做到原物交公。2. 汪水荣的违法行为，应送人民法院处理。3. 此案查清责任后，请作为典型事例对全省县、市发出通报。"②

经过浙江省人委、浙江省文管会及相关部门的努力，余姚唐代刻字瓷器最终得以上缴国家。1957年5月2日，浙江省文管会致函余姚县人委，称："关于你县匡堰乡唐大中四年瓷器上缴国家的奖励问题，我们研究了乡书记的意见，并已征得上级同意，原则上同意给予奖金250元，由你委掌握，作适当分配。发给时讲明政策，进行教育，务使奖金起积极作用。至于今后对于地面、地下文物（包括古窑址在内）的保护问题，应照国务院关于在农业生产建设中保护文物的通知办理。各地农业生产合作社对本社范围内的文物保护单位负有保护责任，严禁擅自发掘。如在垦殖中发现文物，一概无偿地交缴政府。如有大量发现，应即停止，并报告当地政府转报省文化主管部门处理，希查照办理。"③ 至此，余姚县唐代刻字瓷器的征集保护工作得以善终。

---

① 浙江省文管会致函浙江省人民委员会：《浙江省文管会为汇报余姚发现唐代瓷器的处理意见由》，1957年3月12日，浙江省档案馆，档号：J169—009—042。
② 浙江省文管会致函浙江省人民委员会：《浙江省文管会关于余姚出土唐代瓷器已由当地社干盗运出境，请从速追究，依法处理的报告》，1957年3月26日，浙江省档案馆，档号：J169—009—042。
③ 浙江省文管会致函余姚县人民委员会：《关于你县匡堰乡农民上缴出土文物给予奖金的函》，1957年5月2日，浙江省档案馆，档号：J169—009—042。

第八节　对庆元县竹口乡新窑社破坏
新窑窑址事件的处理

　　1957年12月21日，庆元县竹口乡新窑农业社部分群众为兴修水利，开挖四座明代新窑窑址（属明代龙泉窑系统），致使其中"一、二、三号窑址都遭受到程度不等的破坏"。事件发生后，省文管会迅速派出朱伯谦、冯信敖两同志前去调查。四座明代新窑窑址"在省所公布的第一批保护单位中列为一等保护单位，该通知曾转发各区乡及有关单位"，且"57年省文管会派员调查后，曾在竹口乡成立文物保护小组，负责保护新窑、黄坛、竹口、枫堂等地的古窑址。但由于缺乏具体领导与检查，致使未起到应有作用。特别在省颁发了在兴修水利运动中做好文物保护的布告与县人委专门发了指示后，当地干部仍未引起注意，问题确实是严重的。""为接受这次教训，做好今后的文物保护工作，必须加强向全县干部和人民进行保护文物的宣传教育工作，使全县人民正确认识保护文物的重要性。""1. 对已知的新窑、黄坛、竹口、枫堂等地的五代至明代的烧瓷窑址，林立禁牌，严禁破坏；并在当地健全与建立文物保护小组负责保护。2. 争取各种机会，如广播、会议，进行保护文物工作的宣传，使干部和群众都知道保护文物的重要性，积极保护文物。"[①]

　　1958年2月22日，浙江省人委下文各县、市人委，称："业经省人委公布的第一类文物保护单位明代新窑窑址（龙泉系统），已在庆元县竹口乡新窑农业社兴修水利中遭到破坏。这一事件说明庆元县人委虽曾发出过关于保护文物的通知，但对省人委1957年11月13日'关于兴修农田水利及有关农业生产建设中保护文物的通知'未采取具体有效的措施加以贯彻，特别是对重要文物保护单位所在地区的干部和群众没有做好宣传教育工作，致使我省稀有的明代窑址遭受损失。目前这三座窑址虽已经省文管会做了处理，但问题是严重的。对这一事件中不关心保护文物的干部，应进行批评教育；已被掘出的文物也应分别作出处理。同时将此情况通报全省，希各地从这一事件中吸取教训。""兹提出以下意见，希各地

---

　　① 庆元县人民委员会报告浙江省人民委员会：《关于新窑古窑址被掘情况的报告》，1958年2月3日，浙江省档案馆，档号：J010—009—067。

研究执行：（一）各地必须坚决执行省人委（56）浙文办字第4053号、（57）浙文办字第2650号通知的精神，主动地把本地区的文物保护单位告诉水利、农林等有关部门。对已公布的文物保护单位，应加标记（最好挂上或插上木牌，注以文字说明），禁止破坏，并在作农业规划时，尽量不予破坏。如果规划中确定不能避免，而必须进行发掘清理或拆建的，应遵照下列规定：省人委所公布的文物保护单位，须经省人委同意后才能动工；其中特别重要者，须征得文化部同意后再动工；由县公布的文物保护单位，经县人委批准，并在省文化局备案后再行动工。（二）各县（市）人民委员会应在有文物保护单位的所在地区建立业余的文物保护小组（由乡、社干部及文化活动积极分子组成），负责保护文物及向群众进行教育。（三）应严格注意，不准随意在文化遗址及有古生物化石的岩洞泥土内取土积肥，并禁止随意拆毁古建筑、古墓葬、古碑碣等作为工程建设材料。对于需要拆除使用的各种石、砖结构之古代建筑物（包括碑碣），必须经当地文化部门鉴别后，撰述详细材料（包括古代建筑年代、沿革、结构形式、保存价值及实物照片等签署意见），按本文第一条规定上报批准后方可动工。在未批准前，不得擅自动工。同时，各地应特别注意防止坏分子乘机煽动，故意盗掘古墓、挖宝等破坏文物的事件发生。（四）各地在表扬挖到石源或砖料的典范时，应慎重的检查其物的来源，对于那些故意破坏砖、石等古代建筑者，必须进行严肃处理。"[1] 至此，庆元县竹口乡新窑社破坏新窑窑址事件的处理问题基本解决。

第九节　对上海古董商私自赴浙收购文物事件的处理

1958年4月23日，浙江省文管会就"上海古董商私自赴浙收购文物"一事，代拟局稿下发各市、县人民委员会，称："兹获悉上海市古董商金元永、黄康祥等，带着巨款，分别赴余姚、绍兴等地收购文物。他们事先没有经过本会审批，便携有上海珠宝玉器公司直接给市、县的介绍信，不合浙江省人民委员会1957年11月11日布告的规定。""查本省各地古董商的非法活动和盗掘现象尚未根绝，同时，现在正是春耕农忙的时

---

[1] 浙江省人民委员会：《关于庆元县竹口乡新窑社在兴修水利中破坏新窑窑址的通报》，1958年2月22日，浙江省档案馆，档号：J010—009—067。

期,根据以往教训:古董商在农村中活动,必然引起少数落后群众的盗墓行为,并影响生产。为此,除分别函至上海市等有关单位不使古董商流入本省外,特通知你市、县,请立即检查有无古董商在你地活动?如有,则应立即劝阻,详细办法可按浙江省人委 1957 年 11 月 11 日布告规定执行。"①

4 月 30 日,浙江省文化局致函上海市人委,称:"你市珠宝玉器公司于今年 4 月 17 日介绍许多古董商分别来本省杭州市、绍兴、余姚、上虞、宁波、诸暨、兰溪、金华、武康等地收购文物;其中金元永、黄康祥等带着巨款,未经本省文管会审批,直接至余姚、绍兴等地采购。""查本省各地古董商的非法活动和盗墓现象尚未根绝;同时,现在正是春耕农忙时期,根据以往教训,古董商在农村中活动,必然引起少数落后群众的盗墓行为,并影响生产。为保证今年农村大丰收,本局除了采取积极措施杜绝本省古董商的非法活动和盗墓外,特函至你委,请转知你市珠宝玉器公司等有关单位,在今年内暂勿介绍古董商流入本省活动。以后也要经过本省文管会审批,以免影响农业生产和便于我们对古董商非法活动及盗墓的杜绝工作。"②

6 月 17 日,中华人民共和国文化部发文至全国各省、自治区、直辖市文化局(厅),称:"最近浙江省文化局,因为上海市珠宝玉器公司介绍许多经营文物的商人到该省各县收购文物,该局根据以往的教训,认为可能引起少数落后群众的盗墓行为,甚至可能影响到生产。特函上海市人委,请其转知该市收购古物的单位,在本年内暂勿介绍经营文物的商人流入该省活动。""以往有不少地区曾因古董商到农村活动,收购古物,以致助长了部分落后群众的挖宝思想,甚至放弃生产进行盗掘古墓的情况。在目前农业生产建设大跃进的高潮中,有些地区已经开始大规模的平整土地和迁移墓葬。因此,地下蕴藏的文物,必然会有所发现。如对本地及外地前来收购古物的商人,不加以较严格的控制,任其自由活动;对发现的文物,不及时加以收集,可能会使被发现的文物遭到破坏盗卖,对群众劳

---

① 浙江省文管会:《关于取缔古董商非法活动的通知》,1958 年 4 月 23 日;浙江省文管会报告浙江省文化局:《关于代拟取缔古董商来浙活动函稿请即发》,1958 年 4 月 23 日,浙江省档案馆,档号:J169—010—041。

② 浙江省文化局致函上海市人民委员会,1958 年 4 月 30 日,浙江省档案馆,档号:J169—010—041。

动生产的情绪也可能产生不良影响。"① 至此，上海古董商私自赴浙收购文物的行为被有效制止。

第十节　对西湖人民公社石英厂工人损毁天竺寺文物事件的处理

1959年年初，杭州西湖公社为赶制炒茶机和石英厂磨机等机械，急需钢铁。部分群众因此到附近的上、中、下天竺寺及法相寺搬运铁制文物作为原材料。计有：上天竺寺清康熙香炉一件，辛亥革命后铁经炉二件；中天竺寺明万历壬寅铁香炉一件，明隆庆铁钟一件，辛亥革命后铁经炉一件；下天竺寺明万历壬寅、崇祯五年铁香炉各一件，明崇祯铁花瓶一对，辛亥革命后铁香炉三件；法相寺明隆庆四年大钟一件。②

3月27日，浙江省人委下文杭州市人委，称："接省文管会报告，最近你市西湖人民公社石英厂派人到上、中、下天竺寺庙中敲毁并搬走一部分铁香炉、铁钟、铁供花瓶等，其中有的属于省列入保护范围的文物。现将该报告和附件转给你们，希即进行调查处理，并将处理结果报告我们。"③

10月19日，杭州市人委报告浙江省人委，称："关于本市西湖公社石英厂工人损毁天竺钟鼎文物事故问题，曾先后接到省人委指示要查明处理和省文管会的报告抄件。我们除于事故发生后立即通知制止外，并组织了市文化局、市委统战部、市宗教事务处和西湖区委等单位进行了调查，同时市委又批转了市委统战部关于这一事故的调查报告，并强调指出要求各单位、地区引起重视，加强对文物的保管。亦曾同时抄知省文管会。""经过调查，这次事故中已损毁明、清以来的钟鼎文物计14件（详附清单）。""对这次事故已分别进行了处理：1. 石英厂负责人孙顺焕支持群众乱搞钢铁，损毁文物和无组织无纪律的错误行为，指令其作了深刻检讨

---

① 中华人民共和国文化部：《抄送浙江省文化局致上海市人民委员会请暂勿介绍古玩商人流入该省活动的函件供参考》，1958年6月17日，浙江省档案馆，档号：J169—010—041。

② 杭州市人民委员会报告浙江省人民委员会：《关于西湖人民公社石英厂工人损毁天竺文物事故调查和处理情况的报告》，1959年10月19日，浙江省档案馆，档号：J101—010—213。

③ 浙江省人民委员会致函杭州市人民委员会，1959年3月27日，浙江省档案馆，档号：J101—010—213。

并对其进行了严格的批评教育，同时向石英厂工人、公社干部和群众进行了关于加强保护文物的政策教育。2. 对损毁的文物已全部交由市佛教协会处理，能修补的设法修补后继续陈列。3. 因事故在天竺寺所引起的不良影响，由宗教事务处对佛教界进行必要的解释工作，以消除隔阂，挽回影响。4. 事故发生在天竺、灵隐名胜地区，问题就更为严重。我们深刻地接受此次事故的教训，加强对所属机关和广大群众保护文物的教育，坚决贯彻保护文物的政策法令，防止类似事故的再次发生。"[①] 杭州西湖人民公社石英厂工人损毁天竺等寺文物事件最终得到妥善处理。

　　1960年3月，浙江省文管会代表出席中央文博会议，在大会发言中总结了浙江省文管会十年工作成就，其中谈道：我们保护文物，一"是要使国家文化遗产得到法律上的保护"，二是"向人民群众进行宣传教育"，"实践证明，只有使广大人民群众从文物中受到教育，才会真正认识到保护文物的重要意义。"[②] 总之，"劳动人民创造的文物，由劳动人民自己来保护，这是我们国家文物事业的特色。"只有这样，才能"把本省文物工作推向一个新的阶段"，"在世界上别树一帜"。[③]

---

　　① 杭州市人民委员会报告浙江省人民委员会：《关于西湖人民公社石英厂工人损毁天竺文物事故调查和处理情况的报告》，1959年10月19日，浙江省档案馆，档号：J101—010—213。
　　② 浙江省文管会代表在中央文博会议上的发言：《浙江省文物工作成就及几点体会》，1960年3月，浙江省博物馆馆藏资料。
　　③ 浙江省文管会邵裴子代表的发言，1959年，浙江省博物馆馆藏资料。

第四章
浙江省各级文物保护机构的建立及运作

第一节 浙江省各级文物保护机构的建立

1949年前，浙江省没有设立文物保护的专门机构，只有少数专家进行文物调查、考证或保护。新中国成立后，1950年5月20日，浙江省人民政府谭震林主席签署命令，称："历代文物为我民族文化遗产，其中不少具有历史、学术或艺术价值。但在干部群众中尚未进行深入教育以前，各地图书、古物的散失、毁损，时有所闻，此实为人民文化宝藏之重大损失，亟应引起严重注意。本府为有组织有计划地进行此项工作，特行决定如下：'凡历史文物保藏较多之县（市）可聘请当地热心历代文物或具有研究之人士，共同组织文物管理委员会负调查、保护、整理、管理之责'。"[①] 1950年浙江省文管会正式成立。

1951年5月7日，中央人民政府文化部、内务部共同颁布《地方文物管理委员会暂行组织通则》共8条。其中明确规定："为了更好保护管理各地方的古建筑、古文化遗址、革命遗址，并为征集散在各地的珍贵文物、图书、革命遗物的便利，各省、市得设立'文物管理委员会'。""各地方'文物管理委员会'直属该省、市人民政府。由该省、市人民政府的文教机构和民政机构会同组织之。以该二机构的负责人为当然委员，并延聘当地专家为委员或顾问。""地方文物管理委员会之经费，由各地方人民政府负担之。""委员会以调查、保护并管理该地区的古建筑、古文化遗址、革命遗址为主要任务。凡发现有破坏、盗掘或有其他危险情形时，应立即会同有关部门作紧急的措施。有修理或发掘的必要时，应报告地方的主管机关，听候其指示办理；地方主管机关应依据中央人民政府政

---

① 浙江省人民政府命令：《为保护我民族文化遗产特颁发"关于保护历代文物的决定"仰各遵照此令》，1950年5月20日，浙江省档案馆，档号：J039—003—004。

务院颁发的'古文化遗址及古墓葬之调查发掘办法'及'为保护古文物建筑办法的指示'加以处理。""各地方征集到的文物、图书和革命遗物，委员会得暂时接收、保管并加以鉴定。凡地方上已有图书馆、博物馆机构的，应即行移交该机构保管。如发现有特别珍贵的文物、图书和革命遗物时，应即行报告地方的主管机关转报中央人民政府文化部处理，不得自行处置或移交其他机关。"等等。①

1951年8月21日，浙江省人民政府民政厅就如何在浙江各地建立地方文物管理机构一事下文浙江省文管会，称："一、部颁'办法'谓文物古迹较多的省市，设立'文物管理委员会'。这'市'一般的来说是指大行政区的市，但文物古迹较多而须设立'文物管理委员会'的省属市，专区属市，或县亦可设立该项机构，因此我们应依照本省具体实际情况，分别设立市、县'文物管理委员会'。文物较多的专区可设立'专区文管会'来领导全专区各县文物管理工作。专署所在地有'专区文管会'的可不再设立市或县文管会。专区内文物不多，而有一、二个县文物较多的则可不必设立'专区文管会'，仅设县或市文管会即可。杭州市除设省文管会外，市文管会仍须设立。文物不多地区由政府民政、文教部门办理。二、文管会应由民政、文教部门会同组织之，以该二部门的负责人为当然委员，因此省文管会即应加聘文教、民政二厅首长为委员，并同意你们再聘省图书馆馆长，博物馆馆长为委员。关于'顾问'是聘请委员以外对文物有研究的专家等人，一般担任'顾问'的人，是不经常在文管会工作的。"②

根据中央人民政府文化部、内务部及浙江省民政厅的指示精神，1952年10月28日，浙江省文管会拟出《浙江省文物管理委员会组织通则（草案）》并经省府第七十一次行政会议讨论原则同意。12月2日，《浙江省文物管理委员会组织通则》经浙江省人民政府主席谭震林签署正式公布。③《通则》共9条，基本规范了浙江省境内各级地方文物管理机

---

① 中央人民政府文化部、内务部令：《地方文物管理委员会暂行组织通则》，1951年5月7日，国家文物事业管理局编《新中国文物法规选编》，文物出版社1987年版，第13、14页。

② 浙江省人民政府民政厅函：《关于拟定本省文物管理办法等问题，函复查照由》，1951年8月21日，浙江省博物馆馆藏资料。

③ 浙江省人民政府报告华东军政委员会：《为拟送"浙江省文物管理委员会组织通则"请鉴核示遵由》，1952年12月2日，浙江省博物馆馆藏资料。

构建立的诸项事宜。① 自此，浙江省境内各市（县）纷纷开始成立文管会、文管小组，并积极开展工作，浙江现代意义上的文物保护开始了。

一 浙江省文管会的建立

1950年2月20日，浙江省人民政府发文聘任邵裴子为浙江省文管会主任，同年7月，浙江省文管会作为浙江省文化事业管理局直属管理机构正式开始运作。1950年文管会成立之初，在建制方面设"鉴别、编纂、调查、保管四组，每组设组长一人，由常务委员兼任"。1951年，因"在经费预算内增列文物收购费一项，因此，又添设文物收购委员会，来掌管这一部分工作。"1953年，"改设调查组、保管组、图书资料室，秘书室四个工作部门及一个鉴别委员会，后又添设研究组。""调查组负责基本建设工程中清理出土文物工作，革命文物调查征集工作和辅导各县（市）文物组织工作；研究组负责宣传教育工作及名胜古迹、古建筑、古陵墓的调查研究工作；保管组负责文物入藏登记、保管、移交及旧书报检查抢救工作；图书资料室负责参考图书及革命文物史料的保管和部分征集工作；鉴别委员会负责文物鉴别及文物收购工作。"②

1950年，浙江省文管会的"人事配备是：主任一人，常务委员五人，秘书、会计、事务员（兼调查员）各一人，勤杂一人，共计十人。"③ 1952年1月浙江省文管会干部名册见下表④：

姓名	性别	年龄	籍贯	入任年月	职别	工作执掌
邵裴子	男	69	杭州	1950年2月	主任	总揽全务
郦承铨	男	49	南京	1950年3月	常务委员兼鉴别组长	协助主任办理一切会务，鉴定文物
陈锡钧	男	73	淮阴	1950年3月	常务委员兼调查组长	主持文物调查事宜
孙孟晋	男	60	瑞安	1950年3月	常务委员兼编纂组长	主持文物编纂事宜

---

① 《浙江省文物管理委员会组织通则》，1952年10月28日，浙江省博物馆馆藏资料。
② 《浙江省文物管理委员会五年来工作报告》，1955年7月1日，浙江省博物馆馆藏资料。
③ 同上。
④ 《浙江省人民政府文物管理委员会负责人及工作干部名册》，1952年1月，浙江省档案馆，档号：J039—004—004。

续表

姓名	性别	年龄	籍贯	入任年月	职别	工作执掌
陈训慈	男	52	慈溪	1950年3月	常务委员兼保管组长	主持文物保管事宜
张任政	男	55	海宁	1950年3月	常务委员	协助文物编纂
叶左文	男	67	兰溪	1950年2月	常务委员	协助文物调查
朱寿潜	男	45	海宁	1950年8月	秘书	经办文书事宜
韩宜	男	37	杭州	1950年2月	调查员兼事务员	文物调查及事务工作

由上表可知，新组建的浙江省文管会，由曾任浙江大学校长的邵裴子任主任；著名学者兼书画家郦承铨、篆刻名家陈锡钧、著名学者陈训慈、孙诒让哲嗣孙孟晋、王国维学生张任政担任常务委员。郦承铨、陈锡钧、孙孟晋、陈训慈并分别兼任鉴别、调查、编纂及保管组组长。

1952年3月，原任浙江大学中国文学系教授的著名书法家沙孟海被聘为浙江省文管会专任委员。1953年6月，由文管会副主任郦承铨推荐，著名文物鉴定专家朱家济加入文管会工作。

1955年3月，浙江省人民委员会"为健全本会组织，增加任命副主任二人，加聘委员十一人，顾问二人"，以加强本省文物管理工作。[①] 见下表[②]：

职别	姓名	性别	年龄	籍贯	工作任务	备注
主任	邵裴子	男	72	杭州	兼鉴别委员会委员	省人民委员会委员兼
副主任	黄源	男		海盐		省文化局局长兼
	吴山民	男		义乌	常务委员兼调查组长	省人民委员会委员兼
	郦承铨	男	52	南京	兼鉴别委员会委员	
专任委员	朱家济	男	54	萧山	兼研究组组长、鉴别委员会委员兼召集人	
	沙孟海	男	55	鄞县	兼调查组组长、鉴别委员会委员	兼浙江博物馆历史部主任

[①]《浙江省文物管理委员会五年来工作报告》，1955年7月1日，浙江省博物馆馆藏资料。

[②]《浙江省人民政府文物管理委员会负责人及工作干部名册》，1955年，浙江省博物馆馆藏资料。

续表

职别	姓名	性别	年龄	籍贯	工作任务	备注
委员	陈训慈	男	55	慈溪	兼图书资料室主任、鉴别委员会委员	
	张任政	男	58	海宁	兼保管组组长、鉴别委员会委员	
	任铭善	男		江苏如皋		浙江师范学院副教务长兼
	朱寿潜	男	48	海宁	兼秘书、鉴别委员会委员	
	陈锡钧	男		江苏淮阴		浙江省文史研究馆馆员兼
	张天方	男		嘉善		
	张宗祥	男		海宁		浙江图书馆馆长兼
	程鹏	男				省民政厅厅长兼
	彭海涛	男				省宗教事务处处长兼
	董聿茂	男		奉化		浙江博物馆馆长兼
	潘天寿	男				中央美术学院华东分院教授兼
	薛声震	男				浙江师范学院中文系主任兼
	钟毓龙	男		杭州		
顾问	马一浮	男				省文史研究馆馆长兼
	徐森玉	男				上海市文物保管委员会副主任兼

此外，尚有会计1人，干事10人，勤杂2人，炊事员1人。实职人员共计24人。调整后的浙江省文管会在专业人员配置及社会影响力各方面都有了很大提高。邵裴子继续担任主任一职，副主任为黄源、吴山民和郦承铨。4名专任委员均年高德望，11名委员及2名顾问大都为社会贤达人士，具有很高的公信力。

1954年2月8日，浙江省人民政府发文："兹决定将本府原由省文化事业管理局负责领导的省文物管理委员会划归省文化教育委员会领导。"①之后，直至1959年，浙江省文管会的人员建制相对稳定。

1958年，"大跃进"形势一日千里，浙江省文管会的工作量随之骤增。1959年2月24日，新任浙江省文管会副主任顾均呈文中共浙江省文化局党组，称："近一年来，随着本会业务的开展，原有组织形式已不能适应当前工作发展的需要。如原来本会的调查、研究两组分别负责外勤工作，以致工作中缺乏统一步骤，形成人力、物力上的浪费；原保管组三人中，有两人长期生病告假，在人力上需要给予充实；原图书资料室应与实物保管密切结合，已没有单独成立组室的必要。""我会拟进行如下组织调整：1.原调查、研究两组合并为调研组，组长由朱家济同志负责。另提升朱伯谦、王士伦两同志为副组长，以充实该组领导力量。2.原保管组、图书资料室合并为文物资料管理组，组长由沙孟海负责。"②

1960年4月，浙江省文管会经过调整，建制如下：主任邵裴子（省人民委员会委员兼，不占编制）。副主任2人，分别为顾均和郦承铨；调研室副主任朱家济，文管室副主任沙孟海，委员陈训慈、张任政；办公室主任、干事、秘书各1人；调研室组长2人：朱伯谦和王士伦，干事4人；文书、会计、干事各1人；考古队员6人；勤杂2人。共26人。③

1961年，中共浙江省文管会支部致函中共浙江省文化局党委："这次省委批准本会编制为22人，目前会内实际工作人员只有21人"，拟请调1人云云。④ 从1961年浙江省文管会的干部登记表看，文管会的建制再次有所变化。截至1961年6月15日，文管会干部及一般工作人员共28人。其中邵裴子主任78岁，年事已高。副主任为顾均、郦承铨；办公室主任、秘书、会计、文书各一人；文管组组长及干事共6人；调研组组长及干事共6人；考古队队员共6人；勤杂及炊事员共3人。⑤

---

① 浙江省人民政府：《为省文物管理委员会划归省文化教育委员会领导由》，1954年2月8日，浙江省档案馆，档号：J169—006—004。

② 浙江省文物管理委员会副主任顾均致中共浙江省文化局党组请示报告，1959年2月24日，浙江省博物馆馆藏资料。

③ 浙江省文物管理委员会1960年4月文化事业企业单位人员工资明细表，浙江省博物馆馆藏资料。

④ 中共省文管会支部致函中共省文化局党委，1961年6月15日，浙江省博物馆馆藏资料。

⑤ 浙江省文管会干部登记表，1961年6月15日，浙江省博物馆馆藏资料。

1962年9月29日,浙江省文管会与浙江省博物馆合署办公。其任职情况如下:主任顾均、邵裴子、郦承铨,沙孟海任办公室副主任。同年10月16日,文管会、博物馆召开联席工作会议决定,由郦承铨、沙孟海、朱家济、钟国仪、黄涌泉组成五人小组,负责文物的收购、鉴定,沙孟海任组长。文管会与博物馆合署办公后,原文管会全部业务归属博物馆历史部。[①] 自1950年至1962年,浙江省文管会作为新中国成立初期浙江省文物保护和管理的重要专职机构,其独立运作时间长达12年。

二 温州等市(县)文管会(文管小组)的建立

1951年,温州市人民政府设立文物管理委员会,次年委任知名人士刘景晨、梅冷生、方介堪分任正副主任,从而开始有专门机构开展文物普查、征集和保护工作。1957年4月及6月,温州专员公署和温州市人委分别报告浙江省文化局和浙江省人委,要求将温州市文管会改为温州区(市)文管会。称:"本市文管会所接触的工作,绝大部分涉及温州专区各县。过去因受机构工作范围的限制,给工作的开展带来许多困难和不便。为有利于温州地区的文物保护和发掘工作,拟将温州市文管会扩充为温州区(市)文物管理委员会。"[②] 1957年7月16日,浙江省人委批复:"为进一步加强你区的文物保护工作,我们同意将温州市文管会扩充改组为温州区(市)文管会。财务管理系统不变更,仍属温州市级预算之内。"[③]

1951年3月4日,台州专区文物管理委员会(筹)成立,副专员张子敬任主任;许天虹、王健英、徐朗、项士元、杨毅卿、陈康白等任委员;项士元兼文物征集组组长,杨毅卿兼副组长;专署还指派施世樵、郦先鸣二人为征集助理。是日下午,征集组召开会议,通过了《台州专区文物管理委员会办事细则》。1954年6月,台州专署撤销,临海隶属宁波专区。台州专区文管会改属临海县文教科,并与县文化馆合署办公,设文

---

① 黄莺:《浙江省博物馆系年》,北京图书馆出版社2007年版,第194页。
② 《浙江省温州专员公署报告》,1957年4月5日;浙江省温州市人委:《关于报请将温州市文物管理委员会扩充为温州区(市)文物管理委员会的报告》,1957年6月7日,浙江省档案馆,档号:J169—004—022。
③ 浙江省人委对温州市人委、专员公署的批复,1957年7月16日,浙江省档案馆,档号:J169—004—022。

物组。1956年2月18日,临海县文物管理小组成立。丁学精为组长;委员有丁学精、邵鹏、陈明康、陈明登、陈康白、项士元、顾其荣、陶良能、周质义。成立大会上,项士元总结了台州专区文管会五年来的工作,共征集到临海、黄岩、温岭、天台各县的文物数万种,内有图书十万余册,文物一万余件。并商量县文管小组今后的工作计划,决定文管小组仍与县文化馆共同办公。①

1953年3月24日,绍兴市人民政府请示浙江省文管会,为确保文物不受损失,拟与绍兴县联合成立绍兴市、县文物保管委员会。同年5月8日,绍兴鲁迅文化馆建议:以省文史馆馆员为基础,联合绍兴县成立市、县文物管理小组,并报绍兴市文教科,请求批复。②

1954年3月3日,绍兴市人民政府报告浙江省文管会,称:"为更好地保护管理本市古代建筑、古文化遗址、革命遗迹和征集散在各处的珍贵文物便利起见,特于上月27日由本府文教部门召开有关单位及熟悉文物人士座谈会。经研究后组织了绍兴市文物管理小组及讨论了今后工作。现将小组组成人员及绍兴市文物管理小组暂行组织办法上报请予备案。"③

1957年,绍兴市文物管理小组改为绍兴市文物管理委员会,由15人组成。绍兴市副市长王贶甫任主任委员,赵宗岳、李鸿梁任副主任委员,徐生翁、陶冶公、方杰等12人为委员,方杰兼任办公室主任。1958年3月,绍兴市、县合并后,又改称绍兴县文管会,隶属县文教局。1961年6月,绍兴县委、县人委公布绍兴县文物管理委员会成员名单。主任委员:解连河;副主任委员:李松龄、王贶甫、朱文源;委员:沈尔康、寿静涛、张能耿、寿积明、方杰等11人。④

1954年11月1日,浙江省文化局下文余姚县人民政府,称:"为加强对历史文物的调查研究和保护工作,可考虑邀请有关单位及地方热心文物人士数人组成文物管理小组(业余的),由你府文教部门直接掌握,业务上受省文管会指导。至于小组如何建立及具体活动办法等可直接与省文

---

① 任林豪、马曙明编著:《临海文物志》,文物出版社2005年版,第515、520、523页。
② 绍兴市文物管理处编:《绍兴文博大事记》(1949—1989),内部发行。
③ 绍兴市人民政府报告浙江省文管会:《为上报本市文物管理小组暂行组织办法及小组成人员名单请予备查由》,1954年3月3日,浙江省博物馆馆藏资料。
④ 绍兴市文物管理处编:《绍兴文博大事记》(1949—1989),内部发行。

管会联系或请该会派员指导。"① 11月29日，余姚县人民政府报告浙江省文化局，称："为了加强对历史文物的调查研究和保护工作，亟应成立文物管理小组，爰于本月二十六日通知有关单位及热心文物人士举行第一次会议，并由省文物管理委员会汪济英同志列席指导。讨论结果，组织余姚县文物管理小组，以沈宗汉、姜枝先、王文川等十二人组成。并由沈宗汉（文教科长）为组长，姜枝先为副组长，其余十人为组员，暂定龙泉山梨洲文献馆为办公处。特开具全体名单报请核备，兹拟于十二月上旬举行第二次会议，作出时务计划并具体分工。希省文管会经常予以指导，以资遵行。"② 12月22日，浙江省文管会致函余姚县人民政府文教科，称："你会文物管理小组辅助费，每月定为拾万元。该款包干支销，本年度余款可留用至五五年度。"③

1957年3月6日，东阳县人民委员会"经研究，为了更好地保护我县的古建筑、古文化遗址和革命遗迹，便于征集我县各地的珍贵文物、图书、革命遗物"，决定成立东阳县文物管理委员会。"由胡宪卿任主委，李春城任副主委，程品文、姜华等13人为委员，张振亚为秘书"，并制定了《东阳县文物管理委员会暂行组织规则》共六条。具体规定了东阳县文管会的工作职责、机构组成、经费开支等事项。④

1957年5月14日，瑞安县申请成立县文管会。申请报告称："瑞安县素称文物之邦，历代人文之盛，向已著名于国内。""以往几年，由于一般群众对保护文物工作未能引为注意，遭受无谓散失损坏，亦属不少。特别是古版书籍、名人书籍、佛教建筑、雕塑、藏经、法器，遭受损毁的更时有所闻。""根据以上情形，本县正式成立文物管理组织的需要，便更属迫切。经请示县人民委员会研究决定，在节约原则下暂定常年业务经费为400元，并调用县工商联工作干部一人为专职人员（暂在原单位支

---

① 浙江省文化局致函余姚县人民政府：《函复关于梨洲文献馆成立等问题》，1954年11月1日，浙江省博物馆馆藏资料。

② 余姚县人民政府报告浙江省文化局：《为本县成立文物管理小组报请核备由》，1954年11月29日，浙江省博物馆馆藏资料。

③ 浙江省文管会致函余姚县人民政府文教科：《为你县文物管理小组十二月份辅助费已汇出请填具收据返会作账由》，1954年12月22日，浙江省博物馆馆藏资料。

④ 东阳县人民委员会：《关于成立"东阳县文物管理委员会"的通知》，1957年3月6日，浙江省档案馆，档号：J169—004—022。

薪），于本年四月一日召开了'瑞安县文物管理委员会'成立会，计有委员二十一人。"并附瑞安县文物管理委员会名单一份。主任委员：江强（县文教局副局长兼）；副主任委员：俞春如、孙纯贤、张树汉；秘书：邱尹心；调查研究组组长：李孟楚；保护管理组组长：林志春；委员有杨立、吴劲夫、宋墨庵等十六人。[①] 同年7月11日，浙江省文化局批复同意成立瑞安县文管会。[②]

1952年，温岭成立文物接收委员会，派陈曼声、陈定夫两同志配合台州专署到桥下接收土改中没收的书籍、字画和瓷器等文物。[③] 1957年7月15日，温岭县建立文物保护小组。"为了接受龙泉拆塔毁坏文物的严重教训，进一步贯彻国家保护文物的政策、法令，经县人委批准，林子仁（副县长）、王维新（文教部副部长）、薛贤驹（文教局长）、顾达鑫（文化馆长）、王丁玉（文化站）、陈曼声（温一中教师）、王崇连（社会人士）七人组成文物保护小组。推定林子仁为组长，顾达鑫为副组长，于本月13日召开首次会议。"会议传达了专署文物工作会议精神，学习了国务院有关保护文物的指示和通知，并提出今后工作计划共3点。[④]

1957年7月26日，平湖县文教局拟定《平湖县文物管理小组工作意见》共5条。《意见》称："'平湖县文物管理小组'是平湖县爱好文物工作的社会人士群众性的组织。本小组是在政府文化主管部门直接领导下，通过政府各种文物方针政策的宣传，加强本县文物保管工作"。文物管理小组由"程菊杭、周默庵、张大年、翁左清、潘浪圃、潘康生、陈宰、王桂生八人组成。""经费：组员下乡来往川资、伙食费（非脱产人员），由文化行政部门酌量支出。文物收购、保护费过大者，由文化主管部门造预算，报省文管会审批开支。"[⑤]

[①]《瑞安县拟请成立文物管理委员会，致浙江省文管会的报告》，1957年5月14日，浙江省档案馆，档号：J169—004—022。

[②]《浙江省文化局批复》，1957年7月11日，浙江省档案馆，档号：J169—004—022。

[③]《温岭文史资料》第六辑，张直生：《温岭文物简志》，内部发行，1990年11月。

[④] 温岭县文教局：《为组织文物保护小组的报告》，1957年7月15日，浙江省档案馆，档号：J169—004—022。

[⑤] 平湖县文教局：《平湖县文物管理小组工作意见》，1957年7月26日，浙江省博物馆馆藏资料。

1950年浙江省文管会成立之初，限于人力，为调查本省境内文物分布情况，往往只能发函至省内各市县，请求帮助"查明境内公私保管之重要文物古迹"，但"应者寥寥，不得要领，甚有谓'本县并无文物'者。"① 在此情形下，至1951年，"各地文物图书的受损，仍时有所闻。"且"全省已成立文物机构的县市，到目前为止，实在太少；有个别县份表面上虽有了这一机构，实际业务尚未开始。所以对于保有文物较多的县市，应促使早日普遍成立文管机构以便就近保护。"② 1952年，浙江省文管会再次呼吁："有重点的设立县市文管会，确有必要。"③

自1952年后，经浙江省各职能部门一年多的努力，"从五四年开始，根据实际需要，重点建立了地方文物管理小组。该小组性质是在市、县人民委员会（人民政府）的领导和省文管会的业务辅导下的群众性组织。一般由市县的负责干部或文教局（科）长担任小组长，吸收文化馆、学校及爱好文物的民主人士参加。文管小组的任务是，宣传文物法令、保护该地的文物，了解和反映地方的文物情况"。"至目前为止，已成立的有：温州市文管会、宁波市文管会、绍兴市文管小组、嘉兴市文管小组、湖州市文管小组、余姚县文管小组、金华县文管小组七处。"④

1954年浙江省文管会在年度总结中说："在绍兴等四个县市设立文物管理小组后，使得人民群众与小组间，小组与我会间有了较好的联系，我们要求进一步形成一个有广泛群众基础的文物保护网。温州、临海每月对我们有汇报。对宣教工作与旧书抢救工作，有一定的成绩，减轻了我会许多工作。"⑤

总之，新中国成立初期上述各级文物保护机构的建立，为浙江省文物保护事业的进一步开展创造了有利条件。

---

① 《浙江省文物管理委员会一九五〇年情况概要》，浙江省博物馆馆藏资料。
② 《浙江省人民政府文物管理委员会一九五一年度工作总结报告》，浙江省博物馆馆藏资料。
③ 《浙江省人民政府文物管理委员会一九五二年度工作总结》，浙江省博物馆馆藏资料。
④ 浙江省文管会：《建立和开展地方文物管理小组的小结》，1955年12月29日，浙江档案馆，档号：J169—007—028。
⑤ 《浙江省文物管理委员会一九五四年度工作总结》，浙江省博物馆馆藏资料。

第二节　浙江省各级文物保护机构的运作

一　浙江省文管会工作业绩

新中国成立初期，浙江省文管会包括邵裴子主任在内，全部工作人员为9人，其中年龄在50岁以上有6人，最年长者为73岁。[①] 经过几次调整、补充，迟至1961年，全体工作人员共28人，其中邵裴子年届78岁高龄，真正在一线的工作人员仅18人。[②] 而工作内容包括浙江省境内的所有文物保护事项。20世纪50年代起担任浙江省文管会图书资料室主任的陈训慈回忆说：新中国成立初期，我国国民经济尚处于困难时期，浙江省文管会由于资金紧缺，人手紧张，虽然"当时图书文物的接收、检查与收购工作都繁，"但"自成立到1962年的十二年中，除其中三年曾有一助手外，全室工作都由我一人担任。"[③] 其辛劳可见一斑。

1950—1965年，浙江省文管会在浙江省境内文物的调查、宣传、教育和征集、保管、移交方面做了大量工作。

1955年，浙江省文管会对5年来（1950年7月—1955年7月）的工作成绩作如下总结：

1. 调查工作

浙江省文管会成立之初，由于缺乏人手，除了对杭州劳动路孔庙石经及乌龟山南宋官窑遗址展开一些调查之外别无成果。1953年华东文物工作队成立后，与文管会组成浙江工作组，开始确定以基本建设中的文物清理工作为工作重心。1953年，"杭州老和山浙江大学工地新石器时代遗址及历代墓葬清理，计出土石器408件，陶器1433件，铜铁器91件，木俑17件，漆器11件"。此外，还清理了"全省180多处基建工地，全年总计出土文物2699件"。

1954年，"全省有198处基建工地，工作地区达八市二十九县，先后清理古墓葬27座，清理与采集文物1193件，瓷器碎片6包。"发现新石

[①] 《浙江省人民政府文物管理委员会负责人及工作干部名册》，1952年1月，浙江省档案馆，档号：J039—004—004。

[②] 浙江省文管会干部登记表，1961年6月15日，浙江省博物馆馆藏资料。

[③] 陈训慈：《自述小传》，浙江图书馆编，王效良、苏尔启主编《陈训慈百年诞辰纪念文集》，北京图书馆出版社2006年版，第585—590页。

器时代遗址和遗物18处，古窑址19处。1955年，"清理汤溪古方六朝墓16座，烧砖窑址10个，富阳新民乡晋墓1座，绍兴漓渚古墓葬70余座，共计出土文物约400余件。"①

1954年起，浙江省文管会邀请同济大学古建筑专家陈从周教授到浙江作重点调查。经调查发现慈溪保国寺正殿建于宋代，应为江南最早之木构建筑；金华天宁寺正殿为元代延祐五年（公元1318年）的建筑，是江南元代最早的木构建筑，已进行抢修。经鉴定需要抢救的古建筑还有：杭州白塔（五代）；灵隐寺两石塔、两经幢（宋初）；绍兴大善寺塔、天台国清寺塔、义乌大安寺塔、黄岩庆善寺塔（宋代）、临海千佛寺塔（元代），等等。②

2. 宣传教育工作

1950—1951年，组织编纂西湖名胜古迹手册，"以备国际友人及国内外学术文化团体来杭游览之指引"；在国庆节举办了一次规模较大的文物展览会展出时间前后十天，参观人数达3717人，收获了一定的效果；③1954年农历春节，举办了浙江名人书画展览会，展出7天，观众1万余人。同年4月，举办太平天国展览会，展出25天，观众达20万人。④

3. 征集、保管及移交工作

文物的征集主要来自捐献、接收和收购三种途径；近年来，配合基本建设工程清理出土文物也是一个大宗来源。分述如下：

（1）历史文物的征集。1950年，浙江省文管会成立之初，"所有收集之文物，均出于私人捐献。"⑤ 1951年后，每年经费预算已列有文物收购费一项，文物收购工作开始。但大多数文物，是由财政机构和法院等移交来的。至1955年，"总计历年接受捐献和接收移交的文物凡5835件（古金器和古钱币在外），种类包括石器、陶瓷器、甲骨、铜器、玉器、石刻、古砖、印章、字画、碑帖、杂器等。""文物的保管、收藏辟有专室。最初大都利用旧橱柜，登记编目工作也较粗疏。后来逐年改进添置新式橱

---

① 《浙江省文物管理委员会五年来工作报告》，1955年7月1日，浙江省博物馆馆藏资料。
② 浙江省文管会：《一九五五年度工作总结》，浙江省博物馆馆藏资料。
③ 浙江省文管会：《一九五一年度工作总结》，浙江省博物馆馆藏资料。
④ 浙江省文管会：《一九五四年度工作总结》，浙江省博物馆馆藏资料。
⑤ 《浙江省文物管理委员会一九五〇年情况概要》，浙江省博物馆馆藏资料。

柜，印制各类文物登记目录，进行较详细的登记编目工作。"①

（2）革命文物的征集。"这一工作最大的收获是1953年初发现大批太平天国史料，计有九大箱，七百多斤，都是极珍贵的史料，已上缴中央文化部。"

（3）图书资料的征集。对于各地论斤出售，销作纸浆原料和包扎用纸的旧版书、报刊等进行抢救，指定专人经常在杭州市各旧书摊、店和废纸、废料行号进行检查征购，并赴外埠如宁波、奉化、绍兴、义乌等地抢救。至1954年抢救到的旧版书6022册、件，旧报1095斤和其他史料729斤。

1955年，浙江省文管会对五年来的各项工作做了一个总结，"取得了一定的成绩"，"但我们的工作远远落后于客观的要求。""我们有信心提高我们的领导水平和业务水平，使我们的工作更好地为国家社会主义文化建设服务。"②

1956年年底，中华人民共和国文化部下文各省市文化局，了解各地有关文物保护工作事宜。③ 据此，浙江省文管会于1957年1月29日向浙江省文化局汇报1956年度本省文物保护工作情况。如下：

1. 清理古遗址、古墓葬及调查发现文物情况

（1）试掘吴兴钱山漾新石器时代遗址一处，计390.5平方米；瑞安山前山新石器时代遗址一处，计50平方米；瑞安山下山新石器时代遗址一处，计30平方米。出土石、竹、骨等器物742件，陶片29筐。

（2）清理宁波、绍兴、黄岩、诸暨、金华、余杭、瑞安各处古墓葬共63座，出土文物367件。

（3）调查发现文物。

甲、遗址和遗存。新发现吴兴下菰城，崇德罗家角、蔡家坟，余杭亭湖，富阳毛竹山，遂安横沿，淳安进贤，桥西富锡、富德、合洋，永嘉上塘杨府庙山，瑞安陡门山、碧山、山下山、山前山、章周山、岱石山等遗址19个，石棚建筑2个，采集文物标本358件，各种陶片21筐。复查吴兴钱山漾、嘉兴双桥、崇德洲泉、永嘉塘头、正门山坪新石器时代遗址5

---

① 浙江省文管会：《一九五五年度工作总结》，浙江省博物馆馆藏资料。
② 《浙江省文物管理委员会五年来工作报告》，1955年7月1日，浙江省博物馆馆藏资料。
③ 《中华人民共和国文化部为了解你省文物保护工作情况》，1956年12月7日，浙江省档案馆，档号：J169—009—041。

处，采集标本2139种。新发现吴兴南浔，余杭石濑，上虞乌竹岭，金华竹马馆，瑞安黛石、东瓜山、浦山，永嘉管山、屿门山，乐清牛头山等新石器时代遗存11处，采集石器等66件，陶片4小筐。

乙、窑址。新发现萧山茅湾里、马面山脚、唐子山脚制陶窑址3处，采集几何印纹硬陶片3筐。新发现德清城郊，上虞窑寺前、馒头山、龙山，永嘉朱涂、财神庙山、瓦窑山，瑞安上寺前、下寺前，金华长山脚，汤溪古方乡，黄岩，武义等制瓷窑址31处，采集标本23筐。

丙、墓葬。在遂安东郊诸小山、岩村南诸小山，淳安卢安山、进贤等地发现古墓葬群4处。在杭州三台山调查俞樾墓，徐村陈三立墓，淳安方逢辰墓、方储墓，临安钱镠墓、琴操墓等名人墓葬14座。

丁、石刻及其他。在杭州南坪山调查了司马光大书"家人卦"等石刻，南屏山莲花洞、南坪山石佛洞，城隍山宋通玄观道家造像，湖墅香积寺明建双石塔，临平安隐寺唐大中经幢，绍兴下方桥石佛寺隋代大造像，柯岩石佛寺隋唐间大造像，孔庙唐残幢及宋元碑刻，明建八士桥，明建广宁桥，明王阳明故居遗址（池、台），明代建筑吕东宅，明代建筑北海桥直街39号民居，清早期建筑三层楼（明孙鑨故居），环翠塔、淳安明商辂墓及三元坊，遂安明代牌坊，临安婆留井，五代功臣塔，五代海会寺经幢，明代"邮舍"二字匾（泥马村），太平天国会议方桌，元至治石塔，玲珑山宋元明摩崖题字，余姚大涤涧宋人题名，径山寺宋元明碑，径山寺明永乐大钟，海盐镇海塔（元初建，清重修），天宁寺千佛园明崇祯二年殿基。

2. 修缮古建筑

甲、慈溪保国寺北宋建筑大殿修缮工作，于1955年12月开始，1956年1月间完工，支出约2000余元。

乙、绍兴大善寺塔，于1956年12月搭成鹰架，检查破损，准备修缮。搭架经费15000元，由财政厅径拨绍兴市人委。①

1956年4月1日至5月2日，经省人民委员会批准，浙江省文管会在浙江博物馆文澜阁举办《华东地区出土文物展》。展览委员会成员包括邵裴子、吴山民、郦承铨、朱家济、沙孟海、张任政、陈训慈等。1956年，邱成遗址的发掘工作开始。同年收购《富春山居图·剩山卷》。②

---

① 浙江省文管会报告，1957年1月29日，浙江省档案馆，档号：J169—009—041。
② 沙茂世编撰：《沙孟海先生年谱》，西泠印社出版社2010年版，第72页。

1958年，浙江省文管会"全体同志在总路线的光辉照耀下，干劲十足，以边普查、边组织、边宣传的方式，经过三个月的努力，就基本上完成了以前需要五年完成的普查任务。在这次普查中，调查到革命遗址36处，发现古代居住遗址和遗存157处，古代制瓷窑址100处，古墓葬78处，各种纪念性建筑313处。通过普查基本上摸清了杭嘉湖和瓯江、飞云江地区的新石器时代遗址的两种分布规律"。此外，"进一步探索到浙江古代青瓷的分布及其发展情况；丰富了浙江古代建筑的资料，为研究江南古代建筑提供了更多的线索"。在田野考古工作方面，"1958年，共发掘遗址5处，计882平方公尺。在钱山漾、水田畈两处遗址发掘中，出土有竹器、木浆、木盆、蚕丝、稻谷、芝麻、花生、蚕豆、西瓜子，等等。植物种子的发现，对研究我国农业史有一定价值。"①

1959年，"本省文物工作贯彻了'厚今薄古'、'古为今用'、'今为今用'的方针"。浙江省文管会"配合兴修水利发掘了嘉兴马家浜和海宁彭城两处遗址，获得了狩猎经济在浙江新石器时代早期的重要资料；配合瓯江水库工程，发掘了古代瓷器窑址两处，移建地面文物43个单位；调查革命遗址57处，征集到金钱会资料和字画1200余件；少数民族文物征集工作也颇多收获。""在工作中，我们注意到文物干部培养问题，采用办训练班，带徒弟"等方法进行培养。"如配合瓯江水库进行考古工作，成立了工作组，我们派员对有关各县的干部进行培养。"②

"1960年是我们持续跃进的一年。"浙江省文管会"今年重点调查和发掘了龙泉窑窑址"。"宋代龙泉窑瓷器，是汇集了浙江自春秋战国以来青瓷制造的优秀传统而加以发展起来的，它是浙江古代青瓷发展到高度水平的代表作。""今年我们配合轻工业厅和龙泉瓷器窑厂，调查了龙泉窑窑址82处，并从中选择大窑发掘了924平方米。发现了窑场、窑床、窑具，以及各种瓷器标本等文物资料。基本上摸清了龙泉青瓷的发展史，提供龙泉窑厂以造型设计、釉色掌握和烧制技术等重要参考资料。"在墓葬发掘方面，"东晋兴宁二年（公元364年）墓，清理出各种类型的德清窑瓷器共17件。证实了过去将德清窑推断为南朝的产物是正确的"。此外，"还配合杭宣铁路、绍兴漓渚铁路和东沼溪水利建设等工程，对施工沿线

---

① 浙江省文管会：《本会整风反右以来工作总结》，浙江省博物馆馆藏资料。
② 浙江省文管会：《一九五九年总结》，1960年3月3日，浙江省博物馆馆藏资料。

的文物史迹进行了调查"。"在宣传辅导工作方面,配合中心,编排《文物之窗》6期;协助杭州、宁波、萧山等地鉴别文物;开展旧书文物收藏登记工作;在继续研究《五代吴越文物》的基础上,对书稿作了改写;还进行了《浙江藏画集》、《蓝氏一门画选》书稿的编辑工作。"①

"1961年的文物工作是适应大办农业,缩短基本建设战线的形势,和在调整、巩固、充实、提高的方针指导下进行的。"1961年,浙江省文管会工作概括如下:

1. 文物保护单位工作

1961年4月,浙江省人民委员会正式公布了第一批省级文物保护单位共46处。浙江省文管会对杭州地区的文物保护单位"进行了比较细致的调查,并写出西湖地区的墓葬资料,提供领导及园林管理部门整理西湖风景参考。""对全国第一批重点文物保护单位——宁波保国寺、杭州六和塔和岳飞墓采取了保护措施。""海宁、嘉兴、湖州和东阳等地的省级第一批重点文物保护单位,基本上做到了有人管理,部分文物保护单位已树立标志,并正在逐步建立档案中。"

2. 清理发掘工作

"重点对龙泉青瓷进行了整理和研究,计划编写'浙江龙泉青瓷史'、'龙泉青瓷窑址调查发掘报告'、'浙江龙泉青瓷图录',部分初稿已经完成。""在丽水碧湖宋塔中发现了五代末、北宋初和南宋初的雕版印刷佛经共七种,其中法昌院的雕版印刷佛经,反映了宋代刻书中心之一的杭州,在印刷技术上的卓越成就。"

3. 流散文物工作

"本省各地保藏有很多古旧图书、字画和史料,其中也有不少是名贵的。""为了使各地的文物得到妥善的保护,我们抽调主要力量协助各地鉴别文物,传授给他们以古书字画整理的基本知识。""舟山县保存的一批字画,任其霉烂散失,经过我们检查后,进行了一次抢救性的保护。""今年共收购到文物37件。"

4. 库存文物与档案资料的整理工作

"在整理青瓷的同时,除龙泉瓷以外,其他各窑系的标本,基本上完成内部陈列工作。文物保护单位、窑址、遗址和墓葬的文字资料已建立档

---

① 浙江省文管会:《1960年工作总结》,浙江省博物馆馆藏资料。

案，给各有关部门的科学研究以方便。"①

浙江省文管会1962年业务工作情况如下：

1. "保管、征集工作方面：全年共征集文物316件。上半年主要是对文物库房的初步调整和编造藏品清册、卡片工作。合署办公后，规划了库房的使用和清理藏品的原则，提出了'文物保管制度草稿'，进行了黄宾虹藏品的移交，完成了黄宾虹绘画部分的初步整理工作。并进行了浙博原收藏的近代史资料的合并移交工作。对部分藏品进行了有计划的裱装工作，一年来完成裱装立轴约160余件，册页350余片。代黄宾虹夫人裱装立轴50件，册页约100片。对部分藏品进行通风曝晒及库房的及时安全检查。"

2. "陈列展览设计加工方面：今年主要完成了革命历史陈列，并于7月1日进行内部预展，12月31日正式对外展出。完成岳庙民族英雄纪念室的岳飞、于谦、张煌言史迹的陈列。同时对吴昌硕纪念室、黄宾虹纪念室陈列进行了局部修改补充。在进行以上工作的同时曾派人到南京、河南、山西、湖南、湖北等地参观取经和搜集资料。"

3. "文物保护工作方面：上半年主要抓住新昌大佛寺濯缨亭和宁波保国寺偏殿被焚事件，发动各县对第一批文保单位进行安全检查，先后两次组织干部对33个县的183处文保单位进行了检查，重点解决了有人管理工作，推动宁波专区组织县与县之间对口检查。杭州地区也由公安局、文教局等有关单位对本市文保单位进行了普查，根据所发现的问题，向省人委作了汇报。通过检查，引起了各县对文保工作的重视，先后有德清、丽水、桐庐、温岭、新昌、上虞、黄岩、临海、余姚等县公布了县级文保单位名单。有的县落实了文保单位保护人员，划出了保护范围，树立了保护标志。同时通过检查，对文保单位不安全因素作了一次摸底，便于今后采取主动措施。在此项工作中，先后参加了两次专署性的文物工作会议，宣传了文物工作政策，传授文物工作知识，培养了各地文物工作干部。""下半年主要是通过深入的调查研究后，草拟了省级第二批文保单位目录，除书面征求各地意见外，还派干部亲自赴现场调查。经过五次反复修正，最后初步定稿。现已完成第二批文保单位部分资料工作，为公布做好准备。"又，"对各文保单位进行了修复，加固工作和调查记录，年内已完工的有武义延福寺；已动工修复的有八字桥、兰亭、保国寺、于谦墓、

---

① 浙江省文管会：《1961年文物工作总结》，浙江省博物馆馆藏资料。

岳庙碑廊等处。"

4."考古发掘工作方面：今年主要是继续整理龙泉青瓷工作，编写了'龙泉青瓷图录'、'龙泉青瓷简史'、'金村发掘报告'、'龙泉东区窑址调查报告'、'溪口窑址调查报告'、'温州地区古窑址调查报告'等。在整理工作期间，曾先后到龙泉、温州、上海、北京等地调查收集资料。为配合水利工程出土文物的清理工作，对嘉兴、湖州、绍兴地区水利工程进行了初步了解，并亲自到太湖沿岸进行了现场调查。"

5."图书资料工作和对外提供科研资料工作方面：全年共征集图书画册928册件，为内部科研工作提供了大量的参考资料。曾编制会藏瓷器书目与陶瓷论文索引；介绍全国报刊重要论文索引；协助政协补充研究本省农民起义史料，等等。核对旧藏之明刻本、钞稿本、善本书目和博物馆前年编造的分类草目各一次。对补登记的旧书进行登号、列册等基本建设工作。为本外埠兄弟单位提供了不少科学资料，如为省属各剧团提供过历史资料与服装设计等方面的画册和有关文献资料。此外，有杭大多次借阅近代史资料及革命文物；浙大曾借阅浙大史料；美术学院借阅陶瓷书；浙江哲学社会科学研究所借阅钱江评论，等等。在外埠亦有派员或通信委托传抄稿本资料或借出罕见的参考资料。历史部曾先后为美术学院、浙江省丝绸管理局、中国科学院、中国科学院浙江分院、浙江军区、北京故宫、上海博物馆、北京人民美术出版社、浙江画报社、杭大、浙大、浙江人民出版社、文物出版社、南京太平天国博物馆及省属各剧团提供了有关文物资料。并为浙江日报、杭州日报、浙江广播电台、浙江电视台、文物考古等新闻、刊物提供稿件、资料。为中华书局、北京人民出版社、浙江日报、杭州日报审稿。帮助杭州书画社鉴定书画等。"[①]

1965年浙江省文管会、浙江省博物馆工作总结。其中关于文物保护工作方面的主要有："出口文物的鉴定和为宣传教育、科学研究提供资料。出口文物的鉴定是一项突击性的政治任务，我们遵照文化部指示，组织人力，对杭州市出口文物进行了细致慎重的鉴定工作，虽然大部分出口文物是外地产的清代陶瓷，情况比较生疏，鉴定水平低，但由于干部责任性较强，至今未出差错，完成了任务。另外还清理发掘了温州宋代白象塔，杭州五

---

① 浙江省文管会、浙江博物馆《一九六二年业务工作总结》，1963年1月19日，黄莺《浙江省博物馆系年》，北京图书馆出版社2007年版，第195页。

代吴越国王钱元瓘墓,包括捐献文物共新征集文物1649件。"①

1960年3月,浙江省文管会代表出席中央文博会议,在大会发言中总结了浙江省文管会十年工作成就,其中谈道:"清理古代文化的发展过程,剔除其封建性的糟粕,吸收其民主性的精华。只有这样,才能继承和发扬古代文化艺术传统。""使文物事业得到蓬勃发展。"②

二　温州等市(县)文管会(文管小组)工作业绩

(一)温州市文管会工作业绩

1952年1月26日,温州市文管会就1951年的工作,向温州市人民政府文教局作出报告。报告称:温州市文管会自1951年元旦成立,同年2月10日开始工作。经过半年多的努力,"所搜集的计有书籍37429册,字画715件,碑帖706件,金石陶瓷321件,名人书札253件,石砖30件,钱币734文,其他57件。""这次发现了几种刻本和稿本更为名贵。如藏书家所称为祖本的,像周天锡《花萼楼书钞》、黄体芳《钱房爱书》、项瓒《癸辛词》、柯荣歌《宣室集》、蔡宏勋《雪斋诗外集》。以及外地人士流寓温州的著作,孙同元《今韵三辨》、陆进《东瓯掌录》,都是前时所不经见的。著录和考证金石、甲骨的书,也有一千余册,罗振玉、王国维的著作和校刻,可称完备。近代私家刻印这一类书,都是少印少售,现在很不容易找得。地方志书,有甘肃、山东、河南、江苏、浙江等省份,数量虽少,都是旧刻。""这次收到的还有永乐时刻诸佛世尊知未菩萨尊者名称歌曲一大册,一部南监本二十一史,一部汲古阁本十三经注疏。""还有清代到民国的几种稿本、抄本,如弘昑的'瑶华道人诗集'、周灏的'研经堂随笔诗文集',朱鸿瞻'瑞安朱氏家谱',张泰青'小东山草堂文钞'、孙锵鸣'东瓯诗话'、张庆葵'瑞安东区乡团剿匪记'、戴礼子遗文稿,都是未刊行的手迹,有几种还是地方史料。"另外"商务出版(百衲本二十四史、四库全书珍本初集、丛书集成,金陵刻经处印行佛缘丛刻),也各收到一部。书画一类,有徐渭、唐寅、蓝涛、王时敏、恽格、高其佩、郑燮、伊秉绶、包世臣、许乃毂、李銮宣、郭高先、赵之

---

① 黄莺:《浙江省博物馆系年》,北京图书馆出版社2007年版,第216页。
② 浙江省文管会代表在中央文博会议上的发言:《浙江省文物工作成就及几点体会》,1960年3月,浙江省博物馆馆藏资料。

琛、莫和、那彦成、吴嵩梁、厥声振、顾莼、潘鼎、许正绥、端木圆瑚、林培厚、孙衣言、黄体芳、孙诒让、黄绍箕、朱克敏、李慈铭、俞樾、陶濬宣、吴俊卿、章炳麟、陈衍等名家作品。""更有徐渭花卉蔬菜，王时敏、恽格山水画卷，也是艺术珍品。碑帖一类，以温州各处石刻拓本居多，其他有西北、西南中原各地著名石刻和外蒙古的阙特勒碑拓本。金石一类，有魏正光三年佛造像、铜鼓、端歙石砚、砖镜等。""特别值得一提的，是本年（1951）三月八日市区三角门外妙果寺塔拆卸事。发现古物15种。塔是宋代嘉祐年间建造，大观年间重修。""本会因为全市人民很注意，特地在四月十八、十九日两天，借五马街国货公司三楼，将塔内文物陈列展览，并作了塔的介绍和物品说明文字，由委员会当众讲解，以艺术观点纠正迷信意识。""上述收集文物来源，有地委宣传部、专署文教科、市府文教局移交管理的，有通过组织关系直接接收的，有自动捐献的，有偶然发现的。"①

　　1954年10月20日，温州市文管会向浙江省文管会作1953年度的工作总结报告。报告称："我会自迁到江心风景区之后，因为有了环境条件，再加文物逐渐增多，群众对文物普遍地有了迫切需求。所以基本上就把业务推进得很快。八月间奉到省局指示：温州全区由我会负责兼理，并拨款充作常年经费。因此得到了不少鼓励，工作有了信心，使整个业务更加生动活跃起来。对保护、保管、整理等工作，都有了正常的开展。"一、业务情况：本年收集文物计：革命文物5件，书画1167件，铜器（晋、宋、明）33件，漆器（明）1件，陶瓷等533件，又陶片1包，碑志11件，古生物3件，钱币等1141件，又五铢钱5斤，等等。"此外，关于图书的征集，计瑞安、平阳两县文化馆共计拨交七万四千七百十五册。又瑞安林稷居君捐赠其先人林损藏书四千五百另一册。在平阳县、鳌江、宜山、金乡、北港各镇存着的废书，把它在垃圾堆里聚集拢来，搬到会里，拣出可保存的书四千册。这一年征集来的图书，都已移交市立图书馆接收保存。"二、保护与管理工作：一年来，先后发现、保护温州市郊的晋东瓯窑（土名叫西山窑），永嘉罗浮、塘头的新石器时代遗址及汉墓，瑞安周湖山的六朝墓、晋墓以及其城区的明建筑房屋，陇头的明李孟

---

① 温州市人民政府文教局：《为检送温州市文物管理委员会工作总结报告由》，1952年1月26日，浙江省档案馆，档号：J039-004-004。

奇木建牌坊等，平阳县杜山头明朝杜整木建牌坊一座，瑞安县仙岩寺全部建筑物，平阳金乡殷姓祠堂，瑞安玉海楼所藏晋砖，温州市区三牌坊（系明朝张孚敬建造，雕刻很精），等等。①

1954年8月9日，温州市文管会报告浙江省文管会，对1954年上半年的工作进行总结。称："这半年来业务重点是在收集革命文物，布置革命文物陈列室，并加强抢救调查等工作。"一、接收捐献文物件数："字画廿九件，瓷器廿八件，浮雕屏八幅，甲骨文二片，杂品七件。"二、接收移交文物件数："字画八十三件，瓷器八十一件，铁器四件，杂品廿五件，古钱三十九枚，红木雕刻家具十八件，图书八千四百五十四册，又一百六十斤（移交市图书馆保存）。"三、收购文物艺术品件数："字画二件，瓷器十七件，雕刻（黄杨苏武牧羊）一件，铁炮二件，杂品四件。"四、调查抢救工作：发现清理晋、宋、清墓各一座，发现雍正青花瓷缸一只，当地农民捐献晋代有盖大瓷壶一只，明代龙泉胆瓶一只。又瑞安城区大沙堤地主孙金刚藏的一小部分图书字画，已经霉蚀散乱残缺不堪，得县人民政府同意，把它收拾过来，抢救了一些图书字画。东联乡人民政府存有少部分字画，经抢救，有明季、清代王铎、王晨、梅瞿山等字画十一件。温州市区三牌坊第三、第四座坊顶上小部分石瓦零件，因风化剥落了几大块，幸未伤人，就同建设商联系，把极危险的残石，拆下了一些，就地保存。抢救明刻原装《文苑美华》四十九册。五、整理工作：所有字画经过两步拣选后，系目已编好；文物说明卡已备齐；编《晋东瓯窑青瓷系》；辟东瓯窑青瓷专室和温区艺术家遗作专区；修裱字画一百七十张。六、保管工作：所有碑帖已着手整理，有关历史价值与关系水利建设的记载，详加记录；春夏多雨，事前就预备好，又晒过两次霉，没有损失。②

20世纪50年代初，随着温州市各项基本建设工程的迅速铺开，温州市文管会积极配合省文管会考古队至建设工地进行抢救性发掘工作。1956年，发掘瑞安陶山山前山新石器时代遗址。1957年，发掘瑞安桐溪、芦蒲水库淹没区40多座三国至齐梁墓葬。1958年发掘市郊双岭雨伞寺两晋墓葬，永嘉江北礁下山东晋至南朝墓葬70多座。1959年，清理乐清大荆

---

① 《温州市文物管理委员会一九五三年工作总结报告》，浙江省博物馆馆藏资料。
② 《温州市文物管理委员会一九五四年上半年以来的工作报告》，1954年8月9日，浙江省博物馆馆藏资料。

宋代窑址,并参加瓯江水库文物清理组,对水库淹没区内的古代墓葬、窑址进行清理,迁移数十方碑刻。①

温州市文管会成立不久,温州爱国人士纷纷把自己收藏文物捐献给国家。孙诒让哲嗣孙孟晋率先捐献曾在民国25年参加浙江省文献展览会展出的180件文物;继而谢磊明捐献叶适青瓷墓志;夏鼐、戴夷乘、梅冷生捐献一批历史文物,后又有林镜平、单宾、张湘雨、周善同、许兆鸿以及叶正宗、叶蓉楼后裔等捐赠文物。同时温州市文管会还在境外征集到一批文物,主要有宋王十朋御赐端砚、清华岩、任伯年画、邓石如印章、朱子常黄杨木雕等。②

1962年3月13日,《浙江日报》第3版以"温州市文管会等举办孙诒让著作展览会"为标题报道说:"孙诒让的四种年谱和五种传记,提供了有关他的生平事迹的比较全面的资料。——展览会的主要部分有他的学术著作和诗文集二十多种,其中《周礼正义》、《墨子闲诂》、《温州经籍志》三部书的手稿,很是珍贵。由他的儿子孟晋编的《经徼室遗集》和他的《白话文演讲稿》油印本,外间已很难看到,是研究他的政治思想的重要材料。此外,在他的《复日本学者袖海信》的手稿和《给陈虬信》的手稿,以及他为办温州中学给刘绍宽的信,可以看出他读书、办学的认真。"

1955年,浙江省文管会在总结报告中提及温州市文管会取得的成绩时说:"温州市文管会,因为有专职干部和专门经费,基本物质条件优于其他各地,工作开展也较顺利。"主要成绩有:"调查古文化遗址、古墓葬、古窑址、古建筑、散失在各地的墓志,散存在民间的重要文物。""宣传文物政策法令,并有专门的文物陈列室供学校、工人、农民、城市居民参观。对团体观众还给予讲解,观众人数相当多。根据该会1954年1—7月份(统计),参观人数有62500多人,一般反映良好。这非但对贯彻文物法令起了一定的宣传作用,而且在爱国主义教育上,同样起了相当大的作用。""整理和保护现有文物;征集革命文物;了解文物情况及时向本会反映。"③

---

① 章志诚主编:《温州市志》,中华书局1998年版,第2687页。
② 同上。
③ 浙江省文管会:《建立和开展地方文物管理小组的小结》,1955年12月29日,浙江省档案馆,档号:J169—007—028。

（二）台州专区文管会工作业绩

1951年台州专区文物管理委员会（筹）成立后，3月15日，项士元与施世樵等前往黄岩征集文物。至4月13日，项士元与施世樵等完成在黄岩征集工作，所征集的文物集中运藏台州专区文管会。此行历时近一个月，共征集古籍、字画、金石、瓷器、铜器等文物一百六十余箱。内以王玫伯"后凋草室"所藏之书画与稿本，孙卡轩家藏的江西各县方志，九峰"名山阁"的明万历本《二十一史》、明抄本《说郛》，徐竹坡家的明刻《资治通鉴》等较为珍贵。还有朱劫成、王子舜、方定中等家的藏书、字画、陶瓷，等等。

5月11日，台州专区首次文物展览会于临海回浦中学（今大成殿）开幕。展览分历史文物、地方文物、社会文物、善本图书、金石书画、革命文物六室。陈列文物、图书约万余件，展出时间为四天，观众近万人次。

12月21日，临海城内出现任意拆毁石牌坊等现象，文管会报告台州专署力请保护。台州专署副专员兼专区文管会主任张子敬作出指示：谭纶画像碑、戚继光表功碑及东门街、道司前等浮雕石牌坊，决不允许任意拆毁。并通知临海县人民政府对历史文物必须加强保护。

1952年1月10日，文管会自东门头谭公祠搬运祠内所藏的"谭襄敏祠记"、"谭纶画像碑"、"戚继光表功碑"、"简太守去思碑"、"怀德堂记"等五碑至东岳庙保存。

4月21日至25日，台州专署文教科派遣项士元去黄岩征集文物。在项士元的主持下，并与黄岩县文化馆工作人员一道，对集中在黄岩文化馆、原九峰图书馆两处的古籍和书画进行鉴选，征得古籍120余箱及书画多幅。4月26日，项士元自黄岩去泽国，在文化站陶义锦的陪同下，征集并接收文物2箱，托运至临海。而后，又到温岭城关，由林大森、郑子寅陪同至各居委会及"胡子谟故居"、方季荣家等处拣选文物，共得各种古籍、书画516斤，其中陈氏所藏的台人著述近300册善本尤为罕见。

1953年12月5日，文管会收藏的五代吴越国王钱弘俶所造的"金涂塔"上调给浙江省博物馆。

1954年3月15日，文管会选送太平天国文物及史料，参加在杭州举办的"太平天国展览会"。计有：铁矛二支、铁枪一支、钱币九枚、照片二张、太平天国丛书三册、太平天国诸王图像数幅、抄本《辛壬寇纪》

一册、李世贤的台州《安民布告》一篇、李祥暄《粤逆陷台始末纪》一篇、诸圣思稿本《贼匪始末记》一卷和《克复台州始末》一册、抄本《侍王文案》、《太平军余闻》及《李秀成供状》、《石达开日记》、《太平天国的社会政治思想》等书。

4月，浙江省文管会上调台州文管会所藏"明《关侯退倭图》巨幅一张、张苍水书立轴一幅、杨节愍画像题咏册一卷、天台国清寺隋刻佛像拓片八幅、翻竹雕刻方盒和橙盒各一个、掌扇一柄、珂罗版张苍水遗像一张、钱武肃王遗像一张、苏浙皖赣地图一张"，全部文物由省文管会工作人员周仲夏带交。

1956年4月19日至5月7日，项士元至杭州参加浙江省文史研究馆与浙江省文管会座谈会，并随带出土文物一箱，内有晋天福铁塔、越窑青瓷多角瓶和壶、玛瑙虬龙佩、明金冠、唐铜镜各一件，余姚窑盆一件，包金带饰三件，陶瓷碎片八件等计十九件，送交省文管会，参加华东地区于杭州举办的出土文物展览会。

1957年1月7日，云峰证道寺寺僧送来明万历刊大藏经《嘉兴藏》二担交由文管组收藏。藏经内有"甲戌科陈函辉"及"台州知府徐化成重装"等朱印。①

（三）温岭县文管小组工作业绩

1957年成立温岭县文管小组。早在1956年春，温岭县城关东门外河头林明川先生捐献其祖父太平天国天朝恩赏将军林秉钧珍藏的太平天国侍王李世贤告谕太平县子民布告1张、太平天国天朝恩赏将军木印1方、军刀1把。其中布告最具有历史价值。7月19日，省文管会致函温岭县文教科汇请转发林明川先生捐献太平天国文物的奖金50元。

1957年10月征集到在湖浸水库工地出土的青瓷双耳盘口壶1只。

1959年12月，征集到在太湖水库工地出土的两晋、南北朝瓷器共86件。

1962年5月在县文化馆内举办革命文物陈列展览。

10月，征集到在温西琛山乡下墩楼旗尖南山坡出土的有孔石犁头2件。

---

① 任林豪、马曙明编著：《临海文物志》，第六章"临海文物、博物馆重要事记"，文物出版社2005年版。

1963年4月，梁俊继同志在新河的城隍庙内发现南塘戚公奏捷实记碑。上报省文管会，列作省重点文物保护单位。

11月，南塘戚公奏捷实记碑由新河镇城隍庙侧戚公祠废址上移入北门街区文化站内保存。

1964年夏，温岭县人民政府公布：新河文笔塔、新河金清大桥（俗称寺前桥）、大溪冠城赵大佑尚书府旧址前石狮子1对、城关镇东门城隍庙明代花砖门墙、城关南门外肖泉村"急公好义"坊等5处为县重点文物保护单位。①

（四）绍兴市、县文管小组、文管会工作业绩

1954年，绍兴市文物管理小组成立。1955年4月5日，市文物管理小组接受浙江省文管会指示，将安昌镇天官第藏书140余箱移送鲁迅纪念馆保存。

4月30日，市文物管理小组接收陈道希捐献明代陶家尺牍、清代陶心云（浚宣）论书诗稿、清陶篁村山水立轴、陶心云对联各一件，陶心云屏4幅。

1957年11月16日，绍兴市文管会召开会议，通报上半年文物工作情况：邀请杭州名画家鉴定字画；翻拓有价值的石刻；填补了塔山应天塔下层，以防倒塌；禹迹寺所有残碑断石采取保护措施；快阁、兰亭、禹陵转绍兴县管理。

12月，兰亭、禹陵维修工程结束。②

1957年，绍兴市文物管理小组对1954年以来的工作作出初步总结。如下：1954年，"规定文物出口检查过印制度，税局协助，居民行商自动报验。""初创文物陈列室，组织参观辅导教育。""处理盗墓案，配合全省开展宣传。""召开扩大会议与地方人士接触得到协助，提供资料。"1955年，"协助省收集四库全书、太平天国史料、秋烈士手札。""调查民间工艺，铲、纸扇、砖雕、木雕、石刻等。""注意医书，""字画鉴定，""联合举办展览会，开展文物宣传。"1956年，"普查为主"，自1951年以来，接收抢救文物的统计数字："瓷器、陶器、石器661件，字画1633件，碑帖367本，本县志稿18捆，铜器275件，玉器、铁器、照片等297

---

① 《温岭文史资料》第六辑，张直生编：《温岭文物简志》，内部发行，1990年11月。
② 绍兴市文物管理处编：《绍兴文博大事记》（1949—1989），内部发行。

件，书 43014 册。"①

1959 年 2 月，中国历史博物馆因开馆需要，从绍兴县文管会调拨陶瓷、铜器等 102 件。

6 月 19 日，绍兴县文管会收到秋瑾侄子秋高捐献台刀一把，秋瑾墓照两帧，绿玉石瓶一只，白玉小瓶一座，手皮夹一只，绣品两件，徐寄尘照一帧，红木荷叶盘一只。

1960 年 11 月，绍兴县文管会编印了绍兴名胜古迹风景简介，内容有会稽山和禹陵，兰亭与王羲之，东湖，陆游与沈园，徐渭与青藤书屋，秋瑾与和畅堂。

1961 年 4 月 10 日，绍兴市佛教协会将南齐石刻维卫尊佛一尊移交文管部门保管。

5 月 21 日，绍兴县文管会请示县文教局。要求收购秋瑾烈士的遗物，计有：嵊县城东禹溪乡社员保存的太湖桌一顶，玻璃柜一口，绍兴市区一居民家中收藏的秋瑾亲笔信两封，围巾一方和秋瑾缝制的小孩衣服两件。②

1961 年，"绍兴县健全了原有文管会的组织机构，抽调 11 名应届师范毕业生，将藏书 7000 余册和字画 2000 余件进行了突击整理。"③

1962 年 3 月 19 日，绍兴县文管会为鉴湖区坡塘公社瓜山大队娄秋生等四人盗掘古墓一案上诉绍兴法院。该案经法院调查审理，念被告尚能坦白交代，并积极退赃，特予从宽处理，被告娄秋生等四人免予刑事处分，盗掘所得黄金十两，应予没收，上交国库。

11 月 1 日，绍兴八字桥西边小桥墩被洪水浸冲下沉，使桥栏踏步倾塌下陷，急需拆修。绍兴县文管会呈文省文管会，要求拨款 3500 元，进行维修。11 月 14 日，省文管会指示：八字桥部分桥墩渐下陷，石栏倒坍，桥身石块开裂分离，有危及全桥之势，省文化局、省财政厅拨款 2500 元，需年内施工抢修。11 月 27 日，绍兴县文管会开始对八字桥进行抢修。

---

① 《绍兴市文物管理小组工作汇报》，1957 年，浙江省档案馆，档号：J169—009—045。
② 绍兴市文物管理处编：《绍兴文博大事记》（1949—1989），内部发行。
③ 浙江省文化局：《关于古旧图书、史料和字画情况的检查报告（草案）》，1961 年，浙江省档案馆，档号：J169—013—013。

1961年、1963年，绍兴县人委两次公布绍兴重点文物保护单位共40处，包括禹陵、禹庙、兰亭、沈园、青藤书屋、大通学堂、王羲之故宅、徐渭墓、王充墓、大佛寺石弥勒像等。[①]

1955年，浙江省文管会在总结报告中提及绍兴市文物管理小组取得的成绩时说："文管小组从成立之后，""协助本会处理了绍兴的盗墓案件，基本上肃清了盗墓风气。""绍兴市县土改和镇反中所没收的文物图书，由于（本会）当时人力照应不及，接收工作大都由市文物小组负责（部分文物已移交本会）。""对现有的文物图书，动员地方人士义务整理和妥善保护。""协助本会调查文物，并经常地了解文物情况，反映情况。尤其是太平天国壁画和遗址的发现，文物小组起过一定作用。""曾通过各种方式进行文物政策法令的宣传，并在绍兴县有关单位的宣传说服上起了一定作用。""经常地监督和检查古董商和旧书商的活动。"[②]

（五）余姚县文管小组工作业绩

1954年11月余姚县文物管理小组成立后，于12月10召开会议。会议讨论事项主要有："一、发动群众共同搞好保护文物工作，拟摘录重要法令，通函各区公所和各区乡中心小学、各中等学校，获得了解政策，俾与本小组通力合作。二、根据省文化局印发古建筑情况调查表，由本小组组员分区负责调查本县现存古建筑物。三、慈溪县人民政府移交本县现存慈城镇之原抹云楼存书和其他书籍字画，请指定人员前往整理、移藏、保管。四、梁弄五桂楼藏书应积极与当地政府联系，把粮谷移出，以利保管。"[③]

（六）东阳县文管会工作业绩

1957年3月东阳县文管会成立以后，"到五月底为止征集到文物近100件"，并"着手进行全县文物调查。根据'重点发掘，重点保护'方针的精神，于五月底拟就县文物保护单位第一批目录，由县人委结合颁发文物保护措施布告全县，并通知各乡镇对本地区文物保护单位作出标志负责保管。6月1日，县公布第一批文物保护单位共38处，分布19个乡，

[①] 绍兴市文物管理处编：《绍兴文博大事记》（1949—1989），内部发行。

[②] 浙江省文管会：《建立和开展地方文物管理小组的小结》，1955年12月29日，浙江档案馆，档号：J169—007—028。

[③] 余姚县文物管理小组报告浙江省文管会：《为报告会议讨论结果请察核由》，附《十二月十日会议录》乙份，1954年12月15日，浙江省博物馆馆藏资料。

2个镇，有古文化遗址3处，古墓葬15处，古建筑3处，历史纪念物10处，革命纪念物2处，天然纪念物3处，艺术建筑2处。"

东阳县的文物保护工作具体有以下四点："一、在举办文物展览会的筹备和展出过程中，把宣传文物保护政策、征集文物和调查文物结合起来进行。去年（1956年）展出的文物中有出土文物20多件，都是农村开荒、挖水潭时掘出来的，被农民到处乱扔，有的把晋代的瓷碗丢在门角落里喂鸡，有的把元代的陶罐放在茅坑上装脏东西。我们在征集这些文物时，还调查了这些文物的出土地址。"通过举办展览会，不少干部、群众得到启发，"很多干部和群众当时就向展览会反映了我县的文物情况。大联乡乡长邵和升同志就把该乡挖水库当中挖掘出的一座古窑址和一种生物化石向县里反映。南马乡下窑堂村群众吴春好也向县里反映自己家中藏有一件价值80元的珍贵古字画。""二、以学校美术教师为基本力量，大力向群众宣传政府保护文物的政策法令及重大意义。延聘一些对文物比较爱好的社会人士参加文物保护工作。县文管会副主委，第三初中副教导主任李春城先生，原是该校美术老教师，他教过的学生差不多遍布全县，他就利用这个条件在农村进行访问调查，搜集文物。他在学校里还结合美术课把出土文物当直观教具向学生宣传文物保护政策，发动同学在假日回家进行调查、搜集。参加文物调查的社会人士起初是有顾虑的，当明确了政府的文物保护政策后，不仅是很热心在农村访问调查，还很乐意把自己珍藏的文物拿到县里来展览，同时通过他们的关系，联系更多爱好文物的社会人士参加。有的一个人就征集到文物30余件。现在我县进行文物调查的人员共有19人，中学美术、历史教师8人，小学美术教师3人，社会人士8人。而县里的力量主要是根据农村搜集的资料，有计划地排好路线下去，逐个进行鉴别证实。""三、重视地方志进行查考整理和对发掘文物古迹进行鉴定年代。主要是依靠'东阳县志'和当地氏族'宗谱'的记载。若无记载就访问当地年老群众进行分析鉴定，如东阳原县城遗址就通过一个当地92岁老人访问确定下来。""四、及时处理破坏文物的事件。解放以来，我县农村在兴修水利或开荒中曾发生挖掘古墓葬较严重的事件三起。县里都及时派干部前往出事地点进行调查处理，把掘出的文物追回，"并对有关人员进行严肃教育和处理，将事件经过及处理结果通报全县。"我县第一批文物保护单位公布后，目前正布置乡、镇采取措施，对已公布的保护单位加以保管，并继续运用各方面的力量，进一步在全县范围内进行文物调查，县里并已着手筹备成立'文物陈列室'以对现有征集的文物妥善保管，并更好地对群众进行宣传教育。"①

1960年，浙江省文管会代表在中央文博会议上发言，将东阳县的文物保护工作作为浙江省的典型案例予以充分肯定。如东阳县举行文物展览"有两万个在县里开会和受训的干部、教师等来参观，扩大了文物在群众中的影响。"教师参观后"回去教学生，学生利用课余的时间调查和征集文物。"东阳县文物普查的方法是"全民性的普查和重点复查相结合。首先由县印制《东阳县文物分布情况调查表》和调查方法，发到各生产基层单位和各地的学校，限期填报。然后，利用历史老师空隙的时间，组织他们进行重点复查。方法是边复查、边登记、边宣传、边征集。调查时，工作人员手中拿着文物，沿村访问。当群众围拢来看的时候，就大讲文物的意义，收效很好。有一位干部，用这个方法在卢区调查，群众拿出17件文物捐献给国家，还反映了12处古迹。在普查基础上，初步确定38处为文物保护单位，县里再派干部复查。最后，由县人委决定该县第一批文物保护单位。通知基层组织，要他们负责管理本地区的文物保护单位，并将保护单位目录和负责保护的机构，布告全县。这样，目标清楚，责任明确，更进一步地引起了群众的注意。有些单位，在文物保护单位的地方，树立了说明牌。由于这个县的文物工作的群众基础好，不仅公布的38处保护单位得到了确切的保护，而且各工程和生产单位发现文物后，都能主动向文化部门联系。群众主动送文物上门。王坎头农民许扬忠，将家藏的太平天国文物主动送给省文管会，并将标本送到县里去，类似例子是比较多的。"②

1961年，浙江省文化局在检查报告中称："东阳县对文物工作很重视，县委、县长均有分工负责。自1955年起，接连三年都举行文物展览，现在有专室陈列字画，该县藏书20000多册，经、史、子等成部图书已编目录，妥为保管。"③

---

① 东阳县文教局：《关于东阳县如何依靠社会力量开展文物调查保护工作的简报》，1957年6月12日，浙江档案馆，档号：J169—009—045。

② 浙江省文管会代表在中央文博会议上的发言稿：《浙江省文物工作成就及几点体会》，1960年3月，浙江省博物馆馆藏资料。

③ 浙江省文化局：《关于古旧图书、史料和字画情况的检查报告（草案）》，1961年，浙江省档案馆，档号：J169—013—013。

1963年，由浙江省文管会拨款3000元，东阳县文管会组织进行东阳卢宅建筑群（包括肃雍堂、牌坊、还珠亭等古建筑）的修缮。①

（七）瑞安县文管会工作业绩

1957年1月，早在瑞安县文管会筹办之际，"我们为了加强宣传爱护文物的重要意义，于本年一月下旬，特与县政协社会组人士共同在城关镇范围内借到六百多件书画、古物，举行了一次小型展览会。在四天的展览期内，天气多雨，而参观群众竟达四千五百余人。大家从这些一向不易见面的古代文物中，认识了祖国丰富的文化艺术遗产，从而明确了古代我国劳动人民的智慧创造，是有其不朽的伟大价值，""当时就有很多人提出要求长期成立文物陈列所。大家都认为这些古代文物与其放在私人家里，不若集中陈列，既可由公家长期保管，又可供给广大人民的欣赏和研究学习。""自展览结束以来，许多收藏人就自动地将自己所珍藏的书画、铜器、玉器、陶瓷器和其他文物送到陈列室陈列。在此同时，本县桐溪水库工程处、各地农业社社员、手工业社社员、城关居民，以至寺院僧尼们，都陆续向陈列室送来了许多珍贵的文物。很多机关干部、学校教师，每有见到或听到发现文物，都向陈列室反映消息。""截至最近，包括赠送、寄存和采集到的文物，计有：古生物化石14件；新石器时代138件；新石器时代印纹陶片762件；商、周、汉以来铜器15件；三国以来钱币166件；新石器时代、汉、晋以至明、清陶瓷器155件；汉、晋、唐、宋砖和瓦当84件；清代名人竹刻10件；大理石编磬、果盘、古根雕刻等15件。合计1579件。""除此以外，许多需要就地保管的文物，已初步与当地有关部门联系，进行重点保护。这些都还是本县对于文物管理工作的开端。"②

（八）平湖县文管小组工作业绩

1960年，平湖县开始文物调查工作，同年5月公布第一批重点文物保护单位，计有：清代天妃宫炮台、清代南湾炮台、明代董其昌手书"鱼乐国"碑、元代"宋故法界庵主自制塔铭"、唐代"德藏寺双塔"、明代石牌坊、新石器时代"戴墓墩遗址"等。至1961年5月，又新增重

---

① 东阳地方志编委会：《东阳市志》，汉语大词典出版社1993年版，第743、745页。
② 《瑞安县拟请成立文物管理委员会，致浙江省文管会的报告》，1957年5月14日，浙江省档案馆，档号：J169—004—022。

点文物保护单位，计有：宋代"鲁简肃墓"、明代"福源禅藏经塔"等。

1960年，平湖县文管小组，结合文物调查和二次文物普查，积极进行文物保护的宣传工作。召开会议宣传《文物保护法》。培训文化站干部和业余文保员。印发张贴《文物保护法》和"保护文物，人人有责"宣传图片400多张，召开专门会议27次，进行座谈会354次，运用广播宣传105次，幻灯宣传123次，黑板报、宣传橱窗34期，专题刊物三期180份。1958年，平湖市博物馆成立，先后举办"历史文物"、"馆藏明清书画"、"平湖县出土文物"等展览，通过展览，使群众认识到爱护祖国文物，有批判地接受祖国文化遗产的重要意义。①

1955年，浙江省文管会对各地文管会（文管小组）几年来工作的经验教训作出初步总结："1.文管小组的工作能否开展，首先决定于地方领导的重视与否。必须对保护文物的重要性有足够的、正确的认识，对文管小组作用有足够的估价。2.本会必须主动的帮助地方文管小组解决问题。首先必须对地方文管小组的作用有足够的认识，不能拿现在的某些缺点去决定对文物小组作用的看法。3.各地文物管理小组的任务，应该视各地条件的不同而有所不同，不能一概而论。"②

总之，随着国家大规模社会主义经济建设的开展，"埋藏在地下的古代文物将大量发现，保护文物工作单靠少数专业人员无论如何是做不好的。""开展群众性的文物保护工作，是文物工作的方向。"只有这样，"才能把本省文物工作推向一个新的阶段。"③

---

① 平湖市文化志编纂组：《平湖市文化志》（上册），内部发行1995年版，第225、226、227页。
② 浙江省文管会：《建立和开展地方文物管理小组的小结》，1955年12月29日，浙江档案馆，档号：J169—007—028。
③ 浙江省文管会邵裴子代表的发言，1959年，浙江省博物馆馆藏资料。

第 五 章
浙江省对不可移动文物的调查与重点文物保护单位的核定

新中国成立初期，"百废待兴"，大规模的基础建设势不可免。自1953年"一五计划"开始实施起，国家的工农业生产建设进入前所未有的高速发展时期，由此遍布华夏大地的不可移动文物的保护面临空前严峻的考验。1954年5月11日，浙江省文委下文浙江省文管会，称："依据省人民政府（54）府办秘字第一四九九号通知，希你会研究做好下列工作：（一）关于本省内具有重大革命历史、艺术价值之革命史迹、宗教遗址、古建筑、古陵墓、古文化遗址等，希即组织力量，进行由点到面的调查研究，争取在六月底前拟定名单，订定管理计划，报送我委审核。（二）为了解省内各地有历史价值和艺术价值的古建筑（包括塔、寺、陵墓等）的情况，希尽快地请专家作一次全面勘察，按其价值大小及损坏程度，分别进行排队，拟定保护或修理的计划，以便今后有计划地进行处理。"[①]

遵照浙江省文委的指示，浙江省文管会于同年撰写《文物古迹普遍调查工作的意义及对象》一文。文章称："浙江的文物是丰富多彩的。如今在全省范围内，已调查到的新石器时代遗址或遗物有44处；战国时代的遗址4处；汉代遗址1处；自战国末至明代的各个系统的陶瓷窑址23处。发现的古墓葬更多，从1953年以来出土文物达7000件以上。本省纪念性建筑，已调查到而极重要的，有元代以前的木构建筑3处，塔13座，经幢12座，名胜古迹12处。其中余姚鞍山乡的保国寺大殿，是北宋祥符年间的建筑。这一所大殿，与金华天宁寺、宣平延福寺的元代建筑，在江南都是极宝贵的。最近国务院通知：'必须在全国范围内对历史和革命文物遗迹进行普遍调查工作，各省、自治区、直辖市文化局应该首先就已知

---

① 《浙江省人民政府文化教育委员会通知》，1954年5月10日，浙江省博物馆馆藏资料。

的古文化遗址、古墓葬地区重要革命遗迹、纪念建筑物、古建筑、碑碣等提出保护单位名单，上报文化部汇总审核，并且在普查过程中逐步补充，分期分批地由文化部报告国务院批准，置于国家保护之列.'这是十分重要的。"在谈及文物普查的对象时，根据中央颁布的文物法令规定，将其分为：革命及历史遗迹；古代建筑；考古学遗迹；艺术文物及天然纪念物。①

1950年浙江省文管会成立之初，由于缺乏人手，除了对杭州劳动路孔庙石经及乌龟山南宋官窑遗址展开一些调查之外别无成果。②自1953年起，浙江省文管会及部分专家学者开始"依照轻重缓急"原则，在浙江各地"进行实地的调查"。如1952年12月底至1953年年初，孙孟晋赴永嘉、瑞安、平阳等县调查文物古迹情况；1953年11月、12月，周中夏赴台州、温州进行古文化遗址、古墓葬的调查；1954年5月、6月，朱伯谦、孙元超赴海宁调查盐官镇陈家石刻及其他古建筑；1954年9月，黄涌泉赴嘉善调查明代陶庄古墓壁画及嘉善大胜寺塔；1954年11月，朱家济、黄涌泉赴绍兴调查兰亭、禹陵等古迹；1956年10月，赵人俊、黄涌泉赴淳安、遂安调查汉方储、宋方逢辰、明商辂三墓及牌楼等；1958年6月，朱伯谦赴绍兴进行文物调查；1960年2月，朱伯谦等赴龙泉调查龙泉窑窑址情况，等等。自此，浙江省开始对本省境内的古代建筑、纪念建筑、碑刻帖石、摩崖题记、石刻造像、古文化遗址、古窑址、古墓葬等进行广泛的调查、发掘与研究，继而"根据当地的人文地理，历史情况"，判断"是否存在着重要的文物、遗址"，③作为进一步开展文物保护工作的参考。在此基础上，浙江省人民政府于1961年、1963年两次公布浙江省重点文物保护单位共100处，浙江省的文物保护工作从此呈现出一种全新格局。

---

① 浙江省文管会：《文物古迹普遍调查工作的意义及对象》，1954年，浙江省博物馆馆藏资料。
② 《浙江省文物管理委员会五年来工作报告》，1955年7月1日，浙江省博物馆馆藏资料。
③ 浙江省文管会：《浙江省配合基本建设初期的文物工作》，《文物参考资料》1953年第7期。

第一节　对古代建筑、纪念建筑、碑刻帖石、摩崖题记和石刻造像的调查

一　以浙江省文管会及省内专家为中心的调查研究

（一）1953年周中夏赴台州、温州进行文物调查

1953年11月、12月，浙江省文管会周中夏赴台州、温州进行文物调查。在台州，周中夏先后对琳山、白云山、狮子桥以及石佛寺、祥符寺、国清寺塔、谭公祠石碑进行调查。其中国清寺塔位于天台县北，建于隋，宋时重修。其外廊木结构部分全部毁于太平天国战争期间，塔身全部以砖砌成。塔高九级，塔身尚稳，只是底部已倾塌。如今以乱石临时堆砌暂可保持，年长日久下去恐会影响塔身稳固。又，谭太守纶与戚继光将军在明嘉靖时于台州一带抗倭，功勋卓著，后人在东湖西南角建有谭公祠。现祠已坍塌，老百姓在里面养猪。原来祠里的戚将军纪功碑、谭太守画像碑尚完整，苦于没有适当地点陈放。在温州，周中夏先后对瑞安陈家旺家；瑞安陇头明代"圣旨门"；明代"济民坊"及明代"大方伯第"牌坊等古建筑进行调查。周中夏并对上述古迹的保护提出自己意见。①

（二）1954年朱伯谦、孙元超对海宁县盐官镇陈家石刻等的调查

1954年5月，浙江省文管会朱伯谦、孙元超去海宁县盐官镇处理被散失的陈家渤海藏真石刻②，"廿六日开始搜集整理石刻，到六月二日全部整理工作结束。""在整理集中过程中，因石刻非常分散，重量大，质地脆，有的埋在地里，或建筑在房子里，等等。"先后雇男女民工若干人帮助挖抬。"陈家石刻内容较多，有渤海藏真、玉烟堂帖、宝晋斋帖等，极大部分是明代集帖石刻，又见于著录者即拓本亦少见，在金石学上其价值相当大。太平天国时，太平军曾取以筑城，因而石刻受到破坏，等太平军撤退后，搜集仅有存者，并合诸帖为一帧，更名烟海余珍，堆放在柴房间里。"解放后，因种种原因，大部分石刻被散失，只有靠墙二三块，因怕拿走后墙会塌才得以保留。经过搜集整理，"属于渤海藏真

---

① 浙江省文管会周中夏：《台州、温州调查报告》，1953年11月25日—12月26日，浙江省博物馆馆藏资料。

② 渤海藏真石刻：明崇祯三年由浙江海宁陈甫仲（元瑞）编次，章镛摹勒。收录从唐代至元代十大书法家——钟绍京、褚遂良、苏轼、黄庭坚、米芾、蔡京、蔡襄、米友仁、赵孟頫等十八篇真迹摹勒上石，极其珍贵。现存残石由国家保护。

的已全部核对出来，共计26块，属于玉烟堂帖的，因我们带去的资料只有该帖的目录，所以只清理出能完全肯定的一部分计52块，宝晋斋帖整理出15块。"至于石刻的保管，"我们将两间房子由镇政府封闭上锁，着当地居民区负责保管。"除调查陈家石刻外，我们还调查了硖石的唐代经幢等。①

（三）1954年、1955年史岩对杭州南山区雕刻史迹进行调查

1954年、1955年，中央美术学院华东分院②教授史岩对杭州南山区雕刻史迹进行调查。③ 其后的调查报告称："我国的石窟造像和摩崖龛像，最早起于晋代，发展到了隋唐，尤其是盛唐，无论在数量上艺术上都达到了最高峰。以上各时代的主要遗物，大半集中在西北和华北地区，如莫高窟、麦积山、云冈、龙门、天龙山、南北响堂山等处，遗存量都很丰富。但是到了五代以后，凿窟造像的风气，开始衰微；地面的寺院建筑虽很发达，可是又大半早已毁灭了。""但在杭州地区，这里却遗留下从五代到元代的造像，数量相当丰富，并且多是石雕，足够补充西北和华北的缺乏。所以此地的佛教造像，在中国雕塑史上实占有一定的重要地位，它可以和五代以前的北方石窟造像相衔接，成为历史上不可缺少的一部分。"调查报告并具体描述了杭州将台山摩崖龛像、南观音洞造像群、石屋洞造像群和烟霞洞造像群的艺术特点以及成就并附有精美图片。

（四）1955年王伯敏对西湖飞来峰石窟进行调查

1955年，中央美术学院华东分院教授王伯敏对杭州西湖飞来峰的石窟艺术进行调查。④ 调查后撰写的报告称："西湖石窟造像，计有灵隐飞来峰、烟霞洞、石屋洞、玉皇山、慈云岭及宝石山等处，大小造像，总计约六百尊之多。其中以灵隐飞来峰石窟的规模最大，其次为烟霞洞与石屋洞的石窟。"飞来峰石窟，据初步统计，"现存比较完整的大小造像，主要的约有二百八十多尊。这些造像，都为五代至宋、元近五百年间的作品，是江南古代石刻艺术中重要的遗产。""现存飞来峰中最早的造像，是青林洞入口靠右摩崖上的三尊小佛，根据镌记看，为五代后周'广顺

---

① 浙江省文管会朱伯谦、孙元超：《海宁县盐官镇陈家石刻的处理和其他古建的调查报告》，1954年6月7日，浙江省博物馆馆藏资料。
② 中央美术学院华东分院为中国美术学院前身，成立于1950年。
③ 史岩：《杭州南山区雕刻史迹初步调查》，《文物参考资料》1956年第1期。
④ 王伯敏：《西湖飞来峰的石窟艺术》，《文物参考资料》1956年第1期。

元年（公元951年）岁次辛亥四月三日'所造。此像虽多风化，但仍可看出这一时代的作风与当时工整细致的雕工。""泓洞内有一尊观音像，右足跌坐，左足下垂，戴宝冠，右手执念珠，左手按膝，相貌温和，姿态稳静，虽然不能确定它为五代或宋时，但具有浓厚的唐代的造型遗风，是飞来峰石窟造像中的杰出作品之一。"除上述之外，"至今犹有镌记可查的宋代造像，在飞来峰中是不少的。"而"元代的石刻造像是丰富极了，且大都保存完整，造像也极精美动人。"如"弥勒佛与多闻天王便是元代的杰作。"总之，"在这美丽的湖山中，前人既给我们留下了这些精美的艺术作品，我们自应珍惜它，保护它。"

（五）1956年赵人俊、黄涌泉对淳安、遂安古牌楼进行调查

"淳、遂两地，明代后牌楼颇为集中"。1956年10月，浙江省文管会赵人俊、黄涌泉赴淳安、遂安两县调查当地的牌楼。淳安县境内的牌楼主要有：三元宰相（商辂）牌楼、父子翰林牌楼（商辂与商良臣）、双桂传芳牌楼、蛟螣凤起牌楼、遗经维志牌楼及花县拜财牌楼。"以上牌楼中，就历史、艺术价值结合地方特色来选择，以'三元宰相'及'蛟螣凤起'两牌楼较好。"遂安县境内的牌楼主要有：遂安中学操场上的大型石牌楼一对（五楼三间四柱，形制相当宏伟）、父子传芳牌楼、科甲连登牌楼、禹门三级牌楼等。其中以遂安中学操场上的一对石牌楼为比较精美。[1]赵、黄二人并对两地牌楼的保护问题提出自己的意见。

（六）1956年王士伦等赴临安县进行文物调查

浙江省的文物古迹普查是从临安县开始的。[2] 1956年浙江省文管会王士伦等赴临安县进行文物调查。"临安为钱镠故乡，五代时遗留的文物古迹较为丰富，而以往对这个地区注意较少。通过此次工作，替全省的文物普查创造经验。"通过普查，临安发现的重要文物古迹计有：钱镠墓、海会寺经幢、功臣塔、普庆寺石塔，以及玲珑山文物古迹、泥马村文物、径山文物古迹、洞霄宫和朗山塔遗物。

（七）1957年黄涌泉对杭州府学李公麟圣贤像石刻进行调查

1957年，浙江省文管会黄涌泉对北宋中期杰出画家李公麟圣贤像石

---

[1] 浙江省文管会赵人俊、黄涌泉：《淳安、遂安调查报告》，1956年10月4日，浙江省博物馆馆藏资料。

[2] 王士伦：《浙江临安县的文物古迹普查》，《文物参考资料》1957年第2期。

刻进行调查。① 北宋中期杰出画家李公麟的艺术遗存有两种。"一是圆光观音小像，南宋绍兴二年董仲永施刊，原嵌在钱塘江边六和塔壁上，线条久已模糊，所以清代阮元认为是'刻手不精，仅存形似耳。'抗战期间，此像被日寇击毁，现仅残存一小块。另一种就是府学里的圣贤像，这石刻不但流传有绪，更重要的还在于'典型宛在'地保存着李公麟的绘画风格，它的历史和艺术价值是不容忽视的。"黄涌泉对李公麟的圣贤像尤其赞扬，称："圣贤像共有七十三位人物，除了孔子是坐像外，余者都是立像。孔子的造型和笔调，还存有着唐人余风，但从柔中带刚的衣褶来看，作者在线条的运用上，较之以往有着很大的提高。同时就石刻的构图而论，也有独到的一面。""这幅圣贤像石刻成为了供给今天要吸取优秀艺术传统的画家们'推陈出新'的宝贵资料。"

（八）1957年王士伦等对金华万佛塔进行调查

1957年，浙江省文管会王士伦及金华市有关方面同志共同对金华万佛塔塔基进行调查清理。② 万佛塔建于北宋，位于金华市塔下寺山坡上，因每块塔砖上都雕有佛像，故名万佛塔。"万佛塔塔基为六角形，南北两壁相距8.5米，东西两角相距9.9米。塔基中心盖有一块方形石板，每边长1.5米。塔基用较整齐的长形石板砌成，有些长石块上还浮雕着云纹。在每块长石块之间粘以三合土，并夹有钱币：开元通宝、太平通宝、至道元宝、咸平元宝、景祐元宝。"1957年的清理结果共发现180多件文物。其中金涂塔15件，系五代吴越国王钱弘俶分别于公元955年和公元965年铸造的。其数量之多，形制之完备，为浙江首次发现。另有铜造像60余件，不少鎏金铜像出土时光亮如新。有的刻着纪年和造像称号，成为鉴定古代造像的重要依据。例如，根据万佛塔有题刻的地藏象，纠正了过去有的学者将杭州慈云岭地藏像认作是玄奘像的谬误。③

（九）1957年王士伦等对嘉湖地区的文物古迹进行调查

1957年，浙江省文管会王士伦等对嘉湖地区的文物古迹进行调查。④

---

① 黄涌泉：《杭州府学李公麟圣贤象石刻》，《文物参考资料》1957年第12期。
② 浙江省文管理委员会：《金华市万佛塔塔基清理简报》，《文物参考资料》1957年第5期。
③ 浙江省文物管理委员会：《金华万佛塔出土文物》，文物出版社1958年版。
④ 浙江省文物管理委员会：《嘉湖地区现存的重要文物古迹》，《文物参考资料》1958年第10期。

此次调查内容包括湖州飞英塔、湖州唐代经幢、湖州雕龙柱础、湖州仪凤桥、湖州大型铜铁铸像，如铁佛寺的铁观音，楞严寺的铜佛等。其他如宋、元、明的碑刻，都很珍贵。其后的调查报告对上述重要文物古迹作了详细描述，为今后的文保工作提供很好的参考。

（十）20世纪60年代初期沙孟海对西湖周边的石刻进行调查

20世纪60年代初期浙江省文管会沙孟海的调查内容包括：

1. 飞来峰石造像群

"飞来峰石造像群，主要的约有二百八十多身。其中最早是吴越国作品，宋代也有，而元代作品最多，并且都是大型的。""石窟造像，就全国范围来说，主要集中在北方。云岗、龙门、天龙山等石窟，多是北魏、唐代作品。但五代和元朝的作品，北方却少发现。西湖各造像，正好弥补这一缺憾，合成一整套的祖国石窟艺术。西湖的元代造像继承了唐宋的传统，同时吸收了藏、蒙民族的艺术风格，更显出一种艺术特色。"

2. 西泠印社的三老石室

"清咸丰年间，浙江余姚客星山出土的东汉初期的'三老忌日碑'，旧称浙东第一碑，实际还是现存长江以南最早的一块碑刻。这块碑的内容是子孙记载祖父两代的名讳与忌日，留示后人，可说是封建家族的典型产物。碑上所刻文字是当时通行的隶书，用笔拙朴，还没有波磔。石师刻字，纯用单刀，中锋椎凿，还未采用双刀法。在书法史上有它一定的地位。"

3. 南宋石经与李公麟圣贤图

"南宋高宗赵构在绍兴年间手写《易经》、《书经》、《诗经》、《春秋左氏传》、《论语》、《孟子》各经，刻石立于孔庙，这便是所谓南宋石经。""阮元编《两浙金石志》时共存八十六块，现在实存八十五块，只缺一块。原来约有半数碑石散乱弃置在荒草丛中，也有没入土中的，现在依照秩序整齐排列在大成殿内。""宋高宗刊立石经之后，曾撰孔子及七十二弟子共七十三人的像赞，把北宋大画家李公麟所绘圣贤图像，另刻石十五块，题上像赞，与石经保存在一起。经过近年清点整理，现存十四块，其中五块有破损处，第十块全缺。李公麟最擅长人物画，爱用白描法，给后世影响极大。"

4. 岳飞墓前石刻

栖霞岭麓岳飞墓前东西两廊，保存着不少石刻。有：后人摹刻的岳飞手迹；宋高宗致岳飞敕书；历次修建岳墓、岳庙的碑记及有关文告；后人凭吊岳飞遗迹的文章诗词；岳飞遗物图样。总计自宋以来大小石刻共有七十九块，其中明代作品最多。此外，忠显庙保存的宋代告敕碑三块现已立于岳飞墓前石刻群中。①

二　聘请著名建筑学家、同济大学教授陈从周赴浙江调查古建筑

1954年5月17日，浙江省文管会报告浙江省文委，称："你委一九五四年五月十日通知嘱对浙省内具有重大革命历史、艺术价值之革命史迹、宗教遗址、古建筑、古陵墓、古文化遗址等组织力量进行调查，及对古建筑速请专家勘察拟定计划进行处理，自应遵办。兹以在杭州方面没有研究古建筑的专家，上海同济大学建筑系陈从周教授原系杭州人对于古建筑有研究。去年曾与南京工学院刘敦桢教授编校中国建筑史参考图书出版，并负责重修上海龙华寺塔。爰拟请你委函商上海同济大学借调陈从周教授来浙勘查各县古建筑，以便分别缓急拟定保护或修理计划。"②

1954年6月11日，浙江省文管会致函陈从周教授，称："兹我会为有计划地保护本省境内具有历史价值和艺术价值的古建筑，拟聘请专家作一次全面勘察，按其价值大小及损坏程度，拟定保护修理计划。素仰先生对于古建筑学研究有素，著述宏富，上项工作拟请先生于此次暑假中来浙进行勘察。在此期间，所有差旅膳宿费用概由我会负担，并派员随往各地俾资学习。"③同日，浙江省文管会致函同济大学，称："兹我会计划在最近对全省境内古建筑进行一次全面性的勘察工作，须聘请专家担任；素稔你校建筑系陈从周教授学验宏富，且为我省人士，熟悉地方情形，上项勘查工作，拟请陈教授于暑假中来浙暂时偏劳。除已函陈教授敦请联系，相应函照惠予同意为荷。"④

----

① 沙孟海著：《西湖的石刻》，1962年，《沙孟海论书文集》，上海书画出版社1997年版，第297—302页。

② 浙江省文管会报告浙江省人民政府文化委员会：《为奉示调查本省古建筑拟请函商上海同济大学借调陈从周教授来浙勘察以便拟定保护或修理计划由》，1954年5月17日，浙江省博物馆馆藏资料。

③ 浙江省文管会致函陈从周教授，1956年6月11日，浙江省博物馆馆藏资料。

④ 浙江省文管会致函同济大学：《为进行省内古建筑勘查工作拟请你校陈从周教授暂时担任函请惠予同意由》，1954年6月11日，浙江省博物馆馆藏资料。

1954年6月18日，陈从周函复浙江省文管会称："你会公函收到，暑间当遵嘱到浙一行也。唯校方尚请由你会去一公函联系一下，当无问题。至于此次勘查其日期需多少，地点计几处，便请示之，俾可预先作一计划，不致临时匆匆之行。"① 6月26日，同济大学函复浙江省文管会，称："关于拟请我校陈从周先生在暑假中去你处帮助古建筑勘察工作的问题，因为教师在暑期中应有一定的休息时间，是否能去须由陈先生自己决定。如陈先生愿意前往帮助工作，我校可以同意。"②

1954年7月17日，浙江省文管会向此次考察区域浙东各市县，包括绍兴、天台、临海、新昌、温州、永嘉、瑞安、宣平、平阳、金华、丽水、义乌相关机构发出介绍函，称："兹我会为了了解本省各地古建筑情况，特邀请上海同济大学建筑系陈从周教授来浙并由我会干部黄涌泉同志随同前往，进行古建筑勘查工作，至希惠予协助，并提供资料为荷。"③浙江省建筑纪念物的调查保护工作就此开始。

1954年9月14日，浙江省文管会就此次古建筑调查情况报告浙江省文委。称："本省古建筑向无明确记载，见于志书者或已不存在，或后经重修。平日调查所见，已无此项专门知识，不能断为何时建造，应如何保护及修理，先后之次序，亦不能决定。为进行初步调查，经就中央所编全国建筑文物简目及有关建筑书籍所载，及所知所闻先拟分县草目。趁学校暑期休假，事先与同济大学建筑系建筑历史教研室主任陈从周教授约定来浙作初步调查。自七月十六日开始至二十七日止，偕同本会干事黄涌泉同志，除本市外，历往崇德、绍兴、嵊县、新昌、天台、临海、永嘉、丽水、金华、义乌、东阳各县。原拟湖州、宁波、宣平等处，以陈教授所能匀出时间甚短未及前往，即匆匆径返上海。至八月中旬，陈教授将调查记略寄会。本省古建筑自未必限于现所调查者，此后仍应趁学校假期，请陈教授继续调查，再行补报。"并附《一般古建筑情况表》、《浙江古建筑调查纪略》各一份。④

---

① 陈从周函复浙江省文管会，1954年6月18日，浙江省博物馆馆藏资料。
② 同济大学函复浙江省文管会，1954年6月26日，浙江省博物馆馆藏资料。
③ 浙江省文管会介绍函，1954年7月17日，浙江省博物馆馆藏资料。
④ 浙江省文管会报告浙江省人民政府文化教育委员会：《本会初步调查本省古建筑拟具修理保护意见分别刊报祁鉴核》，1954年9月14日，浙江省博物馆馆藏资料。

第五章　浙江省对不可移动文物的调查与重点文物保护单位的核定

1956年，由黄涌泉执笔，本次调查总结报告正式发表。[①] 本次调查内容包括：（1）"革命纪念性建筑，如太平天国时期的金华侍王府、绍兴来王府和嘉兴听王府，以及绍兴老台门和嘉兴烟雨楼。"（2）"寺庙，如余姚保国寺正殿、金华天宁寺正殿、宣平延福寺正殿、杭州凤凰寺正殿、新昌城隍庙、新昌宝相寺。"（3）"塔，如杭州闸口白塔、杭州灵隐寺石塔、诸暨元祐塔、义乌大安寺塔、黄岩庆善寺塔、杭州六和塔、湖州飞英塔、嘉善大胜寺塔、天台国清寺塔以及义乌双林寺铁塔、绍兴应天寺塔、临海千佛塔、宁波天封塔。"（4）"经幢，如杭州龙兴寺经幢、余姚普济寺经幢、海宁安国寺经幢、湖州天宁寺经幢以及金华法隆寺经幢、萧山觉苑寺经幢、海宁惠力寺经幢、杭州法镜寺经幢、杭州虎跑寺经幢、杭州梵天寺经幢和杭州灵隐寺经幢。"（5）"住宅建筑及牌楼，住宅如宁波天一阁、绍兴糕店弄六号、绍兴青藤书屋、临海更铺巷蒋宅和下门里章宅。牌楼如临海明正德余宽牌楼、东阳明崇祯张氏牌楼，等等。""过去有人认为浙江气候潮湿，古代建筑难以保存，通过了近年来对这一工作的开展，说明遗存在浙江的古代建筑，并不如想象那么稀少。目前浙江省对纪念性建筑的调查保护工作还仅仅在开始，尚待今后不断努力，以便更好的来贯彻中央文物法令，保护祖国珍贵的文化艺术遗产。"

1958年，陈从周教授由浙江省文管会朱家济陪同对绍兴宋桥进行调查。[②]（1）"八字桥（建于公元1256年，宋理宗宝祐四年）位于绍兴市城区的东南，因为跨于三条河的汇合处，根据实际的需要，于是在平面与形式上有似'八'字，因此大家一向都名之为八字桥。""这种桥的形式，在设计时解决了比较复杂的交通问题，给我们今日的工程上很大的启示。"（2）"宝祐桥（建于公元1253年，宋理宗宝祐元年）在绍兴市城区之东，亦系梁式石桥，计面阔三间，其结构形式为石柱上加石梁，梁上凿槽置木梁，上再加石梁，如今木梁仅存一根。""绍兴系浙东水乡，河道纵横，与苏州并为江南水城，同时附近又产石，因此石桥甚多。实为研究古代桥梁的一个重要地区。宋桥我们除在宋画李嵩的水殿纳凉图、张择端的清明上河图等上面见到外，实例至为难得，这两座桥，在中国建筑史与桥梁史上不失为重要的证物了。"

[①] 黄涌泉：《浙江省的纪念性建筑调查概况》，《文物参考资料》1956年第4期。
[②] 陈从周：《绍兴的宋桥——八字桥与宝祐桥》，《文物参考资料》1958年第7期。

1958年1月，陈从周教授由浙江省文管会朱家济陪同调查绍兴大禹陵及兰亭。① 大禹陵在绍兴市东南约十二里的会稽山麓。该处建筑群有：大禹陵、大禹庙、大禹寺。如以建筑而论，当首推大禹庙。"兰亭在绍兴市西南二十七里。兰亭建筑在布局上是按江南园林的方法，以曲水平冈亭阁为主，故入口顿觉开朗，在园林设计的'借景'上是经过一番安排的。与大禹陵相较，一主严谨，一主明秀，建筑情调有所不同。"

1960年3月，陈从周教授由浙江省文管会朱家济陪同赴海宁盐官调查安澜园遗址及陈宅建筑②。"安澜园为明、清两代江南名园之一。"清弘历（乾隆）南巡六次，曾四次"驻跸"此园。"乾隆二十七年第三次南巡后，并将安澜园景物仿造到北京'圆明园'中的'四宜书屋'前后，于乾隆二十九年（公元1764年）建成，亦名其景为安澜园。如今二园俱废。"文章并回顾了安澜园自明万历年间兴建至清咸丰年间被毁的历史过程及"安澜园图"传世的典故。著名收藏家钱镜塘先生收藏的《海宁陈园图》今藏于浙江省博物馆。

1960年2月，陈从周教授应浙江省文管会之邀，在浙江作第二次古建筑调查。③ "我们这次出发，经海宁、海盐、杭州、金华、东阳、义乌及临安等县市。"此次调查内容包括：经幢、塔、庙、园林、住宅及柱础。（1）经幢："浙江经幢从目前调查所知，杭州龙兴寺唐开成二年（公元837年）幢为最早。以形制而论，以余姚慈城普济寺唐开成四年（公元839年）幢身为最大，书法亦精，奚虚己所书。就高度言，当推杭州梵天寺宋乾德三年（公元965年）幢与临安海会寺吴越宝大元年（公元924年）幢最高；梵天寺幢高15.67米，海会寺幢高12.10米。幢中体形之美，当推海宁盐官安国寺唐成通六年（公元865年）经幢。然点缀风景，则以杭州虎跑定慧寺后晋重立之幢取胜了。""在全国范围内现存经幢数目之多，浙江为各省之冠。"（2）塔：陈从周对临安功臣塔（后梁贞明元年（公元915年）钱镠所建）、临安普庆寺塔（元塔）、绍兴钱清环秀塔（宋塔）、海盐天宁寺塔（元塔）、绍兴大善寺塔（宋塔）、海宁盐

---

① 陈从周：《绍兴大禹陵及兰亭调查记》，《文物》1959年第7期。
② 安澜园，又名"陈园"，始建于南宋建炎四年。清雍正十一年，海宁籍大学士陈元龙告老还乡，在故址上改建"遂初园"。此园以泉石深邃、卉木古茂摘取浙西园林之冠。陈从周：《嘉定秋霞圃和海宁安澜园》，《文物》1963年第2期。
③ 陈从周：《浙江古建筑调查纪略》，《文物》1963年第7期。

官占鳌塔（明塔，清重修）、黄岩庆善寺塔（宋塔）及杭州闸口白塔（五代塔）进行了深入考察并详细描述。（3）庙：陈从周主要考察了海宁盐官海神庙（建于清雍正年间）。"此庙系当时敕建，主要建筑大木皆为官式。""天台山国清寺，位于天台县天台山麓，面临清溪，背负苍山，风景至美，为中国四大名刹之一。隋代创建，现在主要建筑则为清雍正十二年（公元1734年）所建。"（4）园林：海盐绮园，建于同治十年（公元1871年），"这园在浙中现存私家园林中规模最大，保存亦最好，是不可多得的佳构。""此园运用中国造园的传统手法，但亦不以大量建筑物作为主体，充分发挥山林树木相互间变化的效果，在今日设计民族风格的园林，是可以作为借鉴的。"杭州元宝街胡雪岩宅建于光绪元年（公元1875年），"今仅存二厅及楼，装修皆用红木花梨等珍贵材料，门饰为铜制。其厅西有一小园，因限于面积，假山在南墙下倚墙而叠，仿灵隐飞来峰，或云此南宋德寿宫遗物。无论其为旧物，抑清末重叠，其叠山技术，是浙中匠师的大手笔，为今日私家园林中所未见，虽不能说旧构，亦保留着部分南宋人的旧手法，其匠师或出金华（如李渔为金华附近兰溪人），其蓝本非杭州飞来峰，即参考了金华北山。与苏州的叠山用邓尉、灵岩、张公善卷等为蓝本有所不同。其气魄之大仅次于北京北海，非苏州以轻巧取胜者可比"。此外，杭州西湖文澜阁前之假山、杭州横河桥庾园之"玉玲珑"石（传为宋花石纲遗物）等，俱有其独到之处。（5）住宅：东阳卢宅。"卢姓从明代永乐十九年（公元1420年）卢睿成进士起讫清代中叶，科第未断，聚族而居者达六百年，这地方成为今日我们研究封建家族制所产生居住点的一个绝好资料。"卢宅"三面环水南临街，街中心有大影壁有砖雕及砖斗拱。我所见明代江浙住宅影壁当推此与苏州申时行住宅。其前大牌坊四座，正中为正宅，清初的砖刻门楼甚精。今正宅已改过，其西为宗祠，平面布局为院落式，经大门入内为照厅，大厅（名肃雍堂），翼以两庑，大厅采用工字形平面，施斗拱彩绘，建于明景泰七年（公元1456年）至天顺六年（公元1462年）。""这样的典型封建村镇，不论在研究社会、文化、建筑及艺术诸方面，都是有价值的实物资料。"（6）柱础：海宁盐官安国寺，唐开元元年（公元713年）建，其"殿内的黑大理石莲瓣柱础，直径达1.24米，浑朴如玉，经年久远，已闪闪发光，疑为开元间旧物。"其余"浙江省文物管理委员会藏宋代覆莲柱础，雕刻秀丽，出杭城牛羊司巷，或云为宋德寿宫遗物。湖州天宁寺有南宋柱础二个，直径在一米半左右，雕盘龙，极生动，与江苏常熟至道观与中狱庙雕龙柱础同为江南宋柱础的上品。而崇德旧县署的宋绍兴间素覆盆柱础，其底边计长1.34米，殊硕大。临安钱镠墓石柱现存一对，制作很质朴，与一般常见的亦有所不同。"

1963年秋天，陈从周教授由浙江省文管会朱家济陪同考察浙江武义县延福寺元构大殿。① "浙江武义县延福寺大殿是江南已发现的元代建筑中建造年代最早的，结构亦最完整的，是研究宋到明建筑发展过渡的实例。同时它与北方的元代建筑又有若干不同的地方，保存了比元代更老的做法。我们这次调查，将确实的建筑年代找了出来，大殿乃建于元延祐四年（公元1317年）。""大殿面阔五间，通面阔为11.80米，进深相同，平面成正方形"。"大殿台基低矮，院落皆以大卵石墁地，是就地取材应用的，很是经济。水沟亦以卵石叠砌，这是乡间常用的办法。殿内四金柱间置佛坛，还沿用唐宋以来佛坛在小殿配置的方法，唯平面由方形已作凹形。坛中置本尊，左右为二弟子及四供养人。塑像虽经后世重修，尚未全失初态。在首梢间置'元泰定元年刘演重修延福院记'碑，其碑阴刻'延福常住田山'总目。笔法秀润，出段鹏翼之手。""大殿内有宋代铜钟一，据元泰定甲子刘演重修延福院记碑，知'栖钟有楼'，今楼亡而钟移置于此。观音堂前有小石刻狮一对，古朴生动，以形态刀法而论，似为元以前之物。"

第二节　对古文化遗址、古窑址、古墓葬的调查发掘

1953年前，对浙江省文管会来说，"配合基本建设工程，做好文物保护工作，在我们面前是一个新的问题。""由于缺乏经验，人手太少，特别是没有技术人员，没有力量去从事田野工作。"1953年华东文物工作队成立。同年，"指派党华同志到浙江来设工作站，我会便分期分路指派同志经常配合工作站工作。经过一个多月的工作，我们现在已经改变了过去被动的状态，全面地掌握了本省基本建设施工情况，能够根据我们自身的

---

①　陈从周：《浙江武义县延福寺元构大殿》，《文物》1966年第4期。又，参见陈从周《杭绍行脚》一文，陈从周《未尽园林情：陈从周散文随笔选》，中国友谊出版公司1999年版，第85页。

力量，分别工程轻重缓急，有重点地来做好基本建设工程中的保护工作。"[1] 1957年3月，由浙江省文管会、省文化局、省博物馆及建德专署组成的新安江水库考古工作队成立。自此，浙江省以野外发掘为标志的考古队伍正式形成。

一　对古文化遗址的调查

（一）1953年党华、牟永抗对嘉兴双桥新石器时代遗址进行调查

1953年7月，浙江省文管会党华与牟永抗两人前往嘉兴双桥新石器时代遗址进行调查。[2] "遗址分布在双桥北面的一土丘上，土丘较四周的稻田高约3米。东西长约50多米，南北宽约45米。"在遗址及墓葬中发现的遗物计有：陶鼎足、陶鬲足、石凿、黑陶簋、黑陶壶、小石珠、梭形骨饰、印纹陶片、有孔石斧等。"从遗址中出土的陶鼎足的形式和纹饰来看，它和良渚、老和山遗址中所发现的陶鼎足一样。墓葬中的黑陶簋、黑陶壶，与良渚发现的完全一样。良渚、老和山陶器纹饰中最突出的镂孔作风，这里也有发现。双桥墓葬中发现的小石珠，在1953年秋季清理老和山遗址时也曾发现。所以双桥遗址是与良渚、老和山遗址同属于新石器时代末期的文化遗址。"

（二）1955年汪济英等对良渚黑陶遗址进行调查

1955年初冬，良渚镇农民在镇西北三里的一个水塘中挖土积肥时发现大批黑陶、木炭等物。浙江省文管会迅即派汪济英等人前往调查，[3] "现场发现在一层0.5米厚的稀泥下面便是黑陶与木炭等遗物的堆积层，已暴露的有0.3—1米厚。包含物大部被毁，碎片俯拾皆是。所得完整器或能辨出器形的仅五十余件。其中以细泥黑陶占多数。""早在1936年、1937年曾在这一带的横圩里、茅庵前、棋盘坟和荀山东麓等处进行过三次小规模发掘，证实黑陶和新石器时代的石器共存，但所得器物大部毁于抗战之中。此次在荀山前西北水池中出土的大批黑陶，丰富了对研究东南沿海地区物质文化的资料。""这时劳动人民在制陶业方面已经积累了丰

---

[1] 浙江省文物管理委员会：《浙江省配合基本建设初期的文物工作》，《文物参考资料》1953年第7期。
[2] 党华：《浙江嘉兴双桥发现的新石器时代遗址》，《考古通讯》1955年第5期。
[3] 浙江省文物管理委员会：《良渚黑陶的又一次重要发现》，《文物参考资料》1956年第2期。

富的经验。轮制技术很进步，器形多样美观；往往在圈足和豆柄上镂着许多小孔或模仿竹节以作装饰；同时还都在灰胎的表里施一层打磨的黑色陶衣，煅烧以后，闪闪发光。所有这些，正是形成良渚黑陶的固有特色，也是与龙山黑陶的表里皆黑和少见镂孔的不同的地方。""良渚黑陶是这时人类定居生活中的日常用具，这从遗址中的大量存在，就是一个有力的证据。""良渚黑陶受龙山文化影响发展起来，但良渚黑陶有其独特风格，两者不能混为一谈。"

（三）1956 年汪济英等对钱江流域五个县的新石器时代遗址进行调查

1956 年 2 月至 5 月，为了解农业合作化高潮中各地保护古文化遗址、遗物的情况，浙江省文管会汪济英等对吴兴、余杭、德清、上虞、余姚等县作重点调查和发掘[①]。在吴兴钱山漾遗址的调查发掘中，采集到石器 1970 余件，陶器 40 余件；在吴兴下菰城遗址的调查发掘中，采集到镰形石刀和残石器 8 件，另有陶瓷片若干。另外，在余杭石濑镇，上虞乌竹林和余姚茅湖，均发现各种类的石器及陶片。总之，钱塘江流域的这几处新时代石器遗址，彼此间存在着很大的文化共性，半月形和镰形石刀以及黑陶的共同存在，意味着这一带的农业已有一定的发展。

（四）1956 年、1958 年浙江省文管会对吴兴钱山漾遗址进行调查

吴兴钱山漾遗址在湖州市南 7 公里钱山漾东岸的南头。1956 年春，浙江省文管会对钱山漾遗址及其附近作了一次全面的调查，在河水干涸的浅滩上采获石器数千件。这一现象表明：历年来被河水冲掉的遗物一定很多，而残留下来的一部分灰层有必要作一次抢救性的清理。省文管会与浙江省博物馆共同组织力量，从 1956 年 3 月 7 日起，进行第一次发掘。第二次发掘从 1958 年 2 月 20 日起至 3 月 20 日止。[②] 两次发掘的总面积为 731.5 平方米。钱山漾遗址文化遗存计有陶器、石器（附骨玉器）、植物种子、竹编织物、丝麻织物、木材及木器。初步认定，"钱山漾遗址下层属新石器时代晚期，上层则进入铜石并用时代。遗物中的几何形印纹陶就是这两个不同时代的分野。""从现存的遗址面积看来，住在这里的应是

[①] 浙江省文物管理委员会：《钱塘江流域五个县的几处古遗址初步调查》，《文物》1956 年第 8 期。

[②] 浙江省文物管理委员会：《吴兴钱山漾遗址第一、二次发掘报告》，《考古学报》1960 年第 2 期。

一个较大的部族，人们分别居住在每一个洼地里。同时，这里还是临近河流和山丘的平地，无论从事农耕和兼营渔猎都是很适宜的。遗址中有大量的农业生产工具；有稻谷、芝麻、花生等八种农作物；还有一些牛、猪、狗、鹿、龟、蚌等动物遗骨。这些东西构成人们经济生活中的重要部分。当然，最重要的还是农业经济；证明在植物的栽培和家畜的驯养方面已经积累了丰富的经验，进一步为定居生活的稳固提供了更大的可能性，在一定程度上摆脱了自然条件给予人们在生活上的种种限制。遗址中还出土了酸枣核、毛桃核和菱角，不论这些东西是野生的还是人工培植的，都证明人们在生活资料的来源上不是由一个或几个方面、而是尽可能地由许多个方面来满足的。""精细的丝麻织品的出现，标志着当时人们在种麻养蚕和纺织技术上已经获得巨大的成就。可能已经有了最简单的织机。"此外，各种细巧的竹器，制造木质工具和营建简单的木构建筑，都表明当时的劳动生产率已经达到很高的水平。而木浆的出现与舟楫之便则扩大了各部族间的频繁接触，鱼类的捕获也更容易了。

（五）1959年姚仲源、梅福根等对嘉兴马家浜遗址进行调查发掘

1959年3月，浙江省文管会姚仲源、梅福根与杭州大学历史系、杭州师范学院历史系等六个单位组成考古队，对嘉兴马家浜遗址进行调查发掘。① 马家浜遗址位于嘉兴县城南偏西7.5公里。遗址面积东西长约150米，南北宽约100米。发掘坑位就在遗址的中部，发掘面积共313平方米。马家浜遗址计有建筑遗迹、灰坑、葬地。遗物有骨器、石器、玉器、陶器和自然遗物。其中多骨器，尤其发现大量的兽骨，这一特点是江南遗址中不多见的，可以看出当时的生活可能以狩猎经济为主。出土陶器以罐形为主，鼎形器极少。马家浜遗址与吴兴邱城、桐乡罗家角和海宁彭城遗址均属同一文化系统，仅有年代早晚的差异。

（六）1957年梅福根等对吴兴邱城遗址进行调查与发掘

1957年，浙江省文管会梅福根等对吴兴邱城遗址进行调查与发掘。② 邱城遗址位于吴兴县北部，"堆积层次复杂，遗物丰富，墓葬密集，迹象完好。"遗址中主要有"印纹陶、釉陶和绳纹红陶片。石器的特征是有段石

---

① 浙江省文物管理委员会：《浙江嘉兴马家浜新石器时代遗址的发掘》，《考古》1961年第7期。

② 梅福根：《浙江吴兴邱城遗址发掘简介》，《考古》1959年第9期。

锛、带柄钺形石刀和大型的犁形器碎片和青铜器残片等。具有浙江一般以印纹陶为主的文化遗址的特征。""上层文化堆积以黑陶为主。下层文化的遗物,以红陶为主。也有极少数的黑陶片。胎质都比较厚。器形有鼎、豆、罐、钵、杯、盂、尊、壶,形制和上文化层有显著的区别。器壁以素面为主,也有圆和长方形镂孔及直线划纹。石器有圆柱形的斧,厚重的锛,长而精致的小凿,针和玉玦,在两层硬土中间的灰土里,有较多的兽骨。"

（七）1958年、1959年梅福根等对杭州水田畈遗址进行调查发掘

水田畈遗址位于杭州艮半铁路半山车站南面。1958年、1959年,浙江省文管会梅福根等人和杭州大学历史系合作进行了两次小规模的调查发掘,获得了比较丰富的资料。① 水田畈遗物计有陶器、石器、竹木制品、大量碳化的稻谷及不知名的植物种子。此外,墓葬中尚有玉管、玉佩等物,棺板上发现红色漆等。(1) 遗址的年代。"整个遗址分上下两个文化堆积。它们之间的区别是很明显的:上层陶器的主流是印纹陶和釉陶,但亦有少数黑陶、夹砂陶存在,还发现有铜器碎末、漆皮等。下层没有印纹陶和釉陶,而陶器的主流是夹砂陶和黑陶、灰陶等。上下层所使用的石器差别不大。""从上文化层的堆积情况观察,形成的时间似乎很长。上文化层的堆积情况是:上部印纹陶、釉陶居多;下部有较多的黑陶和夹砂陶。下部以墓葬为例,在仅有的三座墓葬中见到的只是灰陶、黑陶、夹砂陶、石刀、石斧、玉器等,时代相当于春秋之际。而上文化层的上部,几乎全是印纹陶,从这些印纹陶的麻布纹、米字格纹等观察,时代可以晚至战国末期。从下文化层的遗物观察,遗物的主流是陶器和石器,陶器以夹砂陶为主,并没有晚期的印纹陶和釉陶,更没有铜器和漆皮。石器大都是犁、锛、斧等农业工具。因此将它定在新石器时代末期。"(2) 遗址的经济文化性质。"遗址中的遗物和遗迹,揭示了是以农业经济为主,同时有多种经济并存。在出土的石器中,犁、锛、斧、刀等农业生产工具占极大多数;同时大量的稻子、芝麻等多种作物种子的发现,说明当时的农业经济已很发达。""遗址中除了农业生产工具外,还有陶石纺轮、陶石网坠、石箭镞;更说明问题的是木器,应该与渔猎有关。根据木尖状器、穿孔木板本身的痕迹、大小看,很可以解释为渔网上的零件浮标。木浆是不能单纯看作水上交通工具的,它在当时经济生活中也有它一定的作用。野生植物

---

① 浙江省文物管理委员会:《杭州水田畈遗址发掘报告》,《考古学报》1960年第2期。

种子应该是采集经济的标本。"水田畈遗址出土的芝麻引起争议。但我们认为:"遗址中的麻子与现在的芝麻是相近的,肯定是食用的麻子无疑。"

二 对古窑址的调查与发掘

(一) 1954 年党华对萧山县戴村区振庭乡上董越窑窑址进行调查

1954 年,党华受浙江省文管会委派前往萧山县戴村区振庭乡上董越窑窑址进行调查。① 在当地村民帮助下,党华选择窑址沿边处试掘,查看窑址的深度及堆积情况并收集各种不同类型的遗物,主要有瓷器和窑具两类。瓷器都是灰胎青釉,釉只涂在器物的上半部,器底皆平底微向内凹,有窑具附粘的印痕,完整的器物几乎没有。"关于上董窑址的时代问题,可推断它为晋朝时期的越窑。""由于上董窑址的发现,使我们研究晋朝时期越窑的资料丰富了。"浙江目前已知的晋朝越窑遗址,有绍兴的庙下、九岩、王家溇和萧山的上董四处。

(二) 1956 年、1957 年冯信敦等对黄岩古代青瓷窑址进行调查

1956 年 12 月,在黄岩县沙埠乡霄溪村一带发现有数处古代的青瓷窑址。同年及次年 4 月,浙江省文管会冯信敦、金祖明和牟永抗先后赴实地进行调查研究。② 典型窑址共 8 处。"遗物以匣钵和碗为最多。瓷器的胎质坚硬而细腻,胎体轻薄,火候较高。釉色以青绿为主,淡青色、青黄色为次。其他还有青白色和青中带银灰色等七种。釉施通体,比较光泽。淡青色部分更加匀净透明。""绝大部分器物上都饰有秀丽、鲜明、生动的花纹图案。主要是划纹,也有印纹,纹样可分为禽兽和花卉二类。""制法都是轮制","施釉的方法,先在干胎上剔划各式各样的花纹图案后,再施釉入窑烧造。""这次浙江中部首次发现的黄岩窑址,是去年我会在上于县窑寺前窑址和余姚县游源窑址发现后,又一新的发现。从八处窑址的花纹、釉色、胎质、制法及器形的特征来看,为一个时期的产物。作风与越窑窑址中出土的瓷器十分相近,应属于越窑系统,时代暂定为五代或许晚到宋代。"

---

① 党华:《浙江萧山县上董越窑窑址发现记》,《文物参考资料》1955 年第 3 期。
② 浙江省文物管理委员会:《浙江黄岩古代青瓷窑址调查记》,《考古通讯》1958 年第 8 期。

（三）1957年金祖明等对余姚青瓷窑址进行调查

1957年，浙江省文管会金祖明对浙江余姚青瓷窑址进行调查研究。[①] 浙江余姚上林湖是越窑最集中的地区。所谓秘色瓷，都产在上林湖一带。金祖明对以上林湖为中心的20多处窑址出土的1000多件瓷器进行研究。得出结论说：浙江青瓷始自东汉时期。到了唐汉，由于人民生活对瓷器的需要和宫廷的大量使用，浙江青瓷生产规模扩大，五代达到全盛时期。吴越钱王统治时期，曾把上林湖较有基础的民窑改为官窑。宋代以降，余姚青瓷的逐渐衰落应与龙泉窑的兴起有密切关系。

（四）1960年金祖明对龙泉溪口青瓷窑址进行调查

1960年，浙江省文管会金祖明对龙泉溪口青瓷窑址进行调查。[②] 溪口窑址是龙泉青瓷窑系的主要组成部分，它在龙泉青瓷发展史中占着重要的地位。早在1960年3月，省文管会即对溪口窑址进行过调查并作小规模试掘。溪口窑址包括：五代—元明窑址；南宋—元明时代窑址和元明时期窑址共三类。由于时代不同，瓷器的造型、釉色、花纹图案以及胎色有很大的差别，形成不同的风格。（1）五代时期："五代时期的器物只发现碗和瓶二种，胎骨较厚而呈灰白色，碗都为坦口浅底圈足。纹饰较繁，内壁划团花。釉色青带淡黄，无光泽。"（2）北宋时期："器形较简单，主要是碗、盘、碟、炉和瓶等，造型稳重大方，形式比五代时有了进一步发展，胎骨厚，多呈灰白色，尚有浅灰和砖红色低圈底。装饰花纹有云纹、莲花瓣、荷花等。釉色有青黄和青绿二种，釉层薄，有光泽，系玻璃釉。"

（五）1956年至1961年，浙江省文管会对龙泉、丽水、遂昌、永嘉等地的古代窑址进行调查发掘

1963年，浙江省文管会朱伯谦、王士伦合作发表研究报告《浙江省龙泉青瓷窑址调查发掘的主要收获》。[③] 报告称：从1956年至1961年，省文管会对龙泉、丽水、遂昌、永嘉等地的古代窑址进行调查并发掘部分窑址。从窑址的大量遗物堆积来看，都属同一系统。其中以龙泉县最为密集、典型，故统称为"龙泉窑"。据考证，龙泉窑始自五代，是继越州窑

---

① 金祖明：《浙江余姚青瓷窑址调查报告》，《考古学报》1959年第3期。
② 金祖明：《龙泉溪口青瓷窑址调查纪略》，《考古》1962年第10期。
③ 朱伯谦、王士伦：《浙江省龙泉青瓷窑址调查发掘的主要收获》，《文物》1963年第1期。

而发展起来，同时接受了瓯窑的某些传统。吴越亡后，北宋统治者对浙江的青瓷生产十分重视。太平兴国七年，赵光义派殿前承旨赵仁济监理越州窑务。在北宋统治的160多年中，龙泉窑瓷业进一步繁荣。南宋时，龙泉窑瓷业发展到鼎盛时期。元代以降至明代，由于景德镇瓷业的发展，龙泉窑逐渐衰落。报告还对哥窑、弟窑的相关问题提出质疑。

（六）1960年朱伯谦等对龙泉大窑、溪口、八都等地窑址进行调查发掘

自1959年12月起，朱伯谦等人首先对龙泉大窑、溪口、八都等地窑址进行调查，在此基础上，于1960年1月起对大窑进行发掘。大窑窑址在历史上曾多次被盗掘，破坏严重，但它的烧制技术和产品质量在龙泉窑系中比较突出，故成为我们调查研究的重点。我们对大窑诸窑址进行反复调查，并在六个点进行发掘，最终获得有关制瓷工场、窑床的重要资料及丰富的标本。在大窑一个半月的发掘中，比较重要的收获有三点：（1）"在甲点发现制瓷工场。工场由场房、泥塘、石杵等组成。场房作长方形，方向正东，结构尚清楚，四周散布瓷土矿石、渣滓及粉碎矿石的石杵。"可以推定，"这个250平方公尺以上的地方，只是当时制瓷工艺中的一个环节——瓷土粉碎淘洗工场。"（2）"在乙点清理了窑床一座，窑体庞大，窑门开在一边，窑内堆有宋代瓷片和少数完整的器物，时代不为太晚。"尤其重要的是，在此窑底部发现和窑内瓷器完全不同的废瓷堆积层。"所出瓷器釉污而不匀，色黄绿，未有透明性，器形有执壶和碗等，里外饰划花，其造型和装饰与越瓷相似，时代约五代—北宋。我们暂命名为早期龙泉青瓷。""这一发现对研究龙泉青瓷的发生、发展史有很大价值。"（3）"获得了一批较好的标本，其中有造型极为美观大方、装饰朴素、釉色晶莹明净的宋瓷；有内外精刻密茂花纹的元、明瓷；有塑造生动的瓷像。这些标本对青瓷生产的釉色、造型、装饰、设计都有一定参考价值。"[1]

（七）1962年汪济英对上虞县窑寺前窑址进行调查

1962年，浙江省文管会汪济英对上虞县窑寺前窑址进行了调查。[2] 主

---

[1] 浙江省文管会温州工作组组长朱伯谦工作汇报，1960年2月23日，浙江省博物馆馆藏资料。

[2] 汪济英：《记五代吴越国的另一官窑——浙江上虞县窑寺前窑址》，《文物》1963年第1期。

要解决两个问题。其一，上虞窑寺前窑址何时由民窑改为官窑，即窑的鼎盛期在何时？其二，它和余姚窑的关系如何？经过调查研究，汪济英认为：上虞窑寺前瓷窑由民窑改为官窑应在吴越王钱弘俶在位时期。上虞窑寺前瓷窑和余姚窑虽分属两县，但相距仅百里。从上虞窑寺前窑址的遗物可看出无论在造型、瓷釉和纹饰等方面，都接受了余姚窑的风格。

新中国成立初期，浙江省对本省境内古窑址的调查研究成果还有：1957年王士伦的《浙江萧山进化区古代窑址的发现》；[①] 1957年蒋玄佁的《关于富阳窑瓷器的备忘录》；[②] 1959年王士伦的《德清窑瓷器》；[③] 1964年朱伯谦的《浙江东阳象塘窑址调查记》；[④] 1964年朱伯谦、梅福根的《浙江鄞县古瓷窑址调查纪要》；[⑤] 1965年张翔的《浙江金华青瓷窑址调查》[⑥]，等等。

三 对古墓葬的调查与发掘

（一）1955年王士伦等对绍兴漓渚汉墓群进行调查清理

1955年2月，绍兴县人民政府拟在漓渚镇以南修建一条运输线，浙江省文管会即派王士伦、党华、汪济英、金祖明、朱伯谦前往发掘路线中的墓葬。[⑦] 从当年2月至7月，先后清理了完整及被破坏的古墓葬111座。其中汉代及汉以前墓葬共54座。"54座墓葬，依其出土随葬器物的不同，可以分为两类：第一类计23座，都是长方形土坑竖穴墓。随葬器物只有陶器。可分为几何形印纹硬陶、釉陶和泥质黑陶。第二类墓共31座，其中土坑竖穴墓占22座，砖室竖穴墓9座。墓随葬品仍以陶器为主，与陶器伴出的尚有铜器、铁器、砺石和银丝圈等。""两点初步的看法：（1）几何形印纹硬陶与釉陶，近年来除绍兴漓渚墓葬中大量出土外，本省嘉兴双桥一里墟、吴兴下菰城及练市、镇海钟家堍、江苏无锡荣巷、吴县五峰山等地都有发现，可知这二种陶器确曾同时存在过。尹焕章在《华东新

[①] 王士伦：《浙江萧山进化区古代窑址的发现》，《考古通讯》1957年第2期。
[②] 蒋玄佁：《关于富阳窑瓷器的备忘录》，《文物参考资料》1957年第9期。
[③] 王士伦：《德清窑瓷器》，《文物》1959年第12期。
[④] 朱伯谦：《浙江东阳象塘窑址调查记》，《考古》1964年第4期。
[⑤] 朱伯谦、梅福根：《浙江鄞县古瓷窑址调查纪要》，《考古》1964年第4期。
[⑥] 张翔：《浙江金华青瓷窑址调查》，《考古》1965年第5期。
[⑦] 浙江省文物管理委员会：《绍兴漓渚的汉墓》，《考古学报》1957年第1期。

石器时代遗址》一书中提出印纹硬陶和吴越文化有关的问题，是值得注意的。绍兴为越国旧都，而上述发现几何形印纹硬陶和釉陶的地点都在吴越文化活动范围之内。加之最近我们在杭县良渚、吴兴钱三漾新石器时代遗址的试掘和发掘中，在新石器时代文化层中都没有印纹陶和釉陶出土。因而，在浙江地区所发现的几何形印纹陶的年代问题，实有重新商榷的必要。(2)釉陶的大量出土，不但和我国河南、陕西的殷、周遗址和墓葬出土的早期釉陶相衔接，同时也与晋代越窑的瓷器颇有相似之处。陈万里在《中国青瓷史略》一书中说：'战国时期黄绿色的、薄薄的、带有透明性釉药的半瓷质器物。此种器物的造形，有编钟等，出土的地点在浙江绍兴乡间旧埠。'旧埠所出的半瓷质器物可能就是这类釉陶。它是否就是我国制造青瓷的前身是很值得重视的。"

（二）1956年赵人俊等对淳安古墓进行调查

1956年5月，浙江省文管会赵人俊等为配合新安江水库工程，进行地下文物调查工作。① 经过1个月的调查，发现古墓葬群3处，古文化遗址5处。1957年4月，组织新安江水库考古工作队，赴淳安地区进行发掘，共清理古墓葬35座，古文化遗址1处。(1)东汉墓葬共15座。随葬品以陶器居多。(2)六朝墓葬共11座。其中三国东吴天纪元年砖墓1座，晋咸康元年砖墓1座，大兴四年砖墓1座。随葬品多已损坏，主要为陶、瓷器具，另有若干银器。(3)唐代墓葬共6座。随葬品有瓷器具若干，其中一枚"浮雕花鸟铜镜颇为精致。"(4)宋墓3座。随葬品主要有少量陶、瓷器及若干枚钱币。

（三）1956年黄涌泉等对淳安汉方储、宋方逢臣、明商辂墓进行调查

1956年10月，黄涌泉、赵人俊赴淳安进行古墓葬调查。(1)汉方储墓。有两座，一在淳安县前街尽头，据说是假墓；一在民丰酱园内。"淳安县前街底头县公安局前喜雨亭内立有石碑一方，碑文为：汉尚书令、黟县侯仙翁方公墓。据说方储墓即在石碑下面，但地面上一无痕迹可寻。喜雨亭面阔三间，墓碑在当心间，东西两次间各有碑亭一座。东首亭内有崇祯癸未'李侯喜雨亭记'碑，西首亭内石碑，字迹模糊，就其形制花边观之，时代也属晚明。民丰酱园在今县人委下数十步右首，原为贞应祠。走过酱园作坊，看到简单石牌坊一座额枋南向题有'汉黟侯储方墓道'，

---

① 新安江水库考古工作队：《浙江淳安古墓发掘》，《考古》1959年第9期。

北面题有'万历丙戌冬贞应祠'字样，墓在斜坡漫草中，碑下部掩在土中，碑文为：汉尚书令、侯方仙翁。墓前有石碑二方，均立于明万历三十六年，字迹已很模糊。"（2）宋方逢臣墓。在县西五里新安乡外查坑左塘滂上。"出淳安渡新安江，在山中西行约五里至外查坑，墓在山麓漫草中，墓碑作横式长方形，碑文如下：宋庚戌科状元礼部尚书蛟峰先生墓。"①（3）明商辂墓。据说有七座，最大一座在县南十二里妥桥乡题塔村黄坛岭。"此墓并未找到商辂的确切字样，但根据志书、当地了解及墓形布置，碑文有'太子少保吏部尚书'等各方面的情况来判断，很可能是商辂夫妇合葬墓。"经调查我们认为，除上述这座商辂夫妇合葬墓外，其余应为商氏后裔坟墓。②

（四）1956年、1957年朱伯谦等对黄岩秀岭水库古墓进行调查发掘

1956年12月，浙江省文管会朱伯谦、冯信敖和金祖明在温州专署获悉黄岩秀岭水库第二期工程即将开工的情况后，立即前往调查和发掘。③秀岭水库在黄岩县南30华里的多山地区，墓葬一般分布在这些山的中、下坡。发掘工作于次年1月中旬结束。共发掘了东汉末期到刘宋时期的墓葬56座。56座墓中，44座业已被损或被盗掘，完整的只有12座。56座墓葬包括汉代墓葬4座，东吴天玺元年墓1座，晋代墓葬46座，刘宋墓葬5座。此次墓葬发掘，有如下几个问题可引起重视：（1）"从随葬品方面来看，它反映了陶瓷的演变过程和早期瓷器的发展概况：在东汉末期墓葬中，出土以陶器为主，但其中已经有了半陶半瓷施有淡青带黄色釉的盅。东吴玉玺元年（公元276年）墓，出土瓷器的数量已较多，而且陶瓷器上的纹饰，与晋咸康（335—342年）以前墓中出土的瓷器的纹饰完全相同，但釉色淡青带黄，釉层薄而易于剥落，反映了瓷器的早期状态。到晋墓中陶器已经少见，瓷器不但在数量上已占绝对的优势，而在造型上也表现得很复杂，证明瓷器已进行大量的生产。在釉色方面，一部分器物的釉色已非常均匀美观，色呈青绿或淡青，同时也有褐色点彩的装饰，这与天玺元年墓中釉作淡青带黄色和易于剥落的早期状态的瓷器，确已有了进一步的发展。刘宋时（420—479年）的瓷器，造型瘦长，施釉厚而匀

---

① 方逢臣（1221—1291年），初名梦魁，字君锡，号蛟峰。累官兵部侍郎，礼部尚书。
② 黄涌泉、赵人俊：《淳安、遂安调查报告》，1956年10月4日，浙江省博物馆馆藏资料。
③ 浙江省文物管理委员会：《黄岩秀岭水库古墓发掘报告》，《考古学报》1958年第1期。

润，青釉已显现较深的绿色以及莲花瓣纹的装饰，比晋釉又有了很大的发展，为后来隋唐两个时期青瓷的突飞猛进打下了基础。"（2）"黄岩地处浙江滨海的中南部，秦汉属会稽郡，三国吴孙亮太平二年，以会稽东部为临海郡，黄岩改属临海郡。唐时始设县治。在政治上，当时黄岩与会稽的关系是比较密切的。这次出土的瓷器，与近日绍兴发现的九岩窑、王家溇窑和上虞发现的百官窑等窑址（当时都属会稽）出土的器物，在造型、胎质、釉色和纹饰上，几乎完全相同。同样的瓷器在南京附近的六朝墓中也常有所见，其中赵史岗第四号墓出土的青瓷虎子，上有'赤乌十四年会稽上虞陈表宜作'的记载，证明当时越瓷运销的范围是非常广阔的，瓷业是比较发达的。由于当时黄岩与会稽是比较密切的，那么经济上的联系，当然更有可能，所以这些瓷器，很有可能就是越瓷，向南运销到黄岩去的。"（3）"最后，这批墓葬的发掘，由于有纪年的墓较多，收获是比较大的。它为我们推断类似古墓和出土物的年代，提供了可靠的资料。"

（五）1957年浙江省文管会等对瑞安县桐溪、芦蒲两地古墓进行调查发掘

1957年12月，浙江省文管会会同温州市文管会在瑞安县桐溪、芦蒲两地进行古墓调查和发掘工作，① 共清理了自三国到齐、梁的墓葬共41座。这41座古墓，"使我们了解到从西晋直到萧梁墓葬各方面的变化规律：墓平面从凸字形（三国到西晋）到刀形（东晋到刘宋），再发展成长条形（齐、梁）；铺底砖的砌法从一字横铺到直人字形，又发展到横人字形；墓壁的砌法从单砖平叠到三平一竖或五平一竖相间而砌（但小型墓仍用单砖平叠砌法）。由墓壁砌法的发展可看出古代劳动人民的智慧和创造。""从随葬品中的瓷器造型的演变看：晋瓷腹部一般比较低矮，呈圆瓜形；刘宋多秀丽瘦长；齐、梁上部较肥胖，而下部收缩较甚。碗一类的器底也由平底发展到假圈足，有的假圈足已向内凹。从瓷器的纹饰看：晋多人字纹和方格纹；刘宋人字纹和方格纹已不见，而出现莲花纹；齐、梁莲花纹则已普遍使用了，这与当时崇尚佛教的风气有密切关系。从瓷器釉色看：晋一般釉色不纯，有白色斑点，且易脱落；刘宋时则釉层较厚且脆；而齐、梁时候的釉透影性强，呈玻璃状透明体，脱釉情况也少见。向内凹的假圈足出现。"

---

① 浙江省文物管理委员会：《浙江瑞安铜溪与芦蒲古墓清理》，《考古》1960年第10期。

(六) 1958年张翔等赴淳安县赋溪乡进行文物调查清理

1958年1月、2月，新安江水库考古工作队派张翔等人到浙江淳安县赋溪乡新安江水库工地作了几项文物清理工作。[①] 这里因一条南北流贯的赋溪而得名。溪往北注入新安江。这次清理的几处墓葬和遗址都在北距新安江约六里的富德村附近。(1) 印纹硬陶遗址。"遗址是1956年5月，我队在水库区普查时发现的，地点在富德村以北约三百多米河坪山上。这一山丘南北长约三百多米，遍地散见印纹硬陶片。我们在此进行了试掘，结果没有发现文化层，可能是这一带耕植年久，表土洗刷过甚的缘故。印纹计有网纹、回纹、方格纹、回纹方格交合纹、曲尺纹、波浪纹、席纹、重回纹大方格交合纹、米格纹等。胎作红或紫红色，一般火候较高，是常见的印纹硬陶。"没有发现一件完整器物。(2) 东汉墓葬。"我们在河坪山试掘印纹硬陶遗址时，又在同地发现和清理了两座东汉墓葬（一号，二号）。按当地农民提供的线索，在赋溪的东岸傅村，又清理了两座残墓（三号，四号）。其中二号墓被后代墓葬破坏，未出遗物。一号墓出有铜钲、玛瑙饰品、曲折纹陶片、五铢钱等。三号墓只剩了一角，出有铁刀、铁矛、铁棺钉等。四号墓无遗物。"上述"遗物多为东汉墓中常见，唯铜钲尚少见到。"(3) 明代砖塔地宫。塔名培风塔，位于富德村以北三百余米、赋溪东岸约五十米处。塔现已拆除，在基底地宫中，发现石盒一个，由二石合成，下石凿方池，上石覆盖。盒内盛有铜钱九十枚，分弘治通宝、万历通宝及天启通宝三种，其中大多数是万历通宝。银饰两件，作幡形，上窄下宽，上下饰以莲花，中间各锤有"物华天宝"、"人杰地灵"四字。另有铁蜈蚣形物一件。

(七) 1960年浙江省文管会对杭州老和山晋墓进行调查

1960年11月，浙江大学化工系学生在老和山东麓发现砖墓一座。浙江省文管会随即派人进行调查。[②] 在墓砖的侧面发现有"晋兴宁二年吴郡嘉兴县故丞相参军都乡侯褚府君墓"的砖文。墓已经被盗，遗留下来的器物有瓷器17件及钱币、铁剪、铜棺钉等物。"出土瓷器的黑褐中微带黄的釉色、细洁坚密浅灰色的胎质、简单的装饰花纹，都是日用器皿，凡

[①] 新安江水库考古工作队：《浙江淳安县赋溪乡文物清理简报》，《文物参考资料》1958年第10期。

[②] 浙江省文物管理委员会：《杭州晋兴宁二年墓发掘简报》，《考古》1961年第7期。

此都符合于德清窑瓷器的特征。它与当时的瓯窑、越窑系统的瓷器有很大的差别，故可能是属于德清窑系统的产品。""这座墓的发掘，为研究德清窑瓷的年代提供了有力的旁证，根据纪年砖文，它不会晚于东晋兴宁二年（公元364年）。"

新中国成立初期，浙江省对本省境内古墓葬的调查研究成果还有：1955年金祖明的《浙江省文管会清理了杭州的十几座汉墓》；1955年王士伦、朱伯谦的《浙江绍兴漓渚考古简报》；1955年朱伯谦的《浙江富阳发现晋墓》；1956年金祖明的《绍兴漓渚出土的青铜兵器》；1957年牟永抗的《浙江金华县竹马馆发现晋墓》；1957年浙江省文管会的《浙江绍兴漓渚东汉墓发掘简报》；1957年冯信敖的《浙江崇德罗加谷古遗址调查记》；1958年王士伦的《浙江嘉兴徐婆桥发现印纹陶》；1958年牟永抗的《浙江安吉三官乡的一座六朝初期墓》；1958年牟永抗的《浙江余杭闲林唐墓的发掘》；1958年金祖明的《余姚上林湖水库墓葬发掘简报》；1959年浙江省文管会的《杭州古荡汉代朱乐昌墓清理简报》；1960年浙江省文管会的《杭州施家山古墓发掘报告》；1961年浙江省文管会的《杭州金门槛西晋墓》；1962年浙江省文管会的《浙江慈溪发现东汉墓》[①] 等。

第三节　浙江省重点文物保护单位的核定公布

"文物保护单位"，这个特定名词主要指在我国境内由各级人民政府指定名单，正式公布，明令保护的不可移动或不宜移动的一组群体文物（极个别为单体文物），一般由文物本体、附属物、历史风貌及人文、自然环境等要素有机组成，相互照应、不可分割。包括古代建筑、纪念建筑、碑刻帖石、摩崖题记、石刻造像、壁画以及古遗址、古墓葬等不同种类，可分为国家级、省市级、县区级三个级别。

1956年4月2日，国务院向全国发出了《关于在农业生产建设中保护文物的通知》，称："全国农业生产的高潮中，打井、开渠、挖塘、修坝、开荒、筑路，平整土地等各项农业生产建设正在迅速而广泛地进行。由于我们历史悠久，被保存在地上地下的革命遗迹、古代文化遗址、古墓

[①] 以上各篇调查研究报告刊载于1950—1965年间《文物参考资料》、《文物》、《考古》、《考古通讯》各期杂志。

葬、古建筑、碑碣、古生物化石遍布全国。其中有许多是非常珍贵的，是对我国历史和文化进行科学研究最宝贵的资料，也是向广大人民进行爱国主义教育最有力的实物例证。"因此，"必须在全国范围内对历史和革命文物遗迹进行普查调查工作。各省、自治区、直辖市文化局应该首先就已知的重要古文化遗址、古墓葬地区和重要革命遗迹、纪念建筑物、古建筑、碑碣等，在本通知到达后两个月内提出保护单位名单，报省（市）人民委员会批准先行公布，并且通知县、乡，做出标志，加以保护。然后将名单上报文化部汇总审核，并且在普查过程中逐步补充，分批分期地由文化部报告国务院批准，置于国家保护之列。被确定的文物保护单位，由文化部进行登记，颁发执照，交由当地人民委员会负责保管。各地农业生产合作社对本社范围内的文物保护单位负有保护责任。"

1961年3月4日，国务院发布《文物保护管理暂行条例》，其中第四、五、六、七以及第十一、十二条具体规定了对各级文物保护单位核定、管理和保护的诸项方针及措施。并于同日公布了第一批全国重点文物保护单位共180处。

1963年4月17日，中华人民共和国文化部颁发了《文物保护单位保护管理暂行办法》共10条，对各级文物保护单位的日常保护与管理措施做了详细说明与规定。① 至此，"文物保护单位"管理制度诞生了。

如前所述，新中国成立初期，浙江省对本省境内不可移动文物进行的大规模考察（调查）、发掘与研究为同时期国家及浙江省重点文物保护单位的核定公布创造了条件。1961年，国家公布第一批全国重点文物保护单位名录，浙江省境内的杭州六和塔、杭州岳庙和宁波保国寺三家入选。

1961年4月6日，浙江省文化局报告浙江省人委称："最近国务院公布文物保护管理暂行条例、第一批全国重点文物保护单位名单，同时发布关于进一步加强文物保护和管理工作的指示。本局另接到文化部电报：'文物条例新华社即将发表，请你们请示党委后在省报发表国务院指示、条例及本省重点保护单位名单'等语。除国务院指示、条例已先后在四月二、三两日浙江日报发表外，关于本省重点保护单位名单也必须遵照文化部电示紧接着在省报发表以收宣传教育之效。兹报送第一批浙江省重点

---

① 国家文物事业管理局编：《新中国文物法规选编》，文物出版社1987年版，第23、42、76页。

文物保护单位名单，请迅即审核转送浙江日报克日公布。""本省在1956年、1958年曾由省人委先后公布两批文物保护单位，但那时并未分国家级、省级与县（市）级。本局今天报送第一批浙江省重点文物保护单位名单，也是从过去已公布的两批文物保护单位和近三年继续调查了解的资料当中选取全省性的重点单位提请公布，也就是本省的省级单位。"[1]

1961年4月20日，浙江省人民政府公布浙江省第一批重点文物保护单位共42处，如下：

1. 革命遗址及革命纪念建筑物共11处：葛云飞墓，1841年，萧山所前黄湾；太平天国侍王府，1862—1863年，金华市；金钱会起义遗址，1861年，平阳钱仓镇龙虎岩；浙军攻克南京阵亡将士墓，1912年，杭州市孤山；秋瑾墓，1912年，杭州市西泠桥；鲁迅故居，1891年，绍兴市；烟雨楼，1921年，嘉兴南湖；中国共产党浙江省第一次党代表大会会址，1939年，平阳水头公社冠尖村；中国共产党浙东区党委旧址，1943—1945年，余姚梁弄镇；解放一江山烈士纪念碑，1956年，黄岩海门。

2. 石寺共4处：石弥勒像，齐梁，嵊县南明山大佛寺；慈云岭造像，五代，杭州慈云岭；烟霞洞造像，五代至宋，杭州烟霞洞；飞来峰造像，五代至元，杭州飞来峰。

3. 古建筑及历史纪念建筑物共13处：临安功臣塔，五代，临安功臣山；白塔，五代，杭州江干区；飞英塔，南宋，湖州市；安国寺经幢，唐，海盐盐官镇；海会寺经幢，五代，临安城官镇；梵天寺经幢，宋，杭州凤凰山；天宁寺正殿，元，金华市；延福寺正殿，元，永康桃溪；通济堰，萧梁，丽水碧湖；天一阁，明，宁波市；卢宅，明，东阳卢宅村；灵隐寺（包括灵隐寺大殿前五代二石塔，天王殿前宋初二经幢），杭州市；凤凰寺，杭州市。

4. 石刻及其他共5处：吴汉月墓石刻，五代，杭州市；南宋石经，南宋，杭州市；戚继光奏捷碑，明，温岭；矿工罢工碑，明，淳安甘坞；染织工人罢工碑，清，杭州东园巷小学。

5. 古遗址共3处：良渚遗址，新石器时代晚期，杭州良渚；印纹陶窑址，春秋战国，萧山茅湾里；龙泉青瓷窑址，宋，龙泉大窑。

---

[1] 浙江省文化局报告浙江省人委：《关于报送第一批浙江省重点文物保护单位名单请迅即核转浙江日报克日公布》，1961年4月6日，浙江省档案馆，档号：J101—012—039。

6. 古墓葬共六处：禹陵，绍兴市；一行塔，唐，天台国清寺前；钱镠墓，五代，临安；于谦墓，明，杭州；张煌言墓，明末，杭州市；黄宗羲墓，清初，余姚十五岙。①

1961年，国家及浙江省第一批重点文物保护单位核定后，浙江省文管会立即采取行动。首先，对位于杭州市区的重点文物保护单位"进行了比较细致的调查，并写出西湖地区的墓葬资料，提供领导及园林管理部门整理西湖风景参考。"其次，"对全国第一批重点文物保护单位——宁波保国寺、杭州六和塔和岳飞墓采取了保护措施。"最后，对"海宁、嘉兴、湖州和东阳等地的省级第一批重点文物保护单位，基本上做到了有人管理，部分文物保护单位已树立标志，并正在逐步建立档案中。"②

1962年上半年，浙江省新昌大佛寺濯缨亭和宁波保国寺偏殿被焚事件引起全国震动③。1962年2月1日，浙江省人委下发《关于从新昌大佛寺濯缨亭失火事件中吸取教训，加强对文物保护单位的管理工作的通报》。称："根据省文物管理委员会报告：新昌大佛寺濯缨亭于一月四日，因寺僧做饭不慎，失火焚毁。大佛寺内，有摩崖石刻大佛座像，高十丈，为齐、梁时代雕琢物，是我省最早最大的石造像，具有重要历史和艺术价值，已公布为我省重点文物保护单位。濯缨亭是大佛寺建筑群中的一个组成部分，这次被焚，虽然没有延及大佛像，但已使一些文物古迹遭受损失。濯缨亭被焚事件，应当引起各地注意。新昌县人民委员会应即加强对大佛寺的管理工作。"浙江省人委并提出三点意见："（一）对辖境内国务院公布的全国重点文物保护单位和我省公布的文物保护单位，进行一次安全检查。文物保护单位的管理工作，还没有落实的，应迅速落实到基层单位，并且明确职责。（二）对辖境内的文物古迹，应进行有计划的调查。凡是有革命、历史和艺术价值的文物，可由市、县人民政府核定公布，其中有重大价值的，由省文化部门报请省人民委员会核定公布作为省的重点文物保护单位。（三）采取适当方式，向群众宣传保护文物的政策、法

---

① 《浙江省人民委员会公布第一批全省重点文物保护单位名单》，《浙江日报》1961年4月20日第3版。

② 浙江省文管会：《1961年文物工作总结》，浙江省博物馆馆藏资料。

③ 1962年10月16日，中华人民共和国文化部致函国务院：《关于第一批全国重点文物保护单位保管和破坏情况及今后意见的报告》，其中提及浙江余姚保国寺偏殿被焚一事。国家文物事业管理局编《新中国文物法规选编》，文物出版社1987年版，第73页。

令,教育群众爱护祖国文物,使文物保护成为群众性的工作。"①

1962年3月29日,浙江省人委下发《关于宁波保国寺偏殿失火事件的通报》。称:"据省文物管理委员会报告:全国第一批重点文物保护单位保国寺,因尼姑烧食物失火,于三月七日上午烧毁西北偏屋一幢。据了解,国务院公布保国寺为全国第一批重点文物保护单位以后,宁波市曾采取了一些保护措施,因为不够落实,以致造成这次火灾。""为了及时接受保国寺偏殿烧毁的严重教训,切实做好文物管理工作,请各专员公署和各市、县人民委员会按照省人民委员会二月一日文物字50号通报的精神,采取措施,消除各文物保护单位当前存在的各种不安全因素,并将进行的情况告诉省文化局。"②

浙江省人委的两次通报下达后,浙江省文管会迅速采取行动,并于1962年5月25日,将当前本省文物保护和管理工作的情况向浙江省人委进行汇报。报告称:"最近我们两次组织干部分别对三十三个县市的一百八十三处文物保护单位的管理工作进行了检查。从检查的情况来看,对文物保护工作,多数县市是重视的,并且取得了一定的成绩。有的地方,如宁波专署,召开了全区文物工作会议,检查了文物保护工作情况,交流了经验,有力地推动了工作。不少县市公布了文物保护单位名单,建立了管理制度。如绍兴县公布了重点文物保护单位二十七处,一般文物保护单位五十五处,并且从群众中聘请了义务管理员四十四人,成立了三个群众性的防护小组,同时,对文物保护单位划出了保护范围,树立了标志说明牌,逐步建立了档案资料。有些地方,通过文物,古为今用,向广大群众进行爱国主义教育和革命传统教育,使文物成为党的有力宣传工具之一。如绍兴市开辟了秋瑾等三个纪念室,供群众参观,反映很好;吴兴县将文物保护单位的材料印发给中、小学校,作为地方乡土教材的参考资料,很受欢迎。""但是,还存在一些问题,主要是:一、少数县市的文物保护单位没有落实,有些文物保护单位的不安全因素尚未消除。如温州市虽有专职文物干部,但文物保护单位未曾落实,对已了解的文物保护单位没有

---

① 《浙江省人民委员会关于从新昌大佛寺灌缨亭失火事件中吸取教训,加强对文物保护单位的管理工作的通报》,1962年2月1日,浙江省档案馆,档号:J101—013—063。

② 《浙江省人民委员会关于宁波保国寺偏屋失火事件的通报》,1962年3月29日,浙江省档案馆,档号:J101—013—063。

妥善的保护措施。杭州市有的文物保护单位,虽然经过安全检查,但对存在的不安全因素尚未消除。二、有些使用文物保护单位的机关、学校和企业,不注意文物保护单位的安全。长兴县煤山鱼塘新四军苏浙军区司令部旧址,是省级重点文物保护单位,为了保持原状,当地群众将当年新四军用过的家具自动拿来陈列。现在被嘉兴专署地质队用作火油库,严重影响安全。而且在桌凳上堆满矿石,群众很有意见,已将部分家具拿回去了。武义县宣平桃溪元代建筑延福寺正殿,也是省级重点文物保护单位。现为桃溪公社木业厂使用,到处堆放柴草、木材、木屑,还在殿内烧灰,很不安全。"为进一步做好我省的文物保护和管理工作,我们意见:各县市必须继续执行国务院和浙江省人委1961、1962年有关指示,"一、凡没有公布县市级文物保护名单的县市,应该在调查研究的基础上,尽早公布;凡对辖境内的文物保护单位没有进行安全检查,或虽已检查,但尚存在不安全因素的县市,应立即进行认真的检查,采取措施,消除文物保护单位的不安全因素。并希各专署加强对这一工作的领导。二、凡没有文物工作干部编制的县市,应在文化工作干部中确定人员兼管文物工作。三、各地机关、学校和企业单位,对使用的文物保护单位,应注意安全,谨防失火。四、各地所藏的国家的古旧图书、字画、史料和地下出土文物,应当继续整理,防止霉烂损坏。"[1] 6月16日,浙江省人委批转浙江省文管会报告并要求各专员公署、各市县人民委员会"研究办理。"[2]

  1962年,经浙江省人委等各级领导机关督促,"引起了各县对文保工作的重视,先后有德清、丽水、桐庐、温岭、新昌、上虞、黄岩、临海、余姚等县公布了县级文保单位名单。有的县落实了文保单位保护人员,划出了保护范围,树立了保护标志。"1962年下半年,浙江省文管会"通过深入的调查研究后,草拟了省级第二批文保单位目录,除书面征求各地意见外,还派干部亲自赴现场调查。经过五次反复修正,最后初步定稿。现已完成第二批文保单位部分资料工作,为公布作好准备。"此外,"对各文保单位进行了修复、加固工作和调查记录,年内已完工的有武义延福

---

  [1]《省文物管理委员会关于检查本省文物保护和管理工作的情况报告》,1962年5月25日,浙江省档案馆,档号:J101—013—063。
  [2]《浙江省人民委员会批转省文物管理委员会关于检查本省文物保护和管理工作的情况报告》,1962年6月16日,浙江省档案馆,档号:J101—013—063。

第五章　浙江省对不可移动文物的调查与重点文物保护单位的核定

寺；已动工修复的有八字桥、兰亭、保国寺、于谦墓、岳庙碑廊等处。"①

上述有关措施的落实，为1963年浙江省人民政府公布第二批浙江省重点文物保护单位打下基础。

1963年3月11日，浙江省人民政府公布第二批浙江省重点文物保护名单共58处。如下：

1. 革命遗址及革命纪念建筑物共12处：仙霞关（黄巢起义史迹），唐末，江山县仙霞岭仙霞关；方腊洞，北宋，淳安县唐村区桐源大队方腊洞；染踹工匠斗争碑，清，兰溪县人民委员会内；何文庆故居，近代，诸暨县枫桥前畈；宁海城隍庙（王锡彤起义史迹），近代，宁海县城隍庙；大通学堂旧址，近代，绍兴县古贡院；秋瑾故居，近代，绍兴县和畅堂；徐锡麟墓，近代，杭州市孤山南；陶成章墓，近代，杭州市西泠桥；浙江省第一师范旧址，现代，杭州市第一中学内；宁波市总工会旧址，现代，宁波市演武巷四十二号；四明山区烈士纪念塔及墓，现代，鄞县章村。

2. 古建筑及历史纪念物共30处：严子陵钓鱼台，东汉，桐庐七里泷；王充墓，东汉，上虞；马臻墓，东汉，绍兴；兰亭，东晋，绍兴；普济寺经幢，唐，宁波市慈城；祇园寺经幢，唐，吴兴；法隆寺经幢，唐，金华；天宁寺经幢，唐，湖州；灵石寺塔，北宋，黄岩；延庆寺塔，北宋，松阳；龙德寺塔，北宋，浦江；观音寺石塔，北宋，瑞安；宝胜寺双塔，北宋，平阳；国清寺塔，南宋，天台；沈园，南宋，绍兴；叶适墓，南宋，温州；八字桥，南宋，绍兴；文天祥祠，南宋，温州；铁佛寺铁造像，宋、明，湖州；普庆寺石塔，元，临安；吴镇墓，元，嘉善；桃渚城，明，临海；白云庄，明，宁波；青藤书屋，明，绍兴；三江闸，明，绍兴；陈洪绶墓，明，绍兴；曝书亭，清，嘉兴；玉海楼，清，瑞安；朱贵祠，近代，宁波；章炳麟墓，近代，杭州。

3. 古文化遗址8处：罗家角遗址，新石器时代，桐乡；邱城遗址，新石器时代，湖州；下茹城遗址，春秋，吴兴；昆山遗址，春秋战国，吴兴；西施山遗址，春秋战国，绍兴；上林湖青瓷遗址，五代，余姚；窑寺前青瓷窑址，五代、宋，上虞；沙埠青瓷窑址，五代、宋，黄岩。

---

① 浙江省文管会、浙江博物馆：《一九六二年业务工作总结》，1963年1月19日，黄莺《浙江省博物馆系年》，北京图书馆出版社2007年版，第195页。

4. 石刻 8 处：建初买地摩崖刻石，东汉，绍兴；南明山摩崖刻石，晋迄唐宋，丽水；贺知章《龙瑞宫记》，唐，绍兴；石门洞摩崖刻石，唐、宋，青田；司马光家人卦摩崖刻石，宋，杭州南屏山；宝成寺麻曷葛剌像，元，杭州紫阳山；谭纶画像及戚继光表功碑，明，临海；西泠印社，清，杭州。①

新中国成立初期，浙江省对文物保护单位制度的推行实施，旨在通过对"人"（包括实体管理者、使用者和其他利益相关者等）的相关行为的规范进而实现对"物"的保护管理，最终达到持续、有效、有序管理的目的。半个多世纪以来，这项制度的实施，最大限度地保障了浙江省境内优秀文化遗产本体及周边历史环境的安全，使浙江的"文物之邦"的美名代代相传，熠熠生辉。

---

① 《浙江省人民委员会公布第二批全省重点文物保护单位名单》，《浙江日报》1963 年 3 月 11 日第 3 版。

第六章
浙江省对重点文物保护单位的修缮保护

1950年7月6日,中央人民政府政务院就"近查各地对具有历史文化价值之文物建筑,常有弃置、拆毁、破坏情事",下达关于保护古文物建筑的4点指示:"一、凡全国各地具有历史价值及有关革命史实的文物建筑,如:革命遗迹及古城廓、宫阙、关塞、堡垒、陵墓、楼台、书院、庙宇、园林、废墟、住宅、碑塔、雕塑、石刻等以及上述各建筑物内之原有附属物,均应加以保护,严禁毁坏。二、凡因事实需要,不得不暂时利用者,应尽量保持旧观,经常加以保护,不得堆存有容易燃烧及有爆炸性的危险物。三、如确有必要拆建或改建时,必须经由当地人民政府逐级呈报各大行政区文教主管机关后始得动工。四、对以上文物建筑保护有功者,得由各大行政区文教主管机构予以适当之奖励。盗卖、破坏或因疏于防范而致损坏者,应予以适当之处罚。"[1]

根据上述中央指示精神,20世纪50年代初,浙江省着手对本省境内的重要文物史迹进行修缮保护,包括:宁波天一阁、杭州灵隐寺、杭州六和塔、杭州凤凰寺、武义延福寺、绍兴兰亭、禹陵、宁波保国寺及杭州孔庙南宋石经等,从而为若干年后国家及浙江省重点文物保护单位的核定创造了重要条件。1961年3月4日,国务院公布第一批全国重点文物保护单位共180处。[2]浙江省有三处(杭州六和塔、宁波保国寺及杭州岳庙)名列其中。1961年4月及1963年3月,浙江省人民委员会核定公布本省第一批和第二批重点文物保护单位共100处。宁波天一阁、杭州灵隐寺、杭州凤凰寺、武义延福寺、绍兴禹陵、杭州孔庙南宋石经等成为浙江省第

---

[1] 《中央人民政府政务院关于保护古文物建筑的指示》,1950年7月6日。国家文物事业管理局编《新中国文物法规选编》,文物出版社1987年版,第10页。

[2] 《国务院关于公布第一批全国重点文物保护单位名单的通知》,1961年3月4日。国家文物事业管理局编《新中国文物法规选编》,文物出版社1987年版,第49—61页。

一批省级重点文物保护单位；绍兴兰亭等成为浙江省第二批省级重点文物保护单位。浙江省的文物史迹修缮保护工作取得阶段性成果。

第一节　宁波天一阁

天一阁位于宁波月湖西岸，修建于1561年至1566年明嘉靖年间，创建人为曾任明朝兵部侍郎的范钦。新中国成立初期，在历经乱世沧桑之后，天一阁"荒草萋萋"，"人迹罕至"。藏书楼前，有名的"九狮一象"假山已经倒塌，"天一池"中污水散发出臭气。翻开1937年所编书目，令人触目惊心。所藏书不是残缺，就是虫蛀、水渍、腐败。所剩藏书两千一百五十四部，残缺的占一千零五十五部，虫蛀、水渍、腐败的有二百四十七部。①

1953年6月23日，宁波市人民政府文教局就宁波市古物陈列所（天一阁）需进行修建扩充并增添工作人员事请示浙江省文化局，称："天一阁为祖国文化古迹，藏书名闻欧亚。目前房屋不敷使用，古物堆栈，不能陈列。又无防火设备。员工三人其中马涯民先生已七十余岁，只能鉴阅图书与文物，因年迈不能每日都从家到所工作。工友范盈生只能做些什物，故实际工作者仅范鹿其一人，内外照应不暇。"要求："一、增添职员一名，以便工作之开展。二、拨够修建费，估计约陆仟陆百万元。包括扩充房屋，征用西首民房一所；天一阁、尊经阁、千晋斋屋架、桁梁、椽子、楼地板、门窗、玻璃、铰链修建，及前厅假山、池塘之整理。增设橱厢书架（藏书、布置书画展览用），办公桌椅，安装电灯、电话以及修建厕所等。"②

7月10日，浙江省文管会派委员沙孟海前往天一阁调研并写出调研报告。报告称："一、天一阁系范氏藏书楼，现在虽有宁波市古物陈列所职工三人兼负管理之责，但本身没有经费，所依靠的古物陈列所经费，据了解，每月可支用的只有四万余元，当然不能做什么事。二、天一阁完全是旧式木建筑，最怕火灾。西邻的民房楼屋三上三下，四边皆有小屋。与天一阁只隔一条小巷，巷的宽度只有一公尺左右。此民房内住六七家，都

---

① 群明：《重访"天一阁"》，《人民日报》1961年7月16日第6版。
② 《浙江省宁波市人民政府文教局"为报告本市古物陈列所（天一阁）需进行修建扩充情况并增添工作人员由"》，1953年6月23日，浙江省档案馆，档号：J169—005—018。

是高年老妇人，有九十六岁的，最小也有六十岁，炉灶很多，实在危险。三、阁东面围墙内有披屋也靠近阁屋，工友范盈生将此披屋做厨房。他的卧铺就在阁的正屋楼下东首第一间，也很不妥当。四、阁的楼上前面走廊因集体参观人多，楼板稍向下坍，急需修理，添架阁梁。五、古物陈列所本来是利用天一阁空地，将旧府学尊经阁移建于此，作为古物保管陈列处所。'明州碑林'也在此地。解放初，鄞县通志馆、鄞县文献委员会及鄞县县立图书馆等机关裁撤后，所有书籍都移存该所。后来政府没收反革命分子文物及人民捐献的文物也都存放该所。屋小物多，有一部分只好存放天一阁中。现在接管阁以外的书籍已有三万几千册，字画四百三十八件。这类文物还在源源而来。六、宁波少游玩之地，人民大众多将天一阁当作'庄子'看待，男女老少游人不绝，部队学生集体参观者也很多。七、今年六月由宁波市文物保护讨论会常委马涯民、杨菊庭、冯孟颛三先生拟具古物陈列所（天一阁）经、临费预算报告，市文教局转报上级经常费因项目有空缺，无合计。经、临费合计六千六百五十万元。"最后提出两点"个人意见：一、马同志等所拟预算，我认为很刊实。西邻民房的收购，最为迫切。其他修理与增加设备，也属必要。但阁的本身不必装电灯（北京故宫博物院不装电灯以防火灾），原列电灯费可酌量减列。收购文物一项，想系指一般的文物，似应指定专收回天一阁散出的书籍。这是郑振铎局长五一年到杭州时的指示。二、今年四月我在北京，郑局长曾对我说：'天一阁与敦煌石室是全国性的两个文物宝藏'。足见中央对天一阁的重视。作为一个全国性的历史文化古迹来看，此次马同志所计划到的还只是应急的办法。如何加强保护与管理，希望政府有一个彻底整理的办法。"①

浙江省文管会沙孟海委员的调研报告引起省政府的高度重视。1953年8月6日，省文化局、省财政局就天一阁编制及经费问题联合下文给宁波市人民委员会文教局、财政局。文件称："关于你市古物陈列所（天一阁）所需修建扩充等情况业经研究决定如下：一、该所编制人数，核定为三人，包括勤什人员在内。现马涯民在文史馆支薪，同意另增添职员一名。二、该所本年度经常费预算指标，已核给贰仟伍佰万元，所有经常开

---

① 沙孟海：《天一阁目前情况》，1953年7月10日，浙江省档案馆，档号：J169—005—018。

支费用均应在此数范围内开支。三、根据你市所送天一阁修建设备等预算审查,其中天一阁本身不必装置电灯以防火灾外,其他均同意。兹核定该项临时费为陆仟伍佰万元,由你市掌握执行。"又"其中收购文物费应专用于收回天一阁散出的书籍"。①

新中国成立初期,浙江省对宁波天一阁的保护主要有以下措施:

1. 楼阁园林的保护与建设

1951年,宁波市文教局拨款400万元(旧币),维修天一阁藏书楼。1953年,宁波市人民委员会拨款4000元征购藏书楼西首二层民房一幢,三间一弄,以消除火患。继又拨款1000元修理藏书楼。1959年,宁波市人民委员会又拨专款征购天一阁东首民房5间,荒地(坟地)6500余平方米,先后从祖关山等处迁移来的明代嘉靖年间百鹤亭一座(原为墓前祭亭)、太湖石狮子一对、明代石虎一对、八狮亭一座、石马两只、铁牛一只,并由市园林部门种植盘槐和大批香樟,还从翰香小学迁来桂花,并在八狮亭边移植百年紫藤一棵,每到夏季,绿树成荫,成为一处江南园林休闲之地。同时又在西边新建了擂鼓石天一阁大门和会客室,还在大门四周种植法国梧桐做绿篱,两旁植松竹,里面庭院种花草,使天一阁的环境更加幽静。为了增加游客的历史知识,又将征购的东面五间平房辟为"千晋斋",专门陈列马廉在宁波拆除城墙时收集的捐赠给天一阁古砖。这次总投资9000余元。② 著名建筑学家陈从周教授为此著有《天一阁东园记》。③

2. 散书的征集与修复

关于天一阁的藏书,相传原有七万余卷。1951年,郑振铎对天一阁藏书作了一个数字统计,"天一阁现存的书实为一千八百五十二部","最重要的是明版方志三百多部,明版《登科录》、《乡试录》等三百多部。其他,还有一百多部的外间不见流传的书。这七百多部,确是'人间孤本',必须加以保存的。"④

新中国成立初期,天一阁散书的征集主要有两种途径:其一,天一阁

---

① 浙江省文化局、省财政局:《对于宁波古物陈列所(天一阁)编制及经费核示》,1953年8月6日,浙江省档案馆,档号:J169—005—018。
② 许孟光主编:《宁波文物古迹保护实录》,宁波出版社2000年版,第312页。
③ 骆兆平编纂:《天一阁藏书史志》,上海古籍出版社2005年版,第30页。
④ 郑振铎:《关于天一阁藏书的数字统计》,《文物参考资料》1951年第2卷第7期。

工作人员的精心搜集。20世纪50年代初，天一阁流散书籍在宁波市区的一些古旧书店和废纸店里尚有发现。最早购入的一批是在1954年，有《书传大全》、《礼记集说大全》、《三礼纂注》、《前汉书》、《晋书》、《宋书》、《宋史》、《历代史纂左编》、《文献通考》、《天元历理》、《五伦书》、《南华真经义海纂微》、《钱起诗集》、《尺牍清裁》等十余种。此后连续三年均有零星购入，比较重要的有《春秋列传》、《古今韵会举要》、《金小史》、《范钦奏议》、《涌幢小品》、《经济类编》等。60年代，又向当地藏书家及上海、北京等地古籍书店购入数十种。如1951年5月16日向冯氏伏跗室购得天一阁抄本道藏十二种。1951年至1964年，多次从孙氏蜗寄庐购得《乙巳占》、《类编古赋》、《薛文清公行实》、《唐文粹》、《潞水客谈》、《西汉诏令》、《皇明资治通纪》、《诚意伯集》等数种。又向北京中国书店购得《汉魏诗纪》、《天心复要》等数种。[①] 其二，公私藏家的慷慨捐赠。1954年10月16日，省文管会发函，拟将宁波天一阁旧藏明刊世德堂本列子一部（二册）移交天一阁保存。[②] 建国初年，浙东藏书家中保存有天一阁旧藏的有冯氏伏跗室、朱氏别宥斋、孙氏蜗寄庐三家。冯孟颛先生早年曾对天一阁藏书作过整理编目，对天一阁藏书特征十分熟悉，凡遇天一阁流出之本，加意购求。1961年5月，转让十多种道家书归阁。1962年，冯孟颛先生病逝。其家属根据他生前遗愿，将全部藏书，计古籍图书3844种，31274册，98336卷，全部捐献国家。1962年11月3日，孙定观先生将蜗寄庐收藏的善本藏书计13种113册，其中原天一阁藏书6种39册和字画一件，捐赠给国家。[③]

为发挥天一阁藏书的作用，必须把破损、虫蛀、残缺及霉变的古籍修补好。从1958年9月起，天一阁雇请从业二十余年的老书匠严春航来补修残损古籍。自1958年9月17日至1961年6月10日，严春航共补修残损古籍五十九部，一百九十二册。又，自1961年8月至1966年，上海古籍书店影印出版《天一阁藏明代地方志选刊》初编一百零七种，其中凡破损者均加以修补。此外，自1964年6月15日至1965年5月6日，上

[①] 骆兆平：《天一阁丛谈》，中华书局1993年版，第83页。
[②] 浙江省文管会：《为拟将有关鲁迅及天一阁书籍分别移交绍兴鲁迅纪念馆及宁波古物保存所请核事由》，1954年10月16日，浙江省档案馆，档号：J159—004—015。
[③] 许孟光主编：《宁波文物古迹保护实录》，宁波出版社2000年版，第316页。

海古籍书店接受宁波市文管会委托代为修补天一阁藏书十四部三十七册。①

1961年，宁波天一阁被浙江省人民政府核定公布为浙江省第一批重点文物保护单位。1962年，郭沫若视察天一阁，写七律一首："明州天一富藏书，福地琅嬛信不虚。历劫仅存五分一，至今犹有万卷余。林泉雅洁多奇石，楼阁清癯类硕儒。地六成之逢解放，人民珍惜胜明珠。"② 对天一阁的保护成果予以充分肯定。

第二节 杭州灵隐寺

灵隐寺又名云林禅寺，位于杭州市西北的武林山麓、飞来峰对面，创建于东晋咸和三年（公元328年），距今已有1600多年的历史。

灵隐寺为杭州最古老的建筑群之一。由于天灾人祸，1951年，灵隐寺大雄宝殿梁塌。1952年5月3日，杭州市民政局向浙江省民政局提出申请报告，要求修复灵隐寺大雄宝殿。报告称：本局已于4月10日召开筹备座谈会，"吸收僧侣居士及有关方面参加，并会同建设局、市建筑公司实地勘察绘图，以维持原状、恢复旧观为原则进行设计。"4月18日，省民政厅刘建中厅长主持成立灵隐寺大雄宝殿修复委员会，"推定杜伟为主任委员，余森文、张星文、赵朴初、陈铭枢、巨赞、汤文炳六人为副主任委员，下设劝募、总务、工务三组，由有关部门分任组长，集中灵隐寺大雄宝殿两侧进行办公，经费方面据初步估计需款1500000000元，并准备争取五三年元旦前举行落成典礼，经费主要来源以劝募为主，政府补助为辅。对募捐问题，佛教徒及居士等表现尚有信心，募捐以杭州、上海、北京、广州、香港为主要地区。""但目前为急需开工，政府需拨支6亿元以作开工之用。"

附《灵隐寺大雄宝殿修复委员会名单》一份。计有：杜伟任主任，余森文（市建设局局长）、张星文（市民政局副局长）、汤文炳（市工商联主委）、巨赞（北京市协商委员）、赵朴初（上海市救济分会秘书长）、陈铭枢（北京现代佛学社社长）任副主任。委员有：牛玉印（省民政厅

---

① 骆兆平编纂：《天一阁藏书史志》，上海古籍出版社2005年版，第131、134、135页。
② 同上书，第392页。

社会科科长）、杨雪岩（市民政局社会科科长兼总务组长）、月涛和维明（佛教学会主任和副主任）、弘妙（前灵隐寺方丈）、沙孟海和邵裴子（浙江省文管会）、达园（上海法藏寺方丈）、妙真（苏州灵岩寺方丈）、虚云（广东方门寺方丈）、持松（上海静安寺方丈）等人。①

1952年4月15日，"灵隐寺修理大雄宝殿工程概算表"正式提交省民政厅。"计脚手架、拆卸及修复二层屋面、钢筋水泥梁柱屋架、拆八根大柱、粉刷、油漆、新做三层屋面、三层天花板、十寸山墙、南海观音墙、屋脊景云、三层檐口窗，共计工料费用2116260000元。"②

1952年，正值国民经济三年恢复时期，百废待兴，国家资金十分困难。有鉴于此，1952年5月23日，杭州市市长吴宪向浙江省政府主席谭震林呈送报告称：据杭州市灵隐寺大雄宝殿修复委员会1952年5月19日报告，经修复委员会第一次常务委员会决议，"通过修复灵隐寺大雄宝殿劝募计划及劝募组织系统表草案各一份。"特报请核示祗遵。并附《劝募计划草案》及《劝募组织系统表草案》各一份。其中《劝募计划草案》分宣传、组织、劝募办法和纪念办法四部分。"宣传方式分作以下几种：1. 文字宣传；2. 口头宣传；3. 在杭州或上海等处广播电台作广播宣传，并在电影院放映幻灯广告片等；4. 绘制修复灵隐寺大殿的彩色图片陈列，或张贴通衢。"组织方面"拟在上海、北京、汉口、杭州各地设立劝募处，聘请工商界及社会热心人士或对佛教有信仰的人士，充作劝募处主任，其下设干事若干人"，详见劝募组织系统表。劝募方法"以人民币一万元为一愿（如不足一万元者数人一愿亦可）。""有愿捐助建筑材料和工程上需要的水泥材料等者，可以照收（杭沪两地适用之）。""有愿捐助首饰者，可以照收，但变价时应请政府机关指派人员协同妥为办理。"纪念办法是"凡个人在捐款五十万元以上及热心劝募著有成绩的劝募人员，斟酌情形，致送纪念品。"③ 6月13日，浙江省政府批复："同意修复灵隐寺大雄宝殿劝募计划及劝募组织系统表草案"并上报中央人民政府内

---

① 杭州市民政局：《关于要求修复灵隐寺大雄宝殿报请鉴核由》，1952年5月3日，浙江省档案馆，档号：J103—004—159。

② 《灵隐寺修理大雄宝殿工程概算表》，1952年4月15日，浙江省档案馆，档号：J101—003—936。

③ 杭州市人民政府：《呈送修复灵隐寺大雄宝殿劝募计划及劝募组织系统表草案，请鉴核由》，1952年5月23日，浙江省档案馆，档号：J101—003—936。

务部及华东文教委员会。① 9月3日，中央人民政府内务部批复：关于修复杭州灵隐寺"成立劝募机构问题，华东文教委员会意见，同意该寺之修复，但所需全部用费，由国家负担，宗教界不必成立任何劝募机构。"② 灵隐寺大雄宝殿修复的经费问题就此得到解决。

1955年2月2日，杭州市人民政府就灵隐寺大雄宝殿的照明设备计划预算一事报告浙江省人委，称："据灵隐寺大雄宝殿修复委员会报告，灵隐寺大殿修复工程，至本年三月底可全部竣工，"唯"大殿内部照明设备（佛像电灯宫灯）必须在大殿未竣工前，脚手架未拆除时赶紧装置，经设计估价其预算为3927.6106万元，同时为了争取时间按时拨款动工，该项费用拟在过去筹募经费中先行支付，兹转呈照明设备概算书及宫灯图样各一份，请速一并核示。"③ 2月18日，浙江省人委批复杭州市人民政府："大殿内部照明设备，原则上同意在过去所募经费中动支，但关于设备的规模、图样、概算等，由你府切实审核、批准、办理。"④ 5月1日，灵隐寺大雄宝殿修复工程正式完工并对社会各界人士开放。

灵隐寺大雄宝殿的修复工程完成后，1955年6月22日，杭州市人民政府上书浙江省人民委员会，提出重新塑雕灵隐寺大殿佛像。报告称："本府于1953年上报省府的计划及预算草案，根据杭州市灵隐寺大雄宝殿修复委员会与杭州市都市建设委员会文物小组共同座谈的结论，建议塑雕三尊佛，质料采用樟木。后经省宗教事务处召集有关代表研究协商，改为塑雕一尊。但究竟是一尊或三尊，未获最后核定。""在最近大殿修复的二次座谈会上，灵隐寺住持大悲和尚，再三要求在经费可能的条件下，塑雕三尊。他的意见是一般佛教徒的意见"，也是"灵隐寺传统的宗法。""大悲和尚的意见，也曾在省政协常委会上提出过，要求经济、艺术、佛法三者兼顾，另据杭州市灵隐

---

① 浙江省人民政府：《同意修复灵隐寺大雄宝殿劝募计划及劝募组织系统表草案由》，1952年6月13日，浙江省档案馆，档号：J101-003-936。

② 中央人民政府内务部：《关于修复杭州市灵隐寺之用费可由国家负担不必成立任何劝募机构》，1952年9月3日，浙江省档案馆，档号：J103-004—159。

③ 杭州市人民政府报告浙江省人民委员会：《为呈报灵隐大雄宝殿照明设备计划预算请核批由》，1955年2月2日，浙江省档案馆，档号：J101—006—060。

④ 浙江省人民委员会批复杭州市人民政府：《关于灵隐大殿内部照明设备所需经费同意在过去所募经费中动支》，1955年2月18日，浙江省档案馆，档号：J101—006—060。

寺大雄宝殿修复委员会意见，认为在国家集中全力建设重工业的时期，从节约观点出发，塑雕一尊较符合实际，大悲和尚也表示接受这一意见。因此，佛像塑雕一尊，意见已趋一致，只待上级核定。"关于塑雕佛像的经费问题，报告称："如果决定塑雕一尊，采用樟木，连同修理海岛罗汉、佛座等经费在内，初步估计约为五万元。其中六千元修理海岛，三千元修理佛座，四千元作为艺术设计稿费，一千元作为行政管理费用，佛像材料工资等为三万六千元。""关于修理海岛、佛座的经费，请尽先核拨，以便即行动工修造。"关于组织领导问题，报告称："灵隐寺为国内外著名的佛教古刹，大殿内供奉的佛像，必须具有高度的艺术水平和浓厚的佛教色彩，为此必须延揽各方面有关人士，广泛提供意见，期求尽可能的完美。杭州市灵隐寺大雄宝殿修复委员会在杭委员只二人，很难负担这一艰巨任务和责任。""据中央美术学院华东分院莫朴院长意见，该院可以推派三位教授参加佛像塑雕的艺术设计工作"，但三位教授"应参加修复委员会，对修复委员会负责，才能具体进行工作。为适应实际工作需要，应将修复委员会重新进行调整，以发挥其应有的作用。""又据修复委员会主任委员杜伟先生表示：现在的任务与当初的任务已有不同，为使修复委员会能够决定解决问题，不致形同虚设，请求省指派负责同志一人担任修复委员会主任委员。调整后的修复委员会，下设三组：（一）艺术设计组：负责佛像塑雕、海岛修理的艺术设计、艺术审定、艺术监工等工作。（二）工程财务组：负责佛像塑雕、海岛修理工程材料的采购、工人招雇、工场管理、预算编造、经费出纳等工作。（三）秘书组：负责文书、联系等事务。艺术设计组拟请中央美术学院华东分院担任；工程财务与秘书组，由杭州市建设局、民政局分别担任。塑雕工作估计一年以内完成。"

附《杭州市灵隐寺大雄宝殿修复委员会参考名单》一份。计有：牛玉印、杜伟（原有委员）；程曼叔、邓白、史岩（中央美术学院华东分院推派教授）；俞静波（化工家，蒸馏樟木设计人员）；宋云彬、邵裴子、张宗祥、吴山民（对旧有文物有研究，鉴定稿样时能提供意见）；大悲（灵隐寺住持），月涛、维明（杭州市佛教协会筹备会正副主任）；胡奎（杭州市民政局副局长）；吴少典（杭州市宗教事务处副处长）。以上名单经杭州市统战部同意，主任及其他委员拟请省指派。①

7月18日，浙江省人民委员会就灵隐寺塑雕佛像等问题批复杭州市人民委员会："（一）同意灵隐寺大殿塑雕木质释迦牟尼佛像一尊。（二）关于塑雕佛像的经费，同意你市所估的指标，但编造预算时，应根据节约的原则，尽量地减少一些。（三）调整灵隐寺修复委员会及其委员人选问题由你市自行决定。"②

8月22日，浙江省人民委员会就此前国务院指示："塑一尊释迦牟尼佛像可用泥质贴金"③ 一事向国务院报告说："经我们同有关部门研究结果，拟用木雕贴金较好。因为木雕佛像所有之樟木，佛教界早已准备好，可以就地取材，不必花钱；木刻也能表现我国固有的艺术风度，又能牢固经久，不像泥塑佛像容易伤损，可不必经常修补。木雕佛像的工资虽比泥塑的多一二千元，但除掉已有木材，则成本完全相同。同时泥塑佛像需三年时间才能干燥，而木刻佛像只需一年即能完工。目前灵隐寺大雄宝殿已经开放，而里面没有佛像，很不相称。故用木雕亦适合需要。据此，本会已批复杭州市人民委员会采用木刻佛像。特此报请备查。"④ 1956年，灵隐寺大雄宝殿的修复、塑雕工作全面完成。1961年，杭州市灵隐寺被浙江省人民政府核定公布为浙江省第一批重点文物保护单位。

第三节　杭州六和塔

六和塔位于杭州钱塘江西北月轮山上。北宋开宝三年（公元970年），吴越国王为镇住钱塘江潮水派僧人智元禅师建造六和塔，重建于南宋。六和塔取佛教"六和敬"之义，是我国古代建筑艺术的杰作之一。

六和塔"塔基占地一亩三分，塔身高六十四公尺，外形八角十三层，内分七级，有扶梯可以盘旋而上，塔顶高耸入云。登临远眺，钱塘如带，

---

① 杭州市人民政府：《为本市灵隐寺大殿佛像雕塑等问题请核事由》，1955年6月22日，浙江省档案馆，档号：J101—006—060。

② 浙江省人民委员会：《复关于灵隐寺塑雕佛像等问题》，1955年7月18日，浙江省档案馆，档号：J101—006—060。

③ 《国务院1955年3月1日电示》，浙江省档案馆，档号：J101—006—060。

④ 浙江省人民委员会：《关于灵隐寺佛像修复问题报请备查由》，1955年8月22日，浙江省档案馆，档号：J101—006—060。

东海如烟。工程雄伟，壮丽无比。"新中国成立初期，六和塔"塔身油漆剥蚀，屋檐什草丛生，扶梯楼板到处损坏，"已是"满目凄凉，危在旦夕。"在此情况下，为保护民族优秀文化遗产，"解放不久，人民政府即决定拨巨款重修六和塔""六和塔修建工程自一九五二年十月中旬开始动工，计划一年后竣工。"①

1952年12月19日，杭州市建设局报告杭州市财经委，称："查本局修理六和塔工程，业经杭州建筑公司承造顶层屋面，翻开以后，原有梁木大部均需更换，因之原估预算不够使用。经与杭州建筑公司讨论后，估计需增加叁亿元，另加管理费肆仟伍佰万元，共计叁亿肆仟伍佰万元。兹检同增加预算乙份，报请核准，该项经费保留至一九五三年使用，以便届时请拨。"附：六和塔修理工程增加预算单一份。计：木料80立方公尺，共8000万元；水料共2000万元；木工2000工，共4400万元；泥工2000工，共4400万元；农工2000工，共4400万元；小工2000工，共3400万元；杂项材料共7800万元；管理费共4500万元。以上共计34500万元。②

1953年12月23日，杭州市财经委报告浙江省财经委，称：接杭州市建设局12月19日报告，要求追加预算34500万元等情，"我委经研究，因该项工程事前估价确较困难，同时又属急需。为了保证修建任务的完成并不致中途停顿起见，拟同意追加所需经费叁亿肆仟伍佰万元，由地方附加预费拨支。该项经费亦拟准予补列拖年度工程计划，保留至一九五三年使用。以上各节，请即一并核示，并转知有关单位备查。"③

1953年7月6日，杭州市建设局再次报告杭州市财经委，称："本市六和塔修建工程由杭州建筑公司代办。因该塔内部损坏情况在未拆卸之前无法正确估算，当时仅就表面破损情形略作估计。一九五二年付该公司工料费仅四亿元，后经拆卸见破损比较严重，必须进行大修。今已详细编就

---

① 杭州市建筑工程局：《重修六和塔纪念碑》，1953年9月1日，杭州市档案局，档号：024—002—049。

② 杭州市建设局报告杭州市人民政府财政经济委员会：《为六和塔修理工程不敷请予追加预算由》，1952年12月19日，杭州市档案局，档号：024—002—049。

③ 杭州市人民政府财政经济委员会报告浙江省人民政府财政经济委员会：《为报请核示关于六和塔修建工程追加预算并将款保留一九五三年使用由》，1952年12月23日，杭州市档案局，档号：024—002—049。

预算，计需壹拾壹亿七千三百七十万元，除去年已付四亿元外，尚需七亿七千三百七十万元，拟继付给该公司第二期款五亿元，其余差数俟工程全部完成后再行清结。随附预算六份，报请核示拨款。"① 7月14日，杭州市财经委通知杭州市建设局：7月6日报告收悉，所请事由"经核同意，复希查照办理。"②

1953年六和塔的修建情况如下："砖塔顶层的古砖砖砌体和屋面木基层全部拆建为'九五青砖石灰黄沙砌体'与杉木木材。生铁葫芦下的古砖砖砌体底盘也拆建为素混凝土底盘；塔内七级原有古式彩画毛底改画；塔底层一倚柱因霉烂而改成砖柱。砖塔内外墙壁与木外廊全部油漆、粉刷。"③

总之，"在上级正确领导下与全体职工积极努力下，"重修六和塔工程"终于在保证质量的前提下，提前一月完成了任务。""已于一九五三年九月中旬全部胜利竣工。"④ 1957年在六和塔塔顶安装避雷针。⑤ 1961年，杭州六和塔被核定公布为国家第一批重点文物保护单位。

第四节　杭州凤凰寺

凤凰寺又名"真教寺"，位于杭州市中山中路，是中国沿海地区伊斯兰教四大古寺之一，在阿拉伯国家中享有盛誉。凤凰寺始建于唐代，至宋代被毁。1281年，元代阿老丁重修凤凰寺。1451年起，明代扩建重修并最终形成凤凰寺的建筑群规模。1646年，清朝政府下令再次重建，使之成为当时中国规模最大的清真寺之一。

1949年新中国成立后，凤凰寺历经岁月磨难，已"破旧不堪，有倒塌之危。"为保护民族文化遗产，及"贯彻民族政策和宗教政策"，人民

---

① 杭州市建设局报告杭州市人民政府财政经济委员会：《为造具六和塔修复工程详细预算书报请核示拨款由》，1953年7月6日，杭州市档案局，档号：024—002—049。

② 杭州市人民政府财政经济委员会通知杭州市建设局：《批复六和塔修建工程之预算书由》，1953年7月14日，杭州市档案局，档号：024—002—049。

③ 浙江省文物局制：《国宝档案·六和塔》，编号：331300002。

④ 杭州市府建筑工程局：《重修六和塔纪念碑》，1953年9月1日，杭州市档案局，档号：024—002—049。

⑤ 唐宇力主编：《六和塔》，杭州出版社2008年版，第23页。

政府"拨巨款重修重建凤凰寺"。①

1952年6月18日，杭州市民政局致函杭州市建设局，称："兹据杭州市凤凰寺修复委员会筹备会第一次会议提出关于修复该寺图样补充意见如下：一、大门上拟请加筑平台，上建圆亭子以便望月之用。大门门额上恢复旧凤凰寺大门之丹金字，以表示为'回教礼拜寺'。二、除外宾招待所（招待所之大门请政府考虑能合乎将来之要求）食堂、大礼堂外，尚需能容二百人之沐浴水房一大间以及回族学院之校舍（能容五十人之课室及教职员之住所）。三、嘉兴一回胞来信说：可保持凤凰寺原来建筑之样式。以上三项意见，请作为设计图样之参考。"② 同日，杭州市民政局致函杭州市文教局，称："本市中山中路回族凤凰寺业经决定拆卸重建，该处附设之穆兴小学处理问题，经凤凰寺修复委员会筹备会第一次会议决定，'寺屋颓败情况严重，对穆兴小学在暑假结束后拟予暂时停办，以保儿童安全，而利工事。对于教员学生处理问题，请文教局统一支配。今后由于寺屋改建，是否继续举办，另计议'等语。请你局提出意见。"③

1953年3月24日，浙江省委统战部致函杭州市委统战部，称："兹将华东统战部转来杭市凤凰寺整理委员会筹备会主任金锦章来函乙件转给你们，请即与有关部门认真调查处理，并将处理结果连同原件退还给我部以便上报华东统战部。"④ 4月6日，杭州市委统战部报告浙江省委统战部，称："关于杭市凤凰寺修建问题，我们已与建设局联系进行了实地考察。兹将情况与我们意见报去。""凤凰寺修建费预算是六亿二千万元，主要包括四部分：1. 拆去旧有大礼堂，重建钢骨水泥礼堂。2. 左侧教长办公室及原回族小学教室拆除，重新造二层楼房，以便做教长办公室、会客室等，楼上做舞厅，以招待国内外来宾。3. 拆去原有沐浴水房，重新造。4. 修建基隆顶（无梁建筑等物）。动工后除沐浴室及基隆顶外已全部

---

① 杭州市宗教事务处：《回族凤凰寺史料》，1960年8月4日，杭州市档案馆，档号：J113—001—189。

② 杭州市民政局致函杭州市建设局：《为凤凰寺修复委员会提出关于修建图样意见三点，请予参考由》，1952年6月18日，杭州市档案馆，档号：J109—003—211。

③ 杭州市民政局致函杭州市文教局：《为回族凤凰寺准备拆修，附设之穆兴小学拟自暑期停办，该校学生统一支配请提意见由》，1952年6月18日，杭州市档案馆，档号：J109—003—211。

④ 浙江省委统战部致函杭州市委统战部，1953年3月24日，杭州市档案馆，档号：J004—001—059。

拆除。自去年十一月动工后至年底用去二亿一千五百八十一万八千二百三十九元。其余四亿零四百一十八万一千七百六十一元已全部解交国库。今年曾补造五三年预算报华东未批准。自冻结后因有余料该项工程仍继续进行，工人工资由建设局经常费垫支，至上月十五日始停工。目前钢骨礼堂结构及宿舍底脚已完成。配料门窗等已大部分齐备。建设局曾一度考虑缩减经费，准备再用二亿元。拟不修基隆顶，大礼堂装饰减少，全部不油漆，二层楼办公室尽量用旧料，达到可以使用，以后再装饰。这笔款子已请示省财委，至今未批下。自停工后，回族中意见较多，担心该工程是否停顿。经有关方面通过该整委会会议进行解释后放心。目前回胞希望及早按计划进行。""我们认为该寺历史悠久，在国内回教寺庙中也著名。既已进行修建，如果半途停止，不仅浪费大量资财，于国内外的统战工作，影响巨大。故能以节约为原则继续修建为好。"①

4月16日，杭州市凤凰寺整理委员会筹备会致函杭州市民政局，"呈请继续拨款修建杭市回族凤凰寺"。② 4月17日，杭州市民政局致函杭州市建设局，称："经与市宗教事务处联系，该项工程全由你局负责，请即径报省府办公厅。"③

4月25日，杭州市建设局致函浙江省人民政府办公厅、杭州市民政局及杭州市凤凰寺整理委员会，称："查凤凰寺修建工程前因经费无着暂时停工。兹接奉上级续拨工程费贰亿元作为继续修建凤凰寺之需，业经编制预算呈送在案。按所拨之款仅能完成新建钢骨水泥大礼堂及二层楼房办公室宿舍部份工程。至其他原定修理之基隆顶礼堂及水房之屋工程因所拨经费限制，则无法继续完成。"④

4月27日，杭州市建设局报告杭州市财经委，称："查修建凤凰寺工程原核定预算数为六二〇，〇〇〇，〇〇〇元，于一九五二年十一月二十

---

① 杭州市委统战部报告浙江省委统战部，1953年4月6日，杭州市档案馆，档号：J004—001—059。
② 浙江省人民政府办公厅人民来信移交办单，1953年4月16日，杭州市档案馆，档号：J109—004—127。
③ 杭州市民政局致函杭州市建设局，1953年4月17日，杭州市档案馆，档号：J109—004—127。
④ 杭州市建设局致函浙江省人民政府办公厅等：《函复凤凰寺修建工程情况由》，1953年4月25日，杭州市档案馆，档号：J109—004—127。

七日至十二月底止，全部完成。拆除全部原有房屋工程及购备部分材料财务支出数计一八七，三〇四，〇〇〇元。嗣因经费问题，致原定修理计划缓办，仅兴筑钢筋混凝土大礼堂工程预算，修正为四六九，六八四，〇〇〇元，除去年支出数外，本年应列为二八二，三八〇，〇〇〇元。该工程在本年一月份继续动工兴筑，至三月底止已完成钢筋水泥部分75%，二层楼房办公室、宿舍底脚已挖好，门窗樘子已全部竣工，继续支付工料款八二，三八〇，〇〇〇元至全部完工止（已在财政局拨借基建款内垫付），尚需继续用款二〇〇，〇〇〇，〇〇〇元。兹编送该工程本年度支出预算二份，除已支付工料款八二，三八〇，〇〇〇元，请准予向财政局及交通银行办理转帐外，另预算二〇〇，〇〇〇，〇〇〇元，请转知财政局拨款。"①

5月6日，杭州市建设局再次报告杭州市财经委，称："查修建凤凰寺工程自三月十五日停工以来，为免使停工后材料遭受损失，即需继续开工。本年度该工程施工预算经于四月二十八日发文1925号报请核拨在案，嗣后接你委电话通知，本局须补送凤凰寺施工图式二份及五二年财务支出计算数五份，并补送该工程本年度预算三份，兹经全部编竣随文报请核转，并请迅予拨款。"② 5月14日，杭州市财经委函复杭州市建设局，称：二次报告均悉。"经核兹复如下：一、同意该项工程继续施工，核定金额为二七一，五二六，七七五元，其中七一，五二六，七七五元为五三年第一季度预支款项，由财政局转帐。二、设计图样中，厨房至餐室两门应用雨披，以免下雨时出入不便。另外，楼梯间占用面太大应考虑，尽量缩小以增加房屋的有效使用面积。"③

5月28日，杭州市建设局报告杭州市财经委，称："本局修建凤凰寺工程经你委于1953年市经建480/3通知，同意继续进行施工。计核定该项工程金额为二七一，五二六，七七五元正。现查本局当时造报该项工程预算时，漏列已经使用而未出账的钢筋材料一，二二八斤，计一〇，八九

---

① 杭州市建设局报告杭州市人民政府财政经济委员会：《为修建凤凰寺工程请予继续拨款由》，1953年4月27日，杭州市档案馆，档号：J024—002—049。
② 杭州市建设局报告杭州市人民政府财政经济委员会：《为补送凤凰寺修建工程施工详图及五二年财务支出表报请核转由》，1953年4月27日，杭州市档案馆，档号：J024—002—049。
③ 杭州市人民政府财政经济委员会通知杭州市建设局：《为同意建设局凤凰寺大礼堂及办公室继续进行施工由》，1953年5月14日，杭州市档案馆，档号：J024—002—049。

七，四三六元，该料系由杭州铁工厂调拨，迄未支付。为此特再申请追列该项工程总额，请更正为二八二，四二四，二一一元，并希转知市财政局补拨材料款一〇，八九七，四三六元。报请查核。"① 7月23日，杭州市财经委回复称：关于"漏列材料费计一〇，八九七，四三六元，本委同意追加。"②

6月12日，杭州市民政局报告杭州市政府称：回胞就修建凤凰寺提出四点意见，包括：要求修建沐浴间；要求配置讲台、凳子；要求安装自来水、电灯；要求对大门进行装饰。又，回胞考虑到国家经济情况，希望政府开出介绍信，以便他们去上海、南京进行募捐云云。③ 6月22日，杭州市人民政府回复称："经与建设局余局长及刘秘书长研究认为修理凤凰寺已支用近六亿款，一九五三年实再难予以加多，因此浴室目前只略加粉刷能用就行，至于修理明年度再考虑，希你局婉予解释。至于内部设置装修欲到其它少数民族地区募捐问题，请你局径直请示民政厅决定。"④ 8月4日，浙江省民政厅回复杭州市民政局，称：目前国家经济比较困难，"一下子什么都办到是不容易的。应根据自己的经济力量逐步解决。"并提出不同意通过募捐解决经费问题。请杭州市民政局帮助了解情况并汇报给省民政厅。⑤

7月28日，杭州市凤凰寺整理委员会筹备会致函杭州市人民政府，称：本年4月27日，杭州市建设局告知本会因经费限制，原定修理之三基隆顶礼堂及水房工程无法完成。"查所谓'原定修理之三基隆顶礼堂'即系最负盛名之唐代古迹，又系我回族聚礼之所；'水房之屋工程'更是清真寺绝对不可缺少者，如此项工程无法继续完成，似将失却修建凤凰寺

---

① 杭州市建设局报告杭州市人民政府财政经济委员会：《为报请凤凰寺工程漏列材料费补请审核追列并请转市财政局拨款由》，1953年5月28日，杭州市档案馆，档号：J024—002—049。

② 杭州市人民政府财政经济委员会通知杭州市建设局：《同意追加凤凰寺修建工程添列材料费计一〇，八九七，四三六元》，1953年7月23日，杭州市档案馆，档号：J024—002—049。

③ 杭州市民政局报告杭州市政府：《为修建凤凰寺回胞反映意见，报请核示》，1953年6月12日，杭州市档案馆，档号：J109—004—127。

④ 杭州市人民政府办公室：《关于修建凤凰寺等问题的指示》，1953年6月22日，杭州市档案馆，档号：J109—004—127。

⑤ 浙江省民政厅致函杭州市民政局：《为不同意你市回族凤凰寺募捐内部装修经费，并请派员前往了解，将具体情况报厅由》，1953年8月4日，杭州市档案馆，档号：J109—004—127。

之原意。如延迟至明年度继续修建则停工期间亦将造成物质上、精神上之损失。故我会根据我回民群众反映意见，除在三届二次人代会提出提案外，并又略作估计此项工程精打细算费用并不过巨。为特备文恳请派员前来了解情况，最好能在本期工程完成时，约在八月初旬，对唐代基隆顶大殿及水房工程等部分即能继续施工，以免再度中断。"①

8月7日，杭州市委统战部报告杭州市人民政府，称："修建凤凰寺是个重大政治工作"，建议对该寺水房"应由市府拨款予以整修，礼拜堂则可给予适当的修理粉刷。"② 8月10日，杭州市委统战部再次报告杭州市人民政府，提出建议称："1. 粉刷三基隆顶礼堂，修铺地板，清除屋顶树木，估计需三千五百万元。2. 建造三基隆顶礼堂至新修礼堂之走廊，以便回民雨天做礼拜，估计需一千万元。3. 原有水房系四椽平屋十间，拟拆除老虎窗，加高二尺左右，并修建浴池等，估计需二千五百万元。""又该寺目前修建工程将于本月上旬完工。如上述三项工程同意继续修建，最好接下去做，以免建筑工具及部分余料的往返运输。"③

9月25日，杭州市建设局报告杭州市财经委，称："查新建凤凰寺礼堂及办公室工程业已完工。兹为照顾回胞能在寺内恢复洗礼和礼拜起见，该寺原有破旧之水房十间及三基隆顶旧礼拜堂回胞也曾来信要求予以翻造刷新。现经估计翻造水房平屋工料费三五八九．四万元，修理三基隆顶大礼堂工料费六四〇五．二〇万元，添做走廊工料费一二二二．三〇万元，三项工料费及管理费共计一三二三五．九〇万元，该项经费拟由基建准备费项下拨付。附送工程预算书六份，水房设计图三份（基隆顶及走廊因系零星修理，无图）。报请核示拨款，以便兴工。"④

9月26日，杭州市财经委报告浙江省财经委，称：接杭州市建设局报告，修建凤凰寺水房、三基隆顶礼堂及走廊是回胞的"最大要求"，

---

① 杭州市凤凰寺整理委员会筹备会致函杭州市人民政府：《呈为请求继续拨款修建凤凰寺由》，1953年7月28日，杭州市档案馆，档号：J001—009—069。
② 杭州市委统战部报告杭州市人民政府：《为修理凤凰寺水房及礼拜堂由》，1953年8月7日，杭州市档案馆，档号：J004—001—059。
③ 杭州市委统战部报告杭州市人民政府：《为修理凤凰寺水房及礼拜堂由》，1953年8月10日，杭州市档案馆，档号：J001—009—069。
④ 杭州市建设局报告杭州市人民政府财政经济委员会：《呈送修建凤凰寺之水房及三基隆工程预算图表请核示拨款由》，1953年9月25日，杭州市档案馆，档号：J024—002—049。

"经我委研究，拟予同意上述修建工程。需款一三二，三五九，〇〇〇元。拟在本年度市政建设经费内调整开支。是否可以，谨检同水房设计及修建工程预算，报请核示。"①9月30日，浙江省财经委通知杭州市财经委，称："你委九月廿六日市经建（53）字第九六三/三号报告暨附件均收悉。关于凤凰寺修建水房与三基隆顶旧礼拜堂及添做走廊三项工料费及管理费共计一三二，三五九，〇〇〇元，请在你市本年度市政建设经费内调整支用。为了照顾回胞能在寺内恢复洗礼和礼拜起见，本委原则上同意修建，并准先行拨款，以便兴工。仍由你委根据目前厉行节约，紧缩开支的精神保证工程质量，在原预算内樽节使用，并于本年内争取完成。"②

10月5日，杭州市财经委通知杭州市建设局：告知浙江省财经委已原则同意凤凰寺修建水房与三基隆顶旧礼拜堂及添做走廊三项工程的进行，"希查照办理。"③

10月28日，杭州市建设局报告杭州市财经委，称："本年度修建凤凰寺大礼堂及办公室房屋建筑支出预算为二八二，四二四，二一一元。又铁件为一〇，八七九，四三六元。经你委于五月廿一日以市经建四八〇之三及七月廿三日市经建五八四之三先后核准有案。兹该工程已告完竣。经结算除原预算数全部支出外，尚借用本局仓存材料折价计四五，一七四，〇七一元。又向杭州建筑工程公司借用钢筋折价计三六，八二二，六二〇元，合计八一，九九六，六九一元。经已追列调整预算报请核示中。兹为结清该工程之账务，特此报请核准拨款。"④11月10日，杭州市财经委回复称："经核同意追加。复希查照办理。"⑤

---

① 杭州市人民政府财政经济委员会报告浙江省人民政府财政经济委员会：《拟同意修建凤凰寺之水房及三基隆顶礼堂检送工程设计预算报请核示》，1953年9月26日，杭州市档案馆，档号：J024—002—049。

② 浙江省人民政府财政经济委员会通知杭州市人民政府财政经济委员会：《为凤凰寺修建礼堂及三基隆顶礼拜堂及添做走廊三项工程本委原则上同意仍请节约使用由》，1953年9月30日，杭州市档案馆，档号：J024—002—049。

③ 杭州市人民政府财政经济委员会通知杭州市建设局：《修建凤凰寺水房、三基隆顶礼拜堂及添做走廊三项工程省财经委原则同意，希查照办理由》，1953年10月5日，杭州市档案馆，档号：J024—002—049。

④ 杭州市建设局报告杭州市人民政府财政经济委员会：《为追加凤凰寺工程借用本局仓存材料预算报请核准拨款由》，1953年10月28日，杭州市档案馆，档号：J024—002—049。

⑤ 杭州市人民政府财政经济委员会通知杭州市建设局：《同意追加凤凰寺工程预算八千余万元》，1953年11月10日，杭州市档案馆，档号：J024—002—049。

至此，经过上述各有关部门的一致努力，杭州凤凰寺的修建保护工程最终得以完成。这座古老的清真寺从此"焕然一新"。[①] 1961年，杭州凤凰寺被浙江省人民政府核定公布为浙江省第一批重点文物保护单位。

第五节　武义延福寺

延福寺位于浙江省武义县桃溪镇福平山，始建于后晋天福二年（公元937年），宋绍熙年间定名延福寺。延福寺大殿于元延祐四年（公元1317年）重建，为江南已发现的元代建筑中最为久远的珍品。

1954年8月31日，浙江省文化局下文浙江省文管会，称："一、顷奉中央人民政府文化部办公厅函：'本部收到东北作家协会谢挺宇同志来函称：你省宣平县延福寺历年失修有倒塌危险。查此寺大殿建于元代泰定三年（公元1326年），为江南现存重要古代建筑之一。为此希即转知当地政府先行妥予保护，并请你省文物管理委员会迅即前往勘察，将现存情况整理意见（附重要部分之照片）报送本部社会文化事业管理局研究'。二、关于延福寺整修问题，五三年十二月曾由华东文物工作队浙江组派员前往调查，并将情况及修理意见上报，征得华东同意后即着该县掌握节约精神，根据不坍不漏，不损坏原来风格之原则下编造小修计划及预算，并于今年四月份拨款（六百万元）修理，于五月底完工。目前该县已将修理情况总结报局，并称：为加强对该古建筑物之保护工作，已成立延福寺管理小组（由该镇陶镇长任组长），对住寺及附近农户进行了宣传教育。三、目前实际情况如何？过去未进行检查。为此，拟请你会即日派员前往该县勘察、检查修理情况（特别是保留原有风格的情况、修补情况的详细记录，并将重要部分拍照）及整修后当地保护宣传和延福寺管理小组工作情况告知我局，以做好古建筑之保护工作为要。"[②]

1954年9月间，浙江省文管会干部黄涌泉奉派赴宣平延福寺调查修建情况。"该寺在宣平县桃溪镇，交通甚为不便。十九日离杭，夜宿金

[①] 杭州市宗教事务处：《回族凤凰寺史料》，1960年8月4日，杭州市档案馆，档号：J113—001—189。

[②] 浙江省文化局：《请派员协助至宣平检查延福寺之修建及目前保护之情况由》，1954年8月31日，浙江省博物馆馆藏资料。

华，二十日去武义，当日抵桃溪。即由区政府俞同志，文化站沈同志陪伴至延福寺勘察。晚上晤宣平县副县长（前桃溪区指导员）了解修缮工程经过情况。廿一日晨和木工祝兴昌（经手修理该寺木工之一）前往该寺检查修理后现状，以及风格问题。下午向陶镇长了解施工过程及宣教情况，晚上在区府了解施工前各项准备工作。廿二日返武义，廿三日晚返抵杭州。"黄涌泉的报告共分五部分：一、修理前准备工作情况；二、修理现状；三、经费问题；四、宣教工作；五、竣工后结束工作。略述如下：

一、修理前准备工作情况。"本年四月间省文化局拨款六百万，交由县府掌握，以不坍不漏、不损坏原来风格为原则进行修理。四月十六日，县府民政科、文教科、文化馆三单位举行会议，决定由宣平文化馆馆长陈挺生同志负责具体掌握施工及实际指导。在与木工、泥水工签订合同前，先向工人们说明修建意义，使他们认识参加这项工作的光荣感，从而提高他们的工作积极性。同时，由县府潘股长（对修理房屋素有经验）先往勘察，估计所需木料及人工数目，拟定合同草稿，交付工人讨论，求得认识一致，经修正后正式签订。合同内容相当具体，分修理范围、步骤、日期以及施工人数等。执行合同第一步，由乙方（工人方面）另写'修理时不倒坍保证书'一份。根据区府反映，在施工过程中，双方均能遵照合同进行。像日期等，均能根据预计及时完成。特别是合同中规定，每晚共同研究工作进度。这一制度，自始至终，坚持不懈，使施工过程中及时地发现、解决了许多枝节问题。像木工们刚做斗拱时，技术上发生了困难，每人每日做不到一只斗，这样与预计竣工日期距离很远，因而思想上表现得很沉重。谢指导员及时地发现这种情况后，深入工地鼓励他们细心钻研，终于在集体反复讨论之下，创造了流水作业法，画图样、锯木材以及细部加工，进行了具体的分工，提高了工作效率，及时完成了任务。在修理步骤上，首先在内部木柱周围竖立抱柱，梁栿之下架以副材，防止原建筑在补配抽换斗拱时倒塌的危险。这一工作做好后，再进行全面仔细检查（包括木架、柱、斗拱、檩子等），划码记录尺度，画好图样，并记录出应补配的码块实料，然后再经过集体研究，先行掀瓦，掀瓦前先搭架蔽盖泥佛，以防下雨打湿，最后抽换斗拱。抽换工作做好后，再进行覆瓦。"

二、修理现状。"（一）内部梁柱部分：所有梁栿之下均用副材（杉木）。靠柱边竖立抱柱（杉木）并用柏木打撑（因原有支柱渐已腐蚀，前后左右梁枋等架柱上，柱已不能负重）。（二）斗拱部分：1. 上檐斗拱为'六铺作单抄双下昂'造，大殿正面五朵及西南、西北的转角斗拱，近乎全部补配。其次，西面有二朵部分补配，东北两面补配较少。2. 下檐斗拱，东西两面各换去柱头斗拱之櫨斗二只，南面则换去一只。华拱除北面外，各换去一只。3. 内部襻间铺作之大斗，几乎全部霉烂，有八只重新调换。以上总共补配斗拱花去捌拾工，计补配'襻间铺作'之大斗八只（大斗）。柱头斗拱之櫨斗五只（中大斗）。交互斗三十三只（中斗）。齐心斗、散斗一百三十三只（小斗）。上、下昂十三把（上、下飞刀）。泥道拱、瓜子拱、华拱、令拱等二十一只（隼）。[①] 4. 檩椽部分：脊檩以及上、下金檩，原有瓦碎处，部分霉烂，目前均加副材（用杉木十四根），上、下檐，椽子总共用杉木换去八十一根。其中西面抽换较少，计新配十二根，其他三面抽换数目相仿佛。5. 门窗部分：大殿正面门窗，原已残缺，此次修理时仿照殿后面千井条式门窗补配。大殿第一进二侧木壁，原已霉烂，此次全部新配。6. 其他部分：（1）殿内七尊菩萨顶上的藻井式木质屏藩，底下钉上横栅，以防倒下。（2）大殿前小池，年久淤塞，每逢下雨，泛及寺内，此次除将下水道之阔度、斜度加以整修外，并将池塘四周用圆石砌修。（3）延福寺山门系清代建筑，此次费去三工，稍加修理。""此次修理，由于殿内施以'副材'、'抱柱'，不触及原有建筑，故对原有风格保持完好，且所用木料甚多，修缮相当踏实。唯斗拱部分，走动较大。"

三、经费问题。"此次以不足六百万元经费，完成这项木料、人工相当浩繁之工程，其原因根据我调查所得，除了该地区原是木材出产地以外，主要是当地各级政府严格执行精简节约的结果。关于木材方面，一棵柏树，原在延福寺旁边，树身已倒，遮住阳光，妨碍农田的生产；一棵樟树，系桃溪镇政府财产，原在深谷。以上二树，除去花了少些运费及锯工外，由县府拨款购买，价格比一般便宜，就作为斗拱及撑木的主要材料。同时，联系当地农林工业局宣平收购站，商借细木塔架，并向该局购买些杉木，作为抱柱等木材，覆瓦时所新添之一万五千块，是向德云乡合作社购买的。因而，这次修理经费花在木料上仅占一小部分。而主要的是花在人工方面。"此外，"精简节约主要表现在计划的周密性，以及在修建过

---

① 按括号内系当地木工习惯名称，其他则为古建名称。

程中认真执行合同。在与木工、泥水工签订合同前，先由潘股长到实地勘查损坏情况，做到所需要的人工木料心中有数。施工期间，除了主要木料，其他均根据合同采办。乙方（木工、泥水工方面）需要添购材料时，须先五日通知甲方。对每日施工人数，亦有着周密的规定。特别是坚持每晚共同开会研究工程进度，以及明日所需用材料，做到材料不积压、不浪费。据区府俞同志说：'当工程完毕时，连小铁钉也刚用得差不多。'其他例如像木屑，合同中规定工友以烧熟饭为度，其余以每担四千元出售来补充修理经费。以上这一系列精打细算的结果，使六百万经费到竣工后尚有多余。当时经办同志，意欲将修竣后大殿拍照存念，但没有得到县府的同意而作罢。这一事实也说明了县府对经费的掌握，是相当注意节约的。根据以上来看，这次延福寺大殿的修理工程，是做到了'少花钱，办好事'的原则。"

四、宣教工作（略去）。

五、竣工后结束工作。"延福寺修理工程竣工后，由乙方（工人方面）写'保固结'保固五年。所换下来的旧料，如斗拱等，目前放在大殿∩形佛坛下面。大殿已加锁，由新成立的延福寺管理小组负责保管。"

六、几点体会（略去）。[①]

10月23日，浙江省文管会报告浙江省文化局，称："接化社（54）字第六七一八号函，嘱派员前往勘察宣平延福寺小修后实际情况。经于九月十九日派干部黄涌泉同志前往会同经办工人及有关人员实地检查，并将有关系的部分分别摄取照片。兹已将所得资料写成报告。关于原有风格方面，如补配斗拱制作形式，因限于当地条件、技术水平，不免稍有参差，但原物保存尚多，将来修复可资参考。此外无大的变动及破坏原有风格之处。兹将前项报告两份（内一份附照片十一张）送请查明并转报为荷。"[②]附《宣平延福寺调查报告》一份。

1961年，武义延福寺被浙江省人民政府核定公布为浙江省第一批重点文物保护单位。1962年，浙江省文管会在年度工作总结中称：今年

---

① 浙江省文管会黄涌泉：《宣平延福寺调查报告》，1954年10月21日，浙江省博物馆馆藏资料。

② 浙江省文管会报告浙江省文化局：《为函送宣平延福寺调查报告请转报由》，1954年10月23日，浙江省博物馆馆藏资料。

"对各文保单位进行了修复、加固工作。年内已完工的有武义延福寺。"[1]

1963年秋天，陈从周教授由浙江省文管会朱家济陪同，对修缮后的武义县延福寺元构大殿进行了考察[2]。"大殿面阔五间，通面阔为11.80米，进深相同，平面成正方形"。"大殿台基低矮，院落皆以大卵石墁地，是就地取材应用的，很是经济。水沟亦以卵石叠砌，这是乡间常用的办法。殿内四金柱间置佛坛，还沿用唐宋以来佛坛在小殿配置的方法，唯平面由方形已作凹形。坛中置本尊，左右为二弟子及四供养人。塑像虽经后世重修，尚未全失初态。在首梢间置'元泰定元年刘演重修延福院记'碑，其碑阴刻'延福常住田山'总目。笔法秀润，出段鹏翼之手。""大殿内有宋代铜钟一，据元泰定甲子刘演重修延福院记碑，知'栖钟有楼'，今楼亡而钟移置于此。观音堂前有小石刻狮一对，古朴生动，以形态刀法而论，似为元以前之物。"至此，武义延福寺的维修工作取得初步成果。

第六节 绍兴兰亭、禹陵

兰亭位于绍兴城西南的兰渚山麓。据传，春秋时越王勾践种兰于此，东汉时建有驿亭，因而得名。东晋时王羲之在此书有《兰亭序》，更使其名闻遐迩。禹陵位于绍兴城东南的会稽山麓，坐东朝西，两侧青山似龙顾形，左右环拱，尽得地象。1952年10月28日，绍兴有热心人士投诉《解放日报》，反映禹陵古迹荒废毁坏情况，建议地方政府采取保护措施。1954年11月下旬，浙江省首届人代会期间，绍兴代表钱叔亮、施伯侯提案称：绍兴禹陵、兰亭破烂不堪，损坏严重，亟待加强保护。浙江省文管会即行派员实地考察并提出三点意见：一、指定当地乡政府负责保护；二、派专人管理；三、如条件可能，作必要维修。[3] 12月11日，浙江省文管会以代办府稿形式回复钱叔亮、施伯侯代表，称："禹庙兰亭为本省

---

[1] 浙江省文管会、浙江博物馆：《一九六二年业务工作总结》，黄莺《浙江省博物馆系年》，北京图书馆出版社2007年版，第195页。

[2] 陈从周：《浙江武义县延福寺元构大殿》，《文物》1966年第4期。又，参见陈从周《杭绍行脚》一文，载陈从周《未尽园林情：陈从周散文随笔选》，中国友谊出版公司1999年版，第85页。

[3] 沈建中编著：《大禹陵志》，研究出版社2005年版，第52页。

著名古迹，自应加以重视。省文物管理委员会于十一月间派员前往绍兴了解两处情况。禹庙曾于一九三三年修建，兰亭一九一九年修建，均不过二三十年以前，但确已残破损坏。禹庙碑亭有明清告祭碑三十二通，因屋顶东北部塌漏，朽梁压碑石上，碑有略倾斜者，尚未倒破，群众在庙中放牛、晒谷、堆草，古柏亦多枯萎。兰亭右军祠正房及兰亭二字碑亭均倒塌，碑石断裂草中，墙壁上到处涂抹大字。两处确因无人过问，所以残破至此。"省文管会"业与绍兴县府联系，先由县府在两处张贴布告，严禁破坏。"①

1957年4月16日及7月2日，浙江省文化局两次就请求浙江省人民委员会拨专款修建绍兴兰亭、禹陵事提出申请报告及补充报告。称："今年2月，绍兴县人民委员会对全县文物名胜古迹的修建作了规划，并书面寄送我局。经与省文管会研究后，对此规划提出如下意见：根据重点保护文物的精神及当前国家的经济建设情况，规划中的规模可缩小，管理员办公室、餐厅可不建，其中重点应是兰亭、禹陵及禹王殿；其次是东湖、小云楼、快阁；石佛寺、柯岩、吼山可缓修。并在考虑绍兴县文物规划的同时，对全省文物保护问题也须作统盘研究。（一）对兰亭修建的意见：1. 兰亭进口处有屋三间，中为走道，南北二间为民家居住，管理人员的办公室及宿舍即可利用此屋。2. '兰亭'二大字碑及碑亭，系兰亭古迹的重要标志，现已拆成二块埋没在野草中，碑额、碑座均在，应予修理恢复，须列入'修复兰亭设计图'中。3. 流觞曲水池前之流觞亭，为兰亭建筑群中重要的组成部分，如兰亭他处修理后均焕然一新，则此亭也应加粉刷。4. 园中右上角所列之'方亭'当是墨华亭。据说亭下池水中沉有铁罗汉，在修建时应注意打捞。5. 碑亭中之'兰亭序'碑额，安放时应加小心，勿使损坏。6. 进口处的小桥也应加修理。以上修建费需26109.92元。（二）对修建禹陵、禹王殿的意见：1. 中轴线建筑可重点修建，两旁建筑除存有古碑的东西朝房、朝仪房等予以修建外，其余已倒塌的房屋可拆去。2. 禹王殿原为钢骨水泥结构，建筑坚固，可将大殿及其他房屋略加修理，用本色油漆涂抹（不宜彩化），以便原建筑更加牢固。除对漏处及大殿方砖应予修补外，并配齐门窗。3. 东西朝房及东西仪门屋顶均应

---

① 浙江省文管会代府稿并致钱叔亮、施伯侯同志：《关于加强名胜文物的保管工作问题》，1954年12月11日，浙江省博物馆馆藏资料。

修理，除内午门——碑房、大殿须配齐门窗外，其他房屋之门窗可暂缓配。4. 台阶两旁已坍毁的部分边屋，可考虑拆毁，不予重建。5. 窆石亭去年台灾时倒塌，应加恢复。此项修建费须 77574.00 元。""据初步估计，该二项共须款 103683.92 元。如同意修建则请拨给专款，由绍兴县人委再编造具体预算报请你委审查。"①

9月11日，浙江省人民委员会就拨款修建兰亭、禹陵事报告中华人民共和国文化部，称："前周恩来总理来杭时，曾口示我省应将绍兴兰亭、禹陵等古迹予以修建，并责成我省对该古迹损坏情况提出修建方案。现修建方案已研究就绪，惟经费一事按周总理示请你部调拨解决，现将修建方案随函附上，请审阅。"② 10月5日，中华人民共和国文化部文物管理局下文省人委，称："关于兰亭等古建筑我局同意修理，并补助经费五万元，作为恢复原有古建筑之用。其他如窆石亭等新建筑，可考虑缓修，或列入你省明年预算中分期进行。"③ 10月19日，省文化局在获悉文化部补助五万元一事后，报告省人委："关于兰亭、禹陵二处古建筑的修建问题，按原来之估算，共需款 103683.92 元，按文化部文物局所拨给之五万元补助经费，若用于修理兰亭，则有余；如修建禹陵款又不足。为此，我局意见请人委在地方经费中再拨给 53683.92 元，以使兰亭、禹陵二处的修缮工作能全部进行。"④ 11月2日，绍兴县人委就兰亭、禹陵修建资金的预算问题报告省文化局。称业已成立了禹陵、兰亭修建筹备委员会，并会同市修建工程处造好了修复预算，"如全部修复禹陵需柒万柒仟捌佰柒拾贰圆零贰分，兰亭需肆万贰仟零陆拾壹圆壹角陆分，根据节约原则重点修理的精神，禹陵需陆万壹仟壹佰伍拾肆元柒角，兰亭需壹万捌仟肆佰柒拾肆圆零壹分，共需柒万玖仟陆佰贰拾捌圆柒角壹分。"并附禹陵、兰亭

---

① 《浙江省文化局请拨专款修建绍兴县兰亭、禹陵等古迹的公函》，1957年4月16日，浙江省档案馆，档号：J101—008—195；浙江省文化局：《关于修建绍兴县兰亭、禹陵古迹的补充报告》，1957年7月2日，浙江省档案馆，档号：J169—009—044。

② 《浙江省人民委员会关于请解决本省修建绍兴县兰亭、禹陵等古迹的经费的函》，1957年9月11日，浙江省档案馆，档号：J101—008—195。

③ 《中华人民共和国文化部文物管理局就修建兰亭等古建筑批复浙江省人民委员会》，1957年10月5日，浙江省档案馆，档号：J169—009—044。

④ 《浙江省文化局请求拨给专款修建绍兴县兰亭等处古建筑的报告》，1957年10月19日，浙江省档案馆，档号：J101—008—195。

修复工程估价表。① 12月3日，省财政厅、文化局就核批兰亭、禹陵二处修建经费问题联合下文给绍兴县人委："关于兰亭、禹陵二处的修建经费问题，经研究后同意按你县预算核定76000元，除由中央文化部文物局所拨之50000元已下拨你县外，差26000元。1958年由省另行解决。为此，请即着手进行禹陵的修建工程（东西辕门可不修），购买好修理兰亭的部分材料。并随时检查工程质量，以免返工造成浪费。"②

1958年3月10日，浙江省文管会就兰亭、禹陵修建工程提出建议并报告省文化局。6月11日，省文化局以书面形式将省文管会的建议下达绍兴县人委。称："兹将省文管会对禹陵、兰亭修建工程技术设计的意见抄致你县，供作参考。（一）禹陵东西辕门，前年被台风吹倒，如不重建，仅设栅门，似不美观，最好能予重建。（二）兰亭右军祠后进已倒塌，其破烂情况在流觞亭一带即可见。如此处能加恢复，则与流觞亭、文昌阁等处都可作为休息的地方，计划中的休息室就可不建。"此外，在建筑形式上，经与同济大学陈从周教授联系，提出以下几点。"（一）禹陵辕门，如此小门不必用吻，只用清水脊（就是脊的两头微微上翘）就行了。当然要用绍兴的式样，可请老匠师模仿一个。脊上墙头的亮花筒可以不用，或用砖平砌，或者省去，不过略低一些，可以省费用。垂莲柱可以大门内梁架下的作参考。（二）鹅石亭在比例上柱太细，顶太低，而无曲线，在外形上不够美观。禹庙有木构旧亭子，'苏州园林'一书中亭子也很多，都可以做参考。可能的话，改一改，如用费过多就不必了。角梁出头现在的样子不好，也应参考当地亭子改一下。（三）兰亭原碑已断，重树时两旁可用石柱夹住，石柱略低于碑，上面不加碑帽，碑座只用长方石，圆棱圆角，不用缩腰，柱子与座都不加花纹。（四）鹅池亭，'鹅池'两字原来仆倒，可用原座，不必改做。"③ 1959年，绍兴兰亭、禹陵修复完毕。1961年，绍兴禹陵被浙江省人民政府核定公布为浙江省第一批重点文物保护单位。1963年，绍兴兰亭被浙江省人民政府核定公布为浙江

---

① 绍兴县人民委员会：《关于报送修复禹陵、兰亭预算的函》，1957年11月2日，浙江省档案馆，档号：J169—009—044。

② 浙江省财政厅、文化局：《关于核批兰亭、禹陵二处修建经费的复函》，1957年12月3日，浙江省档案馆，档号：J169—009—044。

③ 《浙江省文化局转告省文管会对修理禹陵兰亭的意见》，1958年6月11日，浙江省档案馆，档号：J169—009—044。

省第二批重点文物保护单位。

第七节　宁波保国寺

宁波保国寺历史悠久，创于东汉，建于唐代，兴于北宋。其寺内大殿为北宋祥符六年（公元 1013 年）重建，是江南最古老、保存最完整的木结构建筑，在中国建筑史上具有很高的历史、艺术和科学价值。

1954 年 7 月，浙江省文管会派员并邀请同济大学陈从周教授对全省建筑纪念物进行初步勘察。其中对保国寺的勘察情况如下："寺在余姚洪塘镇鞍山乡，是 1954 年南京工学院浙江调查小组发现的。先后经过了刘敦桢、陈从周两位教授鉴定，确定为北宋祥符年间（公元 1008—1016 年）建筑，殿平面近正方形，面阔进深均三间，单檐歇山顶（今屋脊瓦饰全无），清初后加副阶一周，因而现状为面阔进深均五间，重檐歇山顶。在形制和结构方面，刘、陈两位教授认为可注意者：（1）柱为木制瓣形，每柱八瓣，与山东长清县灵严寺千佛殿石柱同为现存古建中仅有的例子。（2）斗拱用材巨大，七铺作，双抄双下昂，柱头铺作后尾跨二步架，这在国内所存古代建筑中还是第一次看到。（3）用平暗藻井，这种方形小天花，与五台佛光寺大殿、蓟县独乐寺观音阁以及苏州虎丘二山门所用相近。"浙江省文管会对此殿的发现极为重视，1955 年秋，派朱家济委员并邀请陈从周教授前往勘察，在殿内沙弥座向北东腰处发现崇宁元年（公元 1102 年）"造石佛座题记"，最近又派员协助县府进行修理前必要的检查工作。目前大殿稍向后倾，约 30 度，木架及斗拱沿完整，且无白蚁蛀蚀，预计不久可以动工。[①]

1955 年 12 月 18 日至 1956 年 1 月 18 日，浙江省对保国寺进行了新中国成立后的第一次维修。1956 年 1 月 20 日，余姚县保国寺修建小组对此次维修做出总结如下：

保国寺位于"本县城关区马鞍乡北首留村以东的马鞍山山腰间，俗称燕子窠，山脉环抱，风景幽美，坐北朝南，有平屋、洋房九十余间之多。后面洋房系住持益斋法师亲手兴建。经省文物管理委员会数次派员检查，又请古代木结构专家陈从周教授鉴定，确系祥符年间，依照李营丘营

---

① 黄涌泉：《浙江省纪念性建筑调查概况》，《文物参考资料》1956 年第 4 期。

造法式建筑的,距今约九百年左右,是目前所知遗存在江南最早古代木构建筑物。正殿原只三间,下檐是清代添建的,所以现在面宽与进深都是五间。法殿用八瓣形木柱(内有一、二支槐林树,不但不栖息鸟儿,连蜘蛛也没有一个),柱上设坐斗,用真昂平暗藻井,简称一斗七拱,架托各横梁,概用木榫。全屋中只有在屋檐口用铜瓦钉而已,其原因乃是屋面坡度太陡所致。殿内大柱,大的直径约60公分,合市尺1尺8寸,中柱约45公分,横梁三间统支,直径均在45公分,合市尺1尺3寸5分。最大的横梁其高度1.5公尺,合市尺为4尺5寸。正殿椽子均系桐木,铜瓦内满灌黄泥灰浆,屋架本身及屋面连风雪压力无法计算,为祖国古代建筑特有的风格。"

然而"是殿年久失修。经此次检查发现部分屋面渗漏,椽子霉烂,殿南三间统支拱梁,一柱脱榫,向南倾斜,吃力点只搭住5公分而已,非常危险。东首横梁,均系霉头,内脱榫的一支劈裂近半间屋面,受不起上层负荷,亦有坍陷之虞,殿内直柱向北倾斜约25度,全屋2/3屋架倾压在殿后直柱,致东首后直柱八瓣形贴木劈裂,比较危险。""殿内东西北三面之真昂平暗藻井等艺术作品,经风雨飘刷,30%已呈霉烂及半烂形状。中央及文物管理委员会重视文物古迹,由县人民委员会提款2806.39元,在经宁波建筑公司派员重行检查与原计划无意见,遂于1955年12月18日开始动工,在不损坏原有风格的原则下,进行加固修建。在工程进行中,由木、泥工出具保证不坍凭证,原定木工为155工,泥工75工,漆工45工。"后因工程需要,"木工加100工,连前255工,泥工加49工,连前124工,漆工29工,连前74工,合计453工。以1.56计算,计人民币706.68元。材料用去1849.8元,运费109.41元,小工101.22元,其他41.92元,共计2809.03元。"

在整个施工过程中,工友们经常"召开工友座谈会,研究讨论,动脑筋,找窍门,提合理化意见,办料与取料均能得当,克服了在工作中的困难,于1956年1月18日全部竣工。"最后提出建议如下:"现修原则,暂使不致倒坍。如要永远遗存文物,最好在十年内整个拆修,以垂永久。"①

---

① 《余姚县城关区保国寺修建小组总结》,1956年1月20日,余姚市档案馆,档号:2—8—49—78。

第六章　浙江省对重点文物保护单位的修缮保护

1961年2月19日，中华人民共和国文化部下文浙江省文化局，称："拟将你省余姚保国寺列入全国重点文物保护名单。不知目前保护情况如何？可否列入？请即电复。"① 3月10日，浙江省文化局汇报称："我省余姚保国寺（现改属宁波市）于1955年底曾做必要的修缮。此次又派员调查，正殿重檐、束腰及平暗有部分脱落，殿门上部微有渗漏，已嘱宁波市文化处及时修缮外，其余尚无问题，可以列入全国文物保护单位名单。"② 同年，宁波保国寺被国家正式公布为全国第一批重点文物保护单位。

1962年3月7日，因尼姑烧食物失火，宁波保国寺西北偏屋一幢被焚，引起全国震动③。5月3日，宁波市文化处报告浙江省文化局，称："我市保国寺，自去年四月间中央国务院公布列为全国文物重点保护单位以来，并根据市委、市人委的指示，调整了人员加强了管理。但由于年代较久，寺内主要建筑物——大雄宝殿发现有多处漏水，积木也有部分腐朽，西南方的斗角、横额结构处心（芯）头已经脱出，而整个大雄宝殿已向北倾斜数度。虽我们已于去年九月间由市文物管理委员会与市房屋修建处会同技术人员前往检查，并提出补漏修理计划意见，需要人民币壹万元。直到目前仍未（有）动静。鉴于上述情况，作第二次紧急报告。如不再抢修，恐将有继续损坏和倒塌的危险。为此，有二个问题请省帮助解决。一、大雄宝殿的修理系中央一级文物保护单位，应事先由研究古建筑的专家前来勘察设计，拟出计划报请省文化局批准后再施工，其资金需要省里拨款解决。二、金刚殿、观音殿漏水更为严重。二侧僧房除原有二间已倒坍外，其余几间有的墙壁凹凸欲倒，有的柱子白蚁吃空，失去重心。从高临下，屋栋高低不平似弓形。尤其这次失火抢救，破坏的地方更加不堪。当前急需要办的食堂外迁新建，估价3156元，根据节约原则，将砖墙改为石头墙，就地取材，资金可以减少到2238元；照明用电，装分路闸刀，计划577元，将天一阁塑料线折到那里去用，也可降低费用一半；

---

① 文化部来函，1961年2月19日，浙江省档案馆，档号：J169—013—013。
② 浙江省文化局：《关于调查保国寺情况》，1961年3月10日，浙江省档案馆，档号：J169—013—013。
③ 1962年10月16日，中华人民共和国文化部致函国务院：《关于第一批全国重点文物保护单位保管和破坏情况及今后意见的报告》，其中提及浙江余姚保国寺偏殿被焚一事。国家文物事业管理局编《新中国文物法规选编》，文物出版社1987年版，第73页。

加上火烧场情况，补漏、修墙。上述非办不可的三个项目，总共需要资金三千二百元。我们动工不久，接市财政部门通知，未经省文化局批准拨款前不能施工，中途又停下来了。为此亦请省迅速给予先拨修理费三千二百元，以便继续进行施工。另外，避雷针的是否安装，当地有关技术人员也难下结论，亦请省派技术人员进行鉴定。"①

7月16日，宁波市文化处再次报告浙江省文化局，称："我市属全国重点文物保护单位保国寺建于公元1013年（北宋大中祥符六年）距今已有九百余年。由于建筑历史悠久，经风吹、日晒、雨淋自然腐蚀，使部分建筑发生霉变，影响负荷，整个大殿后倾有倒坍危险。经文化部指示：委托上海同济大学古建专家陈从周教授来甬与市建筑部门配合，根据勘察提供设计意见，拟出修理方案。除在技术上抄送陈从周教授审查将来做按图施工外，所需修理资金至少壹万伍千元（估价单计13769元另加木材和油漆经费），听候省拨款修理解决。特此报告，请批示。"另附图纸一套（5张），估价单一份。②

11月14日，宁波市文化处报告浙江省文化局，称："十一月卅一日接到省文化局、财政厅'关于保国寺大雄宝殿修理报告的批复'的联合通知后，向市人委、市委宣传部领导又作了汇报，并请市计委安排修理单位着手动工。十一月二日，市房屋修建处召开了技术人员、老年工人座谈会议，具体研究物资与劳动力的安排。技术力量又具体落实到人。而问题是木材（毛坯20m³），毛竹（1000支），水胶和运输工需要市计委、物资局解决。现关键在木材，市里木材极为紧张，经多方请示，确实解决不了。为此，只好请省里调木材20m³，不然工程仍无法上马。特此报告。"③

1963年3月16日，文化部下文浙江省文化局，称："你局3月14日电报收悉。关于余姚保国寺的下檐拆除问题除已电复外，我们对该殿的建筑情况又进行了研究并征求了古建筑专家刘敦桢先生的意见，兹特函复如

---

① 宁波市文化处：《关于保国寺大雄宝殿抢修问题的请示报告》，1962年5月3日，宁波市档案馆，档号：193—13—5。
② 宁波市文化处：《关于保国寺大雄宝殿修理需要资金的报告》，1962年7月16日，宁波市档案馆，档号：193—13—5。
③ 宁波市文化处报告浙江省文化局，1962年11月14日，宁波市档案馆，档号：193—13—5。

下:(一)保国寺大殿是全国重点文物保护单位中的重要建筑。根据古建筑修缮的原则,在没有经过充分的科学研究和掌握足够的复原证据时,不要轻易改变它的现状。因此,此次大殿的修缮工程仍然是以保持现状的维修为原则。陈从周先生提出的复原建议,以后可以加以研究。(二)关于维修大殿屋顶的木材问题,如果按保养维修的原则,不必大量的撤换,不足之数请你局设法加以解决。在木材一时解决不了时,还要采取临时的防雨措施,以保护内部梁架和佛像等文物。(三)关于维修的方案,我局即派专人并约请南京工学院的同志前来会同你局研究,并希你局约请浙江省建筑部门的结构方面的工程师一同前往现场共同研究。"①

6月19日,浙江省文化局下文宁波市文化处,称:"本局接中央文化部办公厅4月26日(63)文物字第211号文,现抄发给你们,请按照文化部办公厅指示进行,并希随时与本局联系。原文如下:'关于你省宁波市保国寺大殿的修缮工程问题,我部接到你局电报后,当即由文物局派员前往你省共同研究,并邀请南京工学院和杭州城建局的工程师、古建筑研究人员一起研究了修缮方案。根据目前国家经济情况和技术上存在的问题,保国寺大殿此次修理工程仍然是保养维修的工程,要求保固十年以上即可。因此梁柱可不作更换,斗拱只局部修补,椽子、□板除糟朽过甚者更换一部分外,其余可利用的尽可能予以利用。据我部所派会同前往共同研究修缮方案的罗哲文同志报告,此一方案回杭后已向省文管会及你局汇报并已得到同意。我部认为在目前国家经济情况和恢复原状的方案尚未正式作出,技术问题尚未解决前,保养维修的小修方案是比较恰当的,我部同意这一方案。即请你局抓紧督促保养维修工程行动进行,并在施工过程中注意保存建筑原貌和注意安全,防止火灾和其他破坏事故发生。至于陈从周教授提出的拆除下檐彻底复原的意见,可在以后进行复原修缮时再作考虑。'"② 至此,宁波保国寺的保养维修工作正式开展,在"调换了部分斗拱等木构件"③后,维修工作宣告结束。

---

① 文化部文物局函复浙江省文化局:《函复余姚保国寺大殿的修缮问题》,1963年3月16日,宁波市档案馆,档号:193—14—7。
② 浙江省文化局函宁波市文化处,1963年5月18日,宁波市档案馆,档号:193—14—7。
③ 保国寺古建筑博物馆编著:《保国寺新志》,文物出版社2013年版,第34页。

第八节　杭州孔庙南宋石经

　　杭州孔庙位于杭州西湖东南侧的吴山脚下。南宋石经又称"南宋太学石经"。南宋绍兴十三年（公元1143年）正月，以岳飞故宅为太学。淳熙四年（公元1177年），建光尧之阁，陈列高宗赵构和皇后吴氏手书的《周易》、《尚书》、《毛诗》、《中庸》、《春秋》、《论语》、《孟子》等刻石，作为太学课读范本。南宋石经，在我国汉唐以来的石经系统中占有重要地位。1953年浙江省文物管理委员会整理石经，共得86石，经过整理，存于杭州市劳动路孔庙内，计《周易》2石、《尚书》7石、《毛诗》10石、《中庸》1石、《春秋左传》48石、《论语》7石、《孟子》11石。另有明人吴讷《石经歌》1石。

　　1956年，浙江省文化局副局长许钦文在省第一届人大第五次会议上发言，提出对南宋石经"必须建立碑林，好好加以保护"。[①] 1957年1月6日，《浙江日报》刊登于龙的文章：《关于南宋石经》，文章称："我国历史上所有的石经，一共只有六部，其中唯唐开成石经据说还完好地保存在西安。其余东汉熹平、曹魏正始、五代西蜀孟昶、北宋嘉祐四部早已沦亡。现在杭州残存的四十四块，无疑地是稀有之物。如果稍稍懂得一些保存祖国文物的意义，眼看稀有文物被如此糟蹋，当然是要感到痛心的。希望有关部门尽快妥善地处理这些文物。"

　　1957年3月4日，杭州市人民委员会文化处致函杭州市人民委员会："杭州市劳动路孔庙内有许多珍贵的南宋石经。这些石经，已有八百年的历史，为我国现存最古老的石经之一，是研究我国古代政治、经济和社会传统的重要文物。由于长期以来对这些石经没有引起重视，缺乏保管，有的断裂，有的残缺，还有一些碑面已经脱落或碑文字迹模糊。省市人大代表会议均曾有提案，要求政府对这些石经采取有效措施，加以管理和保护。文化部郑振铎副部长来杭视察文物工作时，也曾建议以现在留存下来的南宋石经作基础，把其他有价值的石碑也集中起来，在孔庙原址建立一座碑林，使这些珍贵的碑碣能够长期保存下来。为了保护和保存这些珍贵文物，我们认为目前可先把留在孔庙内的碑石加以整理，在大成殿后修建

[①]《浙江日报》1956年12月26日第3版。

东西两碑廊,以免风雨的侵蚀,并加强保管工作,防止损坏。今后具备条件时,再以此为基础,集中其他有价值的碑石,扩建为碑林。""孔庙大成殿后面空地,现为杭州通用机器厂所借用,作为该厂仓库及露天工场,且有部分碑石被用作垫放钢材。""据浙江省人委1956年11月30日关于公布文物保护单位第一批目录的通知中规定:孔庙南宋石经系一级文物保护单位,必须坚决地予以保护,任何机构不得使用。为使碑廊修建工程得以顺利进行,请即通知通用机器厂将设立在孔庙内之仓库及工场于三月底以前全部迁出,并将作为垫物用的碑石及在场内发现的其他残缺碑石妥为收集、保存,负责点交我处,不得加以损坏。""兹报送石碑修建及整理计划一份,请予审核。并核拨给修建经费,以便动工修建。"

附件:《孔庙石碑整理并兴建碑廊计划》如下:

1. 建筑面积:初步确定是暂建500平方公尺,建成后能容纳石经88块,石经每块宽100公分,高160公分,其之间的间距为50公分,则石经需要长度为132公尺。加上再容纳一小部分较重要的杂碑,因此,兴建长80公尺,宽3公尺的长廊两条。

2. 建筑结构:以砖木结构为主,并适当地照顾到民族形式。

3. 使用面积及建筑规划:初步确定是在大成殿后原来东西两庑建立长条,每条长80公尺,宽3公尺之单披,背面筑砖墙一道。将石碑整理后,如有残缺的用标号高的水泥整补好,以横列排齐嵌入砖墙中,碑厚约20公分,嵌入10公分,在墙面突出10公分以示主体。地面用水泥地,原有西边嵌碑之泥墙拆除,场地略加整理。

4. 经费造价:碑廊及整补石碑在内估计约3万元以内。[①]

1957年3月26日,杭州市文化局致函浙江省文化局:"本市劳动路孔庙南宋石刻十三经,是我国珍贵的历史文物,由于长期缺乏重视和保管,已经遭受很大的损失。亟需采取有效的措施,使这些石经得以长期保存下来。由于本市今年无此项经费,无处开支,而孔庙石经的保护工作已经不容延缓。关于修建孔庙碑廊的经费(约旧币3万余元)须请省设法

---

① 杭州市人民委员会文化处:《关于孔庙内南宋石经保护工作的报告》,1957年3月4日,浙江省档案馆,档号:J169—009—042。

解决。特此报告，请迅速核拨经费，以便早日动工修建。"①

20世纪50年代，整个国民经济尚处于初期发展阶段。有鉴于此，1957年4月12日，浙江省文化局回复杭州市文化局："关于修建孔庙南宋石经十三经碑廊所需经费问题，我局意见：暂筑简单的碑廊，将石经集中保护。如市人委一时无法解决经费，则可先把散失在杂草乱石中的石碑，及被工厂机器压在地上的石碑进行抢救，可集中编号，划出地区，并在石碑上加盖遮掩物件，以免石经再遭破坏。"②

20世纪60年代初，国民经济度过劫难，逐渐恢复。1963年4月24日，浙江省文化局致函杭州市人民委员会："孔庙原为保存南宋石经及相关碑刻地点，省人民委员会已于1961年4月15日公布为第一批浙江省重点文物保护单位。""九年前，已故中央文化部郑振铎副部长曾数次来杭视察，再三强调石经的重要性。为了保护南宋石经，省文管会于1953年进行过调查和整理，此后又会同杭州市文化局采取了一些保护措施。目前，石经和有关碑刻共170块，由于年久风化，裂纹斑斑，许多已经断裂，有部分表面已经起壳，甚至壳层剥落，文字脱落。若要远途搬运，势必损毁极大。""为及时抢救这部分文物，省文管会已于去年年底会同杭州市文化局实地调查，再三商量保护办法。为了便于整理，椎拓工程目前已近结束，维修大殿和整理石经碑刻已经工程部门检查估价编出预算，准备今年动工。""南宋石经及有关碑刻原地保护为好，孔庙大殿前面的空地是为继续集中碑刻扩建碑林之用，系重点保护区；大殿前面的明代牌楼亦属保护范围之内，不能拆除。"③

1963年4月30日，浙江省文管会致函省文化局："本会接到杭州市文化局电话，略云：上城区文教局申请建造小学，由杭州市建设规划处寻找到孔庙地方作为校址，"有关领导称，石经可以搬到灵隐去，或将石经、碑刻全部集中到大殿去。"本会再三慎重研究认为：南宋石经只有原地保护，不宜搬迁他处；此次我们整理石经必须考虑到方便于今后的研究

---

① 杭州市文化局：《关于请拨修建孔庙碑廊经费的报告》，1957年3月26日，浙江省档案馆，档号：J169—009—042。
② 《浙江省文化局复修建孔庙碑廊经费问题的公函》，1957年4月12日，浙江省档案馆，档号：J169—009—042。
③ 《浙江省文化局致函杭州市人民委员会》，1963年4月24日，浙江省档案馆，档号：J101—004—370。

和参观，安置不能过于紧密。这样，孔庙大殿只能容纳石经，其他有关的历年碑刻只能安置在大殿前面的空地上；原大殿前面空地上的石牌坊也属于保护范围之内。但为了适当解决杭州市建设学校的需要，本会意见，大殿后门的空地可以让出，现在孔庙大殿后面的石经及有关碑刻可搬到大殿里面及大殿前的空地上，但是工程部门必须在大殿后面距大殿25公尺处建筑围墙隔离，以利保护。①

1963年5月8日，浙江省文管会再次致函省文化局：汇报本月3日上午，由杭州市陈副市长牵头召开了关于讨论上城区要在南宋石经的保护范围内建造中小学校舍问题的会议。参加会议的有关各方代表共11人。经过反复讨论，最后'大家认为可以在大成殿后面建造小学一所，中学可以另找地方。我会并建议杭州市人委按照《文物保护管理暂行条例》的规定，将在大成殿后面建造小学的计划上报省人委审批后才能动工。'"②

1963年6月4日，浙江省文化局致函浙江省人委："今日接省文管会六月一日公文称：关于孔庙内南宋石经的保护问题，现在出现了困难。杭州市人委个别负责同志认为划出文保单位范围是市人委权限。孔庙不能容纳两个学校是省文化局、省文管会意见，可以不理。安置碑刻只能安置大成殿中，不能安置殿外。即便安置殿中也是暂时安放，不能做长期打算。按照国务院文物保护管理暂行条例第五条规定，'对于已经公布的文物保护单位，应当分别由省、自治区、直辖市人民委员会和县、市人民委员会划出必要的保护范围，作出标志说明，并且建立科学的记录档案。'南宋石经为省级重点文保单位，其保护范围之确定，自应由省人委审核决定。现市人委个别负责同志对于孔庙南宋石经碑刻的处理办法，是违反国务院关于文物保护管理规定的，是不妥当的。"③

1963年6月14日，杭州市人委发文至市文化局、建设局、园林管理局、房地产管理处、上城区人委，称：为加强对南宋石经的保护工作，

---

① 浙江省文管会致函浙江省文化局，1963年4月30日，浙江省档案馆，档号：J101—004—370。

② 浙江省文管会致函浙江省文化局，1963年5月8日，浙江省档案馆，档号：J101—014—370。

③ 浙江省文化局：《关于杭州市内孔庙南宋石经保护问题的请示报告》，1963年6月4日，浙江省档案馆，档号：J101—014—370。

"经研究，划定离大成殿北面十米南面二十米，西面至围墙，东面至居住房屋，以及大成殿北侧围墙上有石经部分，离墙划出十米，共约五亩八分作为石经保护范围（详见附图）。在划定的保护范围内，各单位堆放的什物和临时设施，应即迁让。保护工作由市文化局负责。今后未经市文化局同意，不得占用上述划定范围内的场地和房屋。"① 同年6月21日，省人委致函市人委，重申必须贯彻国务院文物保护管理暂行条例第五条之规定，对南宋石经进行有效保护。② 至此，关于孔庙及南宋石经保护的争议平息，各项保护工作得以顺利开展。

1959年，著名古建筑专家罗哲文在谈及古建筑修复问题时强调："古代建筑要注意保存历史原貌，""如果把文物古迹的历史面貌改变了，就会丧失它的意义，甚至可以造成对历史的歪曲。"③ 1961年3月4日，国务院颁布《文物保护管理暂行条例》，其中第十一条明确规定："一切核定为文物保护单位的纪念建筑物、古建筑、石窟寺、石刻、雕塑等（包括建筑物的附属物），在进行修缮、保养的时候，必须严格遵守恢复原状或者保存现状的原则，在保护范围内不得进行其他的建设工程。全国重点文物保护单位的修缮计划，应当经文化部审核同意。省（自治区、直辖市）级文物保护单位的修缮计划，应当经省（自治区、直辖市）文化局（厅）审核同意，报文化部备案。县（市）级文物保护单位的修缮计划应当经县（市）级文化行政部门审核同意，报省（自治区、直辖市）文化局（厅）备案。"④

新中国成立初期，浙江省遵照中央有关指示精神，在修缮保护文物史迹时，努力遵循谨慎、稳妥，修旧如旧，不轻易改变现状等基本原则，从而在尽可能的条件下使文物史迹得到最大限度的保护，并为将来进一步的维修保护创造有利条件。

---

① 《市人委关于孔庙南宋石经文物保护范围的通知》，1963年6月14日，浙江省档案馆，档号：J101—014—370。
② 浙江省人民委员会致函杭州市人民委员会，1963年6月21日，浙江省档案馆，档号：J101—014—370。
③ 罗哲文：《关于发挥文物保护单位作用的几点意见》，《文物》，1959年第11期。
④ 《国务院关于发布文物保护管理暂行条例的通知》，1961年3月4日。国家文物事业管理局编《新中国文物法规选编》，文物出版社1987年版，第44—48页。

第七章
浙江省对可移动文物的征集保护

所谓可移动文物，一般指历史上各个时代遗留的各种类重要实物、艺术品、文献、手稿、图书资料及代表性实物等。新中国成立初期，国家为保护优秀民族文化遗产，通过各种途径对可移动文物进行征集保护，如1952年国家文物局收购近代著名书画收藏名家庞元济书画即为典型案例。[1]

1950年，国家文物局局长郑振铎指出："图书和书画都是越传越稀的东西。六朝画，唐已少见；唐画宋已视为珍宝。到了今天，明清大家的作品已也不易多见。我们不能不做些收集的工作。古铜器、陶器一类的东西，我们保持着谨慎的重点的收集方针。流传有自的，当然可收。有流散可能的重器奇物，我们也在留意的收入。"[2] 遵照国家有关指示精神，自20世纪50年代初开始，浙江省对本省境内的可移动文物进行广泛调查及征集保护，取得良好社会效益。

第一节 对可移动文物的调查

新中国成立初期，浙江省在对不可移动文物进行广泛调查的同时，对本省境内可移动文物的调查也在同步进行。1951年7月，浙江省文管会韩宜赴绍兴调查时发现："最近在市内旧书店发现有鲁迅先生早年在绍创办之'越铎报'一种，约有三十斤，书商抬价，需千元一斤方能出售，现已通知该店保存中。""在徐存记书店内检得清会试乡试卷多种，康熙

---

[1] 《关于收购古书画事代文化部拟稿》，国家文物局编《郑振铎文博文集》，文物出版社1998年版，第206页。

[2] 《一年来的文物工作》，国家文物局编《郑振铎文博文集》，文物出版社1998年版，第295页。

田契，"等。在古董市场，"以六万元购得一晋瓷水盂。"据称"漓渚附近有某家藏有晋瓷谷仓一只，一角有损，釉甚佳，索价十石米。"①

1953年，浙江省文管会黄涌泉赴萧山、诸暨、义乌、金华进行文物调查。"在萧山尧山区劳动乡拾四村，有地主盛连兴的藏书，估计有五百斤左右，大部分是缩本影印四库全书，已请乡里暂时妥善保管。"金华全专区合作社收购来的废铜均藏于金华何盘桥仓库，"该仓库现存之废铜，在数千斤以上，炉、镜等物随处可见。据云，仅铜镜一款，如欲取出者，数量当在一千个以上。"从诸暨新农村陈含英处征得"'乔瑞章洗马图'一件，宝纶堂集一部，文房肆考一部，宅埠陈氏宗谱一本，共计四件。陈含英家尚有古书拾三书箱。"从诸暨县文化馆接收"光绪诰命一件，元刊明补玉海卷一本。"②

1954年9月，浙江省文管会黄涌泉赴嘉善县进行文物调查。"嘉善地主金凤藏有仇英摹宋张择端'清明上河图'手卷，绢本，长二丈五尺，前有项子京藏章一方，无跋，布局与原本大体仿佛，人物尚精工。""此卷在解放后曾携至上海博物馆，据云该馆已收得一卷，故未售去。现金姓索价四百万元。"③

1954年10月，浙江省文管会黄涌泉赴武义县进行文物调查。在武义县文教科发现"五谷瓶一个，稍残破。盖上堆有四人，作吹乐状，瓶颈堆以双龙，瓶腹处堆有出丧形象，二人抬柩，九人送丧，按此瓶形制及釉色（褐色），与婺州窑相似，可能是唐代。此瓶系本年六月间开发水利时发现，内有开元钱。此瓶所堆出之出丧情况，是研究当时风俗的很好资料。"④

1961年，据浙江省有关部门对绍兴、东阳、衢县、义乌、金华、建德、兰溪七个县进行的不完全统计，经过多年征集，各县尚藏有字画3000余件。⑤

---

① 《浙江省文管会韩宜赴绍兴调查报告》，1951年7月19日，浙江省博物馆馆藏资料。
② 《浙江省文管会黄涌泉赴萧山、诸暨、义乌、金华调查报告》，1953年12月31日，浙江省博物馆馆藏资料。
③ 《浙江省文管会黄涌泉赴嘉善调查报告》，1954年9月13日，浙江省博物馆馆藏资料。
④ 《浙江省文管会黄涌泉赴武义调查报告》，1954年10月8日，浙江省博物馆馆藏资料。
⑤ 浙江省文化局：《关于古旧图书、史料和字画情况的检查报告（草案）》，1961年，浙江省档案馆，档号：J169—013—013。

1961年，杭州地区对私人珍藏的古旧图书、史料和字画珍品进行登记造册，计有：萧山河上公社大桥村瞿又常珍藏徐渭行书轴一幅；萧山河上公社张家弄村郭伟民珍藏任渭长羽翎花卉屏一张；萧山进化公社进化村葛云飞后代珍藏道光诰命四件；富阳太平公社昌蒲坑丁洪涛珍藏朱邦彦《富阳县志说》六册；富阳南丰生产大队月台村李润年珍藏董诰山水单条一幅；富阳新关村陈洪位珍藏董邦达山水人物大堂一幅；富阳新关村蒋光树珍藏赵金兰行书大堂一幅；富阳谊桥陇村董喜善珍藏董邦达坟墓图九件，春江图一件，乾隆御笔行书大堂一幅，董诰全身像中堂一幅（姚如铁画像、长洲袁沛画山水、徐葆林题诗），淳化阁帖（肖府）10件；新登毕甫朱村汪德振珍藏新登县志（包括明万历3本、清康熙4本、清道光6本）共3部。①

新中国成立初期，由于社会历史等原因，浙江省一大批精美绝伦、极具历史文化价值的金石、书画、陶瓷、碑帖、织绣、玉器、木器等文物流散于社会，乃至海外，亟须国家予以妥善处置。部分珍贵文物甚至面临"绝境"，如1957年嘉善县文化馆反映："本县在深入发掘民间艺术中，发现有民间艺人将部分古老乐器售于供销社作废铜烂铁处理。据我们了解其中一部分是很有价值的（如九音锣）。"② 以上种种，亟须国家出面予以征集保护。

第二节 对可移动文物的征集

1950年，浙江省文管会成立之初，正值国民经济"百废待兴"之际。因经费短缺等问题，故"所有收集之文物，均出于私人捐献。"③ 1951年，虽国民经济仍在恢复过程中，国家已开始着手文物保护各项工作，故浙江省文管会"在经费预算内增列文物收购费一项，因此，又添设文物收购委员会，来掌管这一部分工作。"1953年，"改设鉴别委员会负责文

---

① 《杭州地区各县私人藏家古旧图书、史料和字画珍品登记表》，1961年，浙江省档案馆，档号：J169—013—013。

② 嘉善县文化馆致函浙江省会演办公室，1957年11月24日，浙江省档案馆，档号：J169—009—058。

③ 《浙江省文物管理委员会一九五〇年情况概要》，浙江省博物馆馆藏资料。

物鉴别及文物收购工作。"① 浙江省文管会鉴别委员会成员共七人：邵裴子、郦承铨、朱家济、沙孟海、陈训慈、张任政、和朱寿潜，均为著名专家及社会贤达人士，具有很高的公信力。

新中国成立初期，浙江省可移动文物的征集主要通过三种途径：即捐献、收购和接收。此三种征集方式虽路径不同，然"殊途同归"，其目的都是最大限度地使流散在社会，无法得到妥善保护的珍贵文物得以"完璧归赵"，善始善终。

一 捐献

新中国成立伊始，浙江省文管会即开始接受社会各界人士的捐献。1950 年，省文管会"先后收到马叙伦、凌励生等二十九人所赠之图书九九三二册，碑帖二二零七种（内印本一四九种），书画一六三件，扇五件，印章六二方，砚七方，陶瓷五〇件，石刻三种（一种砖刻附此），石造像一件，古砖三件，元权一件，殷墟甲骨一〇片，照片三种"等，"总数为一二四四九件（其普通之信札、诗翰零杂及古瓷碎片不入总计）。其中书画精者，有新印大部古书，如四部丛刊初、二、三编，百衲本廿四史，四库全书珍本及（中华本）图书集成（凌励生先生赠）。旧本、抄本有胡渭之禹贡锥指原刻初印本（顾逸农先生赠）。吴之振黄叶村庄诗第一刻、第二刻（徐南屏先生赠）。清殿本三通（袁巽初先生赠）。晋书、周书、明史、佩文韵府（陈琴华女士赠）。明印永怀堂诗经，有谭复堂题记之十驾斋养心录（陈琴华女士赠）。精抄本鸣野山房帖目（任心叔先生赠），明朱右白云稿，清缮备刻本，清四库阁本莲洋诗钞残本一册，精抄本会典官制，皇明典礼，抄校本宋陈耆卿筼窗集（章郇女士章以吴先生献出其先德一山先生遗物）。朱彊村先生手抄王国维观堂长短句（龙沐勋先生赠）。清缮本谭复堂定董子稿本前半部（用复堂类稿纸，案此非最后定本，项士元先生赠）。其他有关掌故者，有光绪二十三年浙江乡试题名（周恩来总理之胞叔某即于是科中式，此册即其保藏，现由其堂弟周先生介江眉仲先生送会）及科举文献之题名录数种（章郇女士章以吴先生赠）。碑帖中流传不多之拓本，有魏蜀王墓志及淡山摩崖全拓（吴进思先生赠，吴先生赠拓本一三二四种）。又西泠印社移交本会之前古物保管委

---

① 《浙江省文物管理委员会五年来工作报告》，1955 年 7 月 1 日，浙江省博物馆馆藏资料。

员会浙江分会遣工访拓之杭州市（最大部分）及其他地区见在石刻之大批拓本（一九四〇种），虽时代非远而收集匪易，可珍不亚于旧物。书画中精者有查声山临黄庭经，邹蓉阁及同时诸人诗翰及题跋集册二册（马叙伦先生赠）。壁画大幅一帧出自西陲，审为宋初物（袁冀初先生赠）。印章有马叙伦先生自用印及所收马宇元押等铜印十五方（马叙伦先生赠）。砚有明陈白沙为李孔修铭，屈翁山跋之残大圆砚半砚（马叙伦先生赠）。陶瓷有宋初白釉大瓶，宋隐青大碗一对（马叙伦先生赠）。石刻中有六朝小石像，唐元和年徐君夫人墓志残石（董萼青先生赠）。唐武周高嵩墓志残石（扬见心先生赠）。"①

1951年，浙江省文管会接受社会各界捐献计有：石器2件，玉器2件，铜器61件，石刻171件，古砖40件，陶瓷器325件，书画131件，史料102件，印谱333册，拓本320件，印章、砚台、什玩41件，民族文物1件，书版13种，照相画像11件，木刻联额44件，什件59件。以上共2814件。② 其中精品有：玉器如梁佩南女士所捐西周玉刀两柄，极珍贵；石刻如西泠印社所捐原在余姚出土之汉三老碑，为江南仅见的汉碑，名贵可知；书画如沈幼征所捐不具名款的元画封侯晋爵图一幅，亦是精品。其他清代书画家作品多件亦精；史料如清代捐照（卖官鬻爵的真凭实据）、信票（解送囚犯用）、奏章、官契纸等亦属难得之品；砚台如梁佩南女士所捐清岳钟琪将军治军书用的双眼端砚亦属难得之品。③

1952年，浙江省文管会接受社会各界捐献计有：革命文献2件，石器2件，殷墟甲骨117片（吴振平先生捐献），周代铜器2件（原系瑞安孙氏玉海楼旧藏，晚清学者孙诒让曾作考释，由其哲嗣孙孟晋捐献），陶瓷器3件，印章32件，书画74件（其中有晚明气节之士刘宗周尺牍，清初学者姜宸英书直幅，为旅沪浙人秦润卿先生所捐。书画中还有钱坫、江声、陈沣、李文田等书联，系孙孟晋捐献），拓本43件，书籍244册，古砚3件（其中北宋高僧梵隆写经砚原为海宁蒋氏别下斋旧物，为蒋鹭涛先生所捐），"这些都是很名贵的文物。"④

---

① 《浙江省文物管理委员会一九五〇年情况概要》，浙江省博物馆馆藏资料。
② 此处统计数字经著者再三核计为"1656件"，为尊重原文，仍采用"共2814件"。
③ 浙江省文管会：《一九五一年度工作总结报告》，浙江省博物馆馆藏资料。
④ 浙江省文管会：《一九五三年度保管组工作总结报告》，浙江省博物馆馆藏资料。

1953年，浙江省文管会接受社会各界捐献文物计有：字画14件，拓本8件，石刻10件，铜器5件，骨器22件，陶瓷器9件，印章73件，古琴1件，"精品有安阳出土文物。"①

据不完全统计，1950年、1951年，浙江省文管会分别收到社会各界捐献文物总计12455件和1656件。② 1952年1月至11月底，省文管会收到社会各界捐献文物总计297件又244册。③ 1953年收到社会各界捐献文物总计78册、398件又3包。④ 以上捐献种类包括革命文献、史料、书画、碑帖、书籍；石器、铜铁器、玉器、漆器、陶瓷器及牙、角、骨、贝器；石刻、古砖、古钱、古砚、旧墨、古琴、木俑、甲骨、铁券、印章，等等。

1953年，经浙江省文管会黄涌泉发现动员，诸暨小义村一农民向国家捐献明代画家谢缙的《草堂论诗图》（即《少陵诗意图》）山水轴。此画后入藏浙江省博物馆，并被著名文物鉴定家徐邦达先生收入其编著的《历代流传书画作品编年表》。⑤ 在1985年的"全国拣选文物展览"上，此画被称为"珍贵书画作品"。⑥

1955年，省文管会全年收入文物共计2874件，其中捐献品324件；收入图书共计2231册又19件，其中捐献品105册。⑦

二 收购

浙江省文管会的文物收购始于1951年。除革命文物外，收购重点放在"浙江的古瓷，浙籍的艺术家作品，以及流传在浙省的著名作品，在浙省出土的或流传在浙省的金石精品。""我们很审慎的"决定"每一件文物的弃取"和"出价的高下。"⑧

1951年，浙江省文管会共收购"革命文物六件，铜器八四件，甲骨

---

① 浙江省文管会：《一九五三年度保管组工作总结报告》，浙江省博物馆馆藏资料。
② 《浙江省人民政府文物管理委员会一九五〇年度征集文物统计表》、《浙江省人民政府文物管理委员会一九五一年度征集文物统计表》，浙江省博物馆馆藏资料。
③ 《浙江省人民政府文物管理委员会一九五二年度工作总结》，浙江省博物馆馆藏资料。
④ 浙江省文管会：《一九五三年文物征集及文物移交统计表》，浙江省博物馆馆藏资料。
⑤ 嘉善县博物馆、档案编，金梅主编：《慧眼识丹青——书画鉴定家黄涌泉》，中国文史出版社2008年版，第10页。
⑥ 孟宪珉、赵力华：《全国拣选文物展览巡礼》，《文物》1985年第1期。
⑦ 《浙江省文物管理委员会一九五五年度工作总结》，浙江省博物馆馆藏资料。
⑧ 浙江省文管会：《一九五一年度工作总结报告》，浙江省博物馆馆藏资料。

一六〇片，玉器五件，石刻二三件，古砖五三件，陶瓷器七七件，书画七三件，史料六九件，文物参考图书、图谱一五九九册，零杂一〇件。"其中"铜器如周山伯父壶盖、商子孙父乙鼎、商父鼎爵、商父丁觯、汉建平二年鎏金弩机等都是很珍贵的。""甲骨原是刘钱云旧藏，经过名家鉴藏当然更是重视；玉器如镇圭（形近石斧）三件，古玉圭一件，良渚出土的拱璧一件，也很难得。石刻如南齐吕超墓志，为全国唯一出土的南齐墓志，鲁迅先生曾详加考证；还有五代雷峰塔华严经残石也是海内独一无二；瓷器如汉末的越瓷谷仓和晋唐越瓷壶、坛、虎子等，以及宋龙泉哥窑、弟窑盘、盂、洗、瓶都属珍品。""书画如明代隐士朱补山水卷，并有许相卿、王畿、蔡汝楠等题跋；小说家凌蒙初写经手卷；祁豸佳山水立幅（二幅）；蓝瑛山水大幛；张元汴行书册一页；祝允明、沈周、王宠、陈继儒、邵弥、张宏等合作书画扇面；清代的理学家、文学家、书画家陆陇其字幅；杭世骏梅花全韵诗册及对联；林则徐字立幅；王翚、钱维城等山水扇面；董邦达山水立幅；董浩山水小卷；戴熙兰竹长卷及山水扇面；姚鼐行书立幅及扇页；梁山舟、蒋仁行书立幅；龚橙隶书联，都是很珍贵的。"①

1951年，浙江省立西湖博物馆收购商青玉戈、玉戈各一件。②

1952年，浙江省文管会收购的文物计有："革命文物十五件，铜器十七件，陶瓷器九十六件，玉器三件，印章九件，古钱三百廿一枚，书画四十四件，拓本二百十三件，参考书籍八百七十四册，其他零星杂件廿二件。"其中"书画如明初永嘉画家郭纯山水大幛，明中叶大哲学家王守仁书长卷，清代哲学家陆陇其行楷手卷，画家戴熙画古柏，奚冈画山水直幅，诗人袁枚书直幅，金石家丁敬书字册和乾隆年间杭州学者名人合题的复园红板桥图诗册等。""铜器有商周兵器剑、戈、瞿等，""瓷器中有晋越瓷与宋龙泉瓷精品多件。""此外还有近代金石家王福厂氏旧藏三代秦汉金石拓本二百余件，整批收进，都是不可多得的珍贵文物"。③ 1952年2月浙江省文管会的工作报告更为详尽：征购书画有"清陆陇其行书手卷一件，周篔等方外知己图手卷一件，价共120万元"；古钱"自秦至汉清

---

① 浙江省文管会：《一九五一年度工作总结报告》，浙江省博物馆馆藏资料。
② 浙江省博物馆典藏大系《聚珍汇宝》，浙江古籍出版社2009年版，第76页。
③ 《浙江省人民政府文物管理委员会一九五二年度工作总结》，浙江省博物馆馆藏资料。

三百十八枚，价 10 万"；参考图书"参加伦敦中国艺术国际展览会出品图录第三册，价 3 万元。珂罗版印晋唐宋之明清画册一册，价 10 万元。"① 截至 1952 年 11 月底，浙江省文管会收购文物总计 740 件又 874 册。②

1953 年，浙江省文管会共收购革命文献 121 件，石器 1 件，铜铁器 61 件，陶瓷器 110 件，玉器 3 件，印章 19 件，书画 86 件，碑帖 2 件，古钱 123 枚又 54 斤 9 两，书籍 1104 册，史料 3 件又 26 斤 4 两，其他 13 件。③ 1953 年收购的精品有：清王翚、杨晋合绘王鉴像，王铎字卷，敦煌写经及文契，越瓷双钮壶。④ 1953 年，省文管会在前两年收购的基础上，提高了收购标准，"因标准较高，来本会求售虽多，而够格的却很少，所以收数也并不多。"⑤

1953 年，浙江省文管会获悉，"永嘉县罗浮乡一农民掘得一坛五铢钱，重二百六十余斤，已经分散售出二百廿斤，现尚存四十斤。"浙江省文管会即致函温州市人民政府："五铢本系汉钱，又根据盛钱之方格纹陶坛碎片，更可确定为汉代之物无疑。现在那位农民所存的四十斤五铢钱如果无意捐献，请通知你府文教局迅即与之接洽，照过去售出之价，全部代我会收购。收购到后，以五斤分交你市文管会保存，其余卅五斤装箱邮寄我会。全部收购价连同邮寄费一并函告，以便照数汇还。"⑥

1954 年 3 月 15 日，浙江省文管会收购由泰顺县文化馆代购的旧铜瓶 2 只，共计 7230 元。⑦

1955 年，浙江省文管会全年收入文物共计 2874 件，其中收购品 29 件。图书共计 2231 册另 19 件，其中收购品 1471 册又 19 件。⑧

---

① 《浙江省人民政府文物管理委员会一九五二年二月份报告》，1952 年 3 月 7 日，浙江省档案馆，档号：J039—004—004。
② 《浙江省人民政府文物管理委员会一九五二年度工作总结》，浙江省博物馆馆藏资料。
③ 浙江省文管会：《一九五三年文物征集及文物移交统计表》，浙江省博物馆馆藏资料。
④ 浙江省文管会：《一九五三年保管组工作总结报告》，浙江省博物馆馆藏资料。
⑤ 浙江省文管会：《一九五三年度上半年工作总结报告》，浙江省博物馆馆藏资料。
⑥ 浙江省文管会致函温州市人民政府：《为据报你市发现古文化遗址及古钱事决定处理办法函请照办理由》，1953 年 6 月 18 日，浙江省档案馆，档号：J159—003—044。
⑦ 泰顺县文化馆致函浙江省文管会，1954 年 2 月 13 日；浙江省文管会函复泰顺县文化馆：《函复代购旧铜瓶款已交人民银行汇奉由》，1954 年 2 月 14 日。浙江省博物馆馆藏资料。
⑧ 《浙江省文物管理委员会一九五五年度工作总结》，浙江省博物馆馆藏资料。

1951—1955 年，浙江省文管会用于文物收购的费用分别为：1951 年，6784.19；1952 年，6260.40；1953 年，9280.25；1954 年，2975.48（单位：新人民币元），1955 年，为配合全国开展的节约运动，本年度的文物收购费核减为 1600 元。[1] 1953 年前，国民经济处于恢复时期，国家经济状况非常困难，1953 年起，"一五计划"开始实施，国家建设资金奇缺。在此情况下，每年拿出一部分资金进行重要文物收购，足以证明国家对文物保护的重视。

1956 年，浙江省文管会派沙孟海去上海与吴湖帆[2]商洽，希望能出让《富春山居图剩山卷》[3]。经钱镜塘、谢稚柳两老从中周旋，终于如愿以偿，以 5000 元价收入浙江博物馆库藏，同时收购的还有吴湖帆搭售王蒙《松窗读易图卷》，价 3500 元。[4]

1958 年秋，由浙江省文管会陈训慈经手通过旧书店向绍兴征购到一批"胡道源档案"，胡道源是清季连任六任两广总督的胥吏（后升"文案委员"），"胡道源档案"包括胡道源在督署约二十年中经手的督署上下行奏折、公文、抄件等，包括孙中山领导惠州起义期间若干原始的反面文件，现保存浙江博物馆藏品部。[5]

自 1958 年至 1966 年，公私合营杭州古旧书店收购到大量古今名人书画，"其中较著名的，古代有祝允明、文澄明、徐渭、朱鹭、程正揆、金农、钱澧、龚自珍、吴大澂、陈介祺、林则徐、赵之谦等人的书画手迹；近现代的有吴昌硕、齐白石、黄宾虹等人的书画精品。又有 60 余枚少见的古钱，其中尤以唐朝'庆元春六'一枚，系铁范铜铸，且未见著录，诚属罕品；而宋代'临安府当贰拾文省'钱币也在此之前未发现过，并

---

[1] 《浙江省文物管理委员会五年来工作报告》，1955 年 7 月 1 日，浙江省博物馆馆藏资料。

[2] 吴湖帆（1894—1968 年）江苏苏州人，集绘画、鉴赏、收藏于一身，成就显赫，在中国艺术史上具有重要意义。

[3] 《富春山居图》为元代画家黄公望的代表作，为中国十大传世名画之一。明末传至收藏家吴洪裕手中。吴极为喜爱，临终欲焚之殉葬，被其侄子救出，然已烧成大、小两段。较长的后段称《无用师卷》，现藏于台北故宫博物院。前段称《剩山图》，现藏于浙江省博物馆。

[4] 《"富春山居图·剩山卷"征购经过》，浙江博物馆《富春山居图·剩山卷》藏品档案，总登记号：021202 号。

[5] 陈训慈：《自述小传》，浙江图书馆编，王效良、苏尔启主编《陈训慈百年诞辰纪念文集》，北京图书馆出版社 2006 年版，第 585—590 页。

系杭州地方文物，亦为难得的极品。"①

1961年浙江省文管会"共收购到文物37件"。② 1961年省文管会的工作总结在提及10余年来文物收购问题时指出：前几年"对私人收藏的文物，太多地强调了捐献，今年纠正了这个偏向。收购文物按质论价，这样，送文物上门出售的就比过去多了。""在收购工作中，对准备收购的重要文物，广泛地征求各地专家的意见，作缜密的鉴别"，如今年"八月间，拟向广州购进浙派大家戴进山水长卷一件，经杭州、上海、北京等地人士鉴定，多数认为是伪品，""这样做，保证了收购质量。"不仅如此，在同年制定的《1962年工作纲要》中，特别强调"广泛征集，重点收购"的原则。③

三 接收

1951年，浙江省文管会接收省物资清理保管委员会"第一次移交古铜器二十四件、石器二件、陶瓷器七件，书籍二十三册。""第二次移交书画三十大包和二个洋铁箱，清点后计有一三五五件。""第三次移交丛书集成第一集一八七七册（已缺）和整支象牙两支，象牙尖一支。""第四次移交瓷、铜、银、铁器六十一件"；接收衢州专区物资清理保管委员会分会"第一次移交铜器二十五件，瓷、石、金、银、铜、象牙等什器七十三件。""第二次移交书画一二〇件"；接收"杭州市失业工人救济委员会救济处移交陶、瓷、铜器等一〇三件"；接收"杭州市军事管制委员会房产管理处移交瓷器二十五件，书画什玩二十二件，书籍一一七册"；接收"浙江军区后方服务部移交书籍五〇二册，近人书画及什件六十六件。"以上几处移交文物，其中有精品如："铜器如西周史叔彝一对，专家陈梦家教授许为国内二十名以前的珍贵青铜器，特为作考证。陶器如商白陶三兽头簋也极难得。书画中如大幅仙山楼阁图一幅（款署刘松年大致可信，有明初人分书诗堂）。明画沈颢山水、汪肇芦雁两幅极精。其余清人书画精品多件。"④

---

① 朱友伦：《忆杭州古旧书店》，政协杭州委员会文史资料委员会编《杭州文史资料》第18辑，杭州出版社1993年版，第67页。

② 浙江省文管会：《1961年文物工作总结》，浙江省博物馆馆藏资料。

③ 浙江省文管会：《1961年文物工作总结》，浙江省博物馆馆藏资料。

④ 浙江省文管会：《一九五一年度工作总结报告》，浙江省博物馆馆藏资料。

1951年，浙江省文管会接收社会各界移交有：陶瓷器3件，铜器49件，古钱369件，书画1565件，书籍2518件，其他240件，总计4744件。① 1951年8月27日，浙江省文管会向省文教厅报告："半年来，征购接收的文物约共六千四百余件。"②

1952年，浙江省文管会接收省工业厅所属建筑公司上缴的朝珠1串及玉、银饰物4件；接收上海铁路管理局杭州分局建筑工程队先后三次移交铜镜4件，陶器11件，瓷器44件，杂件6件，唐宋古钱158枚，殉葬银饰17件；接收杭州市反革命财产处理委员会先后三次移交计字画175件，拓本592件，书籍615册，玉器12件，瓷器15件，铜器1件，其他杂件5件；接收西湖刘庄部分文物，计有瓷器57件，玉器35件，铜器9件，拓本113件，书画75件，书籍659册，其他杂件25件；接收杭州军事管制委员会房产管理处移交书画139件，书籍315册，瓷器5件，铜器5件；接收绍兴县人民政府移交古越瓷59件，古龙泉瓷5件，铜镜8件（破损），古长铁刀1件，古钱5斤半，铜香炉2件，古铜佛1件；接收鲁迅文化馆移交古越瓷17件，古砖2件。以上移交文物有精品如下：书画有明代沈仕花卉手卷；陈元素、周延儒、张瑞图书画扇页；傅山书直幅；宋曹书的手卷；顾炎武尺牍；祁豸佳画山水；清代王铎、查士标、陈奕禧书直幅；蒋士铨书诗卷；朱彝尊书扇页；李慈铭尺牍。书籍中有元版郑樵通志（略缺）和傅以礼手抄本；李慈铭手稿本。玉器有周代的圭和芴各一件。瓷器中有晋代瓷谷仓、虎子、坛等及宋余姚窑粉盒、水盂等。拓本有明初拓小银馆本淳化阁帖第一、五两卷，第一卷为王存善旧藏，有他的朱笔批校，墨笔钩补；又十二卷绛帖有潘祖荫题跋，胡石查、孙欢伯藏印，都是很名贵的。③

1951年4月28日，中央文物局下文浙江省文管会，称："据台州专署报告唐昭宗赐钱镠铁券现存嵊县长乐钱家。该项铁券是著名的历史文

---

① 《浙江省人民政府文物管理委员会一九五一年度征集文物统计表》，浙江省博物馆馆藏资料。

② 浙江省文管会：《遵示补报我省半年文物工作敬祈鉴核由》，1951年8月27日，浙江省档案馆，档号：J039—003—004。

③ 《浙江省人民政府文物管理委员会一九五二年度工作总结》，浙江省博物馆馆藏资料。

物，请注意在土改中勿予损毁并希查明见复。"① 5月3日，浙江省文管会致函嵊县人民政府，称：接中央文物局关于铁券一事电示，"查唐昭宗赐吴越王钱镠铁券，铁质瓦形，嵌金为字，原藏贵县长乐镇钱氏宗祠，钱氏子孙历来郑重保藏。本会为结合土改，曾于上年十一月九日以秘字第七五号函请绍兴专署转告贵府对于是项珍贵文物协助钱氏子孙予以保藏，勿使蒙受意外之损失在案。兹奉前因，相应转命迅予派员勘查，并将勘查所得情况，详细见复，以凭转报为荷。"② 7月6日，浙江省文管会代电嵊县人民政府，称："唐昭宗赐钱镠铁券一件，因沉重不便携来，嘱派员前往提取。关于铁券向来传说钱氏子孙所藏有真赝两件，每遇各界人士要求参观或传拓，钱氏子孙往往将赝品示人，真品秘而藏之。""两本之别，遂请进行了解，对钱氏子孙多行启发，务期将真品缴上。"如真赝二品，一并保存，则可以"籍资考鉴"。"特电命查照办理，并迅电复，以便派员前来提取。"③ 7月9日，浙江省文管会报告浙江省文教厅："即派本会调查员韩宜前往提取该项铁券。"④ 7月26日，浙江省文管会致函嵊县人民政府，称："查你县搜集之五代唐昭宗赐钱镠铁券一件，已由我会派员向你县提领来会。兹经研究鉴别认为确系真品。惟据记载所云尚有仿制铁券一件，我会为作精确之研究起见，仍请再作更深入之了解，俾仿制铁券亦能集中保管。"⑤

1952年，浙江省文管会总结称：接收嵊县人民政府缴送：王翚山水册页一件，后经考证研究为赝品；刘墉行书册页一件，后经考证研究为赝品；唐昭宗赐钱镠铁券一件，后经考证研究为真品。⑥ 1952年4月24日，

---

① 中央文物局下文浙江省文管会：《注意铁券文物》，1951年4月28日，浙江省博物馆馆藏资料。

② 浙江省文管会致函嵊县人民政府：《为奉中央文物局电转命迅将长乐镇钱氏宗祠藏唐昭宗赐钱镠铁券之保存情况派员查复由》，1951年5月3日，浙江省博物馆馆藏资料。

③ 浙江省文管会代电嵊县人民政府，1951年7月6日，浙江省博物馆馆藏资料。

④ 浙江省文管会报告浙江省教育厅：《为遵复派员前往嵊县提取铁券请备公文以便带往由》，1951年7月9日，浙江省博物馆馆藏资料。

⑤ 浙江省文管会致函嵊县人民政府：《为钱镠铁券已提领到会仍请深入了解仿制铁券，又龙宫寺碑为三界茶厂移垫墙务请派员说服该厂妥慎拆移至妥当地点保存请查照办理见复》，1951年7月26日，浙江省博物馆馆藏资料。

⑥ 《浙江省文物管理委员会在土改期内没收文物清册》，1952年1月，浙江省档案馆，档号：J039—004—004。

浙江省文管会接收嘉兴专署交来古物两件,"是项古物经本会鉴定:(一)铜盘依文字考查,应是周厉王时制造,但经研究不能认为周代原物,可能是北宋宣和仿造之品。铸造极精,在历史研究上亦有一定的价值。(二)瓷器系南宋江西仿,'定窑'制造,虽非最精之品,而于陶瓷史的研究有相当价值。"①

截至1952年11月底,浙江省文管会接收社会各界移交文物有:陶瓷器215件,铜器31件,玉器47件,书画389件,拓本705件,古钱158个又5.5斤,古砖2件,古砚1件,书籍1298册,其他57件,总计1605件,1298册,又5.5斤。②

1953年,浙江省文管会接收社会各界移交文物计有:法院移交的余绍宋文物444件,其中精品有清万寿祺"秋江别思图卷",明谢时臣山水大幅,明梅瞿山山水直幅,清笪重光墨梅直幅等件;接收法院移交明王肯堂文物285件,其中精品有明蓝瑛山水大幅,明陈继儒山水直幅,明倪元璐七言联,明末清初陈洪绶行书七言联等件;接收房管局移交文物212件,其中精品有明末清初王铎尺牍,石涛墨竹大幅,秦缕金小权(权),宋定窑葵瓣碗等件;此前零散接收的文物有:字画215件,陶瓷器32件,玉器32件又35斤4两,石器1件,金银器23件,铜器20件,印章34件,其他84件。其中精品有八大山人草书直幅;接收龙泉文化馆及龙泉八都区府移交宋明龙泉瓷器418件;零散接收的还有:富阳、新登、衢州、诸暨、鄞县、上虞、绍兴、义乌、平湖、镇海、海盐、玉环等县移交的文物,有字画155件,石器2件,陶瓷器35件,古琴14件,其他3件。③

1953年,浙江省文管会接收社会各界移交的文物总计为:石器5件,铜铁器13件,陶瓷器66件,玉器35.25斤,石刻1件,印章198件,牙角骨贝器7件,书画1548件,碑帖86件,古钱1包27枚,古砚16件,旧墨141件,书籍12427册,史料2件,古琴14只,其他157件又4包,总计12427册,5包,2281件,35.25斤。④

---

① 浙江省文管会:《为收到嘉兴专署交来古物两件报请备核由》,1952年4月24日,浙江省档案馆,档号:J039—004—004。
② 《浙江省人民政府文物管理委员会一九五二年度工作总结》,浙江省博物馆馆藏资料。
③ 浙江省文管会:《一九五三年保管组工作总结报告》,浙江省博物馆馆藏资料。
④ 浙江省文管会:《一九五三年文物征集及文物移交统计表》,浙江省博物馆馆藏资料。

1954年3月10日，浙江省文管会接收杭州市人民政府财政局移交书籍、书画计29件。① 3月13日，桐乡县文化馆致函浙江省文管会，称：本馆保存有一批土改没收的书画作品，计有双剑誃吉金图录卷（上、下各一册）；平泉书屋珂罗版印古画第一集，内有晋代谢灵运长眉佛像画，唐代吴道子观音画像等；清宫藏恽寿平山水精品一本（十页）；清宫藏恽南田山水一本（八页）；清宫藏耕烟画册一本（十二页）；高奇峰遗画集第一辑；日本版《支那古明器泥像图鉴》共六辑。3月16日，浙江文管会函复：该批图书我会需要请寄来，邮费由我会汇还。②

1954年5月20日，浙江省文管会接收杭州市人民政府财政局移交书籍、书画计264件。③ 5月26日，浙江省文管会接收诸暨县政府移交书画计18件。④ 6月21日，浙江省文管会接收嘉善县人民政府移交字画计679件。⑤ 11月6日，浙江省文管会接收西湖区人民政府移交图书计4种，29册，另有杂件2件，1包又1捆。⑥ 11月25日，浙江省文管会接收萧山县人民政府财粮科移交字画等计62件。⑦ 11月26日，浙江省文管会接收缙云县人民政府移交书画、文物，其中字画110幅，字对21副，扇面14个，扇骨5把。另有铜马1只，瓷瓶1只，旧瓷盘4只，印缸盖1只，旧瓷盂1只，旧瓷杯1只。⑧ 12月13日，浙江省文管会接收杭州市人民政

---

① 浙江省文管会接收杭州市人民政府财政局移交书籍书画清单，1954年3月10日，浙江省博物馆馆藏资料。

② 桐乡县文化馆、浙江省文管会来往信函二封，1954年3月13日、1954年3月16日。浙江省博物馆馆藏资料。

③ 浙江省文管会接收杭州市人民政府财政局移交书籍书画清单，1954年5月20日，浙江省博物馆馆藏资料。

④ 浙江省文管会公文参见单，1954年6月10日；诸暨县人民政府缴来书画清单，1954年5月26日。浙江省博物馆馆藏资料。

⑤ 嘉善县人民政府函，1954年6月21日，浙江省文管会函复嘉善县人民政府：《为函复收到字画七箱并汇递运费由》，1954年7月19日。浙江省博物馆馆藏资料。

⑥ 浙江省文管会接收杭州市西湖区人民政府移交图书清单，1954年11月6日，浙江省博物馆馆藏资料。

⑦ 萧山县人民政府财粮科信函，1954年11月25日；浙江省文管会复函萧山县财粮科：《为收到上缴文物作出清单函请备查由》，附《接收萧山县人民政府上缴文物清单》，1954年11月26日，浙江省博物馆馆藏资料。

⑧ 浙江省文管会函缙云县人民政府：《为函复接收文物清单由》，附《缙云县人民政府转交接收的书画文物清单》一份，1954年11月26日，浙江省博物馆馆藏资料。

府财政局移交书籍、书画计29件。①

综上所述，自1951年至1954年年底，浙江省文管会共征集（包括捐献、收购、接收三部分）历史文物8737件，革命文物1891件又729斤，图书35136册，一般史料279件又1121斤，古金器24843两，古钱币60斤1两。②

1955年，浙江省文管会全年收入文物共计2874件，其中接收品370件。图书共计2231册另19件，其中接收品655册。③

1958年，浙江省文管会总结十年来文物工作取得的收获："关于征集工作，十年来共征集历史文物19944件，图书资料48326册（又888斤）。其中字画方面重要的有五代钱镠和钱弘俶亲笔的文件，北宋以前写的佛经，元代大画家黄公望的真迹，明代大画家沈周、曾鲸、谢彬等的肖像画，明末遗民归庄的画卷，金华太平天国画家方梅生的真迹，等等。关于革命文物和近代史的征集，共计2634件（又729斤）。其中太平天国时期的刻本太平救世歌、太平军目，范汝增、黄呈忠的外交照会和结婚证书合挥等，都是十分重要的。"④

1959年8月1日，浙江省文管会副主任顾钧就接收杭州王家字画问题报告上级有关部门，称："王芗泉⑤是清朝末年杭州地区著名收藏家之一，所藏书法名画数以千计，量多质精，非一般收藏家望其项背。本人早已去世，藏品为他四个儿子所有。"长子王肯堂1953年由杭州市人民法院判处没收其全部财产，其财产中的280多件书画精品由浙江省文管会接收。其中"有明万历年关虚白画的'奇山寿屋图'，笔法从元四家王蒙变化而来，苍茫一片，引人入胜。扬州八怪之一的金冬心的'自画像'，线条古朴，信手写来，形神俱足。他如明代项孔章'尚友图'（摹本），清代明中'片梧竹石图'，钱叔美'参心田种德图'，任伯年'三鹅图'，

---

① 浙江省文管会函杭州市人民政府财政局：《为函复接收文物书籍清单由》，附《市财政局移交书籍书画清单》一份，1954年12月13日。浙江省博物馆馆藏资料。
② 《浙江省文物管理委员会五年来工作报告》，1955年7月1日，浙江省博物馆馆藏资料。
③ 《浙江省文物管理委员会一九五五年度工作总结》，浙江省博物馆馆藏资料。
④ 浙江省文管会：《文物工作十年来重要收获》，1958年9月26日，浙江省档案馆，档号：J169—010—003。
⑤ 王芗泉，名锡荣，1871—1936年，浙江杭州人。自少经商，历任杭州商务局总办，杭州总商会会长，国会议员。首创浙江典业银行及储蓄银行，后任杭州商会主席及典业公会主席。

都是不可多见的佳作,是研究中国绘画史的重要实物资料。"①

10月5日,浙江省文管会再次报告称:"1953年接收王肯堂名下字画283件(其中有号的281件,无号的2件)。② 据现在核查,尚少有号字画257件,其中有8件是重要作品。开列名目如下:10号,文徵明'树石流泉图';80号,王廉州仿一峰'浮峦暖翠图';103号,南田山水册;1001号,文衡山古木竹石;1178号,石田梅花卷;1224号,刘松年画鸟;1284号,费丹旭绘蒋春帆小影;1590号,朱竹垞跋宋会天历。"现已确认,王肯堂名下字画共为704件,除已没收的283件外,尚需没收421件。其余王家成员丁明、倪紫莲等人,已先后向我会写了捐献信,愿意将其名下书画精品"全部捐献给国家"。"我会研究,为了照顾他们生活困难,决定发给奖金1500元,以资奖励。"③

1959年,浙江省文管会总计接收杭州王家字画1200余件,其中有八大山人的"双雀图"、张远的"刘伴阮像"等,都是国内罕见的珍品。④

1962年,浙江省文管会"全年共征集文物316件"。⑤

1965年,浙江省文管会"包括捐献文物共新征集文物1649件"。⑥

第三节　对可移动文物的保护:从"私有之器"到"公有之物"

新中国成立初期,浙江省本着"广泛征集,重点收购"的原则,通过捐献、收购和接收三个途径,使本省境内各种类珍贵流散文物得以善始善终:被分期分批移交至浙江省博物馆、省图书馆、宁波古物陈列所、绍兴鲁迅纪念馆以及中共中央宣传部、中央文化部等部门,由"私有之物"变为"公有之器",从而得到最大程度的保护。与此同时,上述珍贵文物

---

① 浙江省文管会副主任顾钧报告,1959年8月1日,浙江省博物馆馆藏资料。
② 杭州王家将其收藏的精品书画作品编号,共有1781件,其余普通书画作品不予编号。
③ 浙江省文管会致函杭州市人民法院,1959年10月5日,浙江省博物馆馆藏资料。
④ 浙江省文管会:《关于1959年文物工作简要》,1959年11月16日,浙江省博物馆馆藏资料。
⑤ 浙江省文管会、浙江博物馆:《一九六二年业务工作总结》,1963年1月19日,黄莺《浙江省博物馆系年》,北京图书馆出版社2007年版,第195页。
⑥ 黄莺:《浙江省博物馆系年》,北京图书馆出版社2007年版,第216页。

的移交也为浙江博物馆、省图书馆等文化机构的未来发展起到添砖加瓦的作用。

1954年3月23日,浙江省文化局报告浙江省文委:"接华东文化局三月十八日函,通知中央文化部为举办全国基建出土文物展览,嘱即精选基建地区发现的重要文物参加展览,并称:'此次华东区参加展览工作,已交由华东文物工作队负责办理,你处如有代表性的出土文物参加展览,希即积极准备,径与该队联系,有关展品精选与装运北京展览事宜,此项任务希尽可能按期完成。'兹特抄呈中央原通知一件,祈即转知省文管会办理为祷。"①

4月6日,浙江省文管会致函华东文物工作队,称:"接浙江省文化事业管理局抄知一九五四年三月廿三日呈浙江省文化教育委员会报告一件,为中央文化局举办全国基建出土文物展览,请转嘱我会精选基建地区发现的重要文物送由你队转送。查本省各基建工程中清理出土文物工作,原由你队浙江组配合我会进行,其中发现的文化遗址的文物及部分古墓葬出土的重要文物均由你队浙江组收集上缴在案。现你队蒋缵初同志正在杭州,又在收集后存留我会部分及在本省其他地区收集文物中挑选铜镜、瓷器、砚台等共十件,已另装箱交铁路运输处运上,兹检同清单一份,并请查收见复为荷。"②附《全国基建出土文物展览文物清单》1份。共10件,计有:六朝八乳鸟兽镜1件;宋代瓷枕1件;六朝温州窑双钮瓿1件;宋代余姚窑壶1件;明代龙泉窑竹节炉1件;宋代石砚1件;宋代余姚窑小碗1件;唐代越窑唾壶1件;宋代余姚窑划花大碗1件;唐代瓷龙瓶1件。③ 4月10日,华东文物工作队致函浙江省文管会:"送展文物一箱已到达,并经照单点收,运往北京参加会展"。④

1954年6月29日,浙江省文管会向浙江图书馆移交图书十二种,共

---

① 浙江省文化局报告浙江省人民政府文化教育委员会:《为中央文化部举办全国基建出土文物展览祈转知省文管会办理由》,1954年3月23日,浙江省博物馆馆藏资料。

② 浙江省文管会致函华东文物工作队:《为送上基建出土重要文物十件请收复由》,1954年4月6日,浙江省博物馆馆藏资料。

③ 浙江省文管会:《全国基建出土文物展览会清单》,1954年4月6日,浙江省博物馆馆藏资料。

④ 华东文物工作队致函浙江省文管会:《你会送展文物收到请将有关该项文物的辅助材料和运送文物报销单据一并寄来我队由》,1954年4月10日,浙江省博物馆馆藏资料。

计二千四百三十三册,其中明刻本六种,清初刻本三种。报纸合订本七十五册,又八百六十二斤。其中:申报862斤(1920—1934年间);京报(合订本)34册(清光绪八年至二十一年间);新闻报"快活林"(合订本)43册(1929—1933年间)。①

1954年7月14日,浙江省文管会"向浙江图书馆核拨浙志便览等书计拾柒种贰佰贰拾柒册。"并附书单一份,计有:"浙志便览,光绪刻本,四册;浙江新志,铅印本,二册;光绪嘉兴府志,刻本,四十八册;同治湖州府志,刻本,四十册;康熙衢州府志,光绪重刻本,十二册;光绪海宁县志略,刻本,一册;民国昌化县志,铅印本,八册;宣统临安县志,刻本,六册;光绪镇海县志,刻本,十六册;光绪上虞县志,刻本,二十册;民国临海县志稿,铅印本,二十二册;光绪永康县志,民国挑印本,四册;光绪分水县志,刻本,六册;民国丽水县志,铅印本,十册;两浙防护录,浙局刻本,二册;湖山便览,光绪刻本,六册;雍正西湖志,重印本,二十册。""双方业已点交清楚。"②

1954年9月,中共中央宣传部下文浙江省文管会,要求帮助征集革命文物凡14种并附详细目录。计有书籍《广州事变与我们》,报纸《热血日报》、《革命军日报》及《上海大学五卅特刊》等。③ 11月8日,浙江省文管会报告中共浙江省委宣传部,称:"该批革命文物我会业已检齐。"④ 11月22日,浙江省文管会报告中宣部,称:"按目将应呈交的各项文物检出。报请省委宣传部核示之后,兹奉电话通知嘱即径呈你部。"⑤ 应缴革命文物十四种,计书籍一种,一册;日报二种,一册又三期;期刊

---

① 《浙江省文物管理委员会移交浙江图书馆图书清册》,1954年6月29日,浙江省博物馆馆藏资料。

② 浙江省文管会、浙江图书馆报告浙江省文化局:《呈报核拨图书(附书目一份)》,1954年7月14日,浙江省档案馆,档号:J169—006—029。

③ 《中共中央宣传部调浙江省人民政府文物管理委员会革命文物目录》,1954年9月,浙江博物馆馆藏资料。

④ 浙江省文管会报告中共浙江省委宣传部:《为请示中宣部提调革命文物是否送你部转运由》,1954年11月8日,浙江博物馆馆藏资料。

⑤ 浙江省文管会报告中共中央宣传部:《为遵示呈交革命文物十四种即祈核收由》,1954年11月22日,浙江博物馆馆藏资料。

五种，十期；传单六件。通过收购及捐献征集到的各七种。并附详细清单。①

1954年年末，浙江省文管会将所接收的绍兴祁彪佳遗稿遗书及杂件"共计六十二种一百八十九册又十二件"，移交浙江图书馆。其中杂件有"奏稿副本一册，祁彪佳致林澹生第二札副本一件，揭帖稿二件，赡族约二件，天启屋地园池卖契一件，顺治典屋契一件，万青楼经星谱抄本一册，人体腧穴图二件"等，"共计四册十二件"。图书有："明刻周易传义廿四卷，六册，全，崇祯刻本；焦氏类林八卷，四册，全，万历刻本；庄子郭注十卷，四册，全；空同子集六十六卷，十二册，全，万历刻本；李文定贻安堂集十卷，十册，全，万历刻本；十家唐诗不分卷，五册，全，万历刻本，有'祁慎原'藏印；宋三十名家词三集，廿册，全，汲古阁刻本；古文奇赏廿二卷，廿四册，全，万历刻本；宋四大家文选八卷，五册，全，有'山阴祁元朗'等藏印；袁中郎全集廿四卷，十二册"等，共计185册。②

至1954年年底，浙江省文管会5年里共移交历史文物232件，革命文物233件又729斤，图书15408册，一般史料1095斤，古金器11.41两。③

1955年，浙江省文管会分别移交浙江博物馆和省图书馆的图书计2033册，报纸150份，文物412件。④

1955年12月30日，浙江博物馆历史部制《浙江文管会非收购文物移交本部统计表》，"据表格统计，玉石器、陶瓷器、铜器、石刻、印章、字画等自1951年至1955年（1953年无）四年共移交1356件。"⑤

典型案例如：1951年11月8日，浙江省立西湖博物馆接收浙江省人民政府文教厅移交仿古三钮铜壶、葡萄花大扁铜瓶等文物古玩262件。⑥

---

① 《浙江省人民政府文物管理委员会奉令呈缴中央宣传部革命文物清单》，1954年11月22日，浙江博物馆馆藏资料。

② 浙江省文管会报告浙江省人民政府文化教育委员会：《为奉示处理祁彪佳遗书遗稿报请核示由》，1954年12月14日，浙江省档案馆，档号：J159—004—015。

③ 《浙江省文物管理委员会五年来工作报告》，1955年7月1日，浙江省博物馆馆藏资料。

④ 《浙江省文物管理委员会一九五五年度工作总结》，浙江省博物馆馆藏资料。

⑤ 黄莺：《浙江省博物馆系年》，北京图书馆出版社2007年版，第121页。

⑥ 同上书，第106页。

1952年，浙江博物馆接收杭州刘庄移交商玉三孔刀、商玉圭、清雍正景德镇窑粉彩花卉纹盘、清乾隆景德镇窑豆青釉盘、清牙雕帽筒各一件。①

1953年4月14日，浙江省立西湖博物馆接收由浙江省文管会移交石箭镞、周玉刀、殷墟甲骨等捐赠或收购文物29件。② 9月3日，浙江博物馆接收省文管会移交南齐吕超墓志、商爵、唐日光镜等收购或移交的文物共27件；9月17日，又接收省文管会移交汉印纹陶瓿、晋越窑豆、商贝等收购或捐赠的文物共46件。③

1953年，浙江博物馆接收杭州市房管处移交北宋定窑白瓷狮子舞球纹盘、北宋定窑白瓷双凤纹盘、北宋登封窑剔刻花瓷枕、清道光景德镇窑粉彩虫草花卉纹碗、清道光景德镇窑豆青釉地矾红团凤纹碗、清龙首形白玉带钩各一件。④

1954年4月16日，浙江博物馆接收省文管会移交石箭头、兰瑛松岳高秋大幅、晋越窑豆、汉三老碑拓本等文物287件。⑤ 7月15日，浙江博物馆接收省文管会移交元代"昏烂钞印"一方。⑥

1954年10月16日，浙江省文管会拟将鲁迅先生早年批阅过的《金石识别》一部（六册）及鲁迅先生手编的《生理学讲义》（一册），移交绍兴鲁迅纪念馆保存；拟将宁波天一阁旧藏明刊世德堂本《列子》一部（二册）移交宁波古物陈列所仍归天一阁保存。⑦

1954年10月27日，浙江博物馆接收省文管会移交徐易画陈良庵夫人像、陈洪绶画及石镰等文物7件。11月9日，浙江博物馆接收省文管

---

① 浙江省博物馆典藏大系《聚珍汇宝》，浙江古籍出版社2009年版，第51、62、77、78、193页。

② 黄莺：《浙江省博物馆系年》，北京图书馆出版社2007年版，第113页。

③ 1953年6月8日，浙江省立西湖博物馆改称为"浙江博物馆"。黄莺《浙江省博物馆系年》，北京图书馆出版社2007年版，第114页。

④ 浙江省博物馆典藏大系《聚珍汇宝》，浙江古籍出版社2009年版，第25、30、68、69、109页。

⑤ 黄莺：《浙江省博物馆系年》，北京图书馆出版社2007年版，第116页。

⑥ 同上书，第117页。

⑦ 浙江省文管会致函浙江省人民政府文化教育委员会：《为拟将有关鲁迅及天一阁书籍分别移交绍兴鲁迅纪念馆及宁波古物保存所请核事由》，1954年10月16日，浙江档案馆，档号：J159—4—15。

会移交铜刀、余姚窑印花盒、沈铨花鸟立轴等文物41件。①

1954年，浙江博物馆接收萧山县政府移交清陈源竹刻襄阳砚痴纹臂搁一件。②

1955年3月19日，浙江博物馆接收东阳县文化馆移交宋东阳《兰亭序》石刻一件。"传为初唐欧阳询所临摹本的石刻作品，属'定武兰亭'体系，是《兰亭序》刻石中最好的版本。石刻共28行，每行字数不一，字迹清晰，书法遒劲，其笔法、神韵接近王羲之的原作。是一块流传有绪的刻石。"③

1956年，浙江博物馆接收省文管会移交丁敬刻印等收购或捐赠的文物共344件。④

1956年9月18日，浙江省文管会致函浙江省文化局，称："兹有我会历年征集到的有关鲁迅先生纪念文物六件，移交给绍兴鲁迅纪念馆以协助充实他们此次举办鲁迅先生逝世廿周年纪念会的陈列品。业已办妥交接手续。""移交清单一份送请备案。"计有："大晚报，1936年10月19日，记载当日鲁迅去世各资料（一纸）；广州文化界追悼鲁迅先生特刊，1936年11月，（一册）；青年界（鲁迅纪念专辑），1936年11月，（一册）；鲁迅纪念专辑，四篇，1948年10月，（一册）；近代木刻选集，鲁迅主编（有序），1929年，朝花社印，（二册）。"⑤

1959年4月15日，浙江博物馆调拨给中国历史博物馆石锛、红陶鼎等文物211件，据"同日所制《浙江省文物管理委员会、浙江博物馆调拨中国历史博物馆清册》，本次调拨共305件，其余为省文管会与绍兴文管会藏品。"⑥ 1959年6月7日，《浙江日报》报道说：浙江省文管会会同浙江博物馆，精选三百余件革命文物和历史文物装运抵京，上缴给正在筹建中的中国革命博物馆和中国历史博物馆，补充这两个馆的陈列内容。⑦

---

① 黄莺：《浙江省博物馆系年》，北京图书出版社2007年版，第118页。
② 浙江省博物馆典藏大系《聚珍汇宝》，浙江古籍出版社2009年版，第189页。
③ 同上书，第181页。
④ 黄莺：《浙江省博物馆系年》，北京图书出版社2007年版，第122页。
⑤ 浙江省文管会致函浙江省文化局，1956年9月18日，浙江省档案馆，档号：J169—003—016。
⑥ 黄莺：《浙江省博物馆系年》，北京图书出版社2007年版，第150页。
⑦ 《本省上缴一批重要文物，将丰富中国革命、历史博物馆陈列内容》，《浙江日报》1959年6月7日第1版。

第四节　对海宁硖石蒋氏、朱氏藏书的收购

一　对海宁硖石蒋氏衍芬草堂藏书的收购

海宁硖石衍芬草堂为清代藏书家蒋光焴藏书处，是清末浙江规模较大、藏书较丰富的藏书楼之一。蒋氏历三代得各种珍善本十余万卷，聚藏于衍芬草堂中。

1951年5月11日，时任国家文物局局长的郑振铎致函浙江省文管会主任邵裴子，称："硖石蒋家的书，怕有散失，亟须先行接管。""请早日派几个人（或与浙江图书馆联系，请他们也派一、二人同去）。所有费用，华东文化部或文物局可以筹出。"①

5月14日，浙江省文管会报告浙江省文教厅，称：接中央文物局郑振铎局长来函，嘱"硖石蒋家的书，怕有散失，亟须先行接管。""请早日派几个人（或与浙江图书馆联系，请他们也派一、二人同去）。所有费用，华东文化部或文物局可以筹出。"经与省图书馆联系，称其因忙于接收南浔嘉业堂书籍，已派出4人，目前无法再派出人来。"兹经本会第卅五常委会决定：拟先派本会张任政委员赴硖石了解蒋氏藏书情况。""为求工作上便利起见，拟请钧厅令行海宁县人民政府知照并随予协助照料。"②

8月12日，浙江省文管会张任政委员赴海宁调查后报告称："八月八日上午了解蒋家藏书，地点在硖石西关厢蒋氏祠堂内之藏书楼。计有大小书箱六十只，内明刻本书约百种左右，每箱编定字号，箱门内粘有目录一纸，形式尚整齐。下午了解蒋家住宅内之藏书楼，计有大小书箱四十只（内有一、二箱未满），内有宋刻复印本三种（柳文音义、五代史详节、吕氏家塾读书记），明刻本百种左右，诗集传音释板片全部。所有书籍均编定字号，箱门内亦粘有目录。总计两处所藏约在一万册以上。"③

10月13日，浙江省文管会报告浙江省文教厅，称："对于蒋家藏书，

---

① 郑振铎致邵裴子函，1951年5月11日，浙江博物馆馆藏资料。
② 浙江省文管会报告浙江省文教厅：《为奉郑局长函对海宁蒋朱家两家藏书问题拟先派员了解请令知海宁县政府电》，1951年5月14日，浙江博物馆馆藏资料。
③ 浙江省文管会张任政委员赴海宁调查藏书报告，1951年8月12日，浙江博物馆馆藏资料。

中央文物局郑局长原主张一部分由政府收购,现郑局长在国外,是否须俟郑局长回国后由本会通知进行。目前暂照现状由蒋氏自行保管,县府随时监察。至是否可以没收一节,按本会初步了解,该批藏书并不专属于已经判刑之蒋雅举,又难以提出其中某一部分为蒋雅举所独有,似未能如此处理。"①

10月17日,浙江省文教厅下文浙江省文管会:"附送海宁县人民政府对该县藏书处理意见一份。"② 海宁县人民政府关于"硖石镇蒋家藏书"处理意见称:"蒋家原地主成分,因后裔六房,分家时由六房分散保藏,现多完整,并未散失,县里一再派人调查并通知不得损失。存硖石蒋家的约壹百箱,大都是清版书,明版书百余部,宋版书拾余部,据地方人士说,藏书中有全部老子道德经,是很名贵的。前蒋家代表人蒋雅举已病故,现代表人蒋鹭涛居上海愚园路。蒋家的书仍由自己保管,但由我们经常检查,以防散失。前据云中央文物局郑振铎局长有由国家收买的说法,终未见明文指示,至今搁置。""蒋家的书还是属于私人所有,如果由政府收买请即指示。款项来源,购买的书名最好由上级派来专家统一办理。"

1953年6月16日,浙江省文管会报告浙江省人民政府:"查海宁硖石蒋氏衍芬草堂藏书,已有近二百年历史,其中宋刊孤本、名人抄校之本,名闻全国者为数不少。自一九五一年以来,中央文化部社会文化事业管理局曾派员先后向蒋家洽购,至本月(六月)初,钧府文化教育委员会宋云彬副主任自北京致函本会郦承铨副主任,略谓中央社管局郑振铎局长拟以一亿元收购蒋氏藏书归国家所有,嘱代为接洽。旋又得宋副主任第二次信,谓社管局决定派赵万里南来办理此事,嘱我会与省立图书馆各派干部前往硖石协助点接。并云该批图书将来分别以一部分留浙江,一部分留华东,一部分归中央等语。"

6月17日,浙江省人民政府批复同意,并请省文化局予以协助。③

---

① 浙江省文管会报告浙江省文教厅:《为奉示对海宁朱蒋两家藏书令提意见以备讨论由》,1951年10月13日,浙江博物馆馆藏资料。

② 浙江省文教厅附送海宁县人民政府对该县藏书处理意见一份,1951年10月17日,浙江博物馆馆藏资料。

③ 浙江省文管会报告浙江省人民政府:《为代中央社管局接洽收购海宁蒋家藏书一事报请核备由》,1953年6月16日,浙江省档案馆,档号:J159—003—044。

6月23日，浙江省文化局下文海宁县人民政府，称："接省文物管理委员会一九五三年六月十六日函，关于代中央社管局接洽收购海宁蒋家藏书事，该会即派一干部陪同中央文化部赵万里前来你处。查硖石镇蒋氏衍芬草堂藏书已有近二百年历史。其中宋刻孤本、名人抄校之本，名闻全国者为数不少。希你县了解该蒋氏的情况，如无问题，则请协助赵万里同志等与其洽购。"①

6月30日，浙江省文委指示浙江省文化局："请你局对该项藏书收购工作予以协助。"②

7月1日，浙江省文管会张任政、王士伦对此次协助中央文化部社管局点运硖石蒋氏衍芬草堂藏书工作向浙江省文管会作出汇报。称："此次我们奉派协助中央文化部赵万里同志去硖石点运蒋家之藏书前后共计四天。运往杭州部分的书箱全部由我们负责贴封，然后由浙江图书馆负责装运。"六月"廿四日上午出发至硖石，下午即开始工作。廿四日下午与廿五日上午，主要是清点工作，地点在蒋家。张任政同志协助清点，接洽有关装运方面等问题。王士伦同志帮助将书及书箱由楼上搬至楼下，并稍参加一些造册工作。廿六、七日开始转至藏书在蒋家祠堂部分的清点装箱工作。廿六日我们两人全部参加清点蒋氏祠堂部分的藏书。视当时具体情况，因时间急促，由赵万里同志决定，除运往中央十二箱外，根据蒋氏原标字号，分成甲、乙两组，然后召集蒋氏原主及参加工作的同志当众抽签。华东部分由上海文管会孙同志代表抽签，杭州部分由张任政同志代表抽签。最后将抽得之'甲'或'乙'，即在书箱上写上，并编定号码，以便分别进行拼箱启运。廿七日张任政同志负责接洽有关装运等方面事情，王士伦同志负责运往杭州部分之书籍的造册工作，廿八日将运往杭州部分书箱全部贴封完毕。"③

10月10日，中央文化部社管局下文浙江省文管会，称："我局前收购硖石蒋氏衍芬草堂藏书一批，其中一部分书籍计陆佰肆拾壹种，共玖仟

---

① 浙江省文化局致函海宁县人民政府，1953年6月23日，浙江省博物馆馆藏资料。

② 浙江省人民政府文化教育委员会对浙江省文化局的指示，1953年6月30日，浙江省博物馆馆藏资料。

③ 浙江省文管会张任政、王士伦：《协助中央文化部社会文化事业管理局点运硖石蒋氏衍芬草堂藏书工作简报》，1953年7月1日，浙江省博物馆馆藏资料。

陆佰册，另附详目一份，已由赵万里同志点交你会。"嘱补办正式拨交手续。① 此批拨交书籍，经浙江图书馆点验如下：特藏，壹佰贰拾陆种，壹仟叁佰叁拾陆册；普藏，伍佰拾叁种，捌仟零贰拾册。总计陆佰肆拾玖种，玖仟陆佰伍拾陆册。② 至此，关于海宁硖石蒋氏藏书的收购工作基本完成。

二 对海宁硖石朱氏藏书的收购

朱氏为海宁望族，家富藏书，其后裔有朱至、朱昌燕等，为海宁藏书名家。1927年，费寅编撰《朱庐旧藏抄本书目》，著录有关海昌乡贤著述抄本就达约260种。朱昌燕藏书处计有"朝经暮史昼子夜集之楼"、"沙滨草堂"、"学易斋"、"衍庐"、"椒花后舫"、"拜竹龛"等多处，卒后，其藏书散佚。

1951年5月11日，中央文物局局长郑振铎致函浙江文管会主任邵裴子："硖石濮桥朱家的藏书，已和朱剑心先生（朱家藏书所有人）谈过，他愿意由公家整理，如捐献，他也同意，惟盼能出些费用，作为他先人的丧葬费，问他需要多少，他也说不出，但这是小问题，先行整理了再说。""所有费用，华东文化部或文物局可以筹出。"③

6月26日，浙江省文管会主任邵裴子报告浙江省文教厅，称：近日"朱剑心私人传来消息，得知朱家之书已于本月十日由海宁文化馆派沈某全部搬去。""按郑局长致我及郦委员函知，在沪时与朱剑心曾经当面接洽其藏书处理问题，并言其中尚有善本不少及其他文物，意极重视。"海宁文化馆此种行为，"是否适当，仰祈鉴核处理，并请赐示以资接洽为祷。"④

6月27日，朱剑心致函浙江省文管会、浙江图书馆，称："前者中央

---

① 中央文化部社管局来函，1953年10月10日，浙江省博物馆馆藏资料。
② 此批书籍实际入藏浙江图书馆。见《浙江图书馆收到中央文化事业管理局拨给硖石蒋氏衍芬堂书籍清册》，1953年7月，浙江省博物馆馆藏资料。
③ 郑振铎致邵裴子函，1951年5月11日，浙江省博物馆馆藏资料。
④ 浙江省文管会报告浙江省文教厅：《为关于海宁朱家藏书已由海宁文化馆搬去一节似与钧厅前次指示办法颇有出入特报请鉴核处理并示明由》，1951年6月26日，浙江省博物馆馆藏资料。

文物局郑局长振铎由杭返沪，为寒家藏书事，曾两次约谈，殷殷垂询，谓政府今日保存文物不遗余力，如宁波天一阁、南浔嘉业堂，咸已派员整理，俾弗散失；君如无力保存，愿意脱让，政府可以考虑云云。""剑即奉答：寒家先世藏书，本为邑中称道。惟抗战时期，尽室流亡，无法携出；迨胜利归来，则精华尽失；今兹所遗，仅明刊二十种，精刊五六十种，先人遗稿抄本三四十种，及其他版本约七八百种，共计一万册左右而已（实际或不止此数，目前无法确估）。今政府如此盛举，本应全部呈献，以表拥护之诚。惟念先人遗柩十余具，至今暴露野外（本安厝于先曾祖祠屋内，去年祠屋充作学校，遗柩遂致暴露），无力营葬。倘剑心将藏书呈献，而政府能拨付相当代价，俾将葬事办妥，亦为人子者应有之责。区区之私，当蒙郑局长首肯。并云当以此意函告杭州文管会及图书馆，请其善后处理。"郑局长"又询葬费约需几何，剑以不曾估计，未即答复。嗣函乡间询问，复称每具以百余万计，至少需千五百万之谱。""不意接乡间来信，谓硖石文化馆已于六月十日派沈同志到乡，将藏书全部装去，并剑心自置铅石印本千余册，必须留作参考用者，亦一并携去。"经再三考虑，提出若干意见如下："一、书籍碑帖既由硖石文化馆全部取去，请贵处迅即派员前往整理编目，以免散失。二、木版图书不论精刻善本，一律呈献，但请政府拨给先人葬费人民币一千五百万元。三、政府如不同意葬费名义，则用其他名义亦可。郑局长曾云可用奖励金名义。四、如政府均不同意，则惟有论书、论部估价出让，但希勿减于一千五百万元。五、本人自置铅石印本，亦在千数以上，请令硖石文化馆全部发还。或由本人选出必须保留之书，余数估价。六、书画卷轴，概不在捐献之内，此次硖石文化馆如有取去，务请发还。七、先人遗稿抄本，全部呈现，尤希妥为保管。""以上各条呈请政府核示，迅予赐复。"[1]

6月28日，浙江省文管会报告浙江省文教厅，称："兹据藏书所有人朱剑心来信所称，中央文物局郑振铎局长两次约谈，与其面洽，情形颇详。并提出意见七条，亦为具体恰当。特将原函照录抄本一份，随文附上，以供处理本案之参酌。至朱剑心所提'木版图书不论精刻善本，一律呈献，但请政府拨给先人葬费人民币一千五百万元'一节，是项图书将来恐尚有一部分须提运中央，所应拨给葬费（或奖励金）应由何处拨

---

[1] 朱剑心致函浙江省文管会、浙江图书馆，1951年6月27日，浙江省博物馆馆藏资料。

发，并祈鉴核裁示。"①

6月30日，浙江省文教厅下文海宁县人民政府，称："兹据私人传来消息，朱家藏书，已于本月十日由海宁文化馆派沈某全部搬去，究竟是否属实，特电催并案进行了解并提出意见，返速回报"②

7月2日，浙江省文教厅批复浙江省文管会，称："海宁朱家藏书问题，已通知海宁县府，待其情况汇报后，再行研究决定。"③

7月19日，浙江省文教厅下文浙江省文管会，称：已接海宁县人民政府汇报，"对于朱家藏书，据悉散失已多，故由文化馆派该馆沈悦康同志前去朱家用船搬取书籍约近万册（细数未点）。由于无人能分清识别，故尚未分类整理，现均保存在文化馆内。请文教厅派人来此，应留应舍，迅速处理。"云云。据此，省文教厅指示省文管会迅速派员前往处理此事。④

7月27日，浙江省文管会报告浙江省文教厅，称："经决定派本会张任政委员前往工作。"⑤ 并请开具致海宁县府公文以资接洽。

8月12日，张任政向浙江省文管会汇报称："本月七日前往海宁县人民政府接洽，说明此行任务并要求派遣人手，将该书略加排列。"旋由海宁县文化馆沈同志"领至文化馆察看，该书即堆存楼上之小房间内楼板上，大小数十捆，等候数小时，未见派人协助，遂无从着手鉴别。""此次委派任务，不能达到目的，原因：（一）县文管会、文化馆缺乏负责态度。（二）临时无人帮忙。（三）文化馆地点确实太小，无法展开。""朱家藏书堆存文化馆之大概内容：书籍，数十大捆，约计一万册左右；碑帖，数十种；拓片，两大捆；印章，一匣，三十枚；铅石印本书籍，约一

---

① 浙江省文管会报告浙江省文教厅：《为海宁朱家藏书已由海宁文化馆搬去一节兹据朱剑心来函转请鉴核处理示遵由》，1951年6月28日，浙江省博物馆馆藏资料。
② 浙江省文教厅下文海宁县人民政府：《电希并案了解海宁朱家藏书情况报厅候核》，1951年6月30日，浙江省博物馆馆藏资料。
③ 浙江省文教厅批复浙江省文管会：《为批复海宁朱家藏书等问题由》，1951年7月2日，浙江省博物馆馆藏资料。
④ 浙江省文教厅致函浙江省文管会：《对海宁县府处理朱家藏书请提意见由》，1951年7月19日，浙江省博物馆馆藏资料。
⑤ 浙江省文管会报告浙江省文教厅：《为准王秘书主任面洽遂派本会张委员前往海宁工作请备公文由》，1951年7月27日，浙江省博物馆馆藏资料。

千册。"①

8月16日，浙江省文管会就张任政委员调查一事报告浙江省文教厅并请求指示。②

10月7日，海宁县人民政府就对文物保管不力一事向浙江省文教厅作出检讨，并根据上级指示，在经过调查后提出以下意见供参考："朱家藏书运到县里来的部分，仍请上级派专家鉴别，有价值的由上级处理，其余由县陈列以免损坏，因目前发现鼠咬现象。"③

10月17日，浙江省文管会主任邵裴子对海宁硖石朱、蒋藏书收购经费一事提出意见称："经费问题，应由省文教厅决定通则照办。"④

10月19日，浙江省文管会报告浙江省文教厅，称："接钧厅秘字第一〇三六号笺函并附海宁县人民政府对该县朱家藏书处理意见一份。"按嘱提供意见如下："对于朱家藏书的鉴别一层，我会同意县拟办法办理。海宁方面必须准备人手帮同厅派人员动手拣选。惟该县文管会既无确定房舍，而文化馆按张任政委员了解房屋亦极狭窄，不易将该批图书摊开并事整理拣选。为使鉴别整理等工作做得更好起见，拟请将此项书籍全部提运来杭仔细拣选。图书部分由省图书馆保管，文物部分交由本会保管。"⑤至此，对海宁硖石朱家藏书的收购处理基本结束。⑥

第五节 "吴熙档案"的收购及相关评价

吴熙（1809—1872年），浙江钱塘人。清道光二十五年（公元1845

---

① 浙江省文管会张任政赴海宁调查藏书报告，1951年8月12日，浙江省博物馆馆藏资料。
② 浙江省文管会报告浙江省文教厅：《为遵派张委员前往海宁鉴别朱家藏书暨了解蒋家藏书，检奉报告一份，祈鉴核由》，1951年8月16日，浙江省博物馆馆藏资料。
③ 海宁县人民政府报告浙江省文教厅：《复本县对朱家藏书处理意见由》，1951年10月7日，浙江省博物馆馆藏资料。
④ 浙江省文管会主任邵裴子关于海宁硖石朱蒋藏书处理意见，1951年10月17日，浙江省博物馆馆藏资料。
⑤ 浙江省文管会报告浙江省文教厅：《为奉示对海宁朱蒋两家藏书令提意见以备讨论由》，1951年10月19日，浙江省博物馆馆藏资料。
⑥ 1952年，出于种种考虑，朱剑心最终将"寒家先世藏书及本人自置图书约壹万册左右"捐赠给浙江图书馆。朱家藏书中有不少善本，其中尤以明写本《明穆宗实录》70卷12册，世所罕见。参见李性忠：《浙江图书馆捐赠史述略》，《图书馆研究与工作》2007年第4期。

年），吴熙捐得试用知县头衔，被发派江苏，从此步入仕途。先后任知县、同知、盐运使、苏松太道兼江苏布政使等职。后官场失意，回到杭州，于同治十一年（公元 1872 年）去世。"吴熙档案"总量达 10 万余件，是解放后有关太平天国史料数量最多、最重要的发现，内容包括大量奏折照会、名人函牍、记事探报、海关厘金、军饷账册等，涉及清政府及太平天国的政治、经济、军事及外交各方面。此批档案因与吴熙官场生涯密切相关且由其本人搜集保存，故命名为"吴熙档案"。

一　"吴熙档案"的收购①

1953 年 2 月 10 日上午，浙江省文管会接到省图书馆馆长张宗祥电话，告知本市宝贻斋书店有太平天国史料出让，省文管会当即表示购买意向。当天宝贻斋书店老板严宝成送来《太平天国吉庆元、朱衣点等六十七人上天王的奏稿抄本》及"太平天国爽浦关关票"等 16 件，索价 70 万元。严透露此批史料购自本市文汇堂书店老板杜国盛，并云杜处还有货。经省文管会文物收购委员会讨论决定，为争取更多珍贵史料，照来价 70 万元收购。下午 3 点，严与杜一同到省文管会，带来满清反动军领用军火报销册、官弁花名册等。经协商以每斤 4 千元收进，共计 27 万 6 千元。省文管会并对杜进行说服，让他回去仔细检点，若再有类似史料，省文管会一并优惠收购。杜却表示一点也没有了。第二天（2 月 11 日）上午，严宝成又送来木刻印本《太平救世歌》、《太平军目》及《太平天国统理政务招讨左元帅陈谕》等 8 件，称昨晚从杜国盛处以 140 万元买进。严并谓之两种木刻本流传极少，索价 500 万元。经省文管会文物收购委员会讨论决定，以 370 万元把 8 件全部收购。2 月 12 日上午 10 时左右，文汇堂书店老板杜国盛送来《太平天国昭西洋番弟谕》抄本，《江南巡抚李鸿章通缉白斋文英文告示》、《浙江巡抚王有龄致江西布政司吴熙告急公文》及《帛书》等 6 件，索价 24 万元。经文物收购委员会讨论决定，照来价收购并动员他把其余藏匿的史料全部卖给省文管会。2 月 13 日下午，宝贻斋书店老板严宝成送来《白斋文向苏抚李鸿章借太平轮的英文笔据》，李鸿章

---

① 吴熙档案的收购过程主要参见华东行政委员会文化部吴瑾瑜、吕贞白《关于杭州发现太平天国史料事件的调查报告》，1953 年 3 月 28 日；浙江省文管会：《抢救太平天国史料经过报告》，1953 年 3 月 30 日，浙江省档案馆，档号：J159—003—043。

与吴熙关于此案往来的信札,以及英、法、美领事给吴熙等的信札共76件,索价70万元。经文物收购委员会审查讨论,照来价收购。

以上自2月10日起至13日止,浙江省文管会4天之间分5批购进天平天国文物及有关史料共106件又69斤,总价561万元。其中刻本《太平救世歌》和《太平军目》两书,据邓衍林辑《太平天国史料史籍集目》载:《太平救世歌》只有英国英伦博物院和法国巴黎各藏一本;《太平军目》三十四页本也只有德国柏林国家图书馆收藏一本。此两本书在国内第一次发现,其珍贵难得可想而知。此外大都为有价值的史料。

1953年2月28日,浙江省文管会接到密报,文汇堂书店老板杜国盛欲将另一批藏匿的太平天国史料出售与南京图书馆,南京方面业已来人接洽。省文管会秘书朱寿潜立即赶往文汇堂了解情况。经与南京方面协商,决定将此事上报华东文化部,由其定夺。华东文化部经研究,决定这批史料(共7箱2篓)亦由浙江文管会进行抢救,照价收购。文汇堂书店老板杜国盛有意欺瞒政府,意欲牟取暴利,被责令登报悔过两天。

1953年4月3日,所有被浙江省文管会收购的太平天国史料由浙江省文化局池志强科长会同省文管会沙孟海委员共同押运赴京上缴中央。至此,"吴熙档案"的收购工作全部完成。

二 关于"吴熙档案"收购的相关评价

1953年3月5日,浙江省文教委员会(以下简称省文委会)收到浙江日报社转来的读者朱明来信,反映浙江省文管会不了解实际情况,常向书商重价收买文献,给不法商人以可乘之隙,虚耗人民血汗,存在严重的脱离政治和人民的官僚主义,请重视查处,云云。

省文委会接信后将此事转交省文管会的上级主管部门浙江省文化事业管理局(以下简称省文化局)处理。3月18日,省文化局局长李微东致信省文管会邵裴子主任和郦承铨副主任:"最近在杭发现太平天国史料文献,业由你会向旧书商宝贻斋抢购。该项文献来源暨你会向该旧书商论价至购定后情况,拟请从详见告。又过去三年来,你会向旧书商抢购有价值之书籍,或向私人收购,如建设局陶瑾同志之转让信稿等经过情况,亦望一并示及!"[①]

---

① 浙江省人民政府文化事业管理局李微东局长致函浙江省文管会邵裴子主任、郦承铨副主任,1953年3月18日,浙江省博物馆馆藏资料。

3月28日，华东文化部吴瑾瑜、吕贞白完成《关于杭州发现太平天国史料事件的调查报告》并上报华东文化部。3月30日，浙江省文管会对抢救太平天国史料经过做出总结并报告省文化局。①

4月10日，省文化局回复省文委："一月来，本局曾几度从正侧面了解，调查文管会购买太平天国史料经过（中央对此事也颇重视，华东并曾派员来杭调查（见附件）。目前已告结束，文管会也作出总结（见附件））。根据调查结果，我局认为，文管会在抢救史料过程中采取的种种措施，基本是正确的，是应该的，故拟不加以处理。朱明来信留作今后文管会收购史料的参考。以上处理是否有当，呈请鉴核。"②

4月24日，中央人民政府文化部社会文化事业管理局致函浙江省文管会："查浙江省文化事业管理局及你会共同运送来京之太平天国史料一批，其中九箱业经中央文化部原箱接收，并由我局及你会沙委员会同加封，收据已付给押运人章同志带回。池科长及沙委员带交我局之资料四包（计五十四件），已由我局开具收据交池科长。另，上海文海书店交南京图书馆之上项史料的样本三十四种，已由该馆寄交我局。以上各件奉中央文化部指示全部先行暂交中央革命博物馆筹备处妥为保存。附浙江省文化局池科长带京太平天国史料清单一份。"③

4月25日，浙江省文委会致函浙江省政府办公厅及浙江日报社："关于浙江日报读者朱明反映文管会在购买太平天国史料中存在着官僚主义一信，业经省文化局调查了解清楚并提供了处理意见"，"文化局曾几度从正侧面了解调查，认为文管会在抢救史料过程中所采取的措施，基本上是正确的。但因限于人力，未能更深入地了解掌握情况，同时，过去对旧书商与摊贩的教育也是不够的，今已进行了检查并订出今后改进方法。按这样的情况，可不予处分。"④

---

① 华东行政委员会文化部吴瑾瑜、吕贞白：《关于杭州发现太平天国史料事件的调查报告》，1953年3月28日；浙江省文管会：《抢救太平天国史料经过报告》，1953年3月30日。以上见浙江省档案馆，档号：J159—003—043。

② 浙江省人民政府文化事业管理局函复浙江省文化教育委员会，1953年4月10日，浙江省档案馆，档号：J159—003—043。

③ 中央人民政府文化部社会文化事业管理局致函浙江省文管会，1953年4月24日，浙江省博物馆馆藏资料。

④ 浙江省人民政府文化教育委员会致函浙江省人民政府办公厅、浙江日报社，1953年4月25日，浙江省档案馆，档号：J159—003—043。

5月16日,《人民日报》以《浙江省最近发现了一批珍贵的太平天国史料》为题刊发消息,称:"浙江省最近发现了一批珍贵的太平天国史料。其中有关于叙述石达开后期军事活动的重要文件,满清政府和英、美、法等国勾结对抗太平天国的档案,以及当时所谓'督带常胜军苏松太道'吴煦和外国干涉者组织的所谓'常胜军'之间来往的公文和信札。此外还有太平天国印行的说明、太平军军事编制和各级将领旗式的'太平军目',宣传太平军宗教和政治的'太平救世歌'。这两种书都是原刻本,是研究太平天国历史的极珍贵的材料。"至此,"吴煦档案"正式面世,一时引起国内史学界的轰动。

5月18日,中央人民政府文化部下函浙江省文化事业管理局:"你局转来浙江省文管会报告悉。该会抢救革命文物,应予鼓励,并希今后继续注意革命史料收集工作。"①

"吴煦档案"是中国近代历史档案中极具特色且极重要的部分。1959年4月,文化部指令将"吴煦档案"11大箱,拨运南京太平天国历史博物馆,由著名太平天国史专家罗尔纲先生亲自主持整理工作。"吴煦档案"上限起于乾隆二十三年,下限迄于同治六年。按类别分成吴煦档案、江苏各衙门档案、浙江各衙门档案三大部类。它不仅是研究太平天国历史,也是研究中国近代经济史、外交史的重要史料。"吴煦档案"的收购,是新中国成立后国家在历史档案征集方面最重要的收获之一,浙江省文管会功不可没。

1960年,浙江省文管会在年度总结报告中指出:征集文物"不是为了保存而保存,而是为了继承和发扬,为了推陈出新,创造新文化提供资料"。因为文物"对于推动生产,鼓舞人民劳动热忱,鼓舞发明创造、技术革新,都有着积极作用"。②

---

① 中央人民政府文化部致函浙江省文化局,1953年5月21日,浙江省博物馆馆藏资料。
② 浙江省文管会:《1960年工作总结》,浙江省博物馆馆藏资料。

第八章
浙江省对古旧书刊（业）的保护、改造与安排

"旧书"一词的来源，大抵如浙籍书商王松泉所言：自"清末，西风东渐，新式印刷机器与装订方式的引进，出版物的大增，使出版逐渐独立，销售也开始有了新旧书之分。直到民国时期，旧书乃今之古籍之统称。"① 而"古旧书业"一词，则自1956年正式见之于官方文件并一直沿用至今。②

1960年7月12日，文化部、对外贸易部下发《文物出口鉴定参考标准》。其中明文规定不准出口的书籍包括三类："（一）一切木板印刷手抄的书籍以及批校本书籍（一九一一年以前的一律不出口）。""（二）辛亥以后存量不多的木板书及石印、铅印的完整的大部丛书，如图书集成，四部丛刊、丛书集成、万有文库等（一九四九年以前的一律不出口）。""（三）地方志、家谱、族谱（包括各种印刷的）（不论年代一律不出口）。"③ 以上三点规定似可看作新中国成立初期国家对珍贵古旧书刊实施

---

① 王松泉、王巨安：《杭州百年书肆记》，《杭州文史资料》，第27辑，《湖上拾遗》，杭州出版社2007年版。又，查阅2010年版夏征农、陈至立主编的《辞海》和2012年版中国社会科学院语言研究所词典编辑室编的《现代汉语词典》，对"旧书"一词的解释均包含有"古书"的内涵。

② 1956年2月21日，国务院向各省、直辖市、自治区发出《对私营古旧书业改造必须慎重进行》的电示通知，"古旧书业"一词正式见之于官方正式文件。（参见中国出版科学研究所、中央档案馆《中华人民共和国出版史料：1956》，中国书籍出版社2001年版，第89页）；1958年，文化部副部长郑振铎在《古旧书籍发行工作的意义、方针、任务、政策》一文中，针对当时我国为实行对私营图书业社会主义改造的现实必要，将被改造的古书店和旧书店混称为"古旧书店"，以利于政府有关部门对其进行行业管理。（参见《郑振铎文博文集》，文物出版社1998年版，第390—395页。）

③ 文化部、对外贸易部送发关于文物出口鉴定标准的几点意见，附：《文物出口鉴定参考标准》，1960年7月12日。国家文物事业管理局编《新中国文物法规选编》，文物出版社1987年版，第33页。

鉴定的初步标准。

新中国成立伊始，国家即致力于征集保护流散在全国各地的珍贵古旧书刊。1951年6月2日，中央人民政府轻工业部下发通报称："中央人民政府文化部丁燮林副部长报告：'近来发现有些纸厂收买旧书做纸浆原料，很珍贵的宋版书亦有在内销毁的。为了保护文物，希望通告各纸厂禁用旧版书做纸浆。'""纸厂用旧版书做纸浆原料，直接违背了政府保护历史文物的政策。特决定：'全国各地纸厂应一律禁用旧版书、科学书作纸浆原料，以保护文化遗产。'希望我部直属各纸厂遵照；各大行政区、省、市工业部门转知所属各公营纸厂，并转各地造纸业同业公会转知各私营纸厂一体遵照办理！"①

1961年3月4日，国务院发布《文物保护管理暂行条例》共18条。其中第2条第4小点明确规定：要保护"革命文献资料以及具有历史、艺术和科学价值的古旧图书资料。"②

新中国成立初期，浙江省秉承上述有关指示精神致力于本省境内古旧书刊（业）的抢购、保管、接收、改造及安排工作，使这一部分民族优秀文化遗产得以传承并发扬光大。

第一节　对古旧书刊的抢购

新中国成立初期，据文物调查显示，本省境内古旧图书的收藏量十分可观。迟至1961年，在经过多年征集之后，"根据绍兴、奉化、瑞安、黄岩、临海、东阳、衢县、永康、兰溪、建德、金华、义乌等十二个县的不完全统计，藏有古书三十余万册"③，与此同时，由于社会历史原因，"当时一般群众，不了解国家保护图书文物之政策，竟有讹传今后古籍旧书为无用者，人心未定，乃有纸业生产者运取名贵旧书毁为造纸与伞扇原料之

---

①　中央人民政府轻工业部通报：《禁用旧版书做纸浆原料》，1951年6月2日。国家文物事业管理局编《新中国文物法规选编》，文物出版社1987年版，第17页。

②　中华人民共和国国务院：《文物保护管理暂行条例》，1961年3月4日。国家文物事业管理局编《新中国文物法规选编》，文物出版社1987年版，第44页。

③　浙江省文化局：《关于古旧图书、史料和字画情况的检查报告（草案）》，1961年，浙江省档案馆，档号：J169—013—013。

事。"① 如"绍兴柯桥乡下有扇子手工作坊专收明版皮绵纸书本染黑作扇面子，运销东北，业务范围不小，可推知平时销毁明版书之数量一定不少。"② 浙江省古旧书刊的抢购工作意义重大。

1951年4月下旬，"中央文物局郑振铎局长、华东文物处唐弢副处长来杭，"③ 浙江省文管会将浙江省抢救古旧书刊的情况作了汇报。6月27日，华东文化部下文浙江省文管会，称："查华东各地区土改后，发现有大量废旧书报流出，或论斤售出，或制造纸浆，内中不乏珍贵史料，亟应审查征购，免遭散失而保文物。兹由我部汇来人民币一千万元，专备你处审查征购是项书刊之用，希即申请手续挈具印领寄部，并密切注意，随时征购，将办理情形具报备查。"④ 7月4日，浙江省文管会报告称："查浙省土改后，时有大量废旧书刊，任其毁损，殊属可惜。本年四月间文物局郑局长来杭，曾嘱本会征购，以免散失，当时以无款可办，即由郑局长商请钧部指拨专款，以资应用。该项经费一千万元，已于六月二十三日收到。除随时征购外，理合填具收据，随文送请查核。"⑤

接中央文物局及华东文化部指示并抢购专款后，浙江省文管会即行筹办以下三事：其一，"代办府稿请省府发文至各专署、县市政府，转知中央文化部指示'处理各地土地改革中收集的文物图书办法'并结合本省具体情况指示两点通饬执行。"其二，与杭州市人民政府税务局联系，"凡行住商出售旧书废纸报税时，嘱其先向我会申请检查，如无保存价值准其出售，填发证明书，俾持往税局报税；如有保存价值，即由我会收购，亦给予证明，同样前往缴税。利用交税手续在旧书的流动中设法抢救。"其三，"邀集旧书废纸从业人举行座谈会，目的是教育他们重视民族文化遗产，并对于我会抢购旧书及对于旧书废纸流动的检查办法交换意见。"⑥

---

① 陈训慈：《贩书经眼录序》，严宝善编录：《贩书经眼录》，浙江古籍出版社1994年版。
② 《浙江省人民政府文物管理委员会一九五二年抢购旧书总结》，1953年1月19日，浙江省博物馆馆藏资料。
③ 浙江省文管会：《一九五一年度工作总结报告》，浙江省博物馆馆藏资料。
④ 华东军政委员会指示：浙江省文管会"奉拨专款办理抢救旧书工作"，1951年6月27日，浙江省博物馆馆藏资料。
⑤ 浙江省文管会报告华东军政委员会文化部：《为呈送征购旧书费收据请查核由》，1951年7月4日，浙江省博物馆馆藏资料。
⑥ 浙江省文管会：《一九五一年度工作总结报告》，浙江省博物馆馆藏资料。

1951年10月30日，浙江省文教厅下文浙江省文管会，称："接华东文化部来电，云宁波造纸业联购处收有大批古书，内有明版珍籍，准备运往奉化棠岙制造纸浆。令我们迅即设法抢救保存。特此转知。请即派员去该地协同宁波市文教局、专署文教科查明处理，妥加保存。"① 10月31日，浙江省文管会致函宁波专员公署文教科、宁波市文教局："兹介绍本会陈训慈、张任政二委员前往你处了解文物管理情况，希予指教协助为荷。"② 11月1日，陈等抵达宁波奉化县棠岙乡的"纸业生产合作社"。先"与之讲明政策：不能以旧书纸作为纸业原料，依法应由公家检购（如杭市一样，加成论斤计价）。当即在该社仓库中拣选到大量明刻残本与其他有用古籍（其中仅明万历内府刻本《大明会典》一书，检得一百十一册，即全部只缺九册，其他明刻残本尚多）。经照来价加成计价为旧人民币二十六万元（现值即为二十六七元）。以后又检购到元至治刻本《通志》二十六册。"③ 此事在1952年12月14日浙江省人民政府通报稿中也有提及。④ 1985年《文物》杂志刊文《全国拣选文物展览巡礼》，其中说：此次展出"古籍中最珍贵的善本书是元至治二年（1322年）刻本《通志》。它们是浙江省文管会陈训慈先生于五十年代自浙江奉化一纸业作坊中拣选的，一共二十六册，在浙江省是孤本。同时拣出的还有明万历十五年（1587年）内府刻本《大明会典》一百一十册和其他善本书共三百余册。"⑤

1951年陈训慈、张任政赴宁波抢救的古旧书刊除上述《大明会典》和《通志》外，尚有以下两部分：1. 在宁波棠云乡造纸业购销处购得以下书籍：明刻《礼记注疏》十六册；明刻《春秋注疏》十一册；明刻《资治通鉴纲目》四十九册，等等。以上共计明刻残本卅种，计书二百八十四册。此外有明清间日本旧刻本、残本四种，计三十五册；旧抄本三

---

① 浙江省文教厅致函浙江省文管会，1951年10月30日，浙江省博物馆馆藏资料。
② 浙江省文管会致函宁波专员公署文教科、宁波市文教局，1951年10月31日，浙江省博物馆馆藏资料。
③ 陈训慈：《自述小传》，浙江图书馆编，王效良、苏尔启主编《陈训慈百年诞辰纪念文集》，北京图书馆出版社2006年版，第585—590页。
④ 《浙江省人民政府通报稿》，1952年12月14日，浙江省档案馆，档号：J039—004—004。
⑤ 孟宪珉、赵力华：《全国拣选文物展览巡礼》，《文物》1985年第1期。

种，计四册。以上合计三百二十三册。2. 在奉化棠云乡东江纸业联购处宁波办事处购得以下书籍：明世德堂刻本《列子》（卷一、卷二）共一册；明天启刻本，胡宗宪撰《筹海图编》，残存八卷，共八册；清嘉庆四年抱经楼刻本，清卢登焯撰《卢氏抱经楼日课编》，全四册；清光绪五年镇海县刻本，清俞樾撰《光绪镇海县志》，残存卅三卷，共十三册；民国十五年定海旅沪同乡会排印本，近人陈训正、马瀛纂《民国定海县志》共六册。以上书五种共三十二册，计十四斤，作价二万四千六百元。①

1951年12月11日，浙江省文教厅下文浙江省文管会，称："你会这次派陈训慈、张任政二委员赴甬抢购古书，除获得一定成绩外，并能积极提出处理意见，这是很好的。我厅已将经过情况简报华东军政委员会文化部备查。关于今后文物管理事宜，接受这次抢购经验，同意你会所提之意见，并请你会起'府稿'会稿工业厅及我厅，呈请省府通报全省各县一致引起重视。"②

1951年12月24日，浙江省文管会报告华东文化部，称："钧部一九五一年六月二十九日函并汇拨人民币一千万元专备我会审查征购论斤出售或制造纸浆之旧书刊中的珍贵史料等用。""该项抢购旧书刊工作于七月间布置展开以来，已收获了一些成绩。兹以一九五一年度行将届满，先行作出总结。""按杭市及各县旧书流出高潮，系在去年土改开始以后至今年三四月间，现高潮虽已过去，但这股洪流尚未缓和下来，自应继续不断伺机收购，不能因年度结束，遂令中止。现前项专款已用去二百七十九万一千五百元，尚余存七百十九万五千一百元，如照一般节约公款同样处理，至年度结束一律交库，则年后抢购工作势须停顿，况宁波方面现正与该市文教局及古物陈列所加紧联系，积极展开之际，一经停顿，旧书遭损之严重情况复炽。"请钧部视"实际情况，准予将前项余款下年度继续拨给作为抢购旧书刊经费。倘款尽而工作尚未结束，当再请续拨办理。"附上《浙江省人民政府文物管理委员会一九五一年度抢购旧书总结》

---

① 陈训慈、张任政：《奉派赴宁波抢购古书工作经过报告》，1951年11月12日，浙江省博物馆馆藏资料。

② 浙江省文教厅：《为业将你会赴甬抢购古书经过简报华东文化部备查由》，1951年12月11日，浙江省博物馆馆藏资料。

一份。①

据浙江省文管会1951年度抢购旧书总结称："自七月开始至今，由于有关机构的协助和工作同志的努力，这六个月来，搜购了旧版书和旧报纸等共一六〇一册，二三七斤。而且旧版书中明刻本有九〇七册，占全数百分之五六·七。"②

1952年2月27日③和3月18日④浙江省文管会两次报告华东文化部，要求"将上年度奉拨抢购旧书专款结余七百二十万四千七百五十元留作一九五二年度抢购旧书经费。"以便随时抢购"革命文物、珍贵史料和珍本书刊。"3月29日，华东文化部批复浙江省文管会，称："关于你会一九五一年度抢购旧书专款结余七百二十万四千七百五十元，我部同意保留至一九五二年继续抢购旧书之用。"⑤

1951年7月至1952年8月，浙江省文管会抢购书报计有：

1. 明刻本849册。其中精品有：明万历大字本《大明会典》111册（缺1卷）；明嘉靖刻《文献通考》100册（全）；明嘉靖刻《文文山集》10册（全）；经厂本《文献通考》90册（缺10册）；明抄本《说郛》26册。

2. 精刻本156册。其中精品有：《白沙子集》5册；《王右丞集》9册；《通雅》32册。

3. 精（旧）抄本14册，其中有《厦门志》12册；《皇明四朝成仁录》1册。

4. 稿本，邵晋涵《宋元事鉴》60册。

5. 批校本9册，其中有鲁迅批阅《金石识别》6册。

6. 年谱、传记、日记共534册。

7. 方志及文物参考书623册。其中方志45种；文物参考书75种；杂

---

① 浙江省文管会报告华东军政委员会文化部：《为呈送抢购旧书刊工作总结并请准将余款留作一九五二年度抢购经费祁核准由》，1951年12月24日，浙江省博物馆馆藏资料。
② 浙江省文管会：《一九五一年度抢购旧书总结》，浙江省博物馆馆藏资料。
③ 浙江省文管会报告华东军政委员会文化部：《为再请准将上年度抢购旧书专款结余七百二十万四千七百五十元拨作本年度抢购经费由》，1952年2月27日，浙江省博物馆馆藏资料。
④ 浙江省文管会报告华东军政委员会文化部：《为近日旧书涌到请迅将上年度结余款拨充为本年度抢购旧书经费由》，1952年3月18日，浙江省博物馆馆藏资料。
⑤ 华东军政委员会批复浙江省文管会：《同意将上年度抢购旧书专款结余数保留至一九五二年度继续应用由》，1952年3月29日，浙江省博物馆馆藏资料。

志 288 册，多数为东方杂志。

8. 报纸 235 斤，鲁迅创刊之越铎报。

以上总计 2559 册又 235 斤。①

1952 年，浙江省文管会抢购旧书计 2977 册及零星杂件。其中有隆庆复明弘治本晞发集 3 册，正德刻的碧山乐府和沂东乐府各 1 册等，"全部都是很难得的。""此外还有成批的年谱和日记也是搜非易的史料。"②

1953 年 1 月 3 日，浙江省文管会报告华东文化部，称："你部一九五二年三月二十九日批复，一九五一年度抢购旧书专款结余七百二十万零四千七百五十元，同意保留至一九五二年继续支用等因。在五二年度内，是项经费共计支出二百八十七万二千六百元，结余四百三十三万二千一百五十元。兹届年度终了，填具留用年度申请表四份，报请审核批注意见并将第一、四两联发还，以便向银行办理手续，五三年度可以继续收购。至五二年度经费报销，当另行造送，并予陈明。"③

1953 年 1 月 16 日，华东文化部批复浙江省文管会，称："关于一九五一年度抢购旧书专款，你会在一九五二年已申请保留继续支用，在保留一年中，你会并无大宗抢购，而将国家资金停滞达一年之久，根据华东财政部年终清理的规定，无特殊原因，不得申请保留，且一九五三年国家建设需要大量资金，故不能将资金再行停滞，所请将抢购旧书款再保留至一九五三年支用，本部不同意。"④

1953 年 1 月 19 日，浙江省文管会再次报告华东文化部，称："一、一九五二年度我会办理旧书抢购工作业已做出总结，送请鉴核。二、在一九五二年度以前所有收购旧书报拟除革命文献及有关文物参考用书酌留我会外，其余善本、稿本、抄校本及报刊杂志一律移交浙江省立图书馆保存，是否可行，当祈核示遵行。"并附《浙江省人民政府文物管理委员会

---

① 《浙江省人民政府文物管理委员会抢购书报统计表》（1951 年 7 月至 1952 年 8 月），浙江省博物馆馆藏资料。

② 《浙江省人民政府文物管理委员会一九五二年度工作总结》，浙江省博物馆馆藏资料。

③ 浙江省文管会报告华东行政委员会文化部：《填送收购旧书经费结余留用申请表请审核发还由》，1953 年 1 月 3 日，浙江省博物馆馆藏资料。注：1953 年 1 月 1 日起，"华东军政委员会"改为"华东行政委员会"。

④ 华东行政委员会批复浙江省文管会，1953 年 1 月 16 日，浙江省博物馆馆藏资料。

一九五二年抢购旧书总结》一份。①

　　据浙江省文管会 1952 年度抢购旧书总结称："本年度的旧书抢购工作，经呈奉华东军政委员会文化部核准将上年度积余的抢购旧书专款七百二十万四千七百五十元保留至一九五二年继续支用，因此，本年度抢购工作得以照旧进行。""在本年度抢购书报中，有两批不是用称斤计算方法购进的，而是酌情变通用点册数来计算。一批是浙江大史学家邵晋涵的'宋元事鉴'稿本六十册，那旧书店认为照一、二千元一斤算太吃亏，希较多一点的价格才肯出卖，而这部又是未刻稿本，所以我们酌情变通以每册七千五百元，总价四十五万元购进的。又光绪杭州府志稿九十九册，价二十万元，每册合二千零二十元。又一批是一位浙江大学教授因调职到北京工作，把历年所搜集的大批名人年谱、传记售于书贾就此分散觉得可惜，来我会商情收购又希望价格能较称斤计算稍高，我们研究结果，认为这一大批年谱传记有关史料，搜集不易，就用点册计算方法决定每册以一千五百元及七百元分别计算予以收购。这两批虽不是称斤收购但也接近于称斤的价格，稍稍多出一些钱，能收得如上一类书籍，还是符合政策的。""这一年中的抢购工作，得到本市及宁波、绍兴方面有关单位的协助，总共收进了旧书报二千九百七十七册。其中善本如明弘治刻的睎发集，正德刻的碧山乐府和沂东乐府，隆庆天中记，嘉靖的文文山集全部，及抄本中如明抄说郛、册府元龟，稿本如邵晋涵的宋元事鉴稿（全），光绪杭州府志清稿（缺一册），此外历代名人年谱传记二百余种，方志及金石参考书等也不少。"②

　　1953 年 2 月 5 日③和 2 月 25 日④，华东文化部两次批复浙江省文管会，称："接一九五三年一月十九日报告暨一九五二年度旧书抢购工作总结已悉。你会对于旧书抢购工作，是有一定成绩的。""所请抢购旧书经费，可径请你省文化事业管理局核拨。"

---

①　浙江省文管会报告华东行政委员会文化部：《为报送一九五二年度旧书抢购工作总结有关问题请核示由》，1953 年 1 月 19 日，浙江省博物馆馆藏资料。
②　《浙江省人民政府文物管理委员会一九五二年抢购旧书总结》，1953 年 1 月 19 日，浙江省博物馆馆藏资料。
③　华东行政委员会批复浙江省文管会：《你会对于旧书抢购工作报告应先报请你省文化局核办，一切问题并须先行请示省局决定》，1953 年 2 月 5 日，浙江省博物馆馆藏资料。
④　华东行政委员会批复浙江省文管会，1953 年 2 月 25 日，浙江省博物馆馆藏资料。

4月29日，浙江省文管会报告浙江省文化局，称："查我会办理旧书业务，前于一九五一年六月间奉华东文化部物字第九〇一二号函并拨专款一千万元径饬办理在案。是项专款用至一九五二年度结束，结余四百三十三万二千一百五十元，我会曾以拟将该项余款仍留作一九五三年度抢购经费，及五一、五二两年所收旧书除一小部分留会作为参考用书外，其余大部分旧书报刊均移交省立图书馆保存两个问题先后请示华东文化部。之后，对经费留用一点奉批不同意，并指示应向你局核拨，对旧书移交问题未有指示。惟我会对于经办此案作一结束处理起见，特再度提出意见：拟将一九五二年十二月底以前由华东拨款抢购进的旧书杂志五千余册，报纸二百余斤，其中除革命文献及有关文物参考用书酌留本会外，其余善本、稿本、抄校本暨报刊杂志一概移交浙江省立图书馆保存，是否可行，函请转呈华东文化局指示遵行。"①

5月12日，浙江省文管会将自1951年起至1952年止，经办抢购而得的旧书报刊移交浙江省立图书馆。计：1. 明刻、清初刻及钞稿本共167种，1634册。2. 普通刻本共229种，1051册。3. 报刊共26种，355册，又235斤12两。②

1954年1月31日，浙江省文管会邵裴子主任就1951年华东文化部拨款一千万元作为"审查征购称斤出售之旧书报刊之用"的经费使用情况报告华东行政委员会文化局。称："关于五一、五二两年办理情况，曾先后于每年年度终了做出总结呈报钧局核备；又前项专款用至五二年度终了，结余肆佰叁拾叁万贰仟壹佰伍拾元，亦经由人民银行主动上缴各在案。""至于以上两个年度抢购到的旧书报刊处理问题，""除将其中有关革命史料及文物参考用书共伍佰玖拾壹种计贰仟零玖拾捌册又壹纸贰束留存本会备用外，其余善版图书及报刊等肆佰贰拾贰种计叁仟零肆拾册又贰佰叁拾伍斤拾贰两（报纸）已于上年（一九五三年）五月十四日移交浙江省立图书馆接收。关于留存本会备用部分，以本会图书馆资料室人手缺

---

① 浙江省文管会报告浙江省文化局：《为我会在五二年十二月曾以前所购旧书报刊除一小部分留会外其余均移交省立图书馆请转请华东核示由》，1953年4月29日，浙江省博物馆馆藏资料。

② 《浙江省人民政府文物管理委员会自一九五一年起至一九五二年止经办抢购旧书报刊移交浙江省图书馆清册》，1953年5月12日，浙江省档案馆，档号：J169—006—029。

乏，至最近始得整理造册告竣。"并附留存及移交清册各一份。①

至此，自1951年7月至1952年年底，历时一年半，由华东文化部下拨一千万元专款用以抢救浙江省境内古旧书刊的工作基本结束。

上述抢购工作结束后，1953年4月15日，中央人民政府文化部社会文化事业管理局下文各省市人民政府文化局，称："据报近来各地区仍有破坏旧书及用旧版书籍作包皮纸用的现象，拟请你局即通知你省文物管理委员会，在业务费内斟酌各该地方情况划出专款，加强收购旧书工作，并按季度将收购情况转报我局。"②

4月29日，浙江省文管会报告浙江省文化局，称："案奉中央人民政府文化部社会文化事业管理局一九五三年四月十五日抄送函一件，嘱在业务费内斟酌各地方情况，划出专款，加强旧书收购工作。并按季度将收购情况转报等因，查我会办理抢购旧书业务，在一九五一及五二两年，系由华东拨给专款办理。本年度起即在省拨文物收购费内动支。以前四个月随购随支并未划定专款，兹奉前因，遂即于每月文物收购费内划定五十万元为收购旧书专款。依照过去情况，经常收购此数已是敷用，如遇特殊的大批收购，如此次抢购太平天国史料一事，当另予汇报请追加预算，当否尚请核示。"③

5月7日，浙江省文化局批复浙江省文管会，称："你会本年四月二十九日函悉。关于在每月收购费内划定五十万元为收购旧书专款事，我们研究后可先试行三个月（五、六、七月），特此函复希即洽照。"④

截至1954年浙江省文管会抢购到的旧版书计有6022册（件），旧报1095斤和其他史料729斤。⑤

1955年4月15日，慈溪县文化馆将古书等四千八百三十五斤卖给宁

---

① 浙江省文管会报告华东行政委员会文化局：《为奉令办理五一、五二年度抢购旧书一案检同移交及留存清册各一份送请核备由》，1954年1月30日，浙江省档案馆，档号：J169—006—029。

② 中央人民政府文化部社会文化事业管理局函，1953年4月15日，浙江省博物馆馆藏资料。

③ 浙江省文管会报告浙江省文化局：《为遵中央社管局函示我会自五月份起在文物收购经费内划出五十万元为收购旧书专款当否请核示由》，1953年4月29日，浙江省博物馆馆藏资料。

④ 浙江省文化局批复浙江省文管会：《为复关于划出每月收购旧书专款的意见由》，1953年5月7日，浙江省博物馆馆藏资料。

⑤ 《浙江省文物管理委员会五年来工作报告》，1955年7月1日，浙江省博物馆馆藏资料。

波废纸商，"幸出卖后经宁波古物陈列所范同志选拣，将有价值之古书八十四本出资收购，减少了对古文物的损失。"① 此次经抢购得以保存的古书计有："嘉祐集，明弘治刻本，4本；杨椒山集，日本刻，4本；漱玉词，1本；余姚县志，清光绪本（缺），14本；楚辞灯，4本；离骚正音，康熙旧刻，1本；藏书纪事诗钞本，3本；铁琴铜剑楼书录，5本；南雷文约，5本；湛园未定稿，6本；天童寺志，4本；董孝庙志，4本；白沙子全集，4本；戒疏发隐，4本；横山初集，2本；温飞卿集，2本；拟明史乐府，1本；唐诗归，9本；信稿，2本；篆囡，1本；白石道人诗集，4本。"② 此事经披露后，6月22日，浙江省文化局通报全省对慈溪县人民政府予以严厉批评，③ 并指示慈溪县人民政府"关于现存宁波废纸商的数百斤旧书的处理问题，应会同宁波市工商局、文教局、宁波市古物陈列所等有关部门作进一步检查，将其中有价值的书及其他有关历史文化资料等书籍作价捡还。"④

1955年，浙江省文管会在杭州旧书商店摊贩及废纸行号的检查中挑出有保存价值予以收购的计有旧书792册；史料17件。⑤

1958年后，公私合营的杭州古旧书店"先后从绍兴纸扇作坊抢救出清康熙、乾隆年间大本皮纸《华氏（华佗）家谱》稿本数册；从乌镇炮仗作坊抢救出明版小说、志书60余斤；在绍兴废品店抢救出绍兴知府和山阴、会稽知县搜捕革命党人秋瑾的呈文，杭州府署信稿和有关中英鸦片战争的文稿等，这些都是国内外仅存的珍稀文献史料，对史学研究具有极为重要的参考价值"。⑥

综上所述，浙江省对古旧书刊的抢购工作取得阶段性成果。

---

① 慈溪县人民政府报告浙江省文化局：《关于出卖旧书问题处理经过报告》，1955年4月15日，浙江省档案馆，档号：J169—007—025。

② 慈溪县文化馆报告，1955年3月29日，浙江省档案馆，档号：J169—007—025。

③ 浙江省文化局：《关于改进和加强旧书保护工作的几点意见，希各地研究执行》，1955年6月22日，浙江省档案馆，档号：J169—007—025。

④ 浙江省文化局对慈溪县人民政府报告的批复，1955年6月22日，浙江省档案馆，档号：J169—007—025。

⑤ 《浙江省文物管理委员会一九五五年度工作总结》，浙江省博物馆藏资料。

⑥ 朱友伦：《忆杭州古旧书店》，政协杭州委员会文史资料委员会编《杭州文史资料》第18辑，杭州出版社1993年版，第67页。

第二节　对古旧书刊的保管与接收

　　如上所述，新中国成立初期，由于社会历史等原因，浙江省境内古旧书刊被损毁事件时有所闻。虽经抢救性保护，但问题依然存在。1954年3月24日，浙江省文管会报告浙江省文化局，称"查本省各市县私人家藏图书无人管理，或听任损毁虫蛀鼠咬，或论斤出卖捣作纸浆。其已由政府接管的也都有乱堆乱放任其散失的情事。此中往往存在着善本、珍本与名人手稿等，非常可惜。""绍兴县安昌镇天官第沈家大批藏书已经政府封存尚未处理，竟为乡村干部勾结坏分子四次盗卖了不少珍贵图书文物。""上虞松厦连家藏书数量极多，其中善本部分虽已由浙江图书馆接收保管，但大部分图书尚存储当地，乡政府未经处理。""黄岩县文化馆收集到古书四十余橱，因无处存放，寄存在人家廊下，损失堪虞。"[①]

　　有鉴于此，1954年浙江省文管会提出妥善处理各县积存旧书的5点建议："（一）各市县文化馆同志应负调查了解及与当地文教科（局）联系帮助处理的责任（有文物管理组织的地方由该组织负责，有图书馆的地方，并由该馆共同负责）。市县文教科（局）应负解决处理的责任。（二）各地旧书以就地保管为原则，必要时运到就近适当地点集中保管。（三）由省文物管理委员会提供初步整理、保护方法，经常负责指导。（四）由浙江图书馆随时派员协助整理及编造书目。（五）放置房屋以公共处所为原则，必要时借用民房。"[②]

　　5月13日，华东文化局就"无锡市旧书店出售旧书充作包装泥人"一事发文至华东各省文化局，要求"保护祖国文物与典籍"。[③]

　　6月10日，浙江省文管会再次致函浙江省文化局，称："接你局一九五四年五月二十四日函，转示华东文化局对于抢救旧书废纸提出参考意见三点，嘱结合具体情况研究办理。查我会于五一年度起，在杭州市已开始

[①] 浙江省文管会报告浙江省文化局：《为提供处理各县积存旧书的意见请酌夺由》，1954年3月24日，浙江省档案馆，档号：J169—006—029。

[②] 浙江省文管会报告浙江省文化局：《为提供处理各县积存旧书的意见请酌夺由》，1954年3月24日，浙江省档案馆，档号：J169—006—029。

[③] 华东行政委员会文化局：《函为无锡市旧书店有出售旧书充作包装泥人情事请注意检查》，1954年5月13日，浙江省档案馆，档号：J169—006—029。

进行旧书废纸抢救工作，运用办法与华东所提（一）、（二）两点相同，并经常派人至旧书店铺、杂贩及废纸行号进行检查选购。此外在宁波、绍兴、奉化等处，亦先后组织地方力量进行工作。惟对于所提（三）'其具体工作可由当地图书馆负责进行，如有大批发现或当地无力收购时，可即报请省文管会派员审查处理'一点没有这样做。""又四月间，中央社会文化事业管理局负责人来杭在浙江图书馆讲话，对于旧书保护抢救工作极为重视。我会原已计划将此项工作列为本年度工作重点之一，只以人力限制，至今未能积极加强；希望照华东所提意见由当地图书馆负责进行，或与我会配合进行，似可更好地完成这一重要任务。""查我会曾于本年三月二十四日以函提供处理本省各县文化馆、乡村政府积存旧书的意见请酌夺处理一节，是否可与此案合并研究，并以你局为主体，再邀集浙江图书馆等有关机构与我会共同商讨，定出一个具体办法积极执行之，尚请察酌处理为荷。"①

1955年6月22日，浙江省文化局发文至各县市人民政府、浙江省文管会、浙江图书馆，通报1954年10月慈溪县文化馆出卖古书一事，并对浙江省今后如何改进和加强古书保护工作，提出5点意见："一、各地文教部门应组织有关人员进行文物法令知识的学习，首先对当前旧书保护情况进行一次检查，并将现有旧书及保藏情况告诉省文管会和浙江图书馆。二、根据当前人力及经济条件，各地旧书一般均以就地保管为原则（必要时运到就近适当地点集中保管），但须将是项书籍安置在高燥的地方，最好是楼房，用旧木箱和书架安放（根据需要，在夏秋间进行暴晒），防止霉烂和虫蛀。三、应充分发挥各地有利条件，如组织懂得旧书或对旧书爱好者，在业余自愿原则下进行有关的宣传保护工作。四、各地文教部门应会同工商行政部门加强对废纸商、旧书摊贩的教育和管理工作，严防旧书遭受损失。五、如发现有毁坏旧书之情况，应迅予阻止，并即将情况上报。"②

自1955年后，浙江省古旧图书的保护工作取得很大成绩，然而"由

---

① 浙江省文管会致函浙江省文化局：《为承转示华东文化局对于抢救旧书提出意见三点嘱研究办理一节，拟陈意见复请察酌处理由》，1954年6月10日，浙江省档案馆，档号：J169—006—029。

② 浙江省文化局：《关于改进和加强旧书保护工作的几点意见，希各地研究执行》，1955年6月22日，浙江省档案馆，档号：J169—007—025。

于对保护文物的重要意义还认识不够，因而在古旧图书、字画的保管、收购、流通等方面还存在着一些严重的问题。"① 1961年5月15日，中共浙江省委宣传部下文指出："根据国务院的指示精神，结合我省具体情况，我们认为必须进一步加强对古旧图书、史料和字画的保护和管理工作，使祖国优秀的文化遗产在社会主义建设事业中更好地发挥作用。"特提出以下5点意见："一、省、地、市、县应该立即组织力量，有重点地对古旧图书、史料和字画进行突击抢救，并迅速采取有效措施，防止继续损坏，认真做好防火、防风、防洪、防虫、防霉等工作。二、根据古旧图书、史料和字画的不同性质，分别加以整理登记，编目造册，在初步整理的基础上进行鉴定，分清真伪，拟定保存办法。在当地不能鉴定的珍品，可以送专区或省文物部门帮助鉴定。各市、县所存古旧图书、史料和字画目录应抄报省文化局与专署文化行政部门。对于其中的善本和珍品，尤应加强保管。三、各级文化行政部门及有关保管部门必须切实负责保管好所藏的古旧图书、史料和字画，订出管理制度，严格遵守。对藏书较多的镇和人民公社，各市、县文化行政部门应协助和指导他们做好保管工作。积存在政法、财政等部门的古旧图书、史料和字画，应当移交给文化行政部门统一保管。在文化行政部门尚未接受之前，各部门应指定专人妥为保管，准备移交。四、各地收藏的具有一定价值的古旧图书、史料和字画，严禁擅自出卖。对于某些图书史料以及一部分复本，可以有领导有计划地进行调配交换，互通有无，互补不足。经过整理的古旧图书和史料，除文化部门保管外，可根据情况抽调一部分图书充实当地的地、市、县委调查研究室和宣传部的图书馆，并适当照顾各有关专业单位的需要。五、各级文化行政部门应该经常注意收集本地的府、县、乡、镇、寺庙等各种志书、家谱、本地人的著作等地方文献和资料，特别要重视革命史料的征集，以利革命史与地方史研究工作的开展。"本文件并附有浙江省文化局制定的《古旧图书、史料和字画保管简则》一份。②

在上述一系列政令条例指导下，新中国成立初期，浙江省为"保护

---

① 中共浙江省委宣传部：《关于古旧图书、史料和字画的保管情况和今后加强保管工作的意见》，1961年5月15日，浙江省档案馆，档号：J169—013—013。
② 中共浙江省委宣传部：《关于古旧图书、史料和字画的保管情况和今后加强保管工作的意见》，1961年5月15日，浙江省档案馆，档号：J169—013—013。

祖国文物与典籍",作出了重要努力。典型案例如下:

1. 抢救接收杭州莫干山干部疗养院珍贵图书资料

1952年1月4日,《浙江日报》第2版"读者来信"栏目披露:"最近,莫干山疗养院奉命接收了在莫干山上帝国主义分子和官僚资产阶级的资产,其中包括一大批被这些帝国主义分子和官僚资产阶级所掠夺去的我们祖国的文物。诸如古代文学、诗词、历史、地理等古典著作,大部分都是在历史上已有定评的宝贵的中国文化上的遗产。例如国民党反动派头子劣迹昭著的亲日派政客黄郛所保存的极丰富的有关古代文学及近代外交和水利的资料。但是该院领导不加以鉴定,'玉石不分'一起运到杭州华丰造纸厂当作废纸出卖,一共有一万斤左右。现在剩下已不多,只有一部《古今图书集成》是全的。"

浙江省文管会闻讯迅速介入调查。1月5日,浙江省文管会致函莫干山干部疗养院,"这事的实际情况究竟如何?希你院详细答复我们。现尚存的书籍、古玩等,妥为保存,并将名单数量一并来函见告,以便研究处理。"① 同日,浙江省文管会致函华丰造纸厂,"你厂将上项书籍妥为保存,以便派员了解研究处理。"② 1月10日,华丰造纸厂回复称:"查该院确于去年十一月廿九日售与我厂古书一批,计重二七六七市斤,""目前虽未销毁造纸,但已拆线扯散,与一般废纸混堆在一起。经查看,竟大部系四库全书。这说明我们对于禁用旧版书做纸浆原料的法令没有足够重视。现正拟重行拣选理出保存。恳即派员来厂验看是盼。"③ 浙江省文管会接函后于次日派委员张任政、秘书朱寿潜前往实地了解,据事后报告称:"该批书籍确已拆线扯散或撕破,已无一完整本,与其他废纸混杂堆在原料仓内。当时由厂中职工三四人帮同翻开上层,经检点大都为商务印书馆影印之四库全书珍本,四部禁刊,百衲本廿四史及少数晚清本版与近

---

① 浙江省文管会函莫干山干部疗养院:《为据报道你院将古书一万斤当废纸出卖希将实际情况见告由》,1952年1月5日,浙江省博物馆馆藏资料。
② 浙江省文管会函杭州华丰造纸厂:《为莫干山干部疗养院有古书一批当废纸售与你厂命对该批古籍妥为保存以便研究处理由》,1952年1月5日,浙江省博物馆馆藏资料。
③ 杭州华丰造纸厂函浙江省文管会:《为莫干山疗养院售与我厂古书一批计二七六七市斤虽未用去但已拆线不成本子请指示处理由》,1952年1月10日,浙江省博物馆馆藏资料。

时铅石印本。零乱碎杂，无法理出重装。"① 1月17日，莫干山干部疗养院致函浙江省文管会，对事件经过进行描述并作出初步检查，又附尚存书籍名单一份。其中重要图籍有：《后梁并十国图》、《东晋疆域图》、《后晋并七国图》、《历代舆地沿革险要图》、《广西沿边各营驻防中越交界对讯法屯距界远行图》、《宋李公麟九歌图》（故宫博物院版，珍秘本）、《赵孟頫鹊华秋色图》（故宫博物院版，珍秘本）、《正气歌真迹》。②

莫干山干部疗养院损毁文物事件见报后迅速引起高层关注。华东军政委员会文化部于1952年1月23日，下文浙江省文教厅称：莫干山干部疗养院领导对珍贵历史文物"如黄郛所保存的有关古代文学及近代外交、水利资料，""不加鉴别，'玉石不分'，应该加以检查"。③ 3月19日，中央人民政府文化部社会文化事业管理局也下文浙江省文教厅："请你厅迅于调查制止，并向华丰造纸厂详细了解，抢救其中重要的书籍。"④

经中央及浙江省有关部门关注、督促，莫干山干部疗养院损毁珍贵图书资料事件得到妥善解决。1952年2月22日，浙江省文管会将善后处理结果上报浙江省文教厅并华东军政委员会文化部。报告称："一月十八日接莫干山干部疗养院秘字第十七号函，除对该批书籍整理及处理经过作出报告及检讨外，并将现存书籍抄送清单一份，询问处理办法。我会即提出处理意见。（一）存书中有关外交史料及文物参考之《东亚关系特种条约汇编》、《九国间关于中国事件适应用各种原则及政策条件》、《广西沿边各营驻防中越交界对讯法屯距界远行图》、《天禄琳琅丛书》、《宋李公麟九歌图》、《赵孟頫鹊华秋色图》、《正气歌真迹》七种移送我会保存。（二）其余书籍连同橱柜等一并移交当地小学保存。"后据莫干山干部疗养院请求，将所余书籍保存在该院图书室。⑤ 对浙江省文管会的处理意

---

① 浙江省文管会：《为莫干山干部疗养院损毁文物兼将处理经过情况报请核备转报华东由》，1952年2月22日，浙江省档案馆，档号：J039—004—004。

② 莫干山干部疗养院致函浙江省文管会：《为将我院对帝国主义分子及官僚资产阶级所在莫干山的书籍整理及处理经过报告你会由》，1952年1月17日，浙江省博物馆馆藏资料。

③ 华东军政委员会文化部：《关于浙江日报载有莫干山干部疗养院出售古书情况你处当已及时处理情形如何希告部》，1952年1月23日，浙江省档案馆，档号：J039—004—004。

④ 中央人民政府文化部社会文化事业管理局：《为据报载莫干山疗养院破坏文物请速予调查制止由》，1952年3月19日，浙江省档案馆，档号：J039—004—004。

⑤ 浙江省文管会：《为莫干山干部疗养院损毁文物兼将处理经过情况报请核备转报华东由》，1952年2月22日，浙江省档案馆，档号：J039—004—004。

见，华东军政委员会文化部表示同意，并于同年4月10日下文省文教厅，"转嘱该院向浙江日报公开检讨。"并"将该报寄部备查"。① 至此，一场风波基本平息。

2. 接收绍兴祁彪佳②遗稿遗书

1954年2月26日，中央人民政府文化部社会文化事业管理局下文浙江省文化局，称："顷接在咸阳交通银行工作的祁敬五先生来函，拟将其先世祁彪佳的手稿遗书等全部捐献国家。惟据称上项遗书向存绍兴梅墅家中，由其庶母及两弟照管，他已多年未回原籍，保存情况已不清楚。查祁彪佳澹生堂的遗书手稿等，为研究明末史的重要参考资料。据我局了解，该项遗书，在五二年即已有散佚，我局并曾收集到一部分。兹特函请你局协助调查了解以下几点：一、此项遗书是否尚有遗存，如有遗存，请协助祁敬五早日运京。二、如何散佚的？三、已散佚的遗书是否尚可设法收集？希见复为荷。"③ 3月3日，中央人民政府文化部社会文化事业管理局再次致函浙江省文化局："祁敬五已于三月二日与省文管会周中夏同志同赴绍兴整理书籍。"④

3月26日，浙江省文化局致函浙江省文管会：关于协助祁敬五回绍兴整理书籍一事，"兹因你会对该项工作比较熟悉，烦转请你会调查了解，并请将情况告诉我局为荷。"⑤ 5月12日，浙江省文管会报告浙江省人委及省文化局，称："关于祁彪佳遗稿遗书，我会曾派员进行调查且其中手稿及一部分遗书已于一九五三年十月间由祁母捐献，我会接收保存。""祁敬五先生曾于四月八日来会，据云在绍兴书籍六百余册已点交北京图书馆于三月二十五日启运。""兹将我会接收祁母捐献之祁彪佳手

---

① 华东军政委员会文化部：《关于莫干山干部疗养院损毁文物一案应嘱该院向浙江日报公开检讨》，1952年4月10日，浙江省档案馆，档号：J039—004—004。
② 祁彪佳（1602—1645年），浙江绍兴梅墅村人，明代政治家、戏曲家、藏书家。明天启二年进士，崇祯时曾任右金都御史。清兵入关，力主抗清，任苏松总督。清兵攻占杭州后，自沉殉国，卒谥忠敏。祁家"澹生堂"藏书楼名满浙江。
③ 中央人民政府文化部社会文化事业管理局致函浙江省文化局：《接收祁彪佳手稿》，1954年2月26日，浙江省档案馆，档号：J169—006—029。
④ 中央人民政府文化部社会文化事业管理局致函浙江省文化局：《请协助祁敬五调查了解祁彪佳的手稿遗书》，1954年3月3日，浙江省档案馆，档号：J169—006—029。
⑤ 浙江省文化局致函浙江省文管会：《为请调查了解祁彪佳手稿遗书的遗存、散失情况由》，1954年3月26日，浙江省档案馆，档号：J169—006—029。

稿及部分书籍缮具清单一份报请查核为祷。"点收绍兴祁氏稿本书籍目录如下："右祁忠敏遗稿二十三种，内手稿十六种，旧抄本六种，刻本一种，共三十四册。各家撰述祁忠敏传状行实及祁氏三世著稿二十二种，共二十三册。祁氏藏明清刻本十九种，共五十九册，又朱卷一包，杂件二包，绢地画像二件：祁忠敏像一幅，商夫人像一幅。"① 7 月 23 日，浙江省文管会报告浙江省文委，关于接收祁彪佳遗稿遗书一事，"兹为对该案作一结束起见，拟陈意见如下：一、祁彪佳绝命书及画像前已移交博物馆陈列，此外全部在我会保管。二、对祁达孝母亲捐献这一大批祁彪佳遗稿遗书的行动，拟于我会文物收购费项下拨出三百万元作为奖励金，交由绍兴县人民政府先将祁彪佳殉节处及坟墓加以修理，修理后多余之款，交由祁达孝母亲俱领应用。以上意见是否适当，特报请核示祗遵。"② 同日，浙江省文委批复称："同意所拟两意见。"③ 至此，绍兴祁彪佳遗稿遗书的接收工作顺利结束。

3. 接收缙云县移交书籍、字画等

1954 年 2 月 28 日，浙江图书馆赴缙云县接收该县移交的书籍、字画等。"据查现存该县书籍总约贰万余册，其中能检取带回我馆保存的计图书、字帖一千三百三十册，另字帖画片单页四十七幅，均经整理入库。"④

4. 接收奉化县移交孙鹤皋藏书

1954 年 7 月 18 日，浙江图书馆奉命接收奉化县图书。"奉化县孙鹤皋藏书经派本馆毛春翔、刘慎旃两同志前往接收，并已运来一部分。""本年二月底，将该批藏书运至萧镇镇政府清理，费时两天，检出善本并普通书共五千七百五十四册，计装四十六箱，向交通公司大埠站雇汽车一辆，押运回馆。所余一百余箱，留交萧镇镇政府处理。接收善本部分，共计一百七十六部，二千六百四十八册。内中好书不少，如宋永嘉陈植撰木

---

① 浙江省文管会报告浙江省人民委员会：《为查报祁彪佳遗稿遗书情况并将捐献我会接收之手稿及书籍缮具清单报请查核》，1954 年 5 月 12 日，浙江省档案馆，档号：J169—006—029。
② 浙江省文管会报告浙江省人民政府文化教育委员会：《为接收绍兴祁彪佳遗稿遗书案结束问题拟陈意见报请核示由》，1954 年 7 月 23 日，浙江省档案馆，档号：J159—004—015。
③ 浙江省人民政府文化教育委员会批复浙江省文管会，1954 年 7 月 23 日，浙江省档案馆，档号：J159—004—015。
④ 浙江图书馆报告浙江省文化局：《为派员前往缙云县接收该县土改时没收书籍文物字画由》，1954 年 2 月 28 日，浙江档案馆，档号：J169—006—029。

钟集四册,元刻本。余姚黄梨洲选的文海一百廿五册,旧抄本。四六丛珠廿册,天一阁旧藏抄本。明内府刻大字事文类聚一百廿册,明天顺刻本。欧阳文忠公全集四十八册,三朝北盟会编五十九册,蓝极旧抄,王西庄旧藏。皆是价值甚高之书,极为难得。即明文海一部,以最低价计,可达八百万元,余书价亦不赀。""此批书在未封存之前,即已久无人过问。封存二三年以来,亦无人加以清理。此次幸而发现接收回省,可得无虞。""余存该镇之书,为数尚多,如长此堆存该镇镇政府,恐虫蛀或霉烂。"故"谨提两点意见:(一)请文化局通知全省各文化馆,如有没收旧书,一向未加清理者,应及时向上级报告,万勿置之不理,以致霉烂,使人民宝贵财产,受到损失。(二)孙鹤皋藏书余下部分,现存萧镇镇政府,请文化局通知奉化县人民文化馆,派人前往接运该馆,妥加保存。该县文化馆房屋系三层洋楼,余屋尚多,可以安置。"① 浙江图书馆此次接收奉化县萧镇孙鹤皋藏书计特藏书籍 2648 册,普通书籍 3106 册,总计 5754 册。② 7 月 22 日,浙江省文化局批复同意浙江图书馆意见,并下文督促奉化县人民政府"设法妥为保存,勿使霉烂损坏为要"。③

5. 接收西湖区人民政府、省财政厅和崇德县移交书籍等

1954 年 12 月 7 日,浙江图书馆报告浙江省文化局,称:"上月我馆曾先后派员外出,接收移交书籍共三次:第一次十一月二十三日接收西湖区人民政府移交茅家布兜王氏线装、平装、精装书籍共计一千五百一十八册,另杂志报纸共一千二百二十六册。第二次十一月二十四日,接收财政厅移交印缅文古经四部四册,另打字经三页,菩提叶佛像一片,旧木制书夹两付。第三次十一月二十五日,接收崇德县人民政府,该县文化馆及该县泉州区人民政府移交书籍四十六种共计一百九十五册。"并附书目清单四份。④

---

① 浙江图书馆致函浙江省文化局:《呈报接收奉化县孙鹤皋图书经过情形由》,1954 年 7 月 18 日,浙江省档案馆,档号:J169—006—029。

② 《浙江图书馆接收奉化县萧镇没收孙鹤皋特藏、普藏书籍合册》,浙江省档案馆,档号:J169—006—029。

③ 浙江省文化局批复,1954 年 7 月 22 日;浙江省文化局致函奉化县人民政府,1954 年 7 月 30 日,浙江省档案馆,档号:J169—006—029。

④ 浙江图书馆致函浙江省文化局:《为呈报本馆本月内先后接收财政厅、西湖区人民政府、崇德县人民政府移交书籍,并呈交书籍清册,请鉴核》,1954 年 12 月 7 日,浙江省档案馆,档号:J169—006—029。

6. 关于黄岩县九峰书院书籍保管问题的处理

1955年6月11日，黄岩县人民政府文教科就黄岩县九峰书院书籍的晒、补及书籍管理员等问题报告浙江省文化局，称："黄岩县九峰书院是全省有名，又有悠久的历史，在解放前有一人专门管理。解放以来，该藏书无人保管，东移西搬有些损失。同时一年来对藏书没有修补与晒书，以致有的书籍有蛀虫，倘若今年不晒补书籍，一定遭到莫大损失。""现在经费各项无法解决，请求省局速为解决，给予派一人管理九峰书籍。"① 7月17日，黄岩县人民政府致函浙江省文化局，称："本县九峰图书馆创始于公元一八六九年（清同治己巳年间），藏书有十万卷，古典书籍占大部分，其中有不少是价值重大的名著，如'经、史、子、集'四部俱全，'丛书'亦极丰富，皆为祖国的宝贵文化遗产。""由于近几年来对这些古典名著未加重视处理，因此该馆把这些名著抛弃在楼角上，霉腐、鼠咬、虫蛀，没有人收拾保管，未免可惜。""本县根据这些情况，除立即派人进行初步整理外，特备文报请迅予批示处理以免损失。"②

1955年，正值国家"一五计划"执行时期，各方面经费开支紧张。有鉴于此，8月17日，浙江省文化局批复黄岩县人民政府文教科："关于九峰古书的处理问题，目前指派专人管理是有困难的，应先发挥各种有利条件加强保管工作。如：1. 黄岩当地政府加强对是项书籍的保护，同时责成县文教科（或指定县文化馆）经常予以指导和协助。2. 组织对旧书爱好者在业余自愿原则下进行有关保护工作。3. 联系县委干校就近加强是项书籍之保护工作，勿使遭受损失。以上意见，希根据当地实际情况进行"。③

7. 接收嘉善、象山等远近地区移交的旧书、旧什志

1955年10月4日，浙江图书馆报告浙江省文化局："查今年五月至七月间，我馆先后委派刘慎旃、丁蔚长赴嘉善、象山等远近地区，接收旧书、旧什志共九次如后：一、接收嘉善文化馆旧书四千九百六十六册。

---

① 黄岩县人民政府文教科报告：《请解决黄岩县九峰书院的晒补书籍与藏书管理员一人由》，1955年6月11日，浙江省档案馆，档号：J169—007—025。

② 黄岩县人民政府致函浙江省文化局：《为本县九峰图书馆的古典名著报请处理由》，1955年7月17日，浙江省档案馆，档号：J169—007—025。

③ 浙江省文化局批复黄岩县人民政府文教科：《关于九峰图书馆古书管理问题的意见》，1955年8月17日，浙江省档案馆，档号：J169—007—025。

二、接收镇海文化馆旧书三千册,另藏文经卷一幅,画册七种六十八幅。三、接收象山文化馆旧书二千七百十六册,另碑帖、拓片大小五箱(尚未及整理)。四、接收宁波文化馆旧书旧什志二千六百六十八册。五、接收临海文化馆(即台州文管会)旧书旧什志三千五百三十九册。六、接收黄岩文化馆存九峰图书馆旧书旧外文什志等四千零六册。七、接收宁波天主堂旧书一百八十七册(书系一九五二年接收,今补报清单)。八、接收杭州蚕桑学校旧书四百六十四册。九、接收杭州市委干校牛福地交来伪省党部旧书四十九册。以上九处共计接收到馆旧书旧什志等二万一千五百九十五册,另碑帖、拓片大小五箱。"又,"在接收镇海旧书中,有画册七种六十八幅,当即转交省文管会收存"。①

8. 接收绍兴县移交安昌镇天官第沈家藏书

1954年7月22日,浙江省文管会致函绍兴县人民政府,称:"查你县安昌区天官第沈家藏书去年对于盗卖问题曾作处理。至于存留部分及追回部分的古书、古画当时由你府责成区政府负责保管。现为集中你府整理计,请你府将天官第沈家全部图书文物运交绍兴鲁迅纪念馆。"②

1955年10月中旬,浙江省文管会致函绍兴县人民政府,将绍兴安昌镇天官第沈家藏书共210箱及一部分零散书籍全部封存,由浙江省图书馆丁慰长、张正夫赴绍兴接收,共一万二千二百册。③

综上所述,"征集、管理古旧图书、史料和字画,是文物保护和管理工作的一个重要方面。解放后,特别是'大跃进'以来,在各级党委的重视领导下,本省在这一方面进行了许多工作,取得了显著的成绩。政府文化部门、公共图书馆收藏了大量的古旧图书,并进行了初步整理和利用。浙江图书馆古旧图书已从解放前30万册增加到70万册。温州、绍兴、嘉兴、宁波、余姚、临海、瑞安等11个县、市收藏古书达60余万

---

① 浙江图书馆报告浙江省文化局:《呈报今年五月至七月,本馆派员接收远近地区旧书及旧什志数字与接收情况附呈清册备查》,1955年10月4日,浙江省档案馆,档号:J169—007—025。

② 浙江省文管会致函绍兴县人民政府:《为对于你县汤浦董家安昌沈家藏书处理问题函请查明办理由》,1954年7月22日,浙江省博物馆馆藏资料。

③ 绍兴市文物管理处编:《绍兴文博大事记》(1949—1989),内部发行,第22页。

册，其中20余万册已经过初步整理，有的已编目造册，妥为保管。"[1]

1956年10月25日，《光明日报》发表社论指出："中国的古典文籍是我们历代祖先遗留下来的文化遗产，是几千年来中国人民的生活记录，是发扬中国文化的不可缺少的重要材料，它的价值是无法用金钱来估计的。每一人都有爱护保存的责任，而无损毁破坏的权利。""中国人民是热爱文化的人民，当他们认识到爱护祖国文化遗产的重要意义之后，他们就会自觉地加以爱护，也只有依靠群众的力量，才能彻底消除损毁古旧图书的现象"。[2]

第三节　对私营古旧书业、商贩的改造

1954年8月15日，中共中央宣传部批转出版总署关于改造图书发行业、整顿和改造私营出版业的报告，决定对私营图书出版和发行业进行"社会主义改造"，并将一部分私营出版社改组为公私合营出版社。[3]

1955年7月30日，第一届全国人民代表大会第二次会议上通过《中华人民共和国发展国民经济的第一个五年计划（1953—1957年）》。其中提出："国营书店应该负责安排全国图书贸易的市场，掌握整个社会的图书流通计划，并担负对所有私营发行业进行社会主义改造的任务。国营书店应该积极地发展对私营发行业的批发工作，把私营图书零售商改造为国营书店的代销处或经销处，并争取一部分私营的书刊租赁业改营或兼营图书发行工作。"[4]

"古旧书的收售工作，对保存祖国文化遗产、提供学术研究资料有重要作用。但新华书店过去对这项业务完全没有经验，今后应该如何做，现在也缺乏明确办法。山西太原已将当地的四家私营古旧书业合并入新华书店，对这些私营古旧书店的存书采取论斤收买的办法，收买以后再没有人能够鉴定书籍的价值，打算论斤出售给机关。论斤出售经文化局发现后已

---

[1] 中共浙江省委宣传部：《关于古旧图书、史料和字画的保管情况和今后加强保管工作的意见》，1961年5月15日，浙江省档案馆，档号：J169—013—013。

[2] 《古旧图书不应再任令损毁》，《光明日报》1956年10月25日第1版。

[3] 柳芳：《20世纪中国出版编年史》，《中国出版》2001年第1期。

[4] 《中华人民共和国发展国民经济的第一个五年计划（1953—1957年）》，人民出版社1955年版，第139—140页。

制止，但到底如何出售，还没有定出办法，现在只得把这些书冻结起来。这是一个搞得很被动的例子。"① 为进一步搞好全国私营古旧书业的改造，1956年2月9日，国务院陈云副总理等政府部门领导听取了北京市私营古旧书业改造工作的专题汇报并作出重要指示："对古旧书业的改造要慎重些，不要看得简单化，不要希望一下子把问题彻底解决，要很好地使用那些懂行的专家，不要轻易地大变，丧失他们应有的积极性。"② 根据陈云副总理的指示精神，2月21日国务院有关部门向全国发出"对私营古书业改造必须慎重进行"的重要指示。指出：为加强文化古籍的搜集、整理和供应，防止重要古籍版本流失境外，可以不打乱古（旧）书业经营格局，不必过早进行经济改组，暂不定股定息，甚至保留原字号独立经营，继续执行"自负盈亏，四马分肥"的政策，但必须挂上"公私合营"的牌子。同时强调发挥原古（旧）书业人员的业务特长和工作积极性，进行经济改造。③ 6月5日至7日，文化部召开了八省、市对古旧书业进行社会主义改造的工作座谈会。7月7日，文化部发出《关于加强对古书业领导、管理和改造的通知》。④

在浙江，1956年7月26日，浙江省人民委员会（以下简称"浙江省人委"）就私营古旧书业改造等问题指示杭州、宁波、温州、绍兴市人委，新华书店浙江分店和省文物管理委员会，称："关于私营古旧书店的管理和改造问题，最近国务院和中央文化部曾有指示。为防止有价值的古籍书、珍贵史料档案等的流失，保存国家历史文物，以供给文化学术和科学研究的需要，对私营古旧书店的管理和改造，必须慎重处理。根据中央指示的精神，特作如下通知：一、古旧书业中一部分具有经营古旧书技能和目前藏有较多古旧书籍的店，在1956年内全部改为公私合营。根据充分发挥古旧书店经营积极性的精神，除杭州地区可考虑成立公私合营古旧书门市部外，一般均不进行清产核资，定股定息的工作，继续让其分散经

---

① 《关于私营出版业社会主义改造的一些情况和问题》，1956年4月。中国出版科学研究所、中央档案馆编《中华人民共和国出版史料：1956》，中国书籍出版社2001年版，第90页。
② 参见《新华书店六十年纪事（1937—1997）》，海洋出版社2001年版，第155页。
③ 同上书，第157页。
④ 文化部关于加强对古书业的领导、管理和改造的通知，1956年7月7日。中国出版科学研究所、中央档案馆编《中华人民共和国出版史料：1956》，中国书籍出版社2001年版，第160页。

营。二、原来经营古旧书收售业务的古旧书店，即使目前收售的古旧书较少，仍以划归古旧书业安排改造为宜，在当地文化行政部门或国营新华书店的领导管理下，通过组织自营的形式，继续进行经营。宁波市于1955年7月将18家古旧书店完全划归废纸业安排改造的做法是不妥当的，必须根据本通知精神，重新研究，除专门收售废纸的外，其他均应划归古旧书业安排改造。三、原来专门收售废纸的，可划归废纸业，但古旧书店必须和他们建立业务上的联系，当他们搜罗到古旧书时，可由古旧书店收购，以免有些古旧书当废纸处理而受损失。四、古旧书业由当地文化行政部门领导管理，或由文化行政部门责成当地新华书店负责领导管理工作；浙江省文物管理委员会对各地古旧书店的业务应加强联系，给予协助和指导。文化行政部门、国营新华书店和省文物管理委员会应指导他们继续深入民间调查研究，了解与掌握货源，并帮助他们正确地推销；研究书籍的评价，逐步做到对古旧书的出售价格，对珍贵书籍的流通有一定的控制；对困难户应设法请银行贷给一部分款项或由国营书店批给一些新版古籍书予以经销。对古籍书的定价、私方人员的工资待遇、盈利分配等问题，应从照顾他们的经营特点（他们是文化服务性的行业，不同于一般行业。他们没有固定的货源，因此也不可能有固定的价格；经营周转慢，利润也不固定；经营人员必须有一定的修补、鉴别版别的技能等），保持和鼓励他们的经营积极性出发，慎重研究，以利于古书的发掘、保存和利用。对古旧书店中有修补整理技术的人员，应由古旧书店妥善安置，使他们继续经营此项业务。五、有关废纸收购和造纸工业部门，在废纸销毁前必须经过严格的检查，如发现有古旧书籍情况，应负责保存，并通知省文物管理委员会前来检查后处理。"①

浙江省人委的指示下发后，1957年1月11日，浙江省文化局就本省古旧书业、商贩的社会主义改造提出初步意见，称：浙江省"对于古旧书业的改造是需要的，但和一般资本主义工商业的办法应有所不同，应该从这个行业的性质和它的经营特点出发。文化部指示对该行业的安排改造'首先和主要的不是从经济上来改造，而是应当在行政、政治思想上加强对他们的领导、管理和监督，发挥他们的特长和积极性，推动他们改善经

---

① 浙江省人民委员会：《关于对私营古旧书业改造和管理意见的通知》，1956年7月26日，浙江省档案馆，档号：J101—007—063。

营,加强对古籍的搜集、保存和流通,使他们能更好地为科学研究工作者服务.'根据这个指示精神及省内具体情况,我们的初步意见:古旧书业由当地文化行政部门领导管理,或由文化行政部门责成当地新华书店负责领导管理工作。文物管理委员会(或小组)对各地古旧书业的业务应加强联系,给予协助和指导。主要是:加强行政领导,特别是积极地领导他们开辟货源,扩大古籍流通,至于经营业务上,一般还应让他们保持原有的经营方法和有益的特点。""现在,我们对此行业的安排改造尚无经验,因此,要求各地根据以上意见结合当地具体情况进行研究,作出安排改造的计划报我局。此外,建议在杭州成立一个古书业公私合营店(或是管理委员会),它的任务是:领导管理全市古旧书店(摊),同时对全省古旧书业进行业务上的辅导,要作为省内外联系和古旧货源集散的中心,因之,要求杭州市文化行政领导部门及有关所属单位加以研究,作出计划,着手工作。"[①]

20世纪50年代浙江省境内较大规模的私营古旧书店主要有宁波古旧书店、温州古旧书店及绍兴古籍书店等。[②] 同时期杭州市的私营古旧书店则主要有石渠阁、文艺书店、拜经楼书店、汇古斋、文汇堂、松泉阁书店、天泰书店、杭州旧书店、宝贻斋书店、大观斋书店等若干家。[③]

从相关档案资料看,20世纪50年代浙江省私营古旧书业的经营状况大体如下:1.货源。主要来自三个方面:"一、民间收集(包括外省、远地的收集);二、门市收集;三、同业茶会方式交易所得(他们对流散在民间的古旧书版本及货源都较了解,特别是杭州、绍兴二地的古旧书业,他们经营历史较久,见识广、路子多,业务熟悉,经验也较丰富)。"2.利润。营业利润很大,"一般在40%左右,高的有几倍(今年高的甚至有几十倍,如'天泰'买入一本明刻兰溪志只4元,售出70元)。因此,做好一笔生意能吃一个月甚至一年半载的亦有。营业也不平衡,绍兴市六户,上半年有四户亏损,二户有盈余,其中'发记'盈余达600多元。"3."专营古旧书、画较少,极大部分是兼营废纸,摊贩多如此。"4."部

[①] 浙江省文化局:《对全省古旧书业情况及安排改造的初步意见》,1957年1月11日,浙江省档案馆,档号:J169—009—058。

[②] 周祖赓主编:《浙江省出版志》,浙江省人民出版社2007年版,第730页。

[③] 王松泉、王巨安:《杭州百年书肆记》,《杭州文史资料》第27辑,《湖上拾遗》,杭州出版社2007年版。

分从业人员具有不同程度的鉴别与修补古旧书籍的经验和专门技术。因此，对搜集祖国文化遗产工作具有一定作用。"①

对 20 世纪 50 年代初期的杭州书市，时任浙江省文管会图书资料室主任的陈训慈回忆说："其时杭州尚有旧书商十许家，知公私犹皆重视古旧书与史料，遂起而竞相收书，补公家耳目所不逮。自是旧书业乃不啻于由转输贩售而起保护文物之作用。"② 可为佐证。

1953 年后，随着社会主义改造高潮的掀起，浙江各地"古旧书店大部分都戴上了公私合营或代销户的帽子，但尚未进行改造，仅宁波市有九户图书摊贩组织了合作商店，有二三人专门管理古旧书的收购、销售；温州市有七户自愿组织了古旧书店，在资金上也给予贷款的帮助，其余均维持原状。"但是，"由于没有很好地对该行业进行领导，管理不严，因而曾发生古籍散失和出口的情况。自 55 年 5 月—11 月止，三十个县份合作社就收购了十三万余斤的废纸陆续运上海出售，上海市文物整理仓库从中抢救出五千斤以上的珍贵古书和文物资料（其中有太平天国门牌、粮票等）；温州、绍兴等市反映，纸厂、电池厂、伞厂、爆竹坊、做锡箔的手工业者等，他们都需要废纸或线装书作原料，这对古籍损失很大。另一方面，因为没有对他们很好管理领导，他们在经营方式上也产生了一些问题（包括书摊在内），给市场上带来了混乱，行业间相互套购，抬高书价现象不断出现，如'钱江评论'等的合订本六本（杂志），从 300 元一直抬高到 900 元。据读者反映：按北京同业评价，该书只值 100 多元，类似的事还有不少。"③

以杭州市为例。1957 年，杭州"全市共有古旧书店九户，从业人员十九人。其中职工一人，家庭工八人，其余的全是业主。在去年改造高潮中，都挂上公私合营的招牌，而实际未进行过改造。业主一般的对业务还熟悉，经验较丰富，各户都有自己收购货源的路道。""去年由于我国学

---

① 浙江省文化局：《对全省古旧书业情况及安排改造的初步意见》，1957 年 1 月 11 日，浙江省档案馆，档号：J169—009—058。
② 陈训慈：《贩书经眼录序》，见严宝善编纂《贩书经眼录》，浙江古籍出版社 1994 年版。
③ 浙江省文化局：《对全省古旧书业情况及安排改造的初步意见》，1957 年 1 月 11 日，浙江省档案馆，档号：J169—009—058。

术事业的繁荣，在古旧书籍的市场上有了前所未有的活跃状况[1]，因而他们寻找货源的积极性很高，有几户业主每月有20多天在外地收购，发掘了不少有用的东西，在一定程度上满足了学术研究的需要。去年销售总数为131898元，比1955年销售总额38048元增长346.5%。去年各户均有盈利，多者七八千元，少的也有一千多元。今年第一季度销售总额37826.81元，为去年第四季度的61.1%（其中一月份占53%），整个行业在第一季度都有不同程度的盈余。他们经营品种一般都有古籍、旧书和废纸。购进的有论斤估价，有论堆估价，有按本计价。经过整理，从古书中挑选贵重的古籍书，从旧书和废纸中挑选有价值的资料，其余论斤称出。同行批发是八折，毛利率统扯在40%左右。自提出增产节约号召后，今年各地学术研究单位对古籍书的需要虽未有较大的减少，但是在售价方面较之第四季度最高的时候，约降低了20%左右（古籍书部分）。由于学术研究单位对古籍书的需要日益增加，以现有古旧书店的力量是远不能担负起学术研究需要的，如果由国营另行开设古籍门市部，势必影响他们营业和生活，并且也有重复浪费。同时全国各大、中城市的古旧书店都已进行了改造，目前他们到外地收购也感到不便。因此，充分利用他们的设备和发挥他们的专长，必须进行改造以及加强领导和管理。"[2]

再以温州市为例。1957年，温州市"现有私营古旧书、废纸店摊11家，从业人员13人，无职工关系。这些人员中，过去大都担任过伪职，政治情况复杂。解放以前，只有邹获秋、邹志仁二人开过文华堂旧书店，林蔚开过旧书摊。其他有的是从出租黄色书刊转为旧书废纸业的。资金薄弱，业务能力较差，经营范围不广，生活也较清苦。""古旧书业自从中央开始重视后，这里的古旧书业积极性也大了。有些人开始钻研经营古旧书业务，有的人原来不重视，对版本一无所知的，不识字的，产生了盲目性，以为

---

[1] 著名浙籍书商朱遂翔曾忆及："党的'百花齐放、百家争鸣'方针提出以后，国人对古籍又趋重视，1956年下半年以来，旧书价格竟贵于抗战以前，需要之殷切，于此亦可想见。"可为佐证。参见朱遂翔《杭州旧书业回忆录》，张静庐辑注：《中国现代出版史料》丁编（下），上海书店出版社2003年版，第657页。

[2] 杭州市文化局报告杭州市人委：《关于报送"杭州市古旧书业改造初步意见"的报告》，1957年5月24日，浙江省档案馆，档号：J169—009—058。

凡是古旧书，都是宝贝。因此在业务上的矛盾也随着尖锐起来。"[1]

针对上述情况，1957年浙江省文化局提出全省古旧书业、商贩改造的初步意见如下：

1. 关于货源问题

"应该支持、鼓励他们广泛地进行调查研究，积累资料，从而了解掌握货源。既要活跃同业间的相互交易，更重要的是要加强深入民间进行收购古籍。如资金不足，可以银行贷款给予解决。同时还应该掌握图书编目，凡是收购的书籍应进行编目，注明版本、收购价格、出售价格等送管理机构备案。如有珍贵古籍，则由管理机构通知有关单位购置。"

2. 关于价格问题

"古籍没有统一固定的价格，是随买主、卖主商量决定的。因此，要帮助他们建立'同行业议价制度'，在开始时，同行业议价的范围不宜过宽，珍贵古籍应单作研究，防止偏差，这个工作的好坏是会直接影响他们的经营积极性的。"

3. 加强思想教育

"古旧书业从业人员中有的有一定的经验和技术（包括业主在内），如修补、识本等。因此，应该好好地使用他们，不要随便让他们转业，加强对他们政治教育，吸收他们参加些社会活动，组织推行他们行业间的政治学习与业务座谈会，引导他们逐步推行经验交流和技术传播工作。"

具体有以下几点："（一）原来经营古旧书收售业务的古旧书店，即使目前收售的古旧书较少，仍以划归古旧书业安排改造。（二）原来专门收售废纸的，可划归废纸业，但古旧书店必须和他们建立业务上的联系，当他们搜罗到古旧书时，可由古旧书店收购，以免有些古旧书当废纸处理而受损失。（三）没有设立古旧书店的地区，我们意见不必再设立。如当地有货源，可以让杭州等古旧书店去收购或告有关文物管理单位。（四）古旧书店到各地进行搜集时，各地文化行政部门及有关单位要给予协助，不要给予多方为难。"[2]

---

[1] 陈中：《温州市古旧书业改造管理的情况》，1957年，浙江省档案馆，档号：J169—009—058。

[2] 浙江省文化局：《对全省古旧书业情况及安排改造的初步意见》，1957年1月11日，浙江省档案馆，档号：J169—009—058。

1957年5月24日，杭州市文化局报告杭州市人委，经过学习研究浙江省文化局1957年1月11日下发的"全省古旧书业的情况及安排改造问题提出初步意见"，提出了"杭州市古旧书业改造初步意见"。如下：

1. 改造的形式

为了更充分地发挥本市古旧书店的作用和业主专长，积极地组织他们发掘古籍货源，搜集历史文物，有领导的分配货源，把搜集到的古籍书，供应给最需要的学术研究单位。同时，为便于加强领导和管理，根据省文化局对古旧书业安排改进的意见及本市古旧书业的特点，拟采用合作化的改造形式，把他们组成共负盈亏的合作商店。具体如下：首先，"组织二户以上的古籍书店，合并成为共负盈亏的合作商店，并由国营新华书店委派在政治上业务上较强的干部担负领导，以此作为对全市古旧书店进行领导监督的核心。如果自愿的都可以吸收参加，暂时不愿意参加合作的仍准其继续个体经营。"其次，广泛宣传合作商店的好处："1. 统一经营便于领导管理；2. 可以缩减零售点，能节约费用开支；3. 合理的使用人力，人尽其才，充分发挥他们专长，加强收购和销售；4. 他们之间已没有利害冲突，能消除同业相妒，建立起相互团结的关系，业务技术能够公开交流，取长补短；5. 在经济方面，采取基本工资加奖励，收到名贵的书，酌给奖金。企业盈利除提存公积金、集体福利基金外，按劳动力和奖金额进行分配，不致影响他们的积极性；6. 能在读者中树威信，售价合理，不讨价还价。收购价格公正，藏书家和落户，不怕吃亏惜售，货源和售路，估计将更旺盛"。

2. 杭州市古旧书业组织合作商店的可能条件有两个

其一："他们反映，去年那样好的情况是不会持久的，特别是目前外来收购古旧书的单位和同行很少，不得不顾虑到自己的前途出路问题。但去年的情况是使他们留恋的，因此，大家都在犹豫中"。其二："宁波、温州已组成古旧书合作商店。绍兴鲁迅纪念馆对外地去收购古籍书的控制较严。北京、上海的古旧书业亦继续的进行改造。屯溪等地也加强了对市场的管理，收到好的书，归当地收买，这对本市的古旧书业影响很大。""根据上述情况，对改造是有利的，只要动员得深入，估计不会有多大的问题"。[①]

[①] 杭州市文化局报告杭州市人民委员会：《关于报送"杭州市古旧书业改造初步意见"的报告》，1957年5月24日，浙江省档案馆，档号：J169—009—058。

在温州，自1956年下半年起，对古旧书业、商贩的改造开始了。"将有业务知识，有经营能力，以及生活较清苦的七家（8人）于8月份组织一个合作商店。另外的5家6人，1957年1月份组织合作组。合作商店是集中资金、统一经营、自负盈亏的。合作小组是分散经营，各负盈亏，只是名义上的合作。""古旧书合作商店有资金共约600元，现金140元，商品投资450多元。有版本鉴别能力的一人（已77岁），有修补技能的一人（已60多岁），公推经营一人，在外寻找货源的连经理在内经常有二人。开始时，银行贷款500元资金。由于资金人力集中和统一经营，就有可能买到较好的书，书的种类也多，数量集中，因此营业有了发展，收入有了增加，经营的积极性是高的。""不到六个月的时间，共收进5306元货源，销出7371元。销出的品种，平装的约3800多种，线装的2300多种，另外还有废纸18000斤左右。营业额每月上升，开始时每月仅900多元，去年12月即达1600多元，今年一月份为1460多元。"1956年年终结账，"除了缴纳税务270元，还清银行贷款500元外，尚盈余675元。他们提出400元作为公积金，168元作为劳动分红，33元作为福利费。工资也提高了，原来工资是16—30元，平均为25元。现在是20—36元，平均是30元，提高了10%。"至1957年2月20日，"有存货900元，银行存款500元，共存资金1400元，比开始时扩大一倍以上。""6个月来，收售工作是有成绩的，例如在废纸中抢救出古旧书1800多种。"[①] 至此，浙江省对私营古旧书业、商贩的改造初步完成。

第四节　对改造后古旧书业的安排

如上所述，随着浙江省私营古旧书业、商贩改造的初步完成，如何对改造后的古旧书业（包括国营、公私合营及个体合作三种类型）进行妥善安排，成为一个亟待解决的问题。1956年9月6日，《人民日报》发表社论称："最近一个时期，学术文化界对民族文化遗产的研究工作逐渐重视起来，对于古典文籍的需要大大增加，古籍市场空前繁荣，古书业的营业额显著上升。这当然是好现象。""可是，有一些地区的文化部门因为对于这

---

① 陈中：《温州市古旧书业改造管理的情况》，1957年，浙江省档案馆，档号：J169—009—058。

个行业的性质、特点和它在文化学术事业上的作用认识不足,把古书业看作是可有可无的,因此对这个行业放弃领导,没有进行切实的安排。"①

在浙江,一个时期以来,对古旧书业的安排的确存在一些问题。如"对于古旧图书、史料和字画的收购流通工作,过去管得太死,地区之间不能相互收购、流通;一部分熟悉古旧图书、字画业务的人员已转业或下放劳动;有的地区对现有收购人员的工资,也未能妥善解决。"②

1957年6月3日,新华书店诸暨支店就古籍的收购、销售问题报告浙江省文化局及新华书店浙江分店:"我店自1957年2月份经县文教局同意开展古籍收购工作。截止5月底止,一共经营了四个月的时间。总计收购古籍4956册,金额481元,售出金额为1087元。其中自行门市部销售的计26册,金额6元。其余部分悉数售予上海古籍书店。全部经营结果除收售费用51元外,共为国家积累净利润555元。抢救和保存了古代文化书籍共230余部,其中较珍贵的有元朝刊印的'春秋诸传会通',明朝刊印的'大明会典'等珍本古籍。""我店于1957年5月份由于古籍收购业务逐渐展开,曾请示分店拟开展古籍收售业务的文字宣传事宜。由于行政上请示函件内容片面,致招分店连续来信要求我店停止该项业务活动,'怕出乱子',现经我店核心小组研究决定全部停止古籍收售业务。"③

8月21日,新华书店绍兴县支店请示浙江省文化局:"我县古旧书合作书店,往临海、浦江等地收购旧书,当地商业局不同意收购,经再三要求,始与文教局联系,说省里有通知,凡收购旧书须有省文化局证明方可收购。为此,我们请示你局,我地旧书店是否往外埠收购旧书必须取得你局证明。又,上海、杭州古籍书店,北京书店均来绍收购,但我们也从无见你局证明。为此,希你局函告,如不需你局证明的,请发通知告知各地文教局。"④

1958年1月14日,浦江县人委发文称:"近来常发现来自上海的投

---

① 《安排和改造古书业》,《人民日报》1956年9月6日第1版。

② 中共浙江省委宣传部:《关于古旧图书、史料和字画的保管情况和今后加强保管工作的意见》,1961年5月15日,浙江省档案馆,档号:J169—013—013。

③ 《新华书店诸暨支店在古籍收购售工作中的体会及对省文化局、新华书店浙江分店的建议》,1957年6月3日,浙江省档案馆,档号:J169—009—058。

④ 新华书店绍兴支店请示浙江省文化局,1957年8月21日,浙江省档案馆,档号:J169—009—058。

机私商在我县各地收买古版图书和文物,没经商业和文教部门同意,神出鬼没,进行投机贩卖,牟取暴利行为。"①

1月20日,浙江省文管会报告浙江省文化局,称:"浦江县及天台县文教局来函,询问对古书商贩的掌握问题,我们认为这个问题在本省各市、县是普遍存在的,拟于答复浦江县文教局的同时,抄发至各市、县人民委员会。此稿涉及对古书业的政策问题,按照省人民委员会1956年7月26日'关于对私营古旧书业改造和管理意见的通知'精神,我们意见此稿应由你局与本会会衔发出。现将初稿附上,请研究后,于最短时间决定发出。"②

1月30日,浙江省文化局、浙江省文管会联合批复浦江县文教局报告称:你局1月7日来函询问对古书商贩的掌握问题,兹经研究,答复如下:"目前对于古旧书商,还需继续发挥他们的特长和积极性,推动他们改善经营,加强对古籍的搜集、流通和保存,使他们能够更好地为科学研究服务。但各地文化部门应该与有关方面联系,加强对古书业的领导、管理和监督。必须加强对古书业者经常的政治领导和思想教育,掌握他们的业务情况,防止珍贵的古旧书籍流散或出口。外来的古书业者,在进行业务活动前,必须通过地方文化主管部门,并接受当地文化主管部门对所收购古书的检查。""根据文化部(56)文企字第20号文,同意北京市文化局对外埠收购书籍的北京古旧书业的规定'持信报到'的办法精神,为使古旧书商到外地搜购不遭阻难,另一方面使古旧书商能在国营书店统一管理下开展业务,杜绝非古旧书商从中渔利,特规定'持信报到'办法。介绍信指定由各地国营书店开给,向当地文化行政部门报到。""以上意见供参考,并请参考1956年9月7日人民日报社论'安排和改造古书业'及中央和本省历年来所颁发的有关规定执行。"③ 上述意见不久即在杭州及宁波市的古旧书行业中得到初步落实。

1959年前后,杭州市的古旧书业有国营、公私合营及个体合作三种

---

① 浦江县人民委员会:《关于注意制止投机私商贩卖文物古书的通知》,1958年1月14日,浙江省档案馆,档号:J169—010—041。
② 浙江省文管会报告浙江省文化局,1958年1月20日,浙江省档案馆,档号:J169—010—041。
③ 浙江省文化局、浙江省文管会:《关于对古书商贩的掌握问题的复函》,1958年1月30日,浙江省档案馆,档号:J169—010—041。

类型。

1959年10月1日，杭州市文化局成立了"杭州书画社"。"负责收集流散在民间的文物加以保管、继承和发扬。国家每月拨款作为收集文物的资金，它的内部组织分为收购和营业两部分，收集的重点是古代书画、金石碑帖和古书等。营业部下又分设书画、金石、古籍、西泠印社四个门市部。收购部收到的文物加以鉴选，对具有一定的历史、科学、艺术价值的重要文物，经过处理，列入国家保管。将已选择过的一般书画等交营业部作为流通，以适当满足文物爱好者的需要。另外又经营一些出版社出版的复制品，和可以出口的一般文物，供应广大人民和外宾的需要。"[1]

公私合营的杭州古旧书店于1958年4月5日正式开张，门市部设在解放街600号；收购处设在解放街茅廊巷口（原拜经楼店址）。"杭州古旧书店开张后，除收售古旧书刊外，兼营碑帖、字画和少量文房四宝，还有古钱币，"[2] 但以收售古旧书刊为主要业务。

1958年后曾长期担任古旧书店经理的朱友伦回忆说：杭州古旧书店开张后，"他们开拓多种渠道和采取多种方法，以加强对古籍的搜集、保护和流通。为便于客户投售，在本市实施'全收'方针。由于古旧书没有统一的定价，就遵循了'按质论价'的原则。服务方式灵活多样，收购采取'主动上门'、'巡回设摊'等措施；出售除门市外，还采取'对口供应'、'为人找书'、'为书找人'、'内外有别'等措施。""为了丰富古旧书品种，该店的收购人员经常走南闯北，足迹遍及北京、天津、上海、江苏、江西、安徽、山东、湖南等地。而去本省各市、县时，更是采取走街串巷、海报宣传、结交书友、联系图书馆等方法深入发掘。"[3] 杭州古旧书店"收到的珍贵刊本和革命资料，送交我局或书画社保管，或经我局同意后，供应省、市图书馆等单位，一般的图书供应市场需要。"[4]

---

[1] 杭州市文化局：《有关杭州市文物商的性质和管理体制的情况》，1961年12月22日，浙江省档案馆，档号：J169—013—013。

[2] 1958年，杭州市新华书店吸收了拜经楼、宝贻斋、文艺书店三家私营书店，合并成立了公私合营杭州古旧书店。参见朱友伦《忆杭州古旧书店》，载政协杭州委员会文史资料委员会编《杭州文史资料》第18辑，杭州出版社1993年版，第64页。

[3] 朱友伦：《忆杭州古旧书店》，政协杭州委员会文史资料委员会编《杭州文史资料》第18辑，杭州出版社1993年版，第65页。

[4] 杭州市文化局：《有关杭州市文物商的性质和管理体制的情况》，1961年12月22日，浙江省档案馆，档号：J169—013—013。

此外，杭州市上城区尚有三家个体合作性质的商店，"今年四月已划归上城区新华书店领导，配有公方经理，其经营业务范围有古书、旧书以及旧报刊、废纸等，每月营业额等约一万二千余元，有利润上交。人员共有二十人，其中家庭工九人，其他均小业主，除工资外还拿定息。三家均设有收购处，有专人负责整理，对于好书、资料性的图书，供应浙图书馆和其他学术研究单位需要，内部刊物，凭证供应。""虽然这三家已归口，但还不能完全直接掌握起来。对珍贵书刊，虽已改变过去外流现象，还没有充分做到保存的作用和合理分配给单位。对古旧书的评价，未合规定手续办理，往往售出后再来评价。"①

在宁波市，"外地同行来甬收购古旧图书的，除向民间直接收购外，还向同业进货，向同业进货的数量（指成交金额）往往超过向民间直接收购数量。当地文化行政部门为控制文物流失，对古籍善本的外流严格控制，没有文化主管部门的批准，是不允许运出本市的。有一次，上海某收购员以高价向当地某一藏书家收购去明刻本《象山县志》一部两册，正待乘车离甬，在车站被有关部门截回。经追查，乃是该藏家不肖之子瞒着父亲盗卖出去的，这个不肖子被其父送交公安司法部门处理；那个违规收购古籍的业务员回沪后亦作出专门检讨，其中一份抄送宁波市文化行政部门。如果向当地同业'拆批'，这类审批手续就可由当地古旧书店代办了。当然这只是指善本书而言，普通古籍是用不着审的。这里所说的是20世纪五六十年代的情况。"②

总之，"古典文籍是我国极其宝贵的文化遗产。对于这些古典文籍进行广泛的搜集、整理，并且加以深入的研究和充分的利用"，"这不但需要依靠广大群众爱护祖国文化遗产的热情和积极性，需要由国家设立专门的机构和采取一定的行政措施，而且还必须依靠社会上的专门行业和专门的人才来进行。"同时"适时地纠正管理私营古书业工作中的缺点，加强对古书业的安排和改造，特别是积极地领导他们开辟货源，扩大古籍流通，是当前文化部门的一个重要任务。这个任务完成得好，不仅可以使这

---

① 杭州市文化局：《有关杭州市文物商的性质和管理体制的情况》，1961年12月22日，浙江省档案馆，档号：J169—013—013。

② 袁元龙：《解放后宁波古旧书业兴衰起落》，载胡应麟等《旧书业的郁闷》，河北教育出版社2005年版，第200页。

一个社会行业能够得到妥善的安排，而且对于继承和发扬祖国文化遗产，促进我国科学文化的繁荣，将会起到良好的作用。"①

第五节　改造后的古旧书业呈现"喜忧参半"的局面

1961年5月15日，中共浙江省委宣传部再次下文称："从有利于保护文物出发，贯彻管而不死，活而不乱的原则，做好古旧图书、史料和字画的市场管理。除加强国营商店收购外，对现有的合作书店、书摊（贩）应发挥其作用。各市、县收购人员在本省范围内收购的，应该持有本市、县文化行政部门的介绍信，在收购地区的文化行政部门领导下进行收购活动。外省收购人员到本省各地收购，必须持有省文化局的介绍信，在收购地区的文化行政部门领导下，可以到当地的古旧书店进行收购，或者经过当地文化行政部门的批准，到群众中进行收购。对于重要地方资料（如地方志、本省史料与本地人的作品、版本等），当地文化行政部门认为需要留在本省的，应优先卖给本地。""对于古旧图书、史料和字画的收购，应该按质论价。""各地古旧书店（或文物商店）对于流通的古旧图书、史料和字画，应该根据历史、科学和艺术价值的大小，以及应用需要情况，分别内柜和外柜，内柜只供内部调拨，外柜可以公开在市上出售，满足人民的文化需要。""对文物专业从业人员的生活应该予以必要的照顾，对其中确有专长的技术人员，工资过低的应该合理的调整，同时对他们的收购活动建立奖励制度，以调动他们的积极性，做好收购流通工作。"②自此，浙江省的古旧书业、商贩，其整体工作环境与生活待遇都得到改善，工作业绩亦随之提升。

以杭州古旧书店为例。自1958年至1966年，"为了丰富古旧书品种，该店的收购人员经常走南闯北，足迹遍及北京、天津、上海、江苏、江西、安徽、山东，湖南等地。而去本省各市、县时，更是采取走街串巷、海报宣传、结交书友、联系图书馆等方法深入发掘。收购员舍家外出，一去就是十几天，二十几天，甚至一个多月。他们含辛茹苦，不计报酬，那

---

① 《安排和改造古书业》，《人民日报》1956年9月6日第1版。
② 中共浙江省委宣传部：《关于古旧图书、史料和字画的保管情况和今后加强保管工作的意见》，1961年5月15日，浙江省档案馆，档号：J169—013—013。

时每天只有几角钱的补贴,有时为了托人介绍,还得赔上烟、酒钱。收到的书,则自己肩挑手提,打包托运。当收到珍贵古籍资料时,为防止遗失,不论多少,都要随身携带。那时一切苦累全丢脑后,内心感到无比欣慰,因为认识到他们经手的不是一般的商品,而是国家的文化瑰宝、民族的精神财富。""从古旧书店成立到1966年的8年时间里,该店陆续搜集到的珍贵史籍是极为丰富的:有明初至清初稀见的刻本书(如明宣德年间的朝鲜铜活字本六臣注《文选》和明初刻的家谱等);有著名学者黄宗羲、万斯同、全祖望、钮树玉、王宗炎、冯登府、姚燮等人的手稿、手校本(如清代钮树玉手稿《说文解字考异》等,又如《蓬山清话》稿本7册,该书详叙象山一邑史地、风土、人物、艺文、土产等项,这对研究象山地方历史提供了重要参考资料);有唐人写经、明代金水写经;有太平天国的门牌、执照、田凭等;有明清及民国初年著名学者信札数10件,较晚的如鲁迅致许寿裳的手札4件;有明清刻本的戏曲、有经当代戏曲名家吴梅校阅的如清乾隆张照著的《劝善金科》等曲本;还有抄在手摺上的《牡丹亭》《西厢记》等戏曲。不仅有文字,还有工尺谱,可以按谱演唱。"1959年,为配合纪念五四运动四十周年,杭州古旧书店"会同省、市图书馆,联合举办了'五四'以来新善本展览会。其中有60多种展品,是由古旧书店提供的。这一年,书店还派人员帮助新创办的杭州书画社,建立线装古籍门市部,开展收售古籍业务。""杭州古旧书店不仅搞好自身的业务,还担负着辅导和管理'建新'、'前进'、'文汇斋'等3家合作旧书店经营的任务。1962年9月,组织合作书店,成立'联合收购办公室'和'议价小组'。统一安排收购力量,分赴外地挖掘货源,定期交流经验和评议书价,使全市古旧书售价接近统一。"[①]

再以宁波古旧书店为例。"1958年上半年,有六七家以经营古旧图书为主的摊商在新华书店指导和帮助之下组织起来,成立集体经济性质的'宁波市古旧图书合作商店',地址在开明街,业务还不错,而铺面狭窄,仅有一间门面。""随着业务的发展和资金积累,原来的店铺房屋已远远不够应用了,于是迁移至商业闹市地段中山东路(药局弄口)。那是一处有四间宽度面积约百余平方米的铺面,并经上级批准,易名为'宁波市

---

① 朱友伦:《忆杭州古旧书店》,载政协杭州委员会文史资料委员会编《杭州文史资料》第18辑,杭州出版社1993年版,第67、68页。

古旧书店'。""宁波市古旧书店自迁入市区商业繁华地区营业后,业务蒸蒸日上。那时书价较低,而营业额全年能稳定在十万元以上。当时收到的有较高价值的古旧图书为数不少,如清早期钞本黄宗羲《四明山志》等,均提供给天一阁收藏;至于清刻《四明谈助》,光绪《鄞县志》,民国编纂的《鄞县志》、《今白华堂集》以及近现代商务印书馆和中华书局影印排印的《四部丛刊》一、二编,《四部备要》,《古今图书集成》等,更是不止个别部数,曾适量供应各大图书馆和高等院校之需。同时,还收到过不少名人字画,如梅调鼎、康有为、章炳麟书写的对联,吴昌硕、蒲华、谢稚柳、黄宾虹等的绘画作品。在20世纪50年代后期至60年代初,党和国家领导部门的一些负责同志,到了宁波视察,如有闲暇亦往往莅临古籍书店浏览,如胡愈之、胡乔木、齐燕铭等同志均来过,齐燕铭与胡乔木还曾为宁波古旧书店题词。"①

总之,自1956年至1965年,是杭州旧书业的中兴时期,"其时各店收到的善本和稀见珍贵碑帖字画达数千种,为全国各大图书馆特别是浙江图书馆提供善本极多。党政要人、文化界名人诸如陈伯达、康生、田家英等,都曾来访觅书。"②

然而,从另一方面看,自1958年始,"在越'大'越'公'的错误思想指导下,古旧书业经过全面'公私合营',上述合作书店全部并入了新华书店,私营旧书铺、旧书摊于是在杭州市面上销声匿迹了。"③ 如杭州三代主营古旧书的"石渠阁",在1958年被合并于前进书店,业主陈氏兄弟后转业至副食品店当营业员;主营古旧书,兼营碑帖字画的"汇古斋"于1958年被公私合营后,店主朱宝庭夫妇归入前进书店,后被分配至商业部门当营业员;专营古旧书的"松泉阁"书店,1958年后,业主王松泉出任建新书店经理,后曾分配至食品店当营业员。有此类遭际的还有主营古旧书的杭州"拜经楼"书店、"天泰"书店、"大观斋"书店

---

① 袁元龙:《解放后宁波古旧书业兴衰起落》,胡应麟等《旧书业的郁闷》,河北教育出版社2005年版,第200页。
② 王松泉、王巨安:《杭州百年书肆记》,杭州市政协文史资料委员会编《杭州文史资料》第27辑,《湖上拾遗》,杭州出版社2007年版。
③ 徐雁:《中国旧书业百年》,科学出版社2005年版,第288页。

等等。此后"杭州古旧书业香火难继"。①

1958年,郑振铎先生曾谈及此事:"从事古旧书业是光荣的、有重大意义的工作,与其他行业一样,少了它不行。"又说:"关于古旧书业统一领导的问题,我想没有必要统一,应因地制宜。""现在都是国家服务员,不要便成为摆架子,只此一家,并无分号,没有竞争了。"② 诚哉斯言。

---

① 王松泉、王巨安:《杭州百年书肆记》,杭州市政协文史资料委员会编《杭州文史资料》第27辑,《湖上拾遗》,杭州出版社2007年版。

② 此处文字系郑振铎先生于1958年7月4日上午在北京新华书店总店业务研究班讲课的文字记录。胡应麟等《旧书业的郁闷》,河北教育出版社2005年版,第84、86页。

第 九 章
浙江省文物保护事业遭遇重大挫折

1956年，随着社会主义建设高潮的全面到来，国家的文物保护事业遭遇严峻考验。在浙江，1956年2月，中共浙江省委召开第一次文教工作会议。浙江省人委文教办公室副主任、省人委副秘书长俞仲武在会上作了"十二年远景规划"的报告，其中对文物保护列出专条。浙江省文管会代表在会上发言指出：随着"社会主义建设高潮的到来，我们的工作赶不上形势的发展。"具体有三点："第一，计划性差，抓不住重点，也看不见形势的发展。主要表现在基建工程中文物清理发掘经费预算的短绌，中心任务不够突出。不曾估计到社会主义高潮的到来，客观情况将有剧烈的转变。""今年全省新筑公路有二千公里以上。大小水库单位在万数以上。""第二，一般工作犯了关门主义的毛病。联系省内省外的兄弟机关，发动群众力量做得不够。特别是没有动员各市县的知识分子，发挥他们的潜在力量，共同做好文物保护工作。""尤其对广大的农村积极分子联系不够。""第三，培养干部不够重视。历年虽曾派了六个干部到北京考古工作训练班学习，由于全省基建面广，干部力量大大感到不够。今年才考虑用带徒弟方式在工作中培养新干部。"此外计划"组织一个短期的考古工作学习（班），请重点市县派干部参加，还没有放手大胆的做。""机关内部业务学习制度也执行得不够认真。""以上缺点的产生，主要是严重的右倾保守思想在我们头脑中作怪。"今后，"我们只有批判右倾保守思想，发挥全体干部及全省人民群众的潜在力量，认真贯彻'全面规划，加强领导'的方针与'又多、又好、又快、又省'的原则来迎接这次高潮"。①

1957年，全国整风反右运动正式开展。在浙江，"过去几年浙江文物

---

① 浙江省文管会：《浙江省的文物管理工作》，在中共浙江省委第一次文教工作会议上的发言，1956年，浙江省博物馆馆藏资料。

界的反党分子给浙江文物事业带来极大的损失。省文管会和各级地方文物组织的反党分子，他们利用领导地位，抗拒执行党的文物政策、方针和路线，一贯坚持颂古非今，玩赏古董的资产阶级文物路线，在鸣放期间，揭发出一部分人与右派头目宋云彬狼狈为奸，借龙泉拆塔案向党进攻，文管会成了他们反党的一个据点。但是这一小撮反党分子的罪恶阴谋，只不过是'蚍蜉撼大树，可笑不自量'。通过整风，在党的英明领导下，我们把这个反党据点彻底摧垮了。""作为一门社会科学的文物工作是社会的上层建筑，它必须为政治服务，为生产服务，为加速社会主义建设并向共产主义过渡的伟大事业服务。为此，我们必须以厚今薄古的精神，以马克思列宁主义的立场、观点、方法来研究今古文物，只有这样，才能科学地阐明历史发展规律，让人们掌握这个规律，更好地改造客观世界，为现在或将来的建设服务。"[1]

1958年，"在党的建设社会主义总路线的光辉照耀下，浙江人民和全国人民一样，干劲冲天，以钢为纲，大搞文化革命和技术革命，飞快地向共产主义过渡。在'一天等于二十年'的大跃进形势下，喜报频传，振奋人心"，"文物工作也应该而且必需来一个大跃进。"[2] 浙江省的文物保护工作就此进入大跃进阶段。

整风反右运动的开展以及文物保护工作大跃进形势的形成，使新中国成立初期浙江省的文物保护工作遭遇重大挫折。

第一节　浙江省文管会的整风反右运动

浙江省文管会成立于1950年7月，是新中国成立初期浙江省文物保护管理的最高专职机构。由于社会历史原因，成立之初的浙江省文管会，其"基本人员都是由私人辗转介绍进来的。这些人员，政治面貌极为复杂，如：郦承铨副主任出身大地主兼资本家家庭；沙孟海出身地主家庭；陈训慈委员是陈布雷的胞弟；张任政委员在敌伪时任汪伪铁道部秘书。"此外，"已畏罪自杀的朱寿潜，窃据秘书地位，他出身地主家庭，本人也收租的，曾三次加入国民党；会计程隽曾任国民党21师师党部干事等职；

---

[1] 浙江省文管会邵裴子代表的发言，1959年，浙江省博物馆馆藏资料。
[2] 同上。

原事务员韩宜是反革命分子，镇反时逮捕；勤什蒋晓耕是富农分子。"不仅如此，"建会以来到整风前7年，一直没有党组织，也没有派党员来工作，历次政治运动都没有很好开展。""由于政治运动没有开展，加上以往省人委办公厅、省文委直接领导本会时没有抓紧。这些地主、官僚、国民党不仅没有得到改造，而且极力企图把文管会作为独立王国，各搞野心。他们以统战为幌子，把文物神秘化，向上级要挟，而促使上级因统战对象于无形中把文物工作也变成了统战对象。常委会一贯不执行党的政策，坚持发给地主奖金和'高价收买，以利相诱'的错误政策和路线，纵容不法古董商和坏分子的非法活动。""长期存在宗派斗争，也是本会的基本特色。建会以来，以郦、沙为首各搞一派，长期钩心斗角，相互排斥，千方百计用加官封爵、甜言蜜语、挑拨离间等卑鄙手段腐蚀青年，企图将青年作为他们宗派斗争的急先锋。宗派斗争的结果，使机关内部极为混乱。共青团员呈现出严重的政治衰退，不求上进，并存在着悲观消极情绪，不安心这个环境。乌云乱翻时，宋云彬抓住龙泉拆塔事件，把本会作为反党的据点。于是，会内的宗派斗争转化为一致反党。而本会部分田野考古青年干部，也思想上受到迷惑，与宋云彬的反党谬论发生共鸣。"①

1957年，随着全国及浙江省整风反右运动的开展，浙江省文管会有关领导开始强调"作为阶级斗争工具的社会主义文物工作，必须绝对由党来领导。"并对整风反右运动开展之前，浙江省文管会存在的所谓严重政治错误进行严厉批判：本会"少数资产阶级知识分子，长期来坚持反动立场。在政治上抗拒执行党的文物政治方针，发地主奖金，反对党的领导。""在学术观点上，他们是（以）'厚古薄今、崇古非今、以古代今'的思想来代替党的正确方针。"他们还"否定社会不断前进的发展规律，认为考古只要考到宋代，不重视清代绘画。"他们"顽固地站在资产阶级立场，歧视近代和现代革命史文物资料。"他们"把文物看成商品。反映在征集文物上用'高价收购，以利相诱'，重视的是这件文物值多少钱，而不是劳动人民的智慧创造。""在考古发掘上，存在着挖宝思想。挖出东西欢欢喜喜，没有东西垂头丧气。"他们"办展览是为了献宝，有意把文物神秘化，自封专家，吓唬群众。"他们"主张越古越好，有古皆保，把文物看成高于一切。脱离政治，脱离生产，千方百计企图把这门社会主

---

① 浙江省文管会：《整风总结》，1958年8月，浙江省博物馆馆藏资料。

义新兴事业,导向资产阶级道路上去,使之局限在玩古董的泥沼里,进而在鸣放期间,利用文物来向党进攻,给文物事业带来了很大的损失和不良的影响。"总之,我们要通过"伟大的整风运动和反右派斗争,加强党的领导,彻底批判资产阶级反党言行,划清界线,从而在政治上,思想上起根本的变化"。①

浙江省文管会的整风运动分为三个阶段:

1. 反右阶段

自1957年7月下旬开始到8月底结束。"本会是宋云彬借龙泉拆塔问题向党进攻的据点。""7月上旬上级党委派党员来会领导整风,"此时,"宋云彬的反党罪行已经在报上大量揭露,而会内群众也自发的对会内的反党言行进行初步揭发。根据这种情况,党就决定采取大字报和大组辩论的形式,首先对反党分子朱寿潜展开斗争。到8月底,朱寿潜畏罪跳井自杀。"浙江省文管会的反右斗争告一段落。

"朱寿潜畏罪自杀,进一步显示出本会政治情况的复杂性。因此,我们在本会整风第二阶段没有展开以前,对会内所有人员进行重新研究。根据阶级出身和平时表现,分别政治情况重新排队。""首先是整顿组织力量,找出最可靠的积极分子和一般可靠的积极分子,通过他们进一步研究情况,具体分析了本会的政治面貌,特别是郦、沙宗派活动的野心本质和郦、陈、张的具体反党面目。""其次是教育群众。郦承铨先后在购买公债、邱城下乡、省委科学成就展览会等问题上翘起尾巴,向党进攻。我们就发动群众给予不调和的斗争。""这一系列的斗争,从政治思想上锻炼了群众,提高了他们的斗志,结合自我教育,进一步划清了思想界限。""通过以上工作,整顿了战斗队伍,组织起我们的核心力量。"

2. 双反阶段

1958年2月下旬,"由于去年反右中断和会内长期存在的全会性的严重宗派性斗争的情况,为了发动群众,继续贯彻两条道路的斗争,必须首先解决宗派问题。所以这一阶段从反浪费着手,紧接着采取专题辩论和大字报等形式转入反宗派。在方法上,我们考虑到会内宗派活动的主要角色——郦承铨、沙孟海、陈训慈一直伪装进步,张任政以'和事佬'的姿态出现,迷惑青年和拉拢青年,贩卖资产阶级毒素。在共青团之间,也

---

① 浙江省文管会:《本会整风反右以来工作总结》,浙江省博物馆馆藏资料。

显现出分裂现象。""为了孤立对方，培植并组织运动的核心力量，首先由青年干部引火烧身，从内部揭露宗派主要角色的那种勾心斗角，相互排斥，口蜜腹剑，两面三刀的毒辣手段和丑恶面目。然后形成群众性的火力网，集中力量围剿宗派祸首，彻底识破并搞臭他们的阴险手腕和野心活动的本质。""反宗派取得基本胜利后，群众斗志激昂，接着就以龙泉拆塔问题进行专题辩论，运动转入了两条道路斗争的高潮。本会长期所存在形形色色的反党言行以龙泉问题最典型最突出。鸣放期间，本会郦承铨、朱寿潜数次向宋云彬提供炮弹。陈训慈以政协委员名义，召开省政协文史工作组会议，为宋云彬制造并扩大反党的社会舆论，企图在全国扇起反党逆流。""在辩论过程中，群众以大量事实，具体驳斥了郦承铨所谓'小知识分子不能领导大知识分子'、'党有宗派主义'的谬论。也揭发了陈训慈以保护文物为幌子，发动浙江文史界在文化事业方面向党猖狂进攻的实质，并以龙泉问题为中心，批判了他在鸣放期间诬蔑领袖、诬蔑党报和贯彻执行章罗联盟、民盟大发展的反动路线，等等。揭发并扫除资产阶级在本会所散布的毒素和影响，使群众在政治上划清界线。""继龙泉拆塔问题辩论后，又展开立场问题辩论和总路线学习。首先辩论了张任政对太平天国革命运动的刻骨仇恨，并以这个问题为中心，辩论了由于所站立场不同，对待事物就有不同的看法和不同的态度。与此同时，我们进行了总路线学习和'社会主义革命和社会主义建设'的报告和大组辩论，给全体同志进行了一次深刻的前途教育和阶级教育。以虚带实，使全体同志看清了国家和个人的前途，从思想上大大提高了干部的阶级觉悟和建设社会主义的干劲。大家精神饱满，边整风、边工作，出现了生动活泼、紧张愉快的新气象，形成整风推动工作，工作又推动整风的局面。""这样，群众具体地感受到解放以来各次政治运动和政策措施的必要性和正确性，从而对本会历年所存在的各种各样的反动言论，如：歌颂汉奸曾国藩、李鸿章，赞扬胡适、胡风，污蔑和反对土改、肃反和三反等历次政治运动，以及张任政从苏联到中国，从抗美援朝到打麻雀一贯反党反人民的言论，全部来一次总清算。""通过以上三个专题辩论和总路线的学习，会内这些所谓'专家'的反动的、腐朽的灵魂，赤裸裸暴露在群众面前。"

3. 交心阶段

"在上述两个阶段学习的基础上，极大多数干部紧密地团结在党的周围，认识到所受资产阶级思想（影响）带来的危害性，迫切的要求向党交心，形成苦战三昼夜的交心高潮。"首先，"对于每个同志所存在的个人主义，进行了小组交代和个人批判。然后以两天时间对鄘、陈、张进行大组交代和辩论。"此外，"举办反浪费展览会，用实物资料，内容为：高价收购，以利相诱，丧失立场，奖励地主、管制分子和玩赏古物，真假莫辨，违法乱纪，盗窃文物两个部分。通过这些活生生的事实，揭示出本会存在问题的严重性，特别表现在贯彻和执行党的文物方针政策上的两条道路的斗争。"

经过上述三个阶段的整风取得如下收获：

1. 干部情况发生变化

"由于在政治上、思想上消除了右派言论的影响，思想得到了解放，依靠党、相信党的思想建立了。大家干劲十足，原来的中间分子以至中右分子，急剧的向中左分子转化。"见下表：

文管会政治情况表

组织\时间	党员	团员	民盟	民革	合计
整风前	0	10	4	1	27
整风后	3	8	3	1	27

整风后工作人员政治态度表

右派	中右	中中	中左	左派	合计
3	3	6	11	4	27

附注：中左11人中，朱家济、潘臣青、汪济英、周中夏四位同志在整风前是中中分子。

2. 会内正气上升，新的气象出现了

"过去几年来，由于白旗占上风，邪气弥漫，黑白颠倒，是非不分。只求宗派斗争有利，不管工作如何。""干部政治衰退，看不到前途，悲观失望情绪严重。""工作像老黄牛拖破车，根本谈不上跃进。""通过整风和总路线学习，正气在本会占了绝对优势，新的气象也出现了。本会的整风运动，在内部着重搞臭宗派主义，批判了个人主义，从而解决了长期以来的团结问题。过去团结搞得最糟的，存（成）见最深的调、研两组工作打通了。绝大部分干部都能紧紧团结在党的领导下，能够合作了。"

"最近几年调来本会工作的小青年，原来有着自卑情绪，把考古看得很神秘，认为自己工作时间不长，业务上没有一套；有的干部认为自己不是主要干部，工作被动；有的临时工作人员存在着严重的临时观点；也有的青年感到文管会同志关系冷酷，没有热忱，可怕，想离开文管会。通过整风，这些思想问题基本上得到了解决。原来迷信几个老头子的残余影响也得到了消除。""与此同时，基本解决了方向问题和红专的关系问题。关于红专问题，过去是先专后红，甚至只专不红，走的是资产阶级学术方向的道路。通过整风，明确了必须先红后专。只专不红，不仅不能为社会主义服务，而且有走上反党道路的危险。"

3. 对存在问题的有关人员进行处理与合理安排

"本会那些政治面目不清的或者应该作为白旗拔掉的，以及整风中揭露出来的实质上是右派的人员，需及时进行处理。"处理结果如下："郦承铨：撤职留会使用，原十二级降为十七级干事。陈训慈：撤职，转文史馆，按照一般馆员待遇。① 张任政：撤职，转文史馆，按照一般馆员待遇。沙孟海：降级，担任文物图书保管组组长。程隽：历史问题未搞清前，下放农村；如肯定是反革命分子，清洗就地管制或劳改。蒋晓耕：本人是富农，整风中表现恶劣，给予清洗处理。"②

"我会共有高级知识分子五人。经过整风反右，我们对这五个人的政治态度基本上已经搞清。整风中，特别对他们向党进攻、贩卖资本主义毒素的思想言行进行了严肃的批判。但组织上本着斗争从严、处理从宽的精神，没有划他们右派。因此从整风以后到现在为止，他们在心情上一般尚舒畅，工作态度也比过去好些。但其中各有不同。有的对党比较靠拢，工作态度和工作思想也比较好；有些对党离心离德一味应付。""根据以上情况，我会高级知识分子大致上可以分为三个类型：（一）靠拢党，可以作为建党对象的：朱家济、沙孟海。（二）对党的态度动摇不定的：郦承铨。（三）顽固堡垒，根本就不必考虑作建党对象的：陈训慈、张任政。""根据以上情况目前即可作为发展党的对象的一个也没有。"

---

① 1958年11月18日，浙江省文管会报告浙江省文化局人事处，特就陈训慈的处理问题加以说明："原系退职处理。由于此人是省政协委员，同时，本人虽年老体弱，尚能担任一般图书资料工作。为了照顾统战，故考虑留会工作。"浙江省博物馆馆藏资料。

② 浙江省文管会：《整风总结》，1958年8月，浙江省博物馆馆藏资料。

尽管如此，在整风以后"我们对他们的工作仍作了合理的安排，让他们负责一定的重要的业务工作。"如"编写十年成就总的执笔是由郦副主任负责。沙、朱、陈等委员也与青年同志分工负责一定的课题。西湖历史丛书的编写完全由他们几位老先生负责编写，使他们感到党对他们还是关怀的、尊重的。也有一些老先生认识到应该从工作中考验自己、改造自己。""在业务领导上顾副主任也与郦副主任分了工。顾副主任掌握调研组，郦负责文管组。平时对他们的生活也是照顾的，也利用时间召开座谈会，大家通通气，交换对会里重大问题的意见。这些都是我们对他们团结的一面。"另外，值得我们注意的是，"整风以后，对高级知识分子的一些迷信思想是打破了，但是也带来一些对他们不够尊重的倾向。有些青年同志认为在田野考古方面这些老一辈不如青年人，特别是从政治上藐视他们，看不惯他们这种旧社会的习气、工作作风，因此不与他们接近。这种倾向我们准备慢慢设法纠正。因为这些老年人在历史学、书画鉴别上还是有一些基础的，应该很好的发挥他们的积极性。""我们对朱家济委员虽然各方面都要好一些，但是从生活上融洽起来还是不够的，对沙委员就更差了。这是由于我们在团结斗争的艺术上，体验还不够深。""今后我们打算在工作上、生活上尽可能尊重他们、照顾他们。在政治上则毫不放松对他们的改造。当然也要根据对象、根据具体情况来进行细致工作的。过去我们对团结斗争的完整性与有机的联系体验不深，处理问题有些狭隘，今后还需进一步的提高。"①

总之，"伟大的整风反右运动，从根本上改变了资产阶级观点的文物方向。"②"经过伟大的整风运动，文物界横扫邪气，红旗飘飘，出现了欣欣向荣的新局面。"③

第二节 浙江省文物保护工作进入大跃进阶段

1958年5月，中共八大二次会议根据毛泽东的创议，通过了"鼓足干劲，力争上游，多快好省地建设社会主义"的社会主义建设总路线。

---

① 浙江省文管会：《关于高级知识分子的情况汇报》，浙江省博物馆馆藏资料。
② 浙江省文管会：《本会整风反右以来工作总结》，浙江省博物馆馆藏资料。
③ 浙江省文管会邵裴子代表的发言，1959年，浙江省博物馆馆藏资料。

紧接着全国各地掀起了轰轰烈烈的学习、贯彻总路线的高潮。在浙江，广大文物工作者"一方面组织学习文件，讨论总路线；另一方面展开了总路线宣传：搞墙报、搞街头壁画、排戏演出。在总路线光辉照耀下，大家看清了方向感到自己有奔头了。对考古工作如何多、快、好、省，也动了脑筋，展开了讨论。还提出在普查的同时，在全省范围内建立文物通讯网，建立十九个县博物馆的历史部分。在绝大多数干部中间，尤其是在主要业务方面的干部，主人翁思想更为确立。""思想解放，就进一步破除了迷信，如青年干部以往认为：科学院的考古专家确实有一套，自己过去在北京向他们学来的一套不能轻易改变。总路线学习后，开始打破了过去墨守成规的老一套。大家动脑筋改革考古技术的劲头很足。这样，主要方面的业务朝气蓬勃，并且带动了一般业务。先在绘画室出现了技术革新，提高了工作效率。接着，整理考古资料方面也有所改进。领导及时抓先进，召开了找先进、学先进的会议，掀起赶先进的热潮。"①

1958年9月，浙江省文管会拟定《浙江省文物工作五年规划》（以下简称《规划》），同时呈交中央文化部文物管理局及浙江省文化局。《规划》称：为"贯彻社会主义总路线和文化部的文物、博物馆事业五年发展纲要的精神，坚决依靠群众，大搞文化革命和技术革命，树立厚今薄古，古为今用，今为今用的指导思想，抓组织、抓普及、抓近代文物，在普及与提高的正确结合下，与兄弟省一起，飞跃前进，在62年超过国际水平。"并"在省文管会建立一支55人的又红又专的文物工作队。"《规划》内容主要有以下几点：（一）抓组织："为了适应新的形势，及时征集今古丰富多彩的文物，我们必须坚决依靠群众，高速度发展群众性的组织，要求在1959年3月以前县县建立文管会，同年6月社社建立文物宣传保护小组，和队队建立通讯员。专署及文管会应有专职干部三人；县文管会应有专职干部二至三人。各级文物组织的人选，应坚决依靠工农，反对走资产阶级知识分子的路线，使文物事业更好的为社会主义建设服务。"（二）抓培养干部："在干部培养中，必须红专结合，两条腿走路。一条是正规培养，在文化学院或浙江师范学院设考古系；一条是层层办训练班，运用半工半读，边干边学和师傅带徒弟的办法，要求在1959年2月前训练出第一批全省各县文管会干部（每县一至二人），达到能选择今

---

① 浙江省文管会：《整风总结》，1958年8月，浙江省博物馆馆藏资料。

天的文物,也能鉴别古代的文物以及田野考古的一般知识。训练对象应严密注意阶级路线。"(三)抓宣传普及:"大办展览、大办幻灯和到处进行科学讲座,以及出版刊物和通俗读物,掀起一个轰轰烈烈的宣传今古文物常识的高潮。在宣传刊物方面,明年6月前办不定期的'浙江文物',争取60年改为双月刊,同时出版一定数量的宣传画;在幻灯电影方面,制映古今文物、生产工具发展、发掘整理过程、文物复原、生活面貌复原等幻灯片和编写拍摄'可爱的浙江'电影片,以介绍文物科学常识。争取在60年做到文物保护基本知识家喻户晓,人人皆知。"(四)全民复查:"争取在62年各级分批建立从古到今的文物保护单位1万个。每个保护单位做到有:具体的保护范围、明显的保护标志和说明牌,较完备的科学档案,和专人管理与讲解员。"(五)开展科学研究工作:"在1962年内,除出版通俗普及的书刊外,对浙江革命史料、浙江原始社会情况和陶瓷工业、冶炼工业、水利工程发展史,以及浙江石窟艺术等科学论著、报告、文物汇编图录、图谱等100种,不论在数量上、质量上都要超过国际水平。"(六)建立各种类文物保护配套设施:"为了适应文物事业大发展的需求,省专业机构在62年前,要建立具有现代科学设备的2000平方公尺的文物仓库一座;建立考古学研究上需要的、(具有)各种仪器设备的、面积500平方公尺的实验室和模型工厂、文物修复工场(各)一座;文物档案室一个;文物专业图书馆一个;电影机一架。专署和县配备(文物)工具和必要的文物参考书籍。"[①]

自1958年起,浙江省的文物保护工作逐渐进入大跃进阶段。"紧接着整风反右后,本会突击地展开了全省范围内的文物普查工作,全体同志在总路线的光辉照耀下,干劲十足,以边普查、边组织、边宣传的方式,经过三个月的努力,就基本上完成了以前需要五年完成的普查任务。""特别要提到的,就是过去一直来没有被重视的大跃进文物的征集和采访工作,在金华地区开展了起来,受到地方党委的支持和广大群众的欢迎。普查工作的另一意义,就是由于我们较全面地掌握了本省文物分布情况,给贯彻重点保护、重点发掘的方针,给本会工作从被动转向主动以重要条件。也由于这次普查的面广,在全省范围内进行了一次文物宣传工作,讲

---

① 浙江省文管会:《浙江省文物工作五年规划》,1958年9月18日,浙江省博物馆馆藏资料。

清保护文物的意义，引起了广大群众在思想上对文物工作的重视。""在我们边干、边学，继续开展讨论文物工作为谁服务的同时，郑州会议召开，使我们进一步明确了：文物工作必须坚持党的领导，政治挂帅，厚今薄古、古为今用、今为今用，为政治、为生产、为科学研究服务。在这个认识的基础上，并得到高淳县县办博物馆和文物出版社出版的'二万五千里长征'、'毛主席在人民群众中'等方面的启发，我们认为：文物工作要为政治服务、为生产服务，必须大抓大跃进中的先进事物。社会主义建设在我国整部历史进程中是有头等重要意义。文物工作不能割断这个时期，或是钻在古代文物里。对社会主义建设、社会主义革命时期文物不及时征集，难道一定要等这个历史时期过去了，再回头来到处调查征集吗？难道社会主义这么宏伟的建设场面，能像古代文物那样从地下可以发掘出来的吗？显然，文物工作者应该将调查与征集社会主义时期的文物资料的工作，提到自己工作的日程上来，而且应当成为一项重要的政治任务来看待。""1958年年底、1959年初，本会调动力量全面出发，在开展群众运动的同时，大抓大跃进文物。""当我们到各地征集大跃进文物的时候，深受各级党委重视和群众欢迎。征集大跃进文物，就是歌颂先进，记录人们在社会主义建设时期的伟大史迹，这就是鼓足干劲，促进生产。今年在征集大跃进文物的基础上，我们出版了记录本省全党全民大办钢铁的'钢花处处开'，和记录1958年本省水利建设的'江湖河海听使唤'两本文物图录。这两本图录不仅是今后研究历史的参考资料，同时对当前的生产起一定的促进作用。"①

1959年，"本省文物工作在党的总路线光辉照耀下，进一步明确了方向。业务范围，除了原有的古代文物外，拓充了少数民族文物，近现代史文物资料和社会主义建设时期的文物调查征集和研究工作。""随着业务的开展，文物工作面向政治、面向生产的内容更加丰富、更加深刻了。""近代史、现代史和社会主义建设时期的文物资料的征集采访工作，虽然在过去没基础，但今年也取得了一定的成绩。今年抄录重要史料88万字，调查革命遗址57处。其中就地区来说，对温州一带的近现代史文物资料掌握较全面。就专题来说，对太平天国及其同时的农民起义、秋瑾等方面

---

① 浙江省文管会：《本会整风反右以来工作总结》，浙江省博物馆馆藏资料。

的有关史料较为丰富，特别是在瑞安征集到的金钱会史料，尤为重要。"①"大搞群众路线是贯彻总路线的根本方法。"通过大规模的群众竞赛，"指标一跃再跃，'二五'规划中大部分任务，提前到1960年完成。同志们纷纷表示决心，1960年的工作计划，提前到10月份完成。"②

然而，"二年多来，在贯彻党的文物方针中，并不是一帆风顺的，而是（在）坚持开展两条道路、两种观点的斗争中实现的。通过实践，使我们对过渡时期阶级斗争的长期性和复杂性，有着比较具体的感受。反右派斗争，在政治上、思想上，社会主义革命取得了决定性的胜利；但并没有得到彻底的胜利，阶级斗争仍然时隐时现。如为了贯彻今为今用，在征集大跃进文物资料，编著大跃进文物图录时，部分同志对待新事物的态度，不是满腔热情的支持，而是评头品足，指手画脚，甚至说'得不偿失'。结果，原定编著四本图录，只编出了两本。今年出现了一股反社会主义思潮，尽管事前不断进行教育，仍然许多人在粮食问题上，对富裕中农的叫嚣引起了共鸣。怕紧张、松口气的思想，也日益抬头。部分同志，对三面红旗的看法，或多或少存在着一些问题。个别同志，只专不红的资产阶级个人主义，也有所发展。""通过反右倾、鼓干劲学习，对全会干部进行了一次极为深刻、具体、生动的马克思列宁主义教育。在运动中提高了群众的觉悟，划清了大是大非的界限，坚决跟党走，坚决贯彻执行总路线，进一步认识到思想改造的重要性，鼓足了全会干部冲天的干劲。在这基础上，肯定了文物工作在1959年继续大跃进中的各项成就。同时，对文物工作如何为政治、为生产、为科学研究服务的体会，进一步深刻化了。然后讨论二五规划和1960年工作计划，大家意气风发、斗志昂扬，力争文物工作持续大跃进。"③

"1960年是我们持续跃进的一年。全体同志在党的领导下，学习了毛主席的著作、国内外形势、反对修正主义和中央三月召开的文博会议精神，等等。通过这一系列的学习，提高了干部的思想水平，促进了立场观点的改造，坚持政治挂帅，在每一次政治运动中，都能出色地完成任务。""春季，我们抽出了7个干部参加插秧生产。夏季，我们抽出了6

---

① 浙江省文管会：《本会整风反右以来工作总结》，浙江省博物馆馆藏资料。
② 浙江省文管会：《1959年总结》，1960年3月3日，浙江省博物馆馆藏资料。
③ 浙江省文管会：《本会整风反右以来工作总结》，浙江省博物馆馆藏资料。

个干部参加双抢运动。自十月中旬以来，掀起了一个轰轰烈烈的大种蔬菜运动。将近一个月的时间，与博物馆合作共开垦和种植了七亩多地的蔬菜和蚕豆。""今年的业务工作，是在坚决完成党提出的政治任务的前提下，认真贯彻了中央三月文博会议的精神，特别是关于文物工作一定要贯穿红线问题，全体同志边干边学，成了我们一切工作的准则。"关于"社会主义建设时期的文物征集工作，今年选择了五洞闸和蚂蚁岛两个人民公社为重点。收集所得的资料，按照这两个人民公社的历史发展，初步编成了历史文物图录。对于今年全省的水利建设，我们在德清、长兴、临安、金华、东阳、永康、景宁、丽水等县，选择了重点水库做了记录。""今年清理文物档案和清理库存文物方面，成绩显著。十年来所积压下来的字画和图书，都经过了全面的核对，基本上摸清了库存的字画和图书的底子，并初步整理和补编了目录。库存的碑帖，经过了整理和编目。文物照相底片，经过了初步整理。库存的出土文物，也进行了部分整理，并且从中剔出没有保存价值的铜铁物件，支援国家工业建设。""关于社会主义建设文物的征集工作，我们是从1958年开始提出的。这是一项新的工作。经过二三年来的实践和认识，我们进一步体会到：社会主义建设文物是记录中国人民在共产党的领导下，迅速改变一穷二白的落后面貌，从事史无前例的、气势磅礴的、最壮丽的、最伟大的建设事业，是记录中国亿万劳动人民创造新生活、新历史的共产主义的精神面貌。因此，社会主义建设文物的征集工作，不是将所有的东西都保存下来，也不是保存零星的几件物，或者片断的反映几件事，而必须紧紧地掌握一条红线，即着重征集阶级斗争和生产斗争中最有典型性、代表性、能反映三面红旗的典型文物。"①

总之，自"1958年以来，我们在文物工作方向上，经历了革命的、根本的变化。我们努力地用文物的形式，为党的每个时期的政治中心服务，紧密地配合工农业生产建设。在全党全民大办钢铁运动中，我们主动提供古代矿藏和冶铁技术的资料；并通过古人的创举，宣传破除迷信、大胆革新。我们还为煤炭工业、冶金工业、农业和社会科学的研究，提供文物资料，吸收古代有用的经验，用于社会主义建设。"② 不仅如此，自

---

① 浙江省文管会：《1960年工作总结》，浙江省博物馆馆藏资料。
② 《浙江省文物工作成就及几点体会》，浙江省文管会代表在中央文博会议上的发言，1960年3月，浙江省博物馆馆藏资料。

"1958年以来,本省文物工作是大跃进的。这是总路线的胜利,是毛泽东思想的胜利。"在这个跃进中,我们主要有如下两点经验:"1. 考古发掘必须紧密配合基本建设,做到既对生产建设有利,又对保护文物有利的两利方针。本省几年来的田野考古工作证明,中央提出的田野考古工作必须紧紧地配合基本建设的方针是完全正确的。在配合工农业生产建设进行考古发掘的时候,不能将文物工作强调到突出于生产之上。我们对两利方针的理解并不是半斤八两,平分秋色;而是必须在为生产服务前提下,进行考古发掘。两者是有主从的辩证关系。例如:1958年4月间,在嘉兴南湖公社积肥运动中,发现了重要的古文化遗址。当时,积肥的任务很急,如果要进行考古发掘,民工来源有困难。有的同志主张采集标本后放弃;有的主张保留大面积遗址。显然,前者必将使重要考古资料遭到损失,后者必将阻碍农业生产。我们自始至终坚持了为生产服务的方向,会同高等学校历史系的学生,进行了发掘。在发掘过程中,取土时,处处便利于挖肥。发现出来的文物,现场宣传。宣传社会发展史;宣传古人是怎样战胜自然的;宣传劳动在社会主义制度下的无比优越条件。这样做的结果,收效很大,既鼓舞了工地上的劳动热忱,也使考古发掘工作得到顺利开展。类似例子是比较多的。2. 考古工作必须多、快、好、省。结合高等学校历史系的教学、科研、劳动三结合方针,是考古发掘工作多、快、好、省的一条途径。考古发掘工作多、快、好、省的另一条途径,就是将考古发掘的权力下放。1959年,瓯江水库工程范围内的考古工作任务繁重。我们对该地区进行普查后提出处理方案,交给县里去发掘处理。县里组织了一个工作小组,我们只抽调一个业务干部参加这个小组。民工是向各个公社的生产队抽来的。他们一边劳动,一边学习文物知识,回去后就成了各地保护文物的骨干。瓯江水库考古工作,只有十个月就基本结束了。"①

1960年,浙江省文管会鉴于"1959年本会全体同志在党的总路线的光辉照耀下,干劲冲天、意气风发,贯彻了党的文物工作方针,取得了很大成绩。为了鼓励全体职工持续大跃进,根据省文化局人文(60)字第九号及第十二号两个关于发给职工一九五九年大跃进奖金的通知,我支部经过再三的研究,制定本会发给跃进奖金的方案。""按照文化局指示,

---

① 《浙江省文物工作成就及几点体会》,浙江省文管会代表在中央文博会议上的发言,1960年3月,浙江省博物馆馆藏资料。

第一等占20%—25%，第二等占60%—65%，第三等占15%的精神，及同志们的政治思想和工作态度，参照这次评选先进工作者的具体情况，研究了一个名单。经过群众充分的讨论，最后确定工作人员一等奖5人，每人发33元，共计165元；二等奖10人，每人发26元，共发260元；三等奖3人，每人发22元，共计66元。"此次跃进奖金的发放，"进一步鼓舞了全体同志的干劲。"①

正当中国人民沉浸在如火如荼的"大跃进"运动之际，自1959年至1961年期间，"中国大陆地区由于'大跃进'运动以及牺牲农业发展工业的政策导致全国性的粮食短缺和饥荒"。1961年1月14日至18日，中共中央在北京召开八届九中全会。在会上，李富春作了《关于1960年国民经济计划执行情况和1961年国民经济计划主要指标的报告》，报告肯定了1960年经济工作的成绩，指出了存在的问题，并提出"从1961年起，对整个国民经济实行'调整、巩固、充实、提高'的方针"。随着国民经济调整时期的到来，国家的文物保护工作也开始纠正自1958年"大跃进"运动以来发生的种种失误。1961年3月4日，国务院颁布《文物保护管理暂行条例》共18条。同日，国务院还公布了第一批全国重点文物保护单位共180处。

在浙江，"1961年的文物工作是适应大办农业、缩短基本建设战线的形势，和在调整、巩固、充实、提高的方针指导下进行的。""原1961年工作计划有些方面与后来的形势不相适应。根据具体情况，先后做了两次修改。修改后的计划，主要的特点表现在：工作具体落实到组室和个人，进一步发挥了组室和干部的工作主动性和计划性；田野考古工作随着基建工程的缩小，相应地转移到内部资料的整理；根据国务院文物保护管理暂行条例的精神，把文物保护单位工作提到首要的地位。"② 1961年4月20日，浙江省人民政府公布浙江省第一批重点文物保护单位共42处。③

总之，随着全国"大跃进"运动的停止以及国家文物保护工作重新走上正常轨道，浙江省的文物保护工作也开始检讨自身存在的问题，如：

---

① 浙江省文管会：《发给1959年跃进奖金的总结》，浙江省博物馆馆藏资料。
② 浙江省文管会：《1961年文物工作总结》，浙江省博物馆馆藏资料。
③ 《浙江省人民委员会公布第一批全省重点文物保护单位名单》，《浙江日报》1961年4月20日第3版。

"组织干部学习文物工作政策法令不够重视,国务院颁布的文物保护管理暂行条例至今没有学习";"百花齐放、百家争鸣的方针贯彻不够,学术研究空气不够浓厚。本省有些重大发现,外界讨论得很多,而我们没有及时组织讨论,也很少提出我们的见解参加争鸣";"工作人员执行制度不严肃,作风随便,交接文物时手续比较疏忽。干部请示汇报常常越级,以致组室领导对情况不够了解";"本会的文物库房只有几间很小的房子,存放文物的橱柜和架子不仅少得不敷应用,而且很简陋,严重地影响工作开展,甚至很多文物造成混乱,遭到损失。这个问题曾经数次向领导提出,长期以来没有得到解决";"对私人收藏的文物,过去太多地强调捐献,今年纠正了这个偏向。收购文物按质论价,愿意捐献的也给以荣誉或物质奖励。"等等。① 至此,浙江省文物保护工作的"大跃进"运动基本结束。

---

① 浙江省文管会:《1961年文物工作总结》,浙江省博物馆馆藏资料。

第十章
浙江省文物管理委员会专家事迹述略

第一节 浙江省文物管理委员会专家事迹概述

1949年新中国的成立无异于一场巨大的社会变革。面对这场巨大的社会变革,知识分子,尤其是从旧社会过来的中高级知识分子,其心态总体是复杂而微妙的。既有满怀希望,也有超然无谓,更有怀疑等待、无所适从。新中国成立初期,执政党对从旧社会过来的中高级知识分子一般采取"包下来"的政策,一则使其工作生活基本安定;二则政治上享受应有地位,加之中国知识分子自身所具有的强烈的民族主义诉求,所以新中国成立初期知识分子群体作为一个整体,基本上选择了共产党和新中国。[1]

在浙江,1950年新组建的浙江省文管会,可谓名流雅士云集。从曾任浙大校长的邵裴子主任,到著名书画家郦承铨,篆刻名家陈锡钧,陈布雷胞弟、著名学者陈训慈,孙诒让哲嗣孙孟晋,王国维学生张任政,著名书法家沙孟海和著名文物鉴定专家朱家济。从个人履历看,以上人等均为从旧社会过来的高级知识分子。如邵裴子[2]早年留学美国斯坦福大学主修经济学,1909年回国。后担任国立浙江大学普通教育管理处处长、文理学院院长、副校长、校长。[3]郦承铨[4]自1928年起历任中央大学(现称南

---

[1] 崔晓麟:《建国初期知识分子的社会心态及原因分析》,《广西社会科学》2003年第11期。

[2] 邵裴子(1884—1968年),浙江杭州人,曾任国立浙江大学校长,著名学者,20世纪50年代任浙江省文管会主任。

[3] 见邵裴子《工会会员入会登记表》,1950年8月17日;《中华人民共和国工会会员登记表》,1957年3月29日。浙江省博物馆藏资料。

[4] 郦承铨(1904—1967年),江苏南京人,著名书画家,20世纪50年代任浙江省文管会副主任。

京大学）、暨南大学讲师，厦门大学、金陵大学、华西大学、浙江大学、台湾大学和之江大学教授，故宫博物院专门委员。[①] 陈训慈[②]自1932年起，先后担任浙江省立图书馆馆长，国立浙江大学史地系教授兼图书馆主任，后又兼龙泉分校主任。[③] 孙孟晋[④]为名门之后，祖父孙衣言、父亲孙诒让[⑤]均为一代大家。自1935年起，孙孟晋先后担任温州图书馆馆长兼浙江省图书馆协会理事，浙江省立图书馆馆长，浙江省通志馆总编纂。[⑥] 张任政[⑦]1949年前曾任上海光华大学、大夏大学教授，省立西湖博物馆馆长。[⑧] 沙孟海[⑨]自1932年起，先后供职南京中央大学、教育部、交通部、中英庚款董事会、浙江省政府、中央研究院等处。1949年8月起，任浙江大学中文系教授。[⑩] 朱家济[⑪]自1929年起，先后供职北京故宫博物院、北京大学、故宫博物院南京分院、重庆财政部贸易委员会、粮食部机要局、经济部工商局及华东纺织工学院等处。[⑫]

新中国成立初期，浙江省的文物专家们，总体受国家对知识分子政

[①] 见郦承铨《工会会员入会登记表》，1950年8月，浙江博物馆馆藏资料。

[②] 陈训慈（1901—1991年），浙江慈溪人，著名学者，20世纪50年代任浙江省文管会专任委员兼图书资料室主任。

[③] 见陈训慈《中华人民共和国工会会员登记表》，1957年3月25日，浙江省博物馆馆藏资料。

[④] 孙孟晋（1893—1983年），浙江瑞安人，著名学者，20世纪50年代初任浙江省文管会专任委员。

[⑤] 孙衣言，浙江瑞安人，道光三十年进士，入翰林，官至太仆寺卿。孙诒让，孙衣言之子，1848—1908年，清末经学家，被誉为"有清三百年朴学之殿"。

[⑥] 见孙孟晋《中华人民共和国工会会员登记表》，1957年5月3日，浙江省博物馆馆藏资料。

[⑦] 张任政（1898—1960年），浙江海宁人，著名学者，20世纪50年代初任浙江省文管会任专任委员兼保管组组长。

[⑧] 见张任政《工会会员入会登记表》，1950年8月，浙江博物馆馆藏资料。

[⑨] 沙孟海（1900—1992年），浙江鄞县人，当代书法大师，在古典文学、古文字学、金石考古学等方面都有卓越贡献。20世纪50年代任浙江省文管会专任委员、鉴别委员会委员，浙江博物馆历史部主任。

[⑩] 见沙孟海《中华人民共和国工会会员登记表》，1957年4月2日，浙江省博物馆馆藏资料。

[⑪] 朱家济（1902—1969年），浙江萧山人，著名书法家，著名文物鉴定专家，20世纪50年代任浙江省文管会专任委员兼鉴别委员会委员。

[⑫] 见朱家济《中华人民共和国工会会员登记表》，1957年3月23日，浙江省博物馆馆藏资料。

策的感召，加之一般具有保护民族优秀文化遗产的使命感，以及出于对个人理想、前途及职业的谋划，愿意参加国家的文物保护工作。如陈训慈在"1949年初，以生活关系，曾因友人介绍，在上海某书局编审处任一临时编辑，助编一种学生杂志，不及三月而去之。"解放后，"所任为初中外国史地，备课甚简，惜学生秩序欠佳。"后听闻邵裴子在筹划浙江省文物管理委员会，"此与我昔年在浙图时期主张各省县应都有常设的文献委员会，用意大致相同，而职能更过之，""我即去杭访谒裴师，表示愿舍教职来杭追随。"①

朱家济为宋代理学大家朱熹后裔。父亲朱文钧是近现代著名的古代家具、古籍、碑帖、书画鉴定家和收藏家。1929年，朱家济受马衡等邀，入故宫博物院担任编辑审查一职。1937年抗日战争爆发，朱家济作为故宫博物院古物南迁南路的押运者之一，历尽千难万险安全保护文物进入川贵。此后为生计谋，朱家济相继任职于重庆财政部贸易委员会、粮食部、经济部、上海中纺公司和上海纺织工学院。② 然而一则朱家济本人对文物研究情有独钟，二则国家爱惜人才。1953年6月3日，浙江省文管会副主任郦承铨致函主任邵裴子，推荐朱家济加入省文管会工作。理由是："该同志系国内有数文物专家，五二年九月曾由中央社会文化事业管理局郑振铎局长特别邀请赴京，审查三反中没收文物，足见郑局长对该同志之重视。""目前本会需有相当研究之专家，如能胜任，因（应）考虑朱家济系本省人才，"建议"调用该同志为本会常务委员兼组长职务"。邵裴子批复同意并函省文化局长李微冬。6月17日，省文化局王文长秘书长致函邵裴子："拟邀朱家济先生来文管会工作，已正式向华东请调。"③ 1953年，朱家济正式进入省文管会工作。

新中国成立初期，浙江省的文物专家们愿意参加浙江省的文物保护工作具体有以下两方面表现：

---

① 陈训慈：《自述小传》，浙江图书馆编，王效良、苏尔启主编《陈训慈百年诞辰纪念文集》，北京图书馆出版社2006年版，第585—586页。

② 见朱家济《中华人民共和国工会会员登记表》，1957年3月23日，浙江省博物馆馆藏资料。

③ 关于请调朱家济先生加入省文管会工作来往信函3封，浙江省博物馆馆藏资料。

一 对浙江省文物保护机构的建立运作积极建言献策

早在新中国成立伊始,沙孟海、孙延钊(孟晋)和郦承铨即分别致函浙江省教育厅,就文物保护问题提出个人见解。

1949年11月,时任浙江大学中国文学系教授的沙孟海两次致函浙江省教育厅"谈关于文物事"。具体内容如下:一、机构名称,"可参照上海市办法定名为'浙江省古代文物管理委员会'。"二、管理对象,"古代文物包括公有的、私有的、地面的、地下的、动的、不动的,前者指石器、金属器、甲骨、陶瓷、碑志、明器、造象、简牍、字画、印信、刺绣及古代社会用品……;后者指地方古迹、建筑物、摩崖石刻……。"三、管理方式,"古代文物逐日损坏与消失,所以管理工作第一要争取时间,管理机构成立之后,就要迅速地进行调查登记。对于私家藏物,政府一面加以保护,一面尤要加以管制。捐赠公有,固所欢迎,但也准许私人保藏,由物主依法申请登记。倘有搬动或者转移所有权时,必须呈报。如或越出省境,必须经政府允许(绝对不准越出国境)。古董商人所有物如何管制,比较困难,将来由会从详商议。"四、保藏问题,"管理机构以不保藏为原则,图书类可归图书馆。器物可归博物馆。各市应多多设立图书馆与博物馆,或合并设立,名为'文物馆'。省级管理机构应事实的需要,有酌量情形调整与集中之权。"五、机关地点,"以借用孤山西泠印社最适宜。"六、委员人选,"似可延揽全省各市县专家。"七、市、县机构,"各市县应逐步设立机构,尤其是'市'必须尽速设立,以防止文物之毁灭与遁逃,市县机构或称某市某县分会,或称某市某县古代文物管理委员会。旧时有省市县文献委员会,各地或已成立,或未成立。如鄞县文献委员会只用办事人员一人,(委员皆无给职)而工作做得很多,可见只要有人做事,不一定要多少经费。"又,"'历史上有价值的文物'与'其他一般的文物'这两者中间并无截然之界限,将来办事上一定有很多的困难与纠纷。此点似应特别注意。将来拟订办法时须有详密的规定。"①

同年11月14日,孙延钊(孟晋)呈文浙江省教育厅:《关于政府管理古代文物专设工作机构的刍见》。具体内容如下:1."这个机构的总名

---

① 《沙孟海谈关于文物事》,1949年11月12日后至20日前。黄莺《浙江博物馆系年》,北京图书馆出版社2007年版,第96、97、103页。

称，拟请定为'浙江省人民政府管理古代文物委员会'，设立总机构于省政府的所在地，又为分区就近接洽进行便利起见，拟请于杭州、宁波、兰溪、温州四市政府的所在地各设分办事处一所。"2."本会设总主任委员一人，副总主任委员一人。此二人中，政府方面与地方人士方面各居其一。而政府既处领导地位，当然担任正席。而由政府礼聘副总主任委员一人，会同主持本会对内对外一切事宜。常务委员的人选，最宜着重。要以学识擅长，经验有素，又具时代化科学化的头脑，能力充分，而肯热心实干者为适（缺字）。本会设委员若干人，并就其中选定常务委员五人，均由政府聘任之。而正副总主任委员二人，与常务委员五人，合成七人，组织常务委员会，为本会策动及推进事业的中心点。"三、"内分设五个委员会，及古物陈列室，事务室。（一）考察委员会，担任关于全省的一般调查，对各地著名公私藏家的个别视察，对相传某种著名文物特殊访问，以及关于地上遗弃古物的寻检，地下掩埋古物的探索与发掘等工作。（二）征集委员会，担任关于广向各界劝导捐献，多方征求，及设法加强群众力量展开此项运动等工作。（三）审订委员会，担任关于对古物鉴别真赝、品骘优劣，判断年代、辨释文字等工作。（四）编撰委员会，担任关于编次全省分类分代目录，记叙历来收藏源流或片断故实，并以新的观点阐述最饶历史价值的文物特征，以及撰辑出版刊物（专册或杂志）与宣传品等工作。（五）奖惩委员会，担任关于对民间踊跃捐献大量文物者应奖励表扬，及遇有人将古物潜运私售、流散国外的情事，经查明属实者，应如何惩治处置等工作。古物陈列室，担任关于征集所得古物的庋藏与整理及举行展览等工作，室中附辟参考资料部，以备会内工作人员随时检阅，解决疑难问题。事务室，担任草拟公文、缮写文件、收发文件、保管档案及办理日常庶务与会议记录等工作。""至于所谓'古代文物'，历史文物远在百年以前的，似觉较难得，可以多多搜罗。其在近百年以内的东西，应取其极有历史价值者，例如太平天国文物，清季民族革命文物等，及足特殊重视，余可不必一一征集。又文物项目，兹拟先就广义言，分列如下：（一）旧椠旧钞图籍及版片；（二）名人书画墨迹；（三）金石与古砖古泉及各种旧拓精模之本；（四）陶瓷器及其他古玩；（五）各种刻印及印谱；（六）各种雕塑物品；（七）古代农具兵械及工匠用具；（八）古代度量衡遗物；（九）地下出古物；（十）其他有关中国政治制度或经济措施的沿革，及文化活动或社会发展的经过等，各种文件与实物。"①

　　同年11月16日，郦承铨致函浙江省教育厅厅长谈文物管理事。具体内容有：一、宣传办法。"（一）利用《浙江日报》，常常刊载介绍文物的文章，及收藏文物发现文物的消息。（二）延请专家作分类的和分期的公开演讲，分类如石器、陶器、铜器、书画，等等。分期如史前时期、殷商时期，等等。（三）奖励保卫文化遗产功臣，这分为四种：（1）大收藏家，他们的收藏，虽然是动机或者出于为个人的满足，但他们用个人的人力物力搜集保护许多文化遗产，使这些文物不致毁损，或流出国外，还是有很大的功绩。（2）捐献者如将个人收藏，慨然捐给人民文化机关，这种风气，我们是应表扬崇敬的。（3）发现者，例如最近何天行先生的发现青铜犁，（载本月十五日上海《文汇报》）又如有收藏家本人亡故，子孙不知文物的可贵，弃置无人管理，而经专家发现，使文物能供人民大众利用，这也是应当鼓励的。（4）研究上有新贡献者，这一项要成立文物管理机构以后，方能作具体的计划。"二、调查方法。"（一）调查的对象，这也分四项：（1）收藏家就我们所知的，浙江收藏家的分布，是杭县（如高氏、丁氏、颜氏、吴氏等）、南浔（如庞氏、张氏、蒋氏、刘氏等，但住在上海的多）、海宁（如蒋氏、朱氏等）、嘉兴、绍兴、鄞县、永嘉、龙游等处较多。其他各地也还应当有的；（2）古迹（如保俶塔、岳坟、阿育王寺等）；（3）石刻（如杭州飞来峰、鄞县碑林等）；（4）地下埋藏（如古荡石器、绍兴汉墓等）（二）调查方法三项：（1）书面通讯。一方面制就表格，寄请各县文教部门同意呈报；一方面寄函本省籍专家学者住在省外者，如马夷初先生、范仲沄先生，现在中央；沈尹默先生、张宗祥先生现任上海古物管理委员会，应请他们提供宝贵的指示和资料。（2）专人出发。这要成立机构以后才能实行。（3）登记旧书碑帖古玩商人。先将此项与文物有关之商人，分别登记。以后凡重要文物转移，须令其报告，并奖励其协助进行调查工作，此项全部登记目的，希望日后渐渐能够使文物转移情况，不再秘密，就是文物藏在私家，必要时也可以

---

　　① 孙延昭呈省教育厅《关于政府管理古代文物专设工作机构的刍见》，1949年11月14日。载黄莺《浙江博物馆系年》，北京图书馆出版社2007年版，第97页。

利用,不致完全成为个人的玩物。"①

二 积极向国家捐赠珍贵文物

1950年,郦承铨向浙江省文管会捐赠刘残云旧藏甲骨十片,②此批珍贵甲骨的捐献填补了浙江商周文物的空白。③

1950年,孙孟晋向浙江省文管会捐赠孙琴西先生自用印九方,李兆洛石印一方;清程瑶田铭箸书用宋砍歙石砚和温州出土地方窑碗、碟四件。

1950年,邵裴子先生向浙江省文管会捐赠浙江龙泉大窑出土之宋明瓷器三十二件。④ 另,捐赠拓本166种,图书10种,印本尺牍7册。⑤

1951年1月至3月,浙江省立西湖博物馆收到陈锡钧捐赠的鲍子年等著作书版706片,又南洋官版十册,学部官版十册;收到陈训慈南宋官窑碎片十三片,窑具两件;收到张任政盎山书影三册,唐玄奘项骨塔记拓片两张;收到孙孟晋清末民初有关史料八件。⑥

1952年3月7日,孙孟晋向浙江省文管会捐赠原属瑞安孙氏玉海楼之青铜器要君盉、麦鼎及清代名家钱坫、江声、王懿荣等字联。⑦ 同年,孙孟晋捐献曾在民国25年参加浙江省文献展览会展出的180件文物。⑧

1952年,邵裴子向浙江省文管会捐赠清咸丰五年户部官票1件,故宫摄影集第一、二册。⑨ 同年,沙孟海向浙江省文管会捐赠国朝金文著录表1部。⑩

---

① 《郦承铨致函省教育厅长关于文物管理事》,1949年11月16日。载黄莺《浙江博物馆系年》,北京图书馆出版社2007年版,第100—102页。
② 《浙江省文物管理委员会一九五〇年情况概要》,浙江省博物馆馆藏资料。
③ 民革浙江省委员会:《教育先驱,文物功臣——邵裴子》,2010年12月29日发布。
④ 《浙江省文物管理委员会一九五〇年情况概要》,浙江省博物馆馆藏资料。
⑤ 邵裴子捐赠书,1951年3月26日,浙江省博物馆馆藏资料。
⑥ 《一九五一年一月至三月捐赠文物人士名单》,黄莺《浙江博物馆系年》,北京图书馆出版社2007年版,第106页。
⑦ 《浙江省人民政府文物管理委员会一九五二年二月份报告》,1952年3月7日,浙江省档案馆,档号:J039—04—04。
⑧ 章志诚主编:《温州市志》,中华书局1998年版,第2687页。
⑨ 邵裴子捐赠书,1952年10月3日;1952年5月5日,浙江省博物馆馆藏资料。
⑩ 沙孟海捐赠书,1952年5月5日,浙江省博物馆馆藏资料。

1954年，邵裴子向浙江省博物馆捐赠自汉至宋陶瓷器38件。①

1956年，朱家济向国家捐献一级文物"柳如是写经砚"、"高宗赐王安道抄手式端砚"等珍贵文物数十件，后藏于浙江省博物馆。②

1960年11月，沙孟海向浙江省博物馆捐赠一批碑帖，计132种。12月，陈训慈向浙江省博物馆捐献《明贤手札合册》、《东林八贤遗札》、《现代评议》等图书期刊504册，又《中国民族志》、《教育潮》等近现代史料38册。③

1949年5月3日杭州解放，郦承铨闻讯欣然提笔写下"欢天喜地"四个大字，张之以璧。④ 表达他对新时代的无比向往。然而，由于历史、社会及个人原因，新中国成立初期，浙江省的文物专家们不可能人人尽是"欢天喜地"，相反有时不免有手足无措的困惑与茫然。但是，所有这些并不妨碍他们实心实意地想要融入这个崭新的社会，并真心诚意地想贡献一份微薄之力。因此，无论是沙孟海、朱家济或陈训慈都愿意以他们的努力工作来报效国家和人民。

第二节 文物专家沙孟海、朱家济、陈训慈事迹述略

一 文物专家沙孟海事迹述略

沙孟海，1900—1992年，浙江鄞县人。当代书法大师，在古典文学、古文字学、金石考古学等方面有卓越贡献。1949年后，沙孟海历任浙江大学、杭州大学、浙江美术学院教授。⑤ 1952年3月，沙孟海被聘为省文管会专任委员。一年后省文管会机构重组，沙孟海被聘为专任委员兼调查组组长以及鉴别委员会委员。自1952年至1965年，沙孟海的工作内容主要有以下几方面内容：

---

① 《知名人士捐献文物名单》，1954年，浙江省博物馆馆藏资料。
② 蔡小辉主编：浙江博物馆典藏大系《聚珍荟宝》，浙江古籍出版社2009年，第164页。
③ 国家文物局编：《中华人民共和国文物博物馆事业纪事（1949—1999）》，（上），文物出版社2002年版，第177页。
④ 韩斌：《环城西路20号——那些应该记住的人和事》，何晓英主编《大雅久不作——寻觅朱家济先生》，中国书店2012年版，第111页。
⑤ 沙茂世编撰：《沙孟海先生年谱》，西泠印社出版社2010年版。

1. 负责和参与对浙江省境内各类文物事件的处理

1952年4月，沙孟海任职伊始即被委派处理绍兴市部分民众破坏文物事件。1952年4月2日，绍兴鲁迅文化馆上书浙江省人民政府文教厅，称："绍兴市合作总社于本年1月份起专设部门大量收购旧铜"，"将成件铜器敲扁打碎"，"其中有大批古泉以及铜鼎、铜壶等器皿，制作精工"；"上海私营第一废纸联营处运去大批线装旧书作造纸原料，数量在12万斤，其中珍贵图书未免损失，""绍兴县属各区乡农民集体盗掘古墓，掘得大批古物。因发掘技术低劣，十有九破，损失极为严重。"① 4月22日，省文教厅报告浙江省政府："遵即转知省文物管理委员会"，已"派沙孟海同志前往了解并作适当处理。"据该同志"陈述处理经过情况及所提意见，拟分别酌予实施。""请我省人民政府通令全省严加禁止，务使各地区不再发生同样情事。"②

1953年2月，沙孟海奉命调查绍兴鲁迅纪念馆处理旧书情况。1953年2月13日，浙江省文化局就"绍兴市全体旧书业住商、行商、摊贩对鲁迅纪念馆查验旧书转运手续提出意见"一事致函浙江省文管会，"拟请你会予以处理，或派员前往了解实情见复。"③ 浙江省文管会即派沙孟海会同省文化局吴赛瑗于2月20日赴绍兴调查了解情况。3月2日，沙孟海向浙江省文管会递交《鲁迅纪念馆处理旧书情况调查报告》并提出5点意见。④ 事情最终得以妥善处理。

新中国成立初年，在历经乱世沧桑之后，宁波天一阁藏书楼"荒草萋萋"、"人迹罕至"。"所藏书不是残缺，就是虫蛀、水渍、腐败。"⑤ 1953年7月10日，浙江省文管会派沙孟海前往天一阁调研并写出调研报

---

① 浙江省人民政府文教厅：《为通知鲁迅文化馆反映绍兴市收购旧铜旧书及盗掘古墓情况严重损失珍贵文物图书，请提出意见并派员调查具报由》，1952年4月18日，浙江省档案馆，档号：J039—04—04。

② 浙江省人民政府文教厅：《为遵示转嘱省文管会赴绍兴处理私掘古墓损失文物经过情况报请鉴核由》，1952年4月22日，浙江省档案馆，档号：J039—04—04。

③ 《浙江人民政府文化事业管理局致省文管会函》，1953年2月13日，浙江博物馆馆藏资料。

④ 沙孟海等：《鲁迅纪念馆处理旧书情况调查报告》，1953年2月25日，浙江博物馆馆藏资料。

⑤ 群明：《重访"天一阁"》，《人民日报》1961年7月16日第6版。

告。经实地调查沙孟海提出 2 点"个人意见"。[1] 沙孟海的调研报告引起省政府的高度重视。此后，天一阁的整治工作得以逐步开展。

1954 年 3 月，沙孟海受浙江省文管会委派去杭县西溪秋雪庵、交芦庵进行调查了解，并将调查结果及建议报告浙江省文管会。3 月 24 日，浙江省文管会致函杭县人民政府，称："查你县西溪秋雪庵（即两浙词人祠）、交芦庵，为有名古迹。经派员调查，据报秋雪庵部分已塌倒，庵中无人居住，有石佛像二尊，题北魏年代，又有铜佛像二尊，题唐代，都是有保存价值的历史文物。交芦庵佛已不存在，附近农民堆置草料、杂物等情。经我会研究提出如下意见：一、秋雪庵、交芦庵都很有名，应由当地政府注意保护。现在即使暂时无力加以修葺，也应防止继续破坏。附近农民堆置的草料，应即移出保持名胜古迹的清洁。二、所有铜石佛像如无适处所移置，妥善保存，可即送我会暂为保管或由我会成员前往接收。"[2]

2. 负责和参与重要文物的捐献、征购及收藏

1953 年 2 月，浙江省文管会成功征购"吴熙档案"，引起国内外史学界的巨大反响。4 月 3 日，沙孟海受命去京办理浙江运京的太平天国资料的点交工作，前后历时一月有余。[3]

1955 年 1 月，沙孟海赴京向文化部面请下放文物，与故宫博物院联系调拨赵孟頫《吴兴赋》卷、《蓝田叔浅绛山水》册等三件字画，由浙江省博物馆收藏。[4]

1956 年，浙江省文管会派沙孟海去上海与吴湖帆[5]商洽，希望能出让《富春山居图剩山卷》。经钱镜塘、谢稚柳两老从中周旋，终于如愿以偿，以 5000 元价收入浙江博物馆库藏。[6]

---

[1] 沙孟海：《天一阁目前情况》，1953 年 7 月 10 日，浙江省档案馆，档号：J169—5—18。
[2] 沙孟海西溪调查函；浙江省文管会致函杭县人民政府：《为你县西溪故迹应加保护函速查明见复由》，1954 年 3 月 24 日，浙江博物馆馆藏资料。
[3] 浙江省文管会：《抢救太平天国史料的经过报告》，1953 年 4 月 5 日，浙江省档案馆，档号：J159—3—43。
[4] 沙茂世编撰：《沙孟海先生年谱》，西泠印社出版社 2010 年版，第 71 页。注：从 1954 年起，沙孟海兼任浙江博物馆历史部主任。
[5] 吴湖帆（1894—1968 年），江苏苏州人，集绘画、鉴赏、收藏于一身，成就显赫，在中国艺术史上具有重要意义。
[6] 《"富春山居图·剩山卷"征购经过》，浙江博物馆《富春山居图·剩山卷》藏品档案，总登记号：021202 号。

1957年11月，浙江省文化局成立吴昌硕①纪念室筹备委员会，沙孟海与之。② 汪济英③回忆说：现藏于浙江省博物馆的吴昌硕书画作品，一部分是通过沙先生的私人关系，由吴东迈和王个簃先生捐献；另一部分由沙先生亲自选定，以很低的价格从上海书画社购进的。④ 1957年12月，沙孟海与王个簃先生联系为浙江省博物馆捐赠吴昌硕珍贵书画《散氏盘文》、《墨梅图》、《鼎盛图》等及其有关实物资料八十五件。与吴东迈联系为浙江省博物馆捐赠吴昌硕书画《焦影纳凉缶像》、《石鼓屏条》等及有关实物资料约百件。⑤

1959年7月18日至7月26日，沙孟海离杭至萧山接收字画，"据沙回杭汇报，萧山县文教局由于缺乏保管条件，文化馆所存书画希望省里全部拿去，经沙孟海同志初步鉴定，提取224件（其中包括字画扇面191件）。"这批字画中，"比较有研究价值的有，明无款读书楼图卷、胡术士女册、明张端图行书卷、王元勋（湘州）流觞图卷"等。⑥

3. 其他杂务

1954年8月起，沙孟海兼任浙江省博物馆历史部主任。与南京博物院曾昭燏及蒋赞初商讨制定浙江历史文物陈列方案。展出后，文化部认为可作为省一级地志性博物馆的典范。⑦

1955年，杭州灵隐寺重建大雄宝殿正殿，殿额极大，起初估计无人能题此大字。著名书法家、省图书馆馆长张宗祥（宗祥）先生推荐沙孟海书写并来函云："北海字放大，仍无神，较柳字仍不能用。前见宝善堂三字甚佳，此额恐非阁下莫属，请一挥以壮观瞻如何。"沙孟海乃用三支楂笔扎起来，铺纸地面，移步俯写完成。有人认为得李邕的骨法，沙孟海

---

① 吴昌硕（1844—1927年），浙江安吉人，为晚清民国时期著名画家、书法家、篆刻家。杭州西泠印社首任社长。

② 《1957年11月，省文化局成立吴昌硕纪念室筹备委员会》，黄莺《浙江博物馆系年》（1929—2004），北京图书馆出版社2007年版，第135页。

③ 汪济英（1928年—），浙江开化人，1953年起任浙江省文管会干事，后任浙江省博物馆副馆长，著名文物鉴定家。

④ 汪济英：《长忆沙翁》，鄞县政协史料委员会、沙孟海书学院编《翰墨春秋——沙孟海先生纪念集》，西泠印社出版社1995年版，第127页。

⑤ 沙茂世编撰：《沙孟海先生年谱》，西泠印社出版社2010年版，第73页。

⑥ 《关于沙孟海同志出差到萧山接收字画的纪录》，1959年，浙江省博物馆藏资料。

⑦ 沙茂世编撰：《沙孟海先生年谱》，西泠印社出版社2010年版，第70页。

听罢实感惭愧。后自谓:"我写此匾,如牛耕田也。"①

1956年,沙孟海应浙江人民出版社之约与浙江省文管会、省博物馆同事共同编辑完成《浙江省新石器时代文物图录》一书,并亲自撰写序文。②

1958年9月,沙孟海参加全省文物普查,与同组人员先后到宁波、奉化、镇海、慈溪、余姚、上虞、曹娥、嵊县、萧山、诸暨、临海、天台、三门等地,为时近两个月。同年,著《浙东石刻调查》。③

1962年,沙孟海为南湖革命纪念馆题写楹联,上句集陆游春望诗,下句集吴潜烟雨楼词:"波光迎日动,浩气与云浮"。

1963年夏,沙孟海为宁波天一阁撰写楹联:"建阁阅四万载,藏书数第一家"。④

王个簃⑤曾谈及沙孟海:"秉性淡泊,不慕荣利,治学严谨,待人以诚"。⑥

二 文物专家朱家济事迹述略

朱家济,1902—1969年,浙江萧山人,"是中国杰出的文物研究和保护专家"。⑦

1953年,朱家济正式调入省文管会工作,任文管会专任委员兼研究组组长、鉴别委员会委员兼召集人。自1953年至1965年,朱家济写下数十万字的笔记⑧,其中工作部分的内容涉及这一时段他在浙江各地进行的大量文物调查;地面文物保护;濒危古建筑的维修;文物鉴定;各类展览会的布展;甚至参与文管会的财政预算工作等。

1954年,同济大学教授陈从周受浙江省文管会的邀请,数次利用假期到浙江进行古建筑的普查工作,并对其中重要的古建筑开展抢修、维修

---

① 沙茂世编撰:《沙孟海先生年谱》,西泠印社出版社2010年版,第71页。
② 沙孟海:《沙孟海论书文集》,上海书画出版社1997年版,第279—282页。
③ 沙茂世编撰:《沙孟海先生年谱》,西泠印社出版社2010年版,第74页。
④ 同上书,第78页。
⑤ 王个簃(1897—1988年),江苏海门人,著名书画篆刻家,曾任西泠印社副社长。
⑥ 王个簃:《沙孟海翰墨生涯序——忆海点滴》,鄞县政协史料委员会、沙孟海书学院编《翰墨春秋——沙孟海先生纪念集》,西泠印社出版社1995年版,第261页。
⑦ 何晓英主编:《大雅久不作——寻觅朱家济先生》"序",中国书店2012年版。
⑧ 朱家济先生笔记(1953—1965年),现珍藏于浙江省博物馆。

和保护。朱家济作为浙江省文管会专家，一路同行，相谈甚欢。陈从周在日后发表的散文《杭绍行脚》[①] 中提及："记得二十多年前第一次勘察兰亭，是朱家济先生陪同我来的。他是浙江省文管会委员，是一位不可多得的书画鉴赏家。他会一口好昆曲。记得我们在疲惫的旅途中，往往以曲相酬答，人目以为痴，而我们却乐在其中。"陈从周考察浙江古建筑后曾写下许多学术论文，发表在《文物参考资料》、《文物》等刊物上，其中几次提到了朱家济陪同考察的情况。如《绍兴的宋桥——八字桥与宝祐桥》[②] 一文中提及：1958年1月，"因禹陵与兰亭修理工作，再赴绍兴，于是作了这次调查，同行的有浙江文管会朱家济。"在《嘉定秋霞圃与海宁安澜园》[③] 一文中提及："1960年2月，我与浙江省文物管理委员会朱家济同志赴浙江海宁盐官调查了安澜园遗址及陈宅建筑。""1963年秋天，朱先生与我同去武义检查延福寺元代大殿修理工程，"后陈从周写下《浙江武义县延福寺元构大殿》[④] 一文，可为佐证。

1954年2月18日，浙江省文管会接浙江省人民政协电话，"嘱往凤凰寺了解所存唐碑情况。"当日下午，浙江省文管会派委员朱家济及干事黄涌泉到杭州中山中路凤凰寺进行调查。调查后，由朱家济亲自撰写报告称：凤凰寺目前保存有各种类石碑若干，计有："阿文碑拾壹块（根据该寺回教长云：一部分拆城墙所得，一部分原为该寺所有）；较完整者壹块（已断为二块，大小与御题西湖十景碑相似）；残碑九块（一般长约三尺，阔约二尺，尖头，边缘花纹雕刻极精。居中，最早一块约回历七百年左右，今年是回历一三七三年）；破碎者壹块（据回教长云：此碑为回文碑中最早者，此次修建教寺时，因移动而被毁。该碑现已粉碎，不能复原，尚见碑座残石一、二块，雕刻亦精）；弘治六年'杭郡重修礼拜寺记'壹块；顺治五年'重修真教寺碑'壹块；康熙九年'真教寺碑记'壹块；嘉庆年石碑壹块；横碑叁块（系光绪时募捐重修之花名册）；万历日晷壹个（有柱座，颇完整）。""现在寺中各碑堆置凌乱，宜加整理，按年代先后，择适当地点，重新树立。"根据朱家济等的报告，2月25日，浙江省

---

① 陈从周：《未尽园林情：陈从周散文随笔选》，商务印书馆国际有限公司2010年版，第86页。
② 陈从周：《绍兴的宋桥——八字桥与宝祐桥》，《文物参考资料》1958年第7期。
③ 陈从周：《嘉定秋霞圃与海宁安澜园》，《文物》1963年第2期。
④ 陈从周：《浙江武义县延福寺元构大殿》，《文物》1966年第4期。

文管会致函浙江省宗教事务处，称：上述所提回教石刻，"由你处核拨经费，予以保存。"①

1954年11月，朱家济等赴绍兴进行文物调查，除重点调查兰亭、禹陵两处古迹外，还对南镇庙、快阁、东汉会稽马太守墓、蕺山书院、戒珠寺、青藤书屋、小云楼、唐学士贺公故里牌坊等进行了广泛调查。其中对禹陵的调查记录如下："禹陵：庙前明张明道翻刻'岣嵝碑'尚完整。拜台东一间，存明清告祭石碑三十二块（中间明碑一通最大），现该屋屋顶部分倒坍。拜台后有古柏十余株，树皮被人剥去，故大部分均已枯死。大殿地基方砖，约四分之一被挖掉。大殿东有窆石亭，窆石尚在，南向底部被人烧物时薰黑，亭下有阮元撰'大禹陵庙碑'及天顺六年'禹陵重建窆石亭记'二碑，俱保存完整。据了解，禹庙解放前由族人保管，解放后，由于无人管理，附近农民作为晒谷和放牛场所，庙内器物日被糟蹋。像大殿前古柏，不仅树皮全部被人剥去，而且连叶子也被利用，剪割已尽。大殿原有朱红漆长窗二十扇，木料及雕刻均好，竟全部失去。"11月12日，朱家济等到绍兴县府，与文教科管科长联系，将调查情况告知后，管科长表示，将张贴布告，同时结合生产会议，把保护禹庙的意义贯彻到区乡。并在区乡挑择一人，"每月薪给不超过二十万为原则，""此笔经费，希望省里解决，"朱家济等人"允以俟我会研究后，立即答复"。②

在朱家济的笔记中，有一份1956年的"近期工作安排"，如下："1. 一月底在宁波协助市府展出宁波出土文物展览会。2. 检查金华天宁寺正殿以及余姚保国寺正殿的修理工程。3. 调查临平唐安隐寺唐经幢等。4. 科普协会为建筑工程人员举办文物讲座，由调查组撰写资料。5. 汇集现在已知文物较多的县市文化工作人员，短期学习文物业务的浅近知识，到了14处（人员）。组织他们学习、考试，赴钱山漾学习。6. 参加华东出土文物展览会工作：绘制海报红灯、编印说明书、训练讲解员、组织观众。7. 编印《浙江文物通报》，本市及主要城市放映幻灯。（这些）是经常工作"。

1958年，朱家济考察温州、丽水等地，其间写下详细日程、考察情

---

① 朱家济、黄涌泉：《杭州凤凰寺石碑调查》，1954年2月18日；浙江省文管会致函浙江省宗教事务处，1954年2月25日，浙江省博物馆馆藏资料。
② 朱家济等：《绍兴调查报告》，1954年11月17日，浙江省博物馆馆藏资料。

况及保护建议:"1958年9月8日,自温州到青田,渡瓯江,至石门洞,宿林场管理处。九日清晨看到文成祠,其后即石门洞瀑布,高逾百丈,飞流翔舞而下。祠前后明清碑二十六通,无足重者,惟'飞瀑'两大字,飞动有魄力,向来著录,以为是唐人书,予以转折之法不备,断为明人书,惜不知书人姓名。瓯江水库成功,祠当没水底。'飞瀑'两字虽大,然用三石拼一字,搬运不难,吾意仍当移至适当处,为此瀑标识。""瀑布之右为石洞,洞斜上,甚滑不容趾,上复斜出,唐以来石刻尽在此中。谢康乐、郭密之、叶道卿、沈括诸题皆在,谢、郭两石垂直立洞中,点题画刻后来者始口即石之空隙落笔,继有即诗中重书者,余则散见各石。""褚口、谢伋两题,非立水中不得近前也。沈括题在一悬石上,须从石下爬行而过,始得见之。若天晴石燥,亦可自下爬上。再左则渐稀矣。""此洞诸题,传拓极少,一因地方偏僻,一因椎拓不易。《括苍金石志》所载有无遗漏,尚不可知。今后将终古密藏水底,拓时仍宜仔细寻觅也。""十日在松阳看塔下寺宋塔后,至石笋山,淌水过小溪而觅旧题,或已漫漶不可解,或全不可见。""十三日在丽水,上午涉瓯江,上南明山,先至石梁。石梁者,大石斜上如梁,非石桥也。宋人题字不多,明清人大字不少,有明人书'青天白日'四大字,明清碑四五通。再上有'忠孝廉明'四大字。绿苔满饰,颇饶别趣。寺殿后宋人题字数处,王廷老一处最清楚。再上至高阳洞,洞口有绍兴发水事。洞内有舜功、沈括、晁端彦诸题及'高阳洞'三大字。再上出洞,转而左,渐至山顶,有'灵崇'二隶书及老米'南明山'三大字,则巨济题,已模糊矣。'灵崇'二字之左有'徐仕郎东来游'一行大字,似唐隶。'灵崇'二字刻深,以指试之,容食指一节之半,两字共长如吾之藤杖。'南明山'三字刻甚浅。此处甚高,水库成时,不至淹没。船泊其下,不费气力可至石梁矣。台风将至,天气极热,予汗流如水。"[1]

1959年3月,朱家济实地考察通济堰[2],并题跋宋《重修通济堰规

---

[1] 摘自朱家济先生笔记(1953—1965年),笔记现珍藏于浙江省博物馆。
[2] 通济堰,位于浙江省丽水市莲都区碧湖镇堰头村边,建于南朝萧梁天监四年(公元505年),距今已有1500年历史,是浙江省最古老的大型水利工程,1962年列为省级文保单位。整个水利工程,连同碑刻,是研究我国古代水利工程的珍贵资料。

碑》①

1961年5月，"在温州瑞安调研玉海楼②。26日，从杭州出发至温州，经数天奔波，办齐手续，30日进玉海楼，31日开始鉴定玉海楼所藏书画。"同年9月，朱家济赴京与故宫专家共同鉴定浙江省文管会拟收购的明代戴进山水长卷。并在北京故宫博物院、中国历史博物馆收集岳坟"民族英雄纪念室资料"展出所需的资料图片。③

1963年，朱家济与陈从周、周中夏至金华武义调研延福寺。"9月27日，从杭州到金华，过问侍王府工程。28日，坐汽车到武义，住桃源宾馆。下午往延福寺，拓元、明碑。其时，寺院破败荒凉，树木凋零，家济倡议修理寺院下水道，花费五六百元。并嘱咐武义徐科长大力种植竹木，以稳固水土，亦可美化风景。29日上午，继续调研延福寺。下午，陈从周、周中夏前往樊岭脚，家济在延福寺抄录碑文。30日，与陈从周一起，向武义徐科长交办延福寺问题。10月1日，回杭州，晚七点到家。"④

1965年11月5日，朱家济参加浙江省文管会收购会议，决定以500元人民币收购朱玉《揭钵图卷》。后因藏家陆传缨叔侄发生纠纷，经司法部门调解，陆传缨将此卷无偿捐献给国家。现藏浙江省博物馆。⑤

汪济英曾述及师长朱先生："貌端悫，寡言笑，清芬劲节，望之俨然"，"谨厚虚衷，淡漠明德，博学功深，不求闻达"。⑥

三 文物专家陈训慈事迹述略

陈训慈，1901—1991年，浙江慈溪人，著名学者。1950年，陈训慈被浙江省文管会聘为常务委员兼保管组长。1953年，浙江省文管会机构重组后，陈训慈又被聘为专任委员兼图书资料室主任、鉴别委员会委员。

---

① 《朱家济年表简编》，何晓英主编《大雅久不作——寻觅朱家济先生》，中国书店2012年版。

② 玉海楼，位于浙江瑞安，是中国东南著名藏书楼之一。

③ 《朱家济年表简编》，何晓英主编《大雅久不作——寻觅朱家济先生》，中国书店2012年版。

④ 摘自朱家济先生笔记（1953—1965年），笔记现珍藏于浙江省博物馆。

⑤ 《朱家济年表简编》，何晓英主编《大雅久不作——寻觅朱家济先生》，中国书店2012年版。

⑥ 汪济英：《治学良师，处世益友——忆朱豫卿先生》，祝遂之主编《高等书法教育四十年》，中国美术学院出版社2003年版，第213页。

"图书资料室负责参考图书及革命文物史料的保管和部分征集工作；鉴别委员会负责文物鉴别及文物收购工作。"①

新中国成立初期，我国国民经济尚处于困难时期，浙江省文管会由于资金紧缺，人手紧张，虽然"当时图书文物的接收、检查与收购工作都繁，"但"自成立到1962年的十二年中，除其中三年曾有一助手外，全室工作都由我一人担任，"②其辛劳可见一斑。

自1950—1965年，陈训慈的主要工作包括两个方面：

其一"是本室内部图书的征集整理和流通"。20世纪50年代初，图书资料室工作"强调为各组服务的方针"，尤其"1953年后开展田野考古工作后，备书增多，阅借日增"。其二"是本市乃至全省图书的调查保护——主要尤在本市古籍旧书的检查、选购与移交。""当时一般群众，不了解国家保护图书文物之政策，竟有讹传今后古籍旧书为无用者，人心未定，乃有纸业生产者运取名贵旧书毁为造纸与伞扇原料之事。"③为此，"解放初期在杭曾实施一种检验抢购制度（当时在上海之华东军管会文化部了解到我会购书费甚少，曾有三数年协助，一年拨款若干为抢购图书之用）。因当时旧书业还是多家分设（公私合营），本会奉命与市财税当局洽定，各书店经营凡未经我会检视盖章之后，不予报税经售。因此，我除日常工作外，须经常去各旧书店与市'废品联营处'检查。依规定，对有用图书，历史与革命文物史料，得照进价加成计价，由会优先选购"。④

1951年10月，陈训慈等受省文管会委派赴奉化调查。11月1日，陈等抵达奉化县棠云乡的"纸业生产合作社"。先"与之讲明政策：不能以旧书纸作为纸业原料，依法应由公家检购（如杭市一样，加成论斤计价）。当即在该社仓库中拣选到大量明刻残本与其他有用古籍（其中仅明万历内府刻本《大明会典》一书，检得一百十一册，即全部只缺九册，其他明刻残本尚多）。经照来价加成计价为旧人民币二十六万元（现值即

---

① 《浙江省文物管理委员会五年来工作报告》，1955年7月1日，浙江省博物馆馆藏资料。
② 陈训慈：《自述小传》，浙江图书馆编，王效良、苏尔启主编《陈训慈百年诞辰纪念文集》，北京图书馆出版社2006年版，第585—590页。
③ 陈训慈：《贩书经眼录·序》，严宝善编：《贩书经眼录》，浙江古籍出版社1994年版。
④ 陈训慈：《自述小传》，浙江图书馆编，王效良、苏尔启主编《陈训慈百年诞辰纪念文集》，北京图书馆出版社2006年版，第585—590页。

为二十六七元）。以后又检购到元至治刻本《通志》二十六册。"① 此次检购书籍在 1984 年 9 月由国家文物局举行的《全国拣选文物展览会》上，被评选为"最珍贵的善本书"。②

1953 年 2 月，省文管会成功征购"吴熙档案"，引起国内外史学界的巨大反响。后经陈训慈"整理登目计一百二十余件，未整理、成捆上缴者尚有七百二十九斤之多"，③ 上缴中央。

"吴熙档案"的征购引起社会各界的浓厚兴趣。1954 年 4 月，"太平天国展览会"假杭州岳庙举行，此次展览会展出时间为二十五天，参观者计十八万余人次，盛况空前。"展览会工作是动员全会职工分工担任。我则事前赴沪联系移运展品，分组筹备期间，及会期中主持实物陈列，会后又与各地洽商部分展品之移赠。其间资料室经常工作仍完成。又此次展出售票收入特多，请准留一部分购革命史料与本省文献；我因此又赴沪采购不少本省稀有方志和有关革命图书史料，则又与征集有关的工作。"④

1956 年，由陈训慈经手，将有关鲁迅先生纪念文物六件交给绍兴鲁迅纪念馆，"以协助充实他们举办鲁迅先生逝世廿周年纪念会的陈列品"。⑤ "上述从古旧书店、废纸联营处、行商，以及外埠（我当时还几次到过绍兴）拣选所得善本及其他古籍，连同先后接收之中外文书，我在工作中经手造册移交者约十余次，册数约计在五六千册以上。"⑥

1958 年秋，由陈训慈经手通过旧书店向绍兴征购到一批"胡道源档案"，胡道源是清季连任六任两广总督的胥吏（后升"文案委员"），"胡道源档案"包括胡道源在督署约二十年中经手的督署上下行奏折、公文、抄件等，包括孙中山领导惠州起义期间若干原始的反面文件，现保存浙江

---

① 陈训慈：《自述小传》，浙江图书馆编，王效良、苏尔启主编《陈训慈百年诞辰纪念文集》，北京图书馆出版社 2006 年版，第 585—590 页。
② 孟宪珉、赵力华：《全国拣选文物展览巡礼》，《文物》1985 年第 1 期。
③ 陈训慈：《自述小传》，浙江图书馆编，王效良、苏尔启主编《陈训慈百年诞辰纪念文集》，北京图书馆出版社 2006 年版，第 585—590 页。
④ 陈训慈：《自述小传》，浙江图书馆编，王效良、苏尔启主编《陈训慈百年诞辰纪念文集》，北京图书馆出版社 2006 年版，第 585—590 页。
⑤ 浙江省文管会致函浙江省文化局，1956 年 9 月 18 日。浙江省档案馆，档号：J169—003—016。
⑥ 陈训慈：《自述小传》，浙江图书馆编，王效良、苏尔启主编《陈训慈百年诞辰纪念文集》，北京图书馆出版社 2006 年版，第 585—590 页。

博物馆藏品部。①

据 1954 年统计，浙江省文管会自 1950—1954 年，在图书资料方面，共抢救旧版书 6022 册、件，旧报 1095 斤和其他史料 729 斤。② 1958 年的统计资料显示，10 年来，浙江省文管会共征集图书资料 48326 册（又 888 斤）。③ 陈训慈作为浙江省文管会图书资料室主任，功不可没。

1962 年后，浙江省文管会与浙江省博物馆"合署办公"，陈训慈遂加入浙江省博物馆图书资料室工作，"自此年后，陆续添购之中外文书较前为多，我的工作则着重于全部整理与排架。"④ 对陈训慈的工作态度，当年浙江省文管会的老同事记忆犹新："无论谁来借阅资料，陈训慈都会亲自寻找，不厌其烦，令人吃惊于他的过度谦卑。沙孟海与他相交甚久，知他生性如此。""汪济英回忆：在文管会，当有些书被借走不还，或者书上插图被人剪掉的时候，是陈训慈最难过的时候。"⑤

除上述主持浙江省文管会的图书资料工作外，陈训慈还为本省名胜古迹的保护提供资料服务。1954 年，杭州市房管处叶同志要求浙江省文管会提供俞楼的历史资料并就俞楼的保护问题提出意见。为此，陈训慈撰写了一份有关俞楼的历史资料并附保护意见。在保护意见中，陈训慈说："俞曲园的博学，是许多人所推崇的，一生事业只是讲学和著书。""诂经精舍是杭州书院中的后劲，俞氏主讲时着重实学。""俞楼还存一个讲学的纪念遗迹，所以这屋子也是一处较近代的古迹，应予保存。"⑥ 在陈训慈意见基础上，1954 年 1 月 26 日，浙江省文管会致函杭州市人民政府房产管理处，称："俞曲园在我国学术史上和浙江的教育史上有他一定的地

---

① 陈训慈：《自述小传》，浙江图书馆编，王效良、苏尔启主编《陈训慈百年诞辰纪念文集》，北京图书馆出版社 2006 年版，第 585—590 页。

② 浙江省文管会：《浙江省文物管理委员会五年来工作报告》，1955 年 7 月 1 日，浙江省博物馆馆藏资料。

③ 浙江省文管会：《文物工作十年来重要收获》，1958 年 9 月 26 日。浙江省档案馆，档号：J169—010—003。

④ 陈训慈：《自述小传》，浙江图书馆编，王效良、苏尔启主编《陈训慈百年诞辰纪念文集》，北京图书馆出版社 2006 年版，第 590 页。

⑤ 韩斌：《环城西路 20 号——那些应该记住的人和事》，何晓英主编《大雅久不作——寻觅朱家济先生》，中国书店 2012 年版，第 112—113 页。

⑥ 陈训慈：《俞楼参考资料》，1954 年，浙江省博物馆馆藏资料。

位，俞楼在西湖孤山也是一个名迹，应该予以适当的保护。"①

1954年，杭州市政建设委员会园林管理处张同志要求浙江省文管会就钱王祠修建问题提出意见。陈训慈为此撰写了有关钱王祠的简史资料并提出保护意见。陈训慈称："就地方史来说，钱氏有其一定的历史意义。""从祠的地位来说，祠前是十景之一'柳浪闻莺'旧址，现在其周围已开辟了'柳浪公园'，眺湖景别有澄静之胜。钱王祠如任其荒芜，也有不能纪念的缺憾。如依其原建筑范围，略加整治，正可作为风景点上的一个纪念古迹。"② 1954年1月26日，浙江省文管会在陈训慈意见基础上致函杭州市政建设委员会，称：钱王祠"祠宇宏丽，为一民族形式的旧建筑。如任其坍败荒处，无疑在点缀风景或保存古迹的意义上都不相称。我会意见，如能修复，作为人民游览之所，是很好的。"③

1990年，年届90高龄的陈训慈回忆说："回顾此三十年中（1950年3月—1979年12月），我先后在省文管会与博物馆二单位，居较优之职别与待遇，实际是为本单位图书资料的基层工作服务。唯以人力时间所限，与工作方法问题，致未能完成所主管图书之分类编目手续。不过积集一批专业图书，历年来，及今后足供本单位及有关单位等文物工作者之参考应用耳。"④

新中国成立初期，浙江省文管会的专家学者，除上述三位先生以外，老一辈的如邵裴子、郦承铨、孙孟晋、张任政及朱寿潜等先生，"邵裴子每周两次从家里出发，坐着黄包车，来到文管会，主持业务会议。年轻人来后，每周四下午他亲自上一堂课，主讲龙泉青瓷的知识。""邵裴子年事已高，文管会真正主持全面工作的是郦承铨。"⑤ 年轻一代的如王士伦、牟永抗、周中夏、朱伯谦、汪济英及黄涌泉等先生，其中王士伦对中国古

---

① 浙江省文管会致函杭州市人民政府房产管理处：《为函复关于俞楼的历史资料和保存问题由》，1954年1月26日，浙江省博物馆馆藏资料。
② 陈训慈：《钱王祠》，1954年，浙江省博物馆馆藏资料。
③ 浙江省文管会致函杭州市政建设委员会：《为提供钱王祠的历史资料请参考由》，1954年1月26日，浙江省博物馆馆藏资料。
④ 陈训慈：《自述小传》，浙江图书馆编，王效良、苏尔启主编《陈训慈百年诞辰纪念文集》，北京图书馆出版社2006年版，第591页。
⑤ 韩斌：《环城西路20号——那些应该记住的人和事》，何晓英主编《大雅久不作——寻觅朱家济先生》，中国书店2012年版，第109、111页。

代铜镜的研究颇有心得。[①] 牟永抗早在 1955 年即主持发掘宁波火车站（现铁路南站）的古墓葬，共发掘战国、两汉及唐宋墓 125 座，为浙江最早发掘的大型古墓群，初步建立起浙江古墓的墓制及随葬陶瓷器的考古学编年。1957 年 6 月至 1958 年年底，主持淳安进贤高祭台遗址第一、二次发掘。1957 年 11 月至次年 2 月，主持吴兴邱城遗址发掘，等等。[②] 1960 年，黄涌泉撰写出版《陈洪绶年谱》，此书后被知名历史学家来新夏收入其编著的《近三百年人物年谱见知录》。[③]

总之，新中国成立初期，以浙江省文管会为中心，上述诸位专家学者共同努力，为浙江省的文物保护事业立下了汗马功劳。光阴如梭，岁月如歌。在一个甲子之后对浙江省文管会以及邵裴子等先生的辛勤工作给予真实的评价，是对前辈们最好的纪念。

[①] 王士伦有关中国古代铜镜研究的主要研究成果有：1.《绍兴的古代铜镜》，《考古通讯》1956 年第 6 期；2.《试谈中国铜镜纹饰的发展》，《文物参考资料》1957 年第 8 期；3.《谈谈湖州镜》，《文物参考资料》1958 年第 6 期；4.《浙江出土铜镜选集》，中国古典艺术出版社 1958 年版。

[②] 牟永抗：《牟永抗考古学文集》，文物出版社 1987 年版，第 712、713 页。

[③] 嘉善县博物馆、档案馆编，金梅主编：《慧眼识丹青——书画鉴定家黄涌泉》，中国文史出版社 2008 年版，第 216 页。

浙江省文物保护大事年表(1950—1965)

1950 年

2 月

浙江省人民政府发文聘任邵裴子先生为浙江省文物管理委员会主任。

5 月 20 日

浙江省人民政府谭震林主席签署命令：《为保护我民族文化遗产特颁发"关于保护历代文物的决定"仰各遵照此令》。

6 月 20 日

浙江省人民政府主席谭震林签署命令：《奉令转发中央规定古迹珍贵文物等保护办法暨古文化遗址及古墓葬之调查发掘暂行办法，转令执行由》。

7 月

浙江省文管会作为浙江省文化事业管理局直属管理机构正式开始运作。在建制方面设鉴别、编纂、调查、保管四组，每组设组长一人，由常务委员兼任。后增设文物收购委员会。

1951 年

3 月 4 日

台州专区文物管理委员会（筹）成立，副专员张子敬任主任；许天虹、王健英、徐朗、项士元、杨毅卿、陈康白等任委员；项士元兼文物征集组组长，杨毅卿兼副组长；专署还指派施世樵、郦先鸣二人为征集助理。

5 月

浙江省文管会接收海宁硖石濮桥朱家藏书，至 10 月完成。

7 月

浙江省文管会接收嵊县人民政府移交的唐昭宗赐钱镠铁券。

华东文化部拨专款一千万元抢救浙江省境内的古旧书刊，至次年年底完成。

11 月

陈训慈在奉化县棠云乡"纸业生产合作社"拣选到大量明刻残本与其他有用古籍（其中仅明万历内府刻本《大明会典》一书，拣得一百十一册，即全部只缺九册，其他明刻残本尚多）。后又拣购到元至治刻本《通志》二十六册，极其珍贵。

1952 年

1 月

处理纠正杭州莫干山干部疗养院损毁文物事件，至 4 月处理完毕。

2 月 6 日

浙江省人民政府发布命令：《通报重视在土地改革中收集的文物图书不使损坏及禁用旧版书作造纸原料，法定三项，希切实执行由》。

3 月

浙江大学中国文学系教授、著名书法家沙孟海被聘为浙江省文管会专任委员。

4 月

处理纠正绍兴收购旧铜旧书、盗掘古墓事件，至 1954 年 4 月最终处理完毕。

5 月

处理纠正龙泉县珍贵古瓷散失事件，至 11 月处理完毕。

9 月

杭州灵隐寺大雄宝殿修复工程正式开始，至 1955 年完成。

11 月

杭州凤凰寺修建工程开始动工，至 1953 年 11 月全部完工。

1953 年

1 月 29 日

浙江省人民政府主席谭启龙签署命令：《为配合基本建设做好文物保护工作提示应行注意各点务须切实照办由》。

2月

浙江省文管会收购"吴熙档案",至4月完成。

宁波天一阁的维修保护工作开始进行,至1965年前后基本完成。

杭州老和山浙江大学工地新石器时代遗址及历代墓葬清理,计出土石器408件,陶器1433件,铜铁器91件,木俑17件,漆器11件。

6月

经浙江省文管会副主任郦承铨推荐,著名文物鉴定专家朱家济加入浙江省文管会工作。

浙江省文管会配合中央文化部社管局收购海宁硖石蒋氏衍芬草堂藏书一批,至10月结束。

7月

浙江省文管会党华、牟永抗对嘉兴双桥新石器时代遗址进行调查。

浙江省文管会在建制方面改设调查组、保管组、图书资料室,秘书室四个工作部门及一个鉴别委员会,后又添设研究组。

1954年

2月

浙江省人民政府发文将原属省文化事业管理局负责领导的浙江省文管会划归省文化教育委员会领导。

浙江省文管会接收绍兴祁彪佳遗稿遗书一批,至7月结束。

4月

浙江省文管会奉华东文化局指示,精选10件文物参加"全国基建出土文物展览会"。计有：六朝八乳鸟兽镜1件；宋代瓷枕1件；六朝温州窑双钮瓿1件；宋代余姚窑壶1件；明代龙泉窑竹节炉1件；宋代石砚1件；宋代余姚窑小碗1件；唐代越窑唾壶1件；宋代余姚窑划花大碗1件；唐代瓷龙瓶1件。

6月

台州专署撤销,临海隶属宁波专区。台州专区文管会改属临海县文教科,并与县文化馆合署办公,设文物组。

9月

中共中央宣传部下文浙江省文管会,要求帮助征集革命文物凡14种并附详细目录。计有书籍《广州事变与我们》,报纸《热血日报》、《革命军日报》及《上海大学五卅特刊》等，至11月22日完成。

浙江省文管会邀请同济大学古建筑专家陈从周教授到浙江作重点调查。经调查发现金华天宁寺正殿为元代元祐五年（1318年）的建筑，是江南元代最早的木构建筑，进行抢救。

党华受浙江省文管会委派前往萧山县戴村区振庭乡上董越窑窑址进行调查。

中央美术学院华东分院教授史岩对杭州南山区雕刻史迹进行调查，至1955年结束。

11月29日

余姚县文物管理小组成立，以沈宗汉、姜枝先、王文川等十二人组成。并由沈宗汉（文教科长）为组长，姜枝先为副组长，其余十人为组员，暂定龙泉山梨洲文献馆为办公处。

1955年

中央美术学院华东分院教授王伯敏对西湖飞来峰石窟进行调查。

2月

浙江省文管会王士伦等对绍兴漓渚汉墓群进行调查清理。

3月

浙江省人民委员会为加强本省文物管理工作，另任命吴山民、黄源为省文管会副主任，加聘委员十一人，顾问二人。

4月15日

宁波古物陈列所范鹿其抢购慈溪县当废纸出售的珍贵古书八十四本。

6月

杭州灵隐寺开始重新塑雕木制释迦牟尼佛像，至1956年完成。

10月

浙江省文管会致函绍兴县人民政府，将绍兴安昌镇天官第沈家藏书共210箱及一部分零散书籍全部封存，由浙江省图书馆丁慰长、张正夫赴绍兴接收，共12200册。

冬

浙江省文管会汪济英等对良渚黑陶遗址进行调查。

1956 年

1 月

处理纠正龙泉县拆毁三座古塔事件，至 1957 年 8 月处理完毕。

2 月 1 日

中共浙江省委召开第一次文教工作会议。浙江省人委文教办公室副主任、省人委副秘书长俞仲武在会上作了"十二年远景规划"的报告，其中对文物保护列出专条。浙江省文管会代表在会上作《浙江省的文物管理工作》报告。会议历时 10 天。

2 月

为了解农业合作化高潮中各地保护古文化遗址、遗物的情况，浙江省文管会汪济英等对吴兴、余杭、德清、上虞、余姚等县作重点调查和发掘，至 5 月结束。

2 月 18 日

临海县文物管理小组成立。丁学精为组长；委员有丁学精、邵鹏、陈明康、陈明登、陈康白、项士元、顾其荣、陶良能、周质义。成立大会上，项士元总结了台州专区文管会五年来的工作，共征集到临海、黄岩、温岭、天台各县的文物数万种，内有图书十万余册，文物一万余件。并商量县文管小组今后的工作计划，决定文管小组仍与县文化馆共同办公。

4 月 1 日

经浙江省人民委员会批准，在浙江博物馆文澜阁举办《华东地区出土文物展》，至 5 月 2 日结束。

4 月

沙孟海先生出面接洽收购《富春山居图剩山卷》。

浙江省文管会对吴兴钱山漾遗址进行调查，至 1958 年结束。

10 月

浙江省文管会黄涌泉等对淳安汉方储、宋方逢臣、明商辂墓进行调查。

12 月

浙江省文管会朱伯谦、冯信敷和金祖明赴黄岩秀岭水库对东汉等时期的古墓进行调查和发掘。

浙江省文管会冯信敷、金祖明和牟永抗先后赴黄岩县沙埠乡霄溪村一带对古代青瓷窑址进行调查研究，至次年4月完成。

浙江省文管会开始对龙泉、丽水、遂昌、永嘉等地的古代窑址进行调查发掘，至1961年完成。

1957年

3月6日

东阳县文物管理委员会成立，由胡宪卿任主委，李春城任副主委，程品文、姜华等13人为委员，张振亚为秘书。并制定了《东阳县文物管理委员会暂行组织规则》共六条。具体规定了东阳县文管会的工作职责、机构组成、经费开支等事项。

3月

开始修复绍兴兰亭、禹陵，至1959年完成。

开始抢救性保护杭州孔庙南宋石经，至1963年前后完成。

绍兴市文物管理小组改为绍兴市文物管理委员会，由15人组成。绍兴市副市长王贶甫任主任委员，赵宗岳、李鸿梁任副主任委员，徐生翁、陶冶公、方杰等12人为委员，方杰兼任办公室主任。

浙江省文管会梅福根等对吴兴邱城遗址进行调查与发掘。

浙江省文管会金祖明对浙江余姚青瓷窑址进行调查研究。

7月11日

瑞安县文管会成立，主任委员：江强（县文教局副局长兼）；副主任委员：俞春如、孙纯贤、张树汉；秘书：邱尹心；调查研究组组长：李孟楚；保护管理组组长：林志春；委员有杨立、吴劲夫、宋墨庵等十六人。

7月15日

温岭县建立文物保护小组。由林子仁（副县长）、王维新（文教部副部长）、薛贤驹（文教局长）、顾达鑫（文化馆长）、王丁玉（文化站）、陈曼声（温一中教师）、王崇连（社会人士）七人组成。推定林子仁为组长，顾达鑫为副组长。

7月16日

温州市文管会扩充改组为温州区（市）文管会。

7月26日

平湖县文物管理小组成立。文物管理小组由程菊杭、周默庵、张大年、翁左清、潘浪圃、潘康生、陈宰、王桂生八人组成。

7月下旬

浙江省文管会开始展开反右派斗争,至八月底结束。秘书朱寿潜跳井自杀。

11月11日

浙江省省长沙文汉签署保护文物命令。

12月

浙江省文管会会同温州市文管会在瑞安县桐溪、芦蒲两地进行古墓调查和发掘工作,共清理了自三国到齐、梁的墓葬共41座。

1958年

1月

陈从周教授由浙江省文管会朱家济委员陪同调查绍兴大禹陵、兰亭及宋桥。

浙江省文管会梅福根等人和杭州大学历史系合作对杭州水田畈遗址进行了两次小规模的调查发掘,获得了比较丰富的资料。

4月5日

公私合营杭州古旧书店正式开张,门市部设在解放街600号;收购处设在解放街茅廊巷口(原拜经楼店址)。

9月18日

浙江省文管会拟定《浙江省文物工作五年规划》,同时呈交中央文化部文物管理局及浙江省文化局。

1959年

3月

浙江省文管会姚仲源、梅福根与杭州大学历史系、杭州师范学院历史系等六个单位组成考古队,对嘉兴马家浜遗址进行调查发掘。

4月15日

浙江博物馆调拨给中国历史博物馆石锛、红陶鼎等文物211件,据"同日所制《浙江省文物管理委员会、浙江博物馆调拨中国历史博物馆清册》,本次调拨共305件,其余为省文管会与绍兴文管会藏品。"

12月

浙江省文管会朱伯谦等人对龙泉大窑、溪口、八都等地窑址进行调查发掘，至次年1月完成。

浙江省文管会接收杭州王家字画1200余件，其中八大山人的"双雀图"、张远的"刘伴阮像"等，都是国内罕见的珍品。

本年度浙江省文管会在征集大跃进文物的基础上，出版了记录本省全党全民大办钢铁的《钢花处处开》，和记录1958年本省水利建设的《江湖河海听使唤》两本文物图录。

1960年
2月
陈从周教授应浙江省文管会之邀，在浙江做第二次古建筑调查。
3月
陈从周教授由浙江省文管会朱家济委员陪同赴海宁盐官调查安澜园遗址及陈宅建筑。
4月
浙江省文管会经过调整，建制如下：主任邵裴子（省人民委员会委员兼，不占编制）。副主任2人，分别为顾均和郦承铨；调研室副主任朱家济，文管室副主任沙孟海，委员陈训慈、张任政；办公室主任、干事、秘书各1人；调研室组长2人：朱伯谦和王士伦，干事4人；文书、会计、干事各1人；考古队员6人；勤杂2人。共26人。

浙江省文管会金祖明对龙泉溪口青瓷窑址进行调查。

1961年
4月20日
浙江省人民委员会正式公布了第一批省级文物保护单位共42处。

1962年
1月4日
因寺僧做饭不慎，浙江省新昌大佛寺濯缨亭被焚。
3月7日
因尼姑烧食物失火，宁波保国寺西北偏屋一幢被焚，引起全国震动。

浙江省文管会汪济英对上虞县窑寺前窑址进行调查。

9 月 29 日

浙江省文管会与浙江博物馆合署办公。其任职情况如下：主任顾均、邵裴子、郦承铨，沙孟海任办公室副主任。

10 月 16 日

由浙江省文管会、博物馆工作会议决定，由郦承铨、沙孟海、朱家济、钟国仪、黄涌泉组成五人小组，负责文物的收购、鉴定，沙孟海任组长。省文管会与省博物馆合署办公后，原文管会全部业务归属博物馆历史部。

1963 年

3 月 11 日

浙江省人民政府公布第二批浙江省重点文物保护名单共 58 处。

秋天，陈从周教授由朱家济陪同考察浙江武义县延福寺元构大殿。

主要参考文献

一 资料

1. 浙江省档案馆 1949—1965 年全部相关档案资料。
2. 浙江省文物局、浙江省博物馆 1949—1965 年全部相关档案资料。
3. 浙江省文物局制：浙江省重点文物保护单位系列档案（含国宝系列档案）。
4. 杭州市档案馆、宁波市档案馆、余姚市档案馆相关档案资料。
5. 《浙江日报》1949—1965 年全部相关报道。
6. 浙江省所属全部地、市、县地方志相关章节。
7. 《文物参考资料》、《文物》、《考古》、《考古通讯》等专业期刊 1949—1965 年各期相关论文及报道。
8. 国家文物事业局编：《新中国文物法规选编》，文物出版社 1987 年版。
9. 《中华人民共和国文物保护法》（2002 年 10 月 28 日第九届全国人民代表大会常务委员会第三十次会议通过）。
10. 中国出版科学研究所、中央档案馆编：《中华人民共和国出版史料》（一九五六），中国书籍出版社 2001 年版。
11. 国家文物局主编：《中华人民共和国文物博物馆事业纪事（1949—1999）》（上），文物出版社 2002 年版。
12. 《中国近现代出版史料》（8），张静庐辑注：《中国现代出版史料》，上海书店出版社 2003 年版。
13. 国家文物局：《中华人民共和国文化遗产保护法律文件选编》，文物出版社 2007 年版。
14. 联合国教科文组织世界遗产中心等编：《国际文化遗产保护文件选编》，文物出版社 2007 年版。
15. 蔡小辉主编：浙江博物馆典藏大系《聚珍荟宝》，浙江古籍出版社 2009 年版。

二 著作

1. 施昕更：《良渚—杭县第二区黑陶文化遗址的初步报告》，浙江教育厅，1938年重印。
2. 陈万里：《瓷器与浙江》，中华书局1946年版。
3. 郑尔康编：《郑振铎艺术考古文集》，文物出版社1988年版。
4. 骆兆平：《天一阁丛谈》，中华书局1993年版。
5. 王瑞珠：《国外历史环境的保护和规划》，台北淑馨出版社1993年版。
6. 严宝善编：《贩书经眼录》，浙江古籍出版社1994年版。
7. 鄞县政协史料委员会、沙孟海书学院编：《翰墨春秋——沙孟海先生纪念集》，西泠印社出版社1995年版。
8. 沙孟海：《沙孟海论书文集》，上海书画出版社1997年版。
9. 国家文物局编：《王冶秋文博文集》，文物出版社1997年版。
10. 国家文物局编：《郑振铎文博文集》，文物出版社1998年版。
11. 王士伦：《杭州文物与古迹》，文物出版社1998年版。
12. 浙江省文物考古研究所：《浙江省考古五十年主要收获》，载于《新中国考古五十年》，文物出版社1999年版。
13. 许孟光主编：《宁波文物古迹保护纪实》，宁波出版社2000年版。
14. 李晓东：《文物保护法概论》，学苑出版社2002年版。
15. 宋云彬：《红尘冷眼》，山西人民出版社2002年版。
16. 祝遂之主编：《高等书法教育四十年》，中国美术学院出版社2003年版。
17. 沈建中编著：《大禹陵志》，研究出版社2005年版。
18. 骆兆平编纂：《天一阁藏书史志》，上海古籍出版社2005年版。
19. 徐雁：《中国旧书业百年》，科学出版社2005年版。
20. 胡应麟等：《旧书业的郁闷》，河北教育出版社2005年版。
21. 中国文物研究所编：《中国文物研究所七十年（1935—2005）》，文物出版社2005年版。
22. 浙江图书馆编，王效良、苏尔启主编：《陈训慈百年诞辰纪念文集》，北京图书馆出版社2006年版。
23. 王士伦、王牧编著：《浙江出土铜镜》，文物出版社2006年版。
24. 黄莺：《浙江省博物馆系年》，北京图书馆出版社2007年版。

25. 单霁翔：《从文物保护走向文化遗产保护》，天津大学出版社 2008 年版。
26. 嘉善县博物馆、档案馆编，金梅主编：《慧眼识丹青——书画鉴定家黄涌泉》，中国文史出版社 2008 年版。
27. 朱伯谦：《揽翠集——朱伯谦陶瓷考古文集》，科学出版社 2009 年版。
28. 牟永抗：《考古学文集》，科学出版社 2009 年版。
29. 吴忠良：《经世一书生——陈训慈传》，杭州出版社 2009 年版。
30. 赵长海：《新中国古旧书业（1949—2009）》，吉林文史出版社 2009 年版。
31. 沙茂世编撰：《沙孟海先生年谱》，西泠印社出版社 2010 年版。
32. 陈从周：《未尽园林情：陈从周散文随笔选》，商务印书馆国际有限公司 2010 年版。
33. 王巨山：《浙江文化遗产保护史》，杭州出版社 2011 年版。
34. 李晓东：《文物保护理论与方法》，故宫出版社 2012 年版。
35. 黄莺：《宾虹南归形迹录》，中国文联出版社 2012 年版。

后　　记

　　大约2008年的一天，我正在浙江省档案馆内查阅20世纪50年代的相关资料，无意间在卷宗目录中看到两条资料，内容是50年代初期浙江省人民政府下达的2个命令，命令本省各级地方政府保护在土改前后收集到的各种类珍贵文物图书。这两条资料引起我莫大的兴趣，探究之心油然而生。自此，我想方设法通过各种渠道收集资料进行研究。期间寒来暑往，四处奔波，艰辛备至。至2012年、2013年始有阶段性成果相继问世。之后再接再厉，终于有了本书的问世。

　　2015年9月，本书获得2016年度浙江省社科联"省级社会科学学术著作出版资金资助（重点全额）"并被列为2016年度浙江省社科规划课题。欣慰之余，由衷感念曾经帮助过我的各位师长及朋友：感谢浙江省档案馆的胡、童二位老师及小窦、小李二位朋友；感谢浙江博物馆资料室、图书馆的黄、王二位老师；感谢浙江省图书馆古籍部及地方文献资料室的有关老师及工作人员；感谢宁波档案馆及余姚市档案局的诸位朋友；感谢各位评审专家。最后，我要感谢近七年来家人对我的全力支持与帮助。

　　还是有不少遗憾。由于种种原因，一些重要史料未能寓目。如一些重要馆藏文物由于事关国家机密，其原始档案资料不允许查阅、抄录；一些私人笔记、日记，如朱家济笔记、陈训慈日记只能阅读到极小一部分，等等。这些都影响了本书的深入研究，只能有待来者了。

　　还有需要抱歉的：本书为行文方便，对涉及研究的前辈学者只能直呼其名，并非心有不敬；其中若干章节为完整、真实叙述历史起见，可能会涉及某些个人不愿提及的陈年旧事，只能真心抱歉。

最后，笔者由于学识所限，本书在史料的引用、研究以及行文过程中难免有些许疏漏与不当之处，敬请读者批评指正，衷心感谢！

钱文艳

2015 年 12 月 20 日写于浙江工商大学